A FUNÇÃO SOCIAL DOS BENS PÚBLICOS

O dever estatal de afetação material como elemento estruturante da teoria do domínio público

EMERSON AFFONSO DA COSTA MOURA

Prefácio
Maria Sylvia Zanella Di Pietro

Apresentação
José dos Santos Carvalho Filho

A FUNÇÃO SOCIAL DOS BENS PÚBLICOS

O dever estatal de afetação material como elemento estruturante da teoria do domínio público

Belo Horizonte

2024

© 2024 Editora Fórum Ltda.

É proibida a reprodução total ou parcial desta obra, por qualquer meio eletrônico, inclusive por processos xerográficos, sem autorização expressa do Editor.

Conselho Editorial

Adilson Abreu Dallari
Alécia Paolucci Nogueira Bicalho
Alexandre Coutinho Pagliarini
André Ramos Tavares
Carlos Ayres Britto
Carlos Mário da Silva Velloso
Cármen Lúcia Antunes Rocha
Cesar Augusto Guimarães Pereira
Clovis Beznos
Cristiana Fortini
Dinorá Adelaide Musetti Grotti
Diogo de Figueiredo Moreira Neto (*in memoriam*)
Egon Bockmann Moreira
Emerson Gabardo
Fabrício Motta
Fernando Rossi
Flávio Henrique Unes Pereira

Floriano de Azevedo Marques Neto
Gustavo Justino de Oliveira
Inês Virgínia Prado Soares
Jorge Ulisses Jacoby Fernandes
Juarez Freitas
Luciano Ferraz
Lúcio Delfino
Marcia Carla Pereira Ribeiro
Márcio Cammarosano
Marcos Ehrhardt Jr.
Maria Sylvia Zanella Di Pietro
Ney José de Freitas
Oswaldo Othon de Pontes Saraiva Filho
Paulo Modesto
Romeu Felipe Bacellar Filho
Sérgio Guerra
Walber de Moura Agra

CONHECIMENTO JURÍDICO

Luís Cláudio Rodrigues Ferreira
Presidente e Editor

Coordenação editorial: Leonardo Eustáquio Siqueira Araújo
Aline Sobreira de Oliveira

Rua Paulo Ribeiro Bastos, 211 – Jardim Atlântico – CEP 31710-430
Belo Horizonte – Minas Gerais – Tel.: (31) 99412.0131
www.editoraforum.com.br – editoraforum@editoraforum.com.br

Técnica. Empenho. Zelo. Esses foram alguns dos cuidados aplicados na edição desta obra. No entanto, podem ocorrer erros de impressão, digitação ou mesmo restar alguma dúvida conceitual. Caso se constate algo assim, solicitamos a gentileza de nos comunicar através do *e-mail* editorial@editoraforum.com.br para que possamos esclarecer, no que couber. A sua contribuição é muito importante para mantermos a excelência editorial. A Editora Fórum agradece a sua contribuição.

Dados Internacionais de Catalogação na Publicação (CIP) de acordo com ISBD

M929f	Moura, Emerson Affonso da Costa A função social dos bens públicos: o dever estatal de afetação material como elemento estruturante da teoria do domínio público / Emerson Affonso da Costa Moura. Belo Horizonte: Fórum, 2024. 346p. 14,5x21,5cm ISBN 978-65-5518-638-3 1. Domínio público. 2. Bens públicos. 3. Propriedade pública. 4. Função social. 5. Afetação. I. Título. CDD: 342 CDU: 342.9

Ficha catalográfica elaborada por Lissandra Ruas Lima – CRB/6 – 2851

Informação bibliográfica deste livro, conforme a NBR 6023:2018 da Associação Brasileira de Normas Técnicas (ABNT):

MOURA, Emerson Affonso da Costa. *A função social dos bens públicos*: o dever estatal de afetação material como elemento estruturante da teoria do domínio público. Belo Horizonte: Fórum, 2024. 346p. ISBN 978-65-5518-638-3

Ao meu pai Geminiano Moura (*in memoriam*), que deixou a preciosa lição que os verdadeiros legados de um homem são os corações que iluminou e o exemplo de uma vida conduzida no bem.

À minha mãe Lourdes Costa, cujo exemplo de amor e dedicação ainda surpreendem e me recordam a cada instante que as grandes obras não se escrevem apenas com tinta e papel, mas também com os mais belos gestos do coração.

AGRADECIMENTOS

O processo de formação acadêmica como qualquer jornada nunca é trilhada de forma solitária. Há sempre pessoas que estiveram conosco ao longo do caminho e contribuíram nas etapas com o seu conhecimento, apoio e amizade. Não há como nesse momento deixar de lembrar aqueles que me conduziram até este momento.

Confesso que tentei revisar minha mente e me lembrar de todos os nomes, só que após longa hora e lista de grandes amigos percebi que acabaria esquecendo alguém ou escrevendo um novo livro só de homenagens. Assim, peço vênia, para representar todos pelos lugares que passei em saudosa trajetória.

De minha graduação na Universidade Federal do Rio de Janeiro não posso escusar de prestar o agradecimento aos professores, por estimularem a minha aptidão acadêmica e fazerem surgir ali nos bancos da tradicional Faculdade Nacional de Direito um pesquisador em Direito Público.

Com meus amigos de faculdade cujos esforços, debates e momentos de descontração forjaram lembranças que não serão esquecidas construí ali, também, na minha melhor amiga, um amor, cujo afeto e fidelidade ao longo desses anos foram uma luz a me conduzir pelos meus caminhos.

Das experiências promovidas no estágio da Procuradoria Geral do Estado com as pesquisas na sua tradicional biblioteca e a prática do contencioso em matéria de direito público afirmei meu interesse como pesquisador e homenageio os procuradores pelos ensinamentos e apoio.

Na pós-graduação em Direito da Administração Pública e depois no mestrado em Direito Constitucional na Universidade Federal Fluminense, deixo meu obrigado aos professores, uma equipe fantástica que inaugurou meu contato com a pesquisa em pós-graduação nas longas noites que passava na cidade de Niterói.

Aos amigos da pós ao qual dividimos mais do que as longas noites em Niterói estudando direito público, mas o desejo sincero de aprofundamento nos debates e ao grupo do mestrado que tornou o mestrado não um lugar de reflexão e debate, mas também de descontração e amizade, só tenho a agradecer as belas parcerias e vínculos criados.

Do mestrado fui alçado a professor contratado da Universidade Federal Fluminense e da Universidade Federal do Rio de Janeiro e depois professor I da Universidade Veiga de Almeida e tenho gratidão pelo aprendizado na docência e pelo carinho que recebo até hoje de alguns nas redes sociais, o que é um lenitivo nos reveses da vida acadêmica.

No campo profissional, a vida me conduziu à assessoria no Conselho Superior do Ministério Público onde pude ter com os procuradores de justiça debates e relações que forjaram um vínculo de respeito e alegria, bem como as demais assessoras que eu pude conviver e aprender muito com elas.

No doutorado na Universidade do Estado do Rio de Janeiro, agradeço a todos os meus professores cujos debates nas disciplinas e nos grupos de pesquisa trouxeram importantes subsídios para este trabalho. Aqui, porém, devo fazer uma ressalva. Seria inadequado no agradecimento da publicação da tese ao menos não citar meus orientadores.

Destaco o professor Mauricio Mota, um exímio professor e atencioso orientador, cujo notório conhecimento é igualmente acompanhado de uma grata humanidade e uma inesperada humildade que reforçam não apenas o seu notável caráter, mas também os valores que devem pautar a vida acadêmica. Tenho a honra de cultivarmos nossa parceria até hoje.

À querida professora Patricia Baptista, excelente docente e cuidadosa coorientadora, ao qual sua conhecida competência e compromisso com a academia apoiam-se em uma surpreendente modéstia e inquietude constante com as idiocrasias da matéria, que são um exemplo a ser seguido e me orgulha a sua colaboração que persiste.

Aos meus colegas e alunos da Universidade Federal de Juiz de Fora, ao qual preciso conter as lágrimas ao me lembrar do meu primeiro concurso efetivo e de toda a jornada de longa viagem semanal enquanto cursava meu doutorado, mas que valeram a pena pelo contato com pessoas que me receberam até bem e conservamos até hoje nossos vínculos.

Nos encontros da vida acadêmica tive oportunidades ímpares, como de fundar o Instituto de Direito Administrativo do Rio de Janeiro e conhecer e aprofundar amizades com colegas do Instituto Brasileiro e dos Institutos Regionais, como do Ceará, Paraná, Amazônia, Mato Grosso do Sul, Roraima, Alagoas, Minas Gerais e corro risco de esquecer alguém.

Foram-me concedidas oportunidades especiais, como de presidir a Comissão de Direito Administrativo do Instituto dos Advogados

Brasileiros onde conto com a presença ilustre de professores de renome nacional e companheiros que me recebem tão bem e estimulam a reflexão objetiva e crítica do Direito.

Na Universidade Federal Rural do Rio de Janeiro e na Universidade Federal do Estado do Rio de Janeiro, fiz de minhas casas atuais onde sou grato por todo aprendizado, as oportunidades que recebo e as amizades que ali faço. Sou humildemente agradecido por fazer parte dessas famílias e ter a rara benesse de lecionar em duas federais de renome.

A meu pai (*in memoriam*), que, apesar do prematuro desencarne, deixou-nos a preciosa lição de que os verdadeiros legados de um homem não são apenas as suas belas conquistas profissionais, mas o exemplo do seu caráter, conduta, compromisso, comprometimento e, acima de tudo, uma vida conduzida no bem.

À minha mãe, exemplo de amor e dedicação que ainda me surpreende e me recorda, a cada instante como as grandes obras não se escrevem apenas com tinta e papel, mas também com os mais belos gestos do coração. Nada disso seria possível sem seu carinho e apoio. Essa jornada é para você.

Não posso deixar de mencionar a minha família a qual, por muitas noites, abdiquei do convívio para elaborar este trabalho. Saibam que correspondem ao elo fundamental da minha vida, ligando as mais belas lembranças de minha infância às mais bonitas expectativas do futuro. Não há como levantar voos altos sem a firmeza do solo.

A todos os meus amigos que podem não ter se identificado até então, mas sabem como tornam a vida um lugar especial na qual compartilho sintonia e amor fraternal. Alguns são professores, outros, alunos, há aqueles que nosso vínculo é as minhas paixões por cinema, música ou até mesmo religião. Vocês me dão leveza à vida.

Para não parecer injusto, a todos aqueles que estiveram comigo e contribuíram com esse momento e que eu possa ter esquivado de fazer menção, sintam-se envolvidos com o meu cumprimento e perdoem-me a falha de memória associada à falta de tempo, mas jamais duvidem da importância de suas presenças em minha vida.

Dedico este trabalho a todos os juristas que destinaram sua vida acadêmica à investigação crítica da disciplina administrativista, pois edificaram os pilares que permitem hoje o movimento de reconstrução da dogmática à luz da ordem jurídico-constitucional vigente, ao qual pretende inserir a presente tese.

Igualmente ofereço aos jovens estudantes, que demonstram em cada aula uma preocupação com as incongruências atuais do Direito

Administrativo e me deixam esperançoso com um futuro onde a disciplina teórica para Estado seja cada vez menos baseada em categorias autoritárias e mais em valores humanitários.

Porém, acima de tudo, faço o meu agradecimento a Deus por tantos presentes. Em todo meu caminho tenho certeza que mais do que os esforços das madrugadas estudando ou talentos que possam possuir, não há folha que caia do céu sem sua permissão. Obrigado pelas chances que me dá e que eu possa aproveitá-las com dignidade sempre para o bem.

"Todos os problemas de fundo do Direito Administrativo Moderno decorrem do fato do seu aparelho conceitual corresponder a uma realidade que já não existe."

(Ernest Forsthoff)

SUMÁRIO

PREFÁCIO
Maria Sylvia Zanella Di Pietro 17

APRESENTAÇÃO
José dos Santos Carvalho Filho 21

INTRODUÇÃO 23

CAPÍTULO 1
A DELIMITAÇÃO DO DOMÍNIO PÚBLICO 31

1.1 As transformações do direito administrativo e as fronteiras do domínio público: privatização, despublicização e racionalização 31

1.2 O mito do fundamento do domínio público e a sua feição no Estado Constitucional de Direito: do poder soberano aos deveres funcionais 46

1.3 A insuficiência dos critérios dominantes na matriz romano-germânica e o elemento central do domínio público: da titularidade estatal às gradações da função social 60

1.4 A reconstrução do tema à luz da função social: o reconhecimento de um domínio público não estatal e um domínio público humanitário 75

1.5 O domínio público não estatal e o Estado: análise das terras tradicionalmente ocupadas pelos índios no caso da demarcação da raposa serra do sol 90

CAPÍTULO 2
O REGIME APLICÁVEL AOS BENS PÚBLICOS 107

2.1 A tentativa de formação de um regime jurídico para os bens públicos: do critério da titularidade ao reconhecimento da funcionalidade 107

2.2 A insuficiência da unicidade de uma disciplina jurídica para pluralidade dos bens públicos: da insustentabilidade dos caracteres à assistematicidade da regulação constitucional à luz da função social 119

2.3 A superação da suposta dicotomia do domínio privado e a complementariedade do direito comum: da regulação pela lei civil conforme a função social 135

2.4 A proposta de uma regulação jurídica à luz da função social: as gradações na aplicação do regime jurídico de direito público 147

2.5 O regime jurídico de direito público e as pessoas administrativas de direito privado: análise da aplicação da imunidade recíproca tributária na exploração da atividade de banco postal pelos correios à luz da função social 158

CAPÍTULO 3
A TITULARIDADE DOS BENS PÚBLICOS 169

3.1 Da atribuição da personalidade ao ente estatal e da apropriação da noção privatista da coisa pública: a construção do Estado-Proprietário aquém da função social 169

3.2 Uma aproximação necessária: da patrimonialização dos bens públicos ao patrimonialismo nas instituições político-administrativas brasileiras 184

3.3 Do reajustamento da titularidade dos bens públicos: da noção do direito de propriedade ao reconhecimento de uma relação jurídica funcionalizada 196

3.4 Do efeito da atribuição de titularidade dos bens públicos: das obrigações do domínio público ao papel de gestor na função social 213

3.5 O papel do Estado-Gestor nos bens que exercem função social sob a titularidade particular: da velha questão do tombamento à nova celeuma das florestas em terras privadas 230

CAPÍTULO 4
O DEVER DE FUNCIONALIZAÇÃO DOS BENS PÚBLICOS 247

4.1 Da delimitação de um critério material e não exclusivo de funcionalização dos bens públicos: do *aménagement* especial do Estado à multiplicidade de relações jurídicas tendo por objeto a coisa pública 247

4.2 Do marco temporal da função social dos bens públicos: do ato formal de desafetação à uma atualidade no atendimento da finalidade coletiva 264

4.3 Da gradação do dever de funcionalização dos bens públicos: de uma escala de dominialidade ao reconhecimento da alienabilidade plena dos bens dominicais 273

4.4 Do descumprimento do dever de funcionalização dos bens públicos: da vedação constitucional da usucapião à adequação da função social por particular 288

4.5 Os elementos do dever de funcionalização dos bens públicos: da concretização da função social pelo Estado à adequação pelo particular no caso da ocupação do jardim botânico do rio de janeiro 306

CONCLUSÃO 317

REFERÊNCIAS 325

PREFÁCIO

Recebi, com muita alegria, o pedido de Emerson Affonso da Costa Moura para escrever o prefácio de sua tese de doutorado intitulada *A função social dos bens públicos: o dever estatal como elemento estruturante da teoria do domínio público*.

A minha alegria justifica-se: de um lado, pela amizade e estima que dedico ao autor da tese, que, como eu, voltou-se para a atividade acadêmica, dedicando-se ao magistério de nível superior em Universidades do Rio de Janeiro; de outro lado, porque os temas que envolvem o regime jurídico dos bens públicos sempre me atraíram a atenção e despertaram grandemente o interesse. Deles tratei, pela primeira vez, também ao desenvolver a minha tese de doutorado, em 1982, sobre o *uso privativo de bem público por particular*, pouco estudado, até então, no direito brasileiro. Quando do desenvolvimento desse trabalho ainda estava em vigor o Código Civil de 1916.

Agora é a vez de Emerson Moura escrever sobre o assunto para obtenção do título de doutor junto à Universidade do Estado do Rio de Janeiro. E sou convidada para prefaciar a obra, que é de excelente qualidade, revelando o amadurecimento do tema pelo autor.

Muitas inovações surgiram no direito positivo brasileiro desde que escrevi sobre o tema em minha tese de doutorado. Além do novo Código Civil, promulgado em 2002, o Decreto-Lei nº 9.760/46, que dispõe sobre bens imóveis da União, passou por sucessivas alterações; o Código de Águas, aprovado pelo Decreto nº 24.643/34, sofreu alterações tácitas em decorrência da promulgação da Lei nº 9.433/97 (Lei de Águas); em matéria de licitações, a Lei nº 8.666/93 (agora substituída pela Lei nº 14.133/21) inseriu dispositivos específicos sobre a alienação e uso de bens públicos; exploração de portos (tratada na Lei nº 8.630/93, conhecida como Lei de Portos) foi objeto de revisão por meio da Lei nº 10.233/01; alguns institutos novos foram instituídos, como a concessão especial para fins de moradia (disciplinada pela Medida Provisória nº 2.220/01), o direito de superfície, previsto no Estatuto da Cidade e a concessão florestal, prevista e disciplinada pela Lei nº 11.284/06. Isto tudo sem falar no princípio da função social da propriedade, inserido com essa denominação, pela primeira vez, no Estatuto da Terra, de 1964 e, em âmbito constitucional, na Constituição de 1967, restrito à área rural.

A Constituição de 1988 agasalhou o mesmo princípio em vários dispositivos: no artigo 5º, XXIII, determina que "a propriedade atenderá a sua função social"; no artigo 170, III, coloca a função social da propriedade entre os princípios da ordem econômica que têm por objetivo "assegurar a todos existência digna, conforme os ditames da justiça social"; no artigo 182, §2º, está definida a função social da propriedade urbana como aquela que "atende às exigências fundamentais da ordenação da cidade expressas no plano diretor", impondo ao proprietário do solo urbano não edificado, subutilizado ou não utilizado, que promova seu adequado aproveitamento, sob pena de sujeitar-se às medidas previstas no §4º (parcelamento ou edificação compulsórios, IPTU progressivo no tempo e desapropriação com pagamento em títulos da dívida pública); no artigo 186, está definida a função social da propriedade rural, sujeitando os proprietários que a descumprirem à desapropriação para reforma agrária, nos termos do artigo 184.

Por esses dispositivos, verifica-se que o princípio da função social, tal como previsto na Constituição, incide mais especificamente sobre a *propriedade privada*, pois cria para o particular um *dever* de utilização de seu patrimônio com vistas à consecução do bem comum. Cria um ônus para o proprietário.

Já o princípio da *função social da propriedade pública* não está consagrado com tanta clareza na Constituição, a não ser no artigo 182, que coloca como objetivo da *política de desenvolvimento urbano*, "o pleno desenvolvimento das *funções sociais da cidade* e garantir o bem-estar de seus habitantes". Também há nesse dispositivo a imposição de *dever* ao poder público, como titular de bens públicos, de garantir a sustentabilidade das cidades, criando para o cidadão o direito, de natureza coletiva, de exigir a observância da norma constitucional.

O Estatuto da Cidade, aprovado pela Lei nº 10.257/01, veio dar alento ao princípio da função social da propriedade pública, ao falar em *função social da cidade*, com fundamento no artigo 182, *caput*, da Constituição Federal. No artigo 2º, inciso I, o Estatuto praticamente repete a norma do dispositivo constitucional e determina que "a política urbana tem por objetivo ordenar o pleno desenvolvimento das funções sociais da cidade e da propriedade urbana, mediante as seguintes diretrizes: I – garantia do direito a cidades sustentáveis, entendido como o direito à terra urbana, à moradia, ao saneamento básico e ao lazer, para as presentes e futuras gerações".

Mas o princípio da função social da propriedade pública não se esgota com a norma do artigo 182 da Constituição e com as disposições do Estatuto da Cidade.

Na tese de doutorado, já referida, logo na introdução, realço, a partir da classificação de bens públicos, contida no artigo 66 do Código Civil de 1916 (art. 99 do Código Civil de 2002), que os bens de uso especial e os de uso comum do povo têm afetação pública e são excluídos do comércio jurídico de direito privado precisamente para que possam servir a essa afetação; os de uso especial não podem ser utilizados por particulares a não ser por exceção e segundo normas de direito público, porque estão destinados ao uso da Administração Pública ou a outros fins de interesse público; os de uso comum do povo sofrem a mesma restrição, para que possam tornar-se acessíveis a todos. Por isso mesmo, veda-se a incidência, sobre essas duas categorias, de qualquer vínculo que os subtraia à utilização geral.

Com efeito, os bens dominicais, por não serem destinados ao uso comum do povo nem ao uso especial da Administração Pública, são utilizados para as mais diversas finalidades públicas: podem ser objeto de alienação ou de exploração para obtenção de renda; podem ser cedidos gratuita ou onerosamente para fins educacionais, esportivos, culturais, artísticos ou industriais; podem ser objeto de exploração agrícola, de cultivo, de urbanização, de industrialização e de tantos outros usos de interesse social.

Na realidade, pode-se dizer que nas três modalidades de bens públicos ressalta o aspecto da função social da propriedade pública. Na lição, sempre lembrada, de Vincenzo Caputi Jambrenghi, na obra *Premesse per una teoria dell'uso dei beni pubblici* (Nápolis: Jovene Napoli, 1979, p. 6-7, Nota 7), "a função social é geralmente reconhecida pela doutrina como intrínseca na propriedade pública; esta, à diferença da propriedade privada, *é* e não *tem* função social".

Em razão disso, os bens públicos devem ser disciplinados de tal forma que permitam proporcionar o máximo de benefícios à coletividade, podendo desdobrar-se em tantas modalidades de uso quantas forem compatíveis com a destinação e com a conservação do bem. É o que ocorre com as ruas, praias, estradas, com as águas públicas, os cemitérios, os mercados públicos, os portos. Todos esses bens, mesmo sendo de titularidade pública e tendo finalidade pública que lhes é inerente, podem ser objeto de diferentes formas de utilização por terceiros, sempre com o objetivo de ampliar a sua utilidade pública.

O autor da tese ora prefaciada realça a insuficiência da classificação de bens públicos contida no Código Civil, pelo fato de tornar difícil o enquadramento de determinados bens em uma das três categorias. Isto porque existem bens que, embora sejam particulares, conforme conceito contido no artigo 98 do Código Civil, mais se aproximam do conceito de bens públicos no que diz respeito ao regime jurídico a que se submetem. É o caso dos bens de propriedade privada das empresas estatais, das concessionárias de serviços públicos, das concessionárias de uso e exploração de bens públicos (como as minas e jazidas); é o caso também das florestas existentes em propriedade privada, dos bens particulares sujeitos a restrições impostas pelo ato de tombamento e dos bens situados fora da área do porto organizado. Pelo artigo 98 do Código Civil, são bens particulares, mas pela sua destinação pública, estão sujeitos à regime especial de proteção constituído por normas constitucionais e infraconstitucionais que mais os aproximam dos bens públicos.

Tais aspectos são tratados em profundidade e com grande dose de inovação na tese de Emerson Moura. O autor analisa o tema com os olhos voltados para as transformações do Estado e do Direito, em especial em decorrência da privatização, despublicização e racionalização. Ele defende a insuficiência dos critérios tradicionais para a delimitação da natureza pública dos bens, bem como a adoção do critério da *função social* como elemento central do domínio público. Faz análise comparativa entre a jurisprudência do Supremo Tribunal Federal, do Conselho de Estado Francês e do Conselho de Estado Espanhol. Analisa alguns casos concretos para ilustrar o seu pensamento, como a questão envolvendo as terras tradicionalmente ocupadas pelos índios no caso da demarcação da raposa serra do sol e o caso da ocupação do jardim botânico por particular. Trata do tema das florestas situadas em terras particulares e do tema do tombamento que incide bens de propriedade privada.

Enfim, a tese é bastante rica na análise de temas antigos vistos sob uma perspectiva inovadora decorrente das transformações do Estado e do Direito. Por isso mesmo, constitui importante fonte de consulta para os estudantes e profissionais que atuam na área do direito, especialmente em questões envolvendo bens públicos.

Maria Sylvia Zanella Di Pietro
Professora de Direito Administrativo.

APRESENTAÇÃO

O tema relacionado aos bens em geral, particularmente aos bens públicos, sempre gerou classificações díspares e controvérsias, sobretudo no que concerne à sua fisionomia e à sua natureza.

No próprio direito romano, os jurisconsultos distinguiam os bens do domínio do Estado (*res publicae* ou *res in usu publico*) daqueles que pertenciam diretamente ao príncipe (*res fisci*). Na Idade Média, o regime feudal aglutinou essas duas categorias e, quando adveio o poder absoluto do rei, a regra era a de que, não sendo o bem do domínio privado, teria que qualificar-se como *bem da coroa* ou do *domínio real*.

Com o advento do regime democrático e do Estado de direito, a nação tomou o lugar do rei, e o domínio tornou-se estatal ou público. Na doutrina clássica da Europa, os juristas criaram duas categorias – uma a dos bens do Estado sem natureza patrimonial (*res quorum commercium non sit*) e outra, dos bens patrimoniais do Estado, equivalentes à *res fisci* dos romanos.

Obviamente, as classificações e os perfis modernos dos bens públicos não exaurem as dissonâncias em torno de sua natureza e efeitos. Por outro lado, a realidade contemporânea trouxe à tona diversas formas de uso desses bens, criando-se verdadeiro microssistema aplicável à matéria.

Justamente com a visão de modernidade de seus estudos, honra-me o amigo e Professor EMERSON AFFONSO DA COSTA MOURA com o convite para prefaciar sua nova obra – *A função social dos bens públicos: o dever estatal como elemento estruturante da teoria do domínio* público – na qual analisa percucientemente vários aspectos concernentes aos bens públicos, demonstrando, inclusive, que bens não guardam apenas conexões econômicas, mas também sociais.

Os pontos definidores da obra têm escora em quatro vertentes principais.

Primeiramente, o autor deixa claro que a clássica categorização dos bens precisa ser compatibilizada com as novas realidades sociais decorrentes do processo de soberania, dada a sua insuficiência para a demarcação da natureza e objetivo dos bens públicos, somando-se, ainda, o fato de que a ideia de *"público"* encontra-se hoje desatrelada dos entes estatais.

Prosseguindo em sua análise, o autor aponta as dificuldades para a conformação de um regime jurídico especial para os bens públicos, tendo em vista principalmente a ausência de plano sistêmico no quadro normativo regulatório.

Em seguida, o autor pondera, de forma bem fundamentada, sobre a indevida consideração da ideia de propriedade no que toca à titularidade do Estado – fato que conduz a uma interpretação desajustada das situações jurídicas decorrentes da relação Estado-Objeto.

Na última vertente, o autor desenvolve sua concepção sobre o dever estatal de conferir aos bens públicos a funcionalidade capaz de enfrentar os paradoxos existentes nas categorias clássicas, ao mesmo tempo em que – e esse é realmente um aspecto de destaque – considera que o Estado deva adotar a função social como fator precípuo do sistema do domínio público.

Sem qualquer dúvida, trata-se de um trabalho desafiador na medida em que confronta algumas noções clássicas sobre bens públicos que, do ponto de vista do autor, revelam-se incongruentes com a nova função social que se lhes deve emprestar, exortando, assim, o Estado ao cumprimento desse dever contemporâneo.

Não tenho dúvida de que o Prof. EMERSON AFFONSO DA COSTA MOURA em muito contribuirá para o aprofundamento dos estudos relacionados aos bens públicos e, em consequência, para o aperfeiçoamento das ideias e instituições pertencentes ao direito público.

Pertinente será aqui a observação de YUVAL NOAH HARARI (*Sapiens – uma breve história da humanidade*) sobre a fase humana da descoberta da ignorância, na qual pontua que "as coisas que achamos que sabemos podem se mostrar equivocadas à medida que adquirimos mais conhecimento". A obra que ora comento corrobora inteiramente a ideia do grande pensador.

Felicito, portanto, o autor e a sabedoria que inspirou suas ideias. Como diziam os romanos, a sabedoria é sagrada e não tem preço: *"res sacra non recipit aestimationem"*.

José dos Santos Carvalho Filho
Mestre em Direito (UFRJ). Professor de Direito Administrativo.

INTRODUÇÃO

Embora nas últimas décadas tenham se observado profundas transformações ocorridas no Estado e no Direito que têm orientado o movimento de reconstrução teórica da disciplina jurídico-administrativa, no que tange aos bens públicos, a literatura jurídica ainda se apoia em categorias tradicionais calcadas sob uma realidade política e social que não mais subsiste.

A fragmentação e a complexização da noção de interesses públicos nas sociedades plurais, o redimensionamento da concepção de soberania, a desestatização das atividades públicas e a crescente racionalização na gestão estatal impõem novos paradigmas que reforçam as incongruências e as insuficiências da teoria vigente.

Junto às novas tendências reforçam conhecidas celeumas, como a exploração para fins individuais das coisas naturais, o abandono pelo Estado e a ocupação por particulares de prédios estatais, a dificuldade de delimitação da natureza do acervo das empresas públicas, dentre outras que envolvem a temática dos bens públicos.

Neste viés, a recondução de tais conflitos a uma matriz teórica construída na formação do Estado Moderno e calcada em uma interpretação de categorias da Antiguidade Clássica agrava-se com a adoção de elementos do regime público que parecem não mais se sustentar e a aplicação de institutos privados que não se demonstram adequados.

Se antes necessária à estruturação uma teoria centrada na soberania estatal como forma de proteção contra as investidas absolutistas ou os perigos de um liberalismo ilimitado há uma dificuldade decorrente da afirmação do Estado e da degradação do seu monopólio com uma ascensão de outros atores sociais, inclusive, responsáveis pela gestão dos interesses públicos.

Conforme a adoção de categorias e normas privatistas, como a noção de propriedade e a regulação dos bens públicos pela lei civil era adequada diante da centralidade assumida pela codificação civil na época, há certa contrariedade diante da assunção de um epicentro pela Constituição, que passa a traduzir deveres aos poderes estatais e finalidades a serem seguidas.

Isto traduz em um conjunto de idiocracias na medida em que a busca pela solução de problemas de índole contemporânea com um substrato teórico tradicional resultam em uma incapacidade de sanar plenamente os conflitos sociais ou produzir uma recondução satisfatória à dogmática dos bens públicos.

Produz-se certa tensão ao se sustentar na disciplina administrativista um descolamento das noções de público e estatal com reconhecimento de outros atores sociais na gestão dos interesses públicos, mas centrar a própria qualificação dos bens como públicos à uma exclusiva titularidade estatal.

Gera uma nítida incongruência tratar os bens públicos como uma propriedade, porém, recusar que as coisas estatais abandonadas se sujeitem a uma apropriação privada, apesar se consagrar um dever de adequação social da propriedade pelos particulares sob a pena de perda da sua titularidade.

Inúmeras dificuldades acentuam a problemática de uma teoria vigente que pretende dotar de especificidade a regulação dos bens públicos a partir de elementos da disciplina pública, mas com a adoção de categorias e normas privadas, sem permear-se aos influxos de transformações observados no Estado e no Direito para a solução dos conflitos emergentes.

Isto não significa sustentar o extremo de negar a necessidade de formação de uma disciplina própria para os bens públicos, com assimilação de uma teoria unitária e a utilização do tratamento das coisas dadas pela lei civil, já que traduzem na busca de interesses distintos e devem se sujeitar a regulações adequadas às suas especificidades.

Apenas denota a necessidade de busca por um elemento distinto daqueles presentes, que seja capaz de ordenar a teoria dos bens públicos, traduzindo em maior coerência com as transformações que se sujeitaram o Estado e o Direito e eficácia no que tange aos conflitos sociais emergentes.

Busca o presente livro investigar em que medida a função social demonstra-se como o elemento capaz de estruturar e dotar da necessária especificidade uma teoria para os bens públicos, de forma a adequar-se às tendências e às celeumas apresentadas ao qual deve se sujeitar a disciplina.

Desde já se parte de uma teoria funcional do Direito, de modo que a ordenação social produzida pela técnica jurídica volta-se não apenas à uma função de tutela ou garantia na proteção da integridade ou reforço da ordem normativa, mas de promoção das condutas sociais almejadas, através da consagração de fins e objetivos a serem alcançados.

Considera-se que pretende à ordem jurídica não apenas a finalidade de prevenção e repressão de condutas, mas igualmente a realização de determinados valores e finalidades, de modo que não compete ao Direito restringir-se à manutenção de uma ordem, mas de igual modo garantir a concretização das finalidades socialmente almejadas.

Igualmente, tal perspectiva pretende não apenas garantir a ordem constituída, mas também permitir que se adeque às mudanças sociais como aquelas apresentadas, razões pelas quais garante a construção de uma teoria dos bens públicos dotada de maior legitimidade, uma vez que se situa além da busca pela estabilidade da ordem à concretização dos seus valores.

Demonstra-se tal marco adequado à hipótese levantada neste livro, na medida em que tal teoria situa-se no campo da mudança social ao buscar através da imposição dos deveres que sejam alcançados determinados fins, ao revés que uma perspectiva estruturalista, vincula-se à uma manutenção do *status quo* pela busca de preservação da ordem e imposição de sanções.

Converge às próprias transformações que se sujeitou o Estado e o Direito, com a veiculação das Constituições que traduzem finalidades e objetivos a serem perseguidos e programas a serem cumpridos pelo Estado, que antes tido como agente de proteção da autonomia subsume o papel de concretizador das funções sociais.

Deste modo, considera-se que os bens públicos devem ser tidos a partir de sua função e não somente de sua estrutura, a saber, exteriorizado nas finalidades que busca alcançar e não somente dos meios os quais utiliza para alcançar seus fins, o que enseja a determinação de qual seria, portanto, tal finalidade a ser perseguida.

Sob tal vértice, a função social atuará como elemento de legitimação de toda ordem jurídica e irradiará para a estruturação de uma teoria para os bens públicos, na medida de uma graduação, que permitirá diferenciar a sua aplicação do domínio e bens privados de acordo com os interesses tutelados.

Propõe-se que a adoção de um critério funcional demonstra-se mais apta para delimitar as fronteiras do domínio público e a aplicação do seu regime jurídico, o que conduzirá na própria redefinição do papel exercido pelo Estado perante tais coisas e na determinação das obrigações decorrentes ao ente público e os atores sociais.

Para tanto, serão apresentadas as transformações e os conflitos firmados sob os bens públicos de forma a problematizar mediante o confronto com o estado da arte da teoria vigente dos bens públicos, a sua incapacidade de lidar com as referentes questões e a função social em sua gradação como um elemento apto.

Para confirmar tal hipótese, adota-se um plano de trabalho dividido em quatro capítulos em que, respectivamente, será abordado como a insuficiência dos critérios tradicionais para a delimitação da natureza dos bens públicos e a aplicação da sua disciplina normativa resulta em uma inadequada compreensão do que exercício da titularidade e dos seus deveres.

No primeiro capítulo, analisa-se a insuficiência da delimitação do acervo dominial público à luz dos critérios tradicionais diante das transformações produzidas na noção de soberania e no descolamento da noção de público da figura estatal a partir de três novos paradigmas: a privatização, a despublicização e a racionalização.

No segundo capítulo, verifica-se a dificuldade decorrente da assimilação daqueles elementos para a delimitação de um regime jurídico especial para os bens públicos, associada à assistematicidade da regulação normativa e a tentativa de uma dicotomia plena com o domínio privado.

No terceiro capítulo, inquire-se como a recondução da titularidade dos bens públicos a uma noção de proprietário resulta em uma inadequada compreensão tanto de uma exclusividade quanto das posições jurídicas assumidas pelo Estado na relação jurídica que tem por objeto à coisa.

No capítulo quatro, propõe-se delimitar o dever de funcionalização dos bens públicos em seus elementos básicos – no que se refere a um critério material, lapso temporal e regime aplicável – à luz das incongruências apresentadas pela adoção das categorias tradicionais e da adoção da função social como elemento central do domínio público.

Para tanto, adota-se na abordagem do objeto da pesquisa o método dialético, por compreender que uma dogmática jurídica que se apoia apenas em argumentos de autoridade, sem qualquer apoio em algum experimento ou demonstração afasta-se de uma perspectiva propriamente científica.

Discutir uma teoria dos bens públicos a partir exclusivamente da afirmação de uma identidade majoritária construída a partir do pensamento de determinados autores sem o cotejo com os conflitos jurídicos decorrentes da realidade subjacente e com argumentação de índole lógico-racional seria se afastar da própria legitimidade da pesquisa.

Deste modo, propõe-se uma contraposição entre as escolas opostas em relação aos bens públicos, por perceber que o contraste produzido no debate resultará não apenas na confirmação da tese proposta, mas também permitirá a construção de um discurso legítimo e crítico que possa auxiliar em alguma medida na transformação da teoria dos bens públicos vigente.

Isto não importa afirmar uma absoluta neutralidade na pesquisa, mas que a defesa da tese não se firmará em discursos dogmáticos ou ideológicos – como que os bens públicos são ou devem ser estatais – porém, se apoiará em uma dialética entre os autores e uma busca por objetividade no tratamento do tema.

Significa, também, admitir uma relatividade da verdade que vai ser perquirida através deste processo dialético, de forma que a tese busca ser aquela que neste momento histórico se demonstre mais próxima de uma teoria dos bens públicos que seja adequada à realidade social subjacente atual, cuja validade futura se sujeitará aos novos contrastes.

Trata-se, portanto, de uma perquirição objetiva e avessa ao dogmatismo no tratamento dos bens públicos, buscando identificar, mediante o contraste da literatura e a partir da análise crítica, as construções de proposições que se adéquem à ordem jurídica vigente e contribuam na solução dos conflitos sociais.

Sob tal égide, opta-se pelo método hipotético-dedutivo na medida em que parte-se a problematização de determinadas questões para, a partir delas, deduzir parâmetros para o entendimento da situação-problema suscitada. Utilizar-se-á aqui o chamado raciocínio tópico, que busca sopesar diante da situação as razões que legitimam ou não dada eleição.

Por efeito, parece centrar-se a problemática dos bens públicos na dificuldade de delimitação da própria identificação dos bens que integram o domínio público, que resulta em uma inadequada compreensão do regime aplicável, do papel do seu titular e dos deveres que respectivamente serão impostos.

Por esta razão, o método de procedimento será eminentemente de caráter dogmático, de forma que a investigação se centrará precipuamente na literatura jurídica acerca do problema analisado à luz das obras levantadas, bem como da análise das decisões jurisprudenciais e legislativas quando pertinentes.

Adotam-se, como fontes bibliográficas, além das obras brasileiras, os necessários aportes da literatura estrangeira, sem ignorar as dificuldades que o estudo de direito administrativo comparado produz em razão não apenas da desigualdade do desenvolvimento teórico, mas igualmente das especificidades que se produz em cada Estado e no seu Direito.

Neste sentido, há de se reconhecer que, embora inexista uma única matriz teórica para os bens públicos, o pensamento dominante acaba identificando o domínio público como a teoria ou a técnica jurídica específica que atribui tais coisas à titularidade do Estado, que exerce prerrogativas e poderes, inclusive, no que tange à sua afetação ou desafetação.

Tal generalizada de uma teoria unitária de feição estritamente patrimonialista parece decorrer da literatura francesa de forma que se recorta a análise para as escolas da *domaine public* não apenas por ser a principal matriz do direito romano-germânica, mas, precipuamente, por sua ampla adoção pela literatura administrativa brasileira.

Isto não significa ignorar tanto as proposições do *beni demaniali* da literatura italiana quanto a *öffentlichen Sachen* na doutrina alemã, mas que a proposta do presente livro é desconstruir o *status quo* da teoria dominante no regime pátrio, que tem uma nítida influência de origem francesa.

Quanto aos novos aportes, utiliza-se a literatura espanhola que além de guardar elementos comuns ao sistema brasileiro tem os autores se dedicando a uma análise crítica da teoria do domínio público com formulações acerca dos problemas contemporâneos que envolvem os bens públicos, que corrobora com as hipóteses levantadas no presente livro.

Por esta razão, faz-se a ressalva que tanto na literatura tradicional já havia adeptos minoritários quanto nos autores contemporâneos estrangeiros há aqueles que sustentem de forma próxima alguma das proposições deste trabalho, todavia, não propõem uma construção de uma tese com os variados elementos trazidos que confirmarão o ineditismo deste trabalho.

Faz-se, também, o cotejo com as decisões do Conselho de Estado Francês em razão do seu papel capital na construção da teoria administrativa, da jurisprudência do Supremo Tribunal Federal para apontar as críticas a tal assimilação e dos julgados do Conselho de Estado Espanhol pela assimilação de algumas propostas trazidas por este trabalho.

Ademais, ilustram-se as questões com referências à constelação normativa de bens públicos cujas extensão e delimitação do tema impedem detalhista análise, adotando-se especial atenção às disposições da Constituição Federal e do Código Civil, bem como fazendo seu contraste com o Código Civil Francês e Espanhol e a legislação estrangeira quando pertinente.

Por fim, não poderia deixar de recordar que a história do direito administrativo é a narrativa de um movimento de redução do arbítrio do poder e proteção dos cidadãos, o que demanda a recondução da sua disciplina não apenas à preservação do biônimo autoridade ou liberdade, mas a busca por um ponto central que garanta igualmente tais interesses legítimos.

Não pretende o presente livro aderir a uma perspectiva liberal dos bens públicos, de forma a conduzir a uma proteção dos direitos fundamentais e vilipêndio das coisas sob a sujeição estatal, mas, ao se centrar em uma noção de função social e o dever do seu titular de concretizá-lo, buscar preservar ambos os interesses consagrados na ordem jurídica plural.

Propõe ser um pequeno contributo no papel que a Academia deve assumir na superação do discurso retórico, na reiteração de institutos como lugar comum ou de uma investigação teórica voltada a fins ideológicos ou políticos senão a responsabilidade que deve ter a Universidade na construção do pensamento e da transformação social.

CAPÍTULO 1

A DELIMITAÇÃO DO DOMÍNIO PÚBLICO

1.1 As transformações do direito administrativo e as fronteiras do domínio público: privatização, despublicização e racionalização

Discutir a noção assumida pelos bens públicos na ordem jurídica vigente pressupõe a delimitação da sua matriz teórica – o *domínio público* – não em sua concepção tradicional e generalizada, mas na identificação de seu conteúdo contemporâneo à luz das transformações que têm se subsumido a disciplina jurídico-administrativa.

Não pretende, portanto, analisar em si os influxos teóricos que, em razão do descompasso do estado de arte atual da matéria com as transformações ocorridas na sociedade, impõem a revisão das premissas teóricas estruturantes do direito administrativo[1] ou resultam na formação, para alguns, de uma disciplina pós-moderna.[2]

---

[1] Diante da crise teórica do Direito Administrativo, inicia-se um movimento doutrinário de ampla revisão das categorias e institutos administrativos, formado dentre outros: MOREIRA NETO, Diogo de Figueiredo. *Legitimidade e Discricionariedade*. 3. ed. Rio de Janeiro: Forense, 1998. DI PIETRO, Maria Sylvia Zanella. *Parcerias na Administração Pública*: Concessão, Permissão, Franquia, Terceirização e Outras Formas. São Paulo: Atlas, 1999. MOREIRA NETO, Diogo de Figueiredo. Mutações do direito administrativo novas considerações: avaliações e controle das transformações. *Revista Eletrônica sobre a Reforma do Estado*, Salvador, Instituto de Direito Público da Bahia, n. 2, jun./jul./ago. 2005. SOUTO, Marcos Juruena Villela. *Desestatização, Privatização, Concessões, Terceirizações e Regulações*. 4. ed. rev, atual e ampla. Rio de Janeiro: Lumen Juris, 2001. ARAGÃO, Alexandre. *Agências Reguladoras e Evolução do Direito Administrativo*. Rio de Janeiro: Forense, 2002. BAPTISTA, Patrícia. *Transformações do Direito Administrativo*. Rio de Janeiro: Renovar, 2003. BINENBOJM, Gustavo. *Uma Teoria do Direito Administrativo*: Direitos Fundamentais, Democracia e Constitucionalização. Rio de Janeiro: Renovar, 2006. FREITAS, Juarez. *Direito Fundamental à Boa Administração*. São Paulo: Malheiros, 2014.

[2] Nesta perspectiva, *vide*: MOREIRA NETO, Diogo de Figueiredo. *Quatro paradigmas do direito administrativo pos-moderno*: legitimidade, finalidade, eficiência, resultados. Belo Horizonte: Fórum, 2008.

É necessário, todavia, determinar em que medida as mutações da disciplina administrativa influem na delimitação contemporânea do domínio público, de modo a contrastar com a referida construção tradicional, que propõe a tentativa de formação de uma fronteira rígida no que se refere ao seu conteúdo.

De forma geral, identifica-se o *domínio público* como a teoria que disciplina o conjunto de *bens* que formam o acervo *patrimonial* sob a titularidade estatal, cujo uso destina-se diretamente à coletividade ou são afetados de forma indireta a uma finalidade pública e sujeitam-se a um regime jurídico próprio e exorbitante do direito comum.[3]

Embora seja um dos temas pouco desenvolvidos pela literatura jurídica pátria nas últimas décadas,[4] o domínio público tem sido objeto de severa investigação pelos autores estrangeiros, que apontam a crise do instituto,[5] o seu fim enquanto teoria diante das suas incongruências[6] ou sua desnecessidade atual para justificar a intervenção estatal.[7]

Não parece que o descompasso do domínio público com as transformações do direito administrativo e as demandas sociais importem a sua desconsideração, uma vez que os bens públicos em razão dos interesses público ao qual servem de substrato material continuam exigindo uma disciplina teórica capaz de sustentar um regime jurídico protetivo.

Assim, mesmo abstraindo aqueles extremos, inegável que o estudo da teoria sobre a coisa pública tem sido realizado com uma rigidez que é imprópria ao direito administrativo, uma vez que voltado à pluralidade de atividades de persecução do interesse público e

---

[3] CRETELLA JUNIOR, José. *Dicionário de Direito Administrativo*. 3. ed. rev. e atual. Rio de Janeiro: Forense, 1978. p. 204.

[4] Na maior parte das obras administrativistas brasileiras, o tema é tratado sem grandes discussões acerca de seus fundamentos, caracteres próprios e finalidades, com raras exceções, como os trabalhos recentes: MARQUES NETO, Floriano de Azevedo. *Bens públicos*: função social e exploração econômica: o regime jurídico das utilidades públicas. Belo Horizonte: Fórum, 2009. MARRARA, Thiago. *Bens públicos, domínio urbano e infra-estruturas*. Belo Horizonte: Fórum, 2017. Na perspectiva tradicional, *vide* as clássicas monografias: CRETELLA JUNIOR, José. *Dos bens públicos no direito brasileiro*. São Paulo: Saraiva, 1969.

[5] LAVIALLE, Christian. Le domaine public: une catégorie juridique menacée? *Revue française de droit administratif*, n. 3, p. 585, 1999.

[6] BERENGUER, J. L. González. Sobre la crisis del concepto de dominio público. *Revista de Administración Pública*, Espanha, Centro de Estudios Políticos y Constitucionales, n. 56, Madrid, p. 191, 1968.

[7] GARCIA, Julio V. González. Bienes patrimoniales y patrimonio y bienes patrimoniales de las Administraciones públicas. *In*: GARCIA, Julio V. González; MENDIZÁBAL, Carmen Agoués Mendizábal (Coord.). *Derecho de los bienes públicos*. Madrid: Tirant lo Blanch, 2015. p. 109-115.

demanda um tratamento mais *realístico* capaz de lidar com os conflitos contemporâneos.[8] Tem-se adotado, ainda, uma perspectiva absoluta da concepção clássica de domínio público, inclusive, no que tange aos efeitos decorrentes do regime jurídico exorbitante instituído – como a inalienabilidade e imprescritibilidade – que não se amolda às transformações que têm se sujeitado o Estado em sua teoria e disciplina positiva.

A teoria do domínio público deve se inserir no próprio reajustamento que tem sofrido o direito administrativo diante da tensão entre a ideologia liberal e estatal com a ascensão de novos paradigmas, como a globalização e o neoliberalismo, que resultam em dois fenômenos interligados os quais se destacam: a *privatização* e a *despublicização*.[9]

Note que ambos os fenômenos decorrem do *equilíbrio competitivo* em que diante de determinadas externalidades que produzem falhas de mercado justifica-se uma ampliação do domínio público, ao revés, aquelas que geram falhas na propriedade pública conduzem a sua destinação ao domínio privado.[10]

Tal regulação estatal na produção e qualificação de bens não representa em si um fenômeno novo, o que distingue é a intensidade do movimento, que se volve nas economias de mercado a reserva ao setor público apenas aos *bens* e *serviços* que sejam considerados essenciais, deixando os demais para a iniciativa privada.[11]

Assim, surge a partir da década de 1970 na Europa onde as falhas da intervenção estatal no domínio econômico e social resultam na perda da credibilidade do setor público e apontam problemas que envolvem o campo político, mas igualmente abrange a gestão administrativa como a questão da burocracia e a natureza dos bens públicos.[12]

---

[8] URUTTIA, José Luiz González-Berenguer. Sobre La Crisis Del Conceptio de Dominio Publico. *Revista de Administración Pública*, Espanha, Centro de Estudios Políticos y Constitucionales, n. 56, p. 219, 1968.

[9] CARBONELL, Elisa Moreu. Desmistificación, privatización y globalización de los bienes públicos: del domínio público a las «obligaciones de domínio público». *Revista de administración pública*, Espanha, Centro de Estudios Políticos y Constitucionales, n. 161, p. 435, 2003.

[10] SAN ROMÁN, Antonio Pulido. Innovación, competitividad y privatización. *In*: MONTES, Jose Luis. *Teoría y política de privatizaciones*: su contribución a la modernización económica. Madrid: SEPI, 2004.p. 185.

[11] PANIAGUA, Enrique Linde. La retirada del Estado de la sociedad: privatizaciones y liberalización de servicios públicos. *Revista de derecho de la Unión Europea*, n. 7, p. 31, 2004.

[12] SÁNCHEZ, Isabel-María García. *La nueva gestión pública*: evolución y tendencias. Presupuesto y gasto público, Espanha, n. 47, p. 38, 2007.

Exerce capital importância no Estado Brasileiro que, em um contexto de severa crise econômica na década de 1990 buscou com os referidos fenômenos a possibilidade de implementação de instituições e práticas administrativas capazes de garantir na gestão dos bens e atividades públicas a prossecução do interesse coletivo.[13]

Em uma face com a *privatização* substitui-se a exclusividade da atuação estatal na gestão do interesse público pela participação da iniciativa privada dotadas de meios mais eficientes para a persecução dos bens e interesses almejados pela sociedade, e em outra a *publicização*, que impõe a ingerência estatal no fomento e regulação da delegação.[14]

Abrange, portanto, a liberalização de determinados serviços públicos da titularidade estatal através de leis setoriais que, uma vez servindo tais atividades de base para a afetação dos bens públicos, deve-se considerar que irão abranger igualmente uma privatização material ou ao menos formal das referidas coisas.[15]

É possível então firmar uma correlação entre a noção de privatização e transferência da propriedade ou titularidade das coisas públicas em uma concepção ampla – empresas estatais, ativos ou bens públicos propriamente ditos – decorrente de uma tentativa de atribuir maior eficiência em seu emprego e reduzir a ação estatal àqueles tidos como estratégicos.[16]

Neste sentido que as sucessivas reformas administrativas, ao buscarem aumentar a capacidade do Estado de forma a dispô-lo de meios necessários para intervir efetivamente na sociedade e no mercado inexoravelmente devem envolver a redefinição não apenas de sua relação com os serviços, mas igualmente com os bens públicos.[17]

Note que, no Brasil, há um histórico de reformas administrativas que desde o século XX buscaram a modernização e reforma administrativa, bem como a racionalização do emprego dos bens públicos,

---

[13] PEREIRA, Luiz Carlos Bresser. *Crise Econômica e Reforma do Estado do Brasil*. São Paulo: Editora 34, 1996. p. 272-273.
[14] MOREIRA NETO, Diogo de Figueiredo. *Mutações de Direito Administrativo*. 2. ed. Renovar: Rio de Janeiro, 2001. p 38-40.
[15] CARBONELL, Elisa Moreu. *Op. cit.*, p. 436.
[16] BRIONES, Carlos. Reflexiones sobre la privatización. *Realidad Económico-social*, Universidad Centroamericana "José Simeón Cañas", p. 181, 1991.
[17] SOUTO, Marcos Juruena Villela. *Op. cit.*, p. 434-435.

porém, é a partir das suas últimas décadas que se propõe o modelo de desburocratização e desestatização.[18]

A reforma administrativa do governo militar já traduzia transformações no que tange aos domínios do público com a formação de pessoas administrativas com personalidade de direito privado e dotadas de acervo patrimonial próprio,[19] bem como controle rígido pela Administração Pública Federal dos bens públicos.[20]

Porém, foram as reformas administrativas após a redemocratização que pretenderam imprimir uma racionalização da gestão pública e das organizações estatais existentes, de modo a superar a crise de governabilidade e imprimir maior legitimidade e eficiência na realização das atividades e gestão dos bens públicos.[21]

Assim, o Programa Nacional de Desestatização que, ao concentrar a ação estatal apenas nas atividades fundamentais à consecução de determinados interesses públicos, previu como um dos objetos de suas modalidades operacionais a transferência ou outorga de bens móveis e imóveis da União.[22]

Há quem discorde deste modelo de desestatização com a redução progressiva do Estado e, por conseguinte, da ação da Administração Pública em benefício do mercado, gerando um protagonismo individual e, portanto, a redefinição das próprias fronteiras do Direito Administrativo e seus institutos.[23]

Inclusive, outros consideram que se opera uma *mercantilização* dos bens públicos, que buscam gerar uma otimização para o próprio mercado, afetando o princípio de universalidade de acesso aos mesmos,

---

[18] LIMA JUNIOR, Olavo Brasil. As reformas administrativas no Brasil: modelos, sucessos e fracassos. *Revista de Serviço Público*, ano 49, n. 2, p. 12-14, abr./jun. 2008.
[19] BRASIL. *Decreto-Lei nº 200, de 25 de Fevereiro de 1967*. Art. 5 II e III.
[20] BRASIL. *Decreto-Lei nº 200, de 25 de Fevereiro de 1967*. Art. 13 c, 25 VIII e 87.
[21] Para uma análise da reforma administrativa e seus influxos no plano político, técnico e jurídico, *vide*: MOREIRA NETO, Diogo de Figueiredo. *Apontamentos Sobre a Reforma Administrativa*. Rio de Janeiro: Renovar, 1999.
[22] BRASIL. *Lei Federal nº 9.491, de 9 de Setembro de 1991*. Altera procedimentos relativos ao Programa Nacional de Desestatização, revoga a Lei nº 8.031, de 12 de abril de 1990, e dá outras providências. Casa Civil, Brasília, 9 de setembro de 1997. Disponível em: https://www.planalto.gov.br/ccivil_03/leis/l9491.htm. Acesso em: 18 out. 2023. Art. 2 inciso V e §1º alínea "c", Art. 4 e VII.
[23] CARBONELL, Elisa Moreu. *Op. cit.*, p. 435.

bem como apontando a dificuldade de delimitar uma fronteira conceitual clara dos domínios do público.[24] Apesar de as críticas inegáveis que a implementação do fenômeno através das referidas reformas administrativas produzem um estreitamento da noção de domínio público, ao denotar que a delimitação dos seus bens passa a se sujeitar às *estratégias* de ação estatal eleitas na persecução dos interesses públicos.

Em uma primeira vista, parece apontar que a delimitação das fronteiras do domínio público não se sujeita apenas à análise da adequação da coisa à satisfação das necessidades coletivas, mas a sua inserção dentro do plano de ação estatal, que definirá a sua titularidade pública ou exploração privada.

Todavia, isto não implica em reduzir a noção de desestatização com a privatização, visto que a limitação da ação estatal não ocorre apenas através da redefinição da titularidade de bens e serviços para o campo privado, mas igualmente conduz a delegação da gestão das referidas coisas ou da execução de tais atividades.

O fenômeno envolve não apenas reduções do campo estatal na realização de atividades ou gestão de bens públicos, mas também a sua coexistência com o setor privado na referida prossecução dos interesses públicos, bem como modificações na distribuição de funções e poder no âmbito público.[25]

Deste modo, o Programa Nacional de Desestatização previu não apenas a modalidade de alienação, mas também a possibilidade de arrendamento, locação, comodato ou cessão de bens e instalações, bem como o aforamento, remição de foro, permuta, cessão e concessão de direito real de uso resolúvel dos bens imóveis da União.[26]

Por efeito, o redimensionamento da noção de domínio público transpassa uma redução do seu respectivo acervo, mas envolve a manutenção de determinados bens no acervo público, porém, reconhecendo que a sua proteção e promoção da finalidade pública não ocorrerão necessariamente sob a titularidade estatal.

---

[24] BARRIOS, Edgar Varela. Dimensiones actuales de lo público: A propósito de las interrelaciones entre Estado, Management y Sociedad. *Pensamiento & gestión*, n. 18, Universidad del Norte, p. 53-54, Colombia.
[25] SÁNCHEZ, Isabel-María García. *Op. cit.*, p. 46.
[26] BRASIL. *Lei Federal nº 9.491, de 9 de Setembro de 1991*. Altera procedimentos relativos ao Programa Nacional de Desestatização, revoga a Lei nº 8.031, de 12 de abril de 1990, e dá outras providências. Casa Civil, Brasília, 9 de setembro de 1997. Disponível em: https://www.planalto.gov.br/ccivil_03/leis/l9491.htm. Acesso em: 18 out. 2023. Art. 4 e VII.

Neste sentido que alguns autores identificam o fenômeno como *despublicização* ou o que parece mais adequado como uma *publicização alternativa*, já que não significa uma desregulação da ação administrativa através da perda de sua titularidade, mas da sua transformação com a busca de outras fórmulas de intervenção e de controle.[27]

Assim, há de se incluir as próprias alterações do modelo estatal no que se refere ao regime de execução dos serviços públicos por outros entes públicos ou privados, igualmente produz efeitos no substrato material desta atividade e, portanto, devem traduzir reflexos no que tange à teoria do domínio público.[28]

Em um contexto em que a prestação dos serviços e das atividades públicas passa a ser desenvolvidas a partir de convênios e consórcios entre os poderes públicos, de delegação legal ou negocial com a iniciativa privada, bem como por parcerias e ajustes com a sociedade civil, torna-se difícil delimitar uma noção *rígida* de uma teoria do domínio público.

A redefinição dos papéis dos atores sociais e estatais na gestão do interesse público, através da dissociação do espaço *público* da esfera *estatal* e a coordenação de suas respectivas atuações demanda adequar o domínio público aos agentes públicos e privados, que exercerão igualmente titularidade sob os bens públicos.

Basta considerar no que se refere a determinadas modalidades de delegação negocial, como as parcerias público-privadas as quais forma-se uma sociedade de propósito específica, que não apenas pode ser constituída como pessoa jurídica de direito privado, como ter a forma de companhia aberta sem a maioria acionária pública.[29]

Enquanto responsável pela implantação e gestão do referido objeto da parceria[30] será responsável, portanto, pela contraprestação da Administração Pública, que envolve a outorga de direitos sobre os bens públicos dominicais, bem como a própria cessão dos demais bens públicos se necessário para atingimento dos seus fins.[31]

---

[27] CARBONELL, Elisa Moreu. *Op. cit.*, p. 436.
[28] CARBONELL, Elisa Moreu. *Op. cit.*, p. 446.
[29] BRASIL. *Lei Federal nº 11.079, de 30 de Dezembro de 2004*. Institui normas gerais para licitação e contratação de parceria público-privada no âmbito da administração pública. Casa Civil, Brasília, 30 de dezembro de 2004. Disponível em: https://www.planalto.gov.br/ccivil_03/_ato2004-2006/2004/lei/l11079.htm. Acesso em: 18 out. 2023. Art. 9 2º e §4º.
[30] BRASIL. *Lei Federal nº 11.079, de 30 de Dezembro de 2004*. Op. cit. Art. 9 caput.
[31] BRASIL. *Lei Federal nº 11.079, de 30 de Dezembro de 2004*. Op. cit. Art. 6 inciso IV e V.

Igualmente, em variadas circunstâncias, caberá à Administração Pública assegurar o oferecimento de determinada atividade ou serviço de interesse da coletividade e não apenas abandonar o regime jurídico de direito público, mas recorrer às formas e instrumentos de natureza de direito privado.[32]

Assim, por exemplo, tem-se o instrumento de *cessão de uso* na modalidade gratuita ou sob condições especiais, seja para os entes estatais na prestação de serviços públicos ou as pessoas privadas para a realização de atividades interesse público ou social ou de aproveitamento econômico de interesse nacional.[33]

Admite a referida lei que seja formalizada através do regime de *concessão de direito real de uso resolúvel*[34] sujeito às regras dispostas no decreto federal que regula o loteamento urbano e a concessão de uso de terrenos públicos como um direito real resolúvel, permitindo a sua contratação por instrumento público ou particular.[35]

Sob tal viés, importa em uma redefinição não apenas dos limites para definição do *domínio público*, mas também do seu próprio regime jurídico, pois em dadas situações corresponderá ao melhor atendimento do interesse público a sua realização sob uma disciplina privada, ainda que com as restrições oriundas da preservação do interesse público.

Não deixam de existir *cláusulas* exorbitantes, por exemplo, em *contratos* de cessão de uso oneroso por particulares de bens públicos que, embora constituídos por prazo indeterminados, sujeitam-se à previsão da revogação pelo Estado a qualquer tempo em razão de interesse público.[36]

Note, todavia, que tal expansão da noção de *público*, que não se identifica com o *estatal*, mas envolve além da execução pelos entes privados das referidas atividades estatais, igualmente, a promoção de

---

[32] VEDEL, Georges; DELVOLVÉ, Pierre. *Droit Administratif*. Paris: Presses Unviersitaires de France, 1992. v. 1. p. 36.

[33] BRASIL. *Lei Federal nº 9.636, de 15 de Maio de 1988*. Dispõe sobre a regularização, administração, aforamento e alienação de bens imóveis de domínio da União, altera dispositivos dos Decretos-Leis nºs 9.760, de 5 de setembro de 1946, e 2.398, de 21 de dezembro de 1987, regulamenta o § 2º do art. 49 do Ato das Disposições Constitucionais Transitórias, e dá outras providências. Casa Civil, Brasília, 15 de maio de 1998. Disponível em: https://www.planalto.gov.br/ccivil_03/leis/l9636.htm#:~:text=Disp%C3%B5e%20sobre%20a%20regulariza%C3%A7%C3%A3o%2C%20administra%C3%A7%C3%A3o,%C2%A7%202o%20do%20art. Acesso em: 18 out. 2023. Art. 18 inciso I e II.

[34] BRASIL. *Lei Federal nº 9.636, de 15 de Maio de 1988*. Op cit. Art. 18 §1º.

[35] BRASIL. *Decreto-Lei nº 271, de 28 de Fevereiro de 1967*. Art. 7 *caput* e §1º.

[36] BRASIL. *Decreto-Lei nº 271, de 28 de Fevereiro de 1967*. Art. 17 *caput* e §2º.

interesses da coletividade realizado diretamente pela sociedade conduz à uma necessária redefinição do domínio público.

Neste sentido, não é recente o reconhecimento de que determinados entes particulares voltam suas atividades à realização de interesses da coletividade e, portanto, devem ser reconhecidos e protegidos pelo Estado que, usualmente, qualificava-os como entidades de *utilidade* ou de *interesse público*.

Note, porém, que isto não importava em uma influência na teoria do domínio público, pois a declaração dependia de um requerimento formal e uma anuência estatal mediante o cumprimento de determinados requisitos legais sem que, todavia, resultasse em qualquer tipo de cessão de bens públicos.[37]

Não obstante, imediatamente após a implementação do Plano de Desestatização foi consagrado o Programa Nacional de Publicização com o estabelecimento de diretrizes e critérios para a qualificação dos referidos entes privados, de forma a garantir a absorção das atividades antes desenvolvidas pelos poderes públicos.

Desta feita, além da previsão dos requisitos formais para a qualificação das entidades da sociedade civil, como organizações da sociedade civil de interesse público ou organizações sociais, foi garantida a destinação dos bens públicos,[38] inclusive, com a determinação da forma de permissão de uso ou permuta de bens públicos.[39]

---

[37] BRASIL. *Lei Federal nº 91, de 28 de Agosto de 1935*. Determina regras pelas quais são as sociedades declaradas de utilidade pública. Diário Oficial da União, Rio de Janeiro, 28 de agosto de 1935. Disponível em: https://www2.camara.leg.br/legin/fed/lei/1930-1939/lei-91-28-agosto-1935-398006-publicacaooriginal-1-pl.html#:~:text=Determina%20regras%20pelas%20quais%20s%C3%A3o%20as%20sociedades%20declaradas%20de%20utilidade%20p%C3%BAblica.&text=que%20o%20cargos%20de%20sua,Art. Acesso em: 18 out. 2023. Art. 3º "Nenhum favor do Estado decorrerá do titulo de utilidade publica, salvo a garantia do uso exclusivo, pela sociedade, associação ou fundação, de emblemas, flammulas, bandeiras ou distinctivos proprios, devidamente registrados no Ministerio da Justiça e a da menção do titulo concedido".

[38] BRASIL. *Lei Federal nº 9.790, de 23 de Março de 1999*. Dispõe sobre a qualificação de pessoas jurídicas de direito privado, sem fins lucrativos, como Organizações da Sociedade Civil de Interesse Público, institui e disciplina o Termo de Parceria, e dá outras providências. Casa Civil, Brasília, 23 de março de 1999. Disponível em: http://www.planalto.gov.br/ccivil_03/leis/l9790.htm. Acesso em: 18 out. 2023. Art. 4 inciso V.

[39] BRASIL. *Lei Federal nº 9.637, de 15 de Maio de 1988*. Dispõe sobre a qualificação de entidades como organizações sociais, a criação do Programa Nacional de Publicização, a extinção dos órgãos e entidades que menciona e a absorção de suas atividades por organizações sociais, e dá outras providências. Casa Civil, Brasília, 15 de maio de 1998. Disponível em: https://www.planalto.gov.br/ccivil_03/leis/l9637.htm#:~:text=Disp%C3%B5e%20sobre%20a%20qualifica%C3%A7%C3%A3o%20de,sociais%2C%20e%20d%C3%A1%20outras%20provid%C3%AAncias. Acesso em: 18 out. 2023. Art. 12 e 13.

Com o estabelecimento do regime jurídico das parcerias entre a Administração Pública e as organizações da sociedade civil e suas respectivas reformas, inclusive, previu-se a doação de bens públicos para os respectivos entes desde que mediante a realização de prévio chamamento público.[40]

Ademais, garantiu as organizações da sociedade civil o reconhecimento do benefício, independente de sua certificação de receber bens móveis considerados irrecuperáveis, apreendidos, abandonados ou disponíveis, que sejam administrados pela Secretaria da Receita Federal do Brasil.[41]

Também previu que mesmos os bens adquiridos com recursos financeiros envolvidos na parceria – que podem ser decorrentes de aporte estatal – ainda que necessários à consecução do objeto – o qual guarda uma natureza pública – não se incorporam ao mesmo, inclusive, podendo ser doados pela Administração Pública.[42]

Vide, portanto, que a par da delegação legal ou negocial, há o reconhecimento para sociedades civis que exercem sem fins lucrativos atividades de interesse público não apenas a atribuição formal de uso dos bens públicos, mas, inclusive, a sua permuta ou alienação gratuita em razão da função coletiva que exercem.

À primeira vista, isto poderia significar que a delimitação das fronteiras do domínio público sujeita-se à uma perspectiva estritamente *liberal*, de forma a restringir o alcance dos bens públicos e mitigar o seu regime jurídico em razão da atuação de sujeitos privados, inclusive, em garantia de sua titularidade sob eles.

Por um lado, seria desconsiderar que o processo liberalizador abrange não apenas a *privatização* com a transferência de titularidade para os entes particulares, mas envolve igualmente a ampliação da

---

[40] BRASIL. *Lei Federal nº 13.019, de 31 de Julho de 2014*. Estabelece o regime jurídico das parcerias entre a administração pública e as organizações da sociedade civil, em regime de mútua cooperação, para a consecução de finalidades de interesse público e recíproco, mediante a execução de atividades ou de projetos previamente estabelecidos em planos de trabalho inseridos em termos de colaboração, em termos de fomento ou em acordos de cooperação; define diretrizes para a política de fomento, de colaboração e de cooperação com organizações da sociedade civil; e altera as Leis nºs 8.429, de 2 de junho de 1992, e 9.790, de 23 de março de 1999. Secretaria-Geral, Brasília, 31 de julho de 2014. Disponível em: https://www.planalto.gov.br/ccivil_03/_ato2011-2014/2014/lei/l13019.htm. Acesso em: 18 out. 2023. Art. 19.

[41] BRASIL. *Lei Federal nº 13.019 de 31 de Julho de 2014*. Op. cit. Art. 84-B inciso II.

[42] BRASIL. *Lei Federal nº 13.019 de 31 de Julho de 2014*. Op. cit. Art. II inciso XIII e Art. 36 parágrafo único.

atuação do Estado no âmbito privado, por exemplo, enquanto sócio de empresas.[43]

Por outro lado, negar que os contornos do domínio público abrangem também um processo de *revalorização* dos bens públicos, de forma a adequá-lo a outras realidades – como, o domínio público radioelétrico – e a expansão dos bens culturais e ambientais, que reforçam a importância da *finalidade pública* no que tange à titularidade de bens.[44]

Reconhecer a necessidade de uma teoria construída para proteger os bens enquanto públicos não importa admitir uma proteção indiscriminada a título de preservação do coletivo, mas a necessidade de perquirir quais são as fronteiras do domínio público e, portanto, dos bens que devem se sujeitar ao regime jurídico protetivo.

Envolve aduzir que os alicerces ao qual foi construído a teoria vigente do domínio público é insuficiente para lidar com as transformações que se sujeitou a disciplina administrativa e, portanto, conduzem à um influxo de duas forças opostas, que resultam em movimentos antagônicos, mas complementares de ampliação e de redução das suas fronteiras.

Em um vértice, a expansão do domínio público deve envolver diretamente a necessidade de redimensioná-lo de forma a abranger as atividades de prossecução do interesse público realizadas pela própria sociedade resguardando, portanto, os seus substratos materiais, na medida em que ligados aos mesmos.

Neste sentido, vale notar que o Conselho de Estado em sua jurisprudência recente tem firmado uma tendência *expansionista* do domínio público com uma aplicação rígida do regime de direito público aos bens sob a titularidade estatal, inclusive, no que tange aos seus bens patrimoniais de índole privada.[45]

Todavia, não parece que o entendimento da corte siga o influxo da proposta de ampliação protetiva, pois não se pretende ampliar o domínio *estatal*, resguardando uma maior proteção às coisas sob a titularidade dos poderes públicos, mas uma tutela para bens que exerçam uma função pública, ainda que sem a titularidade estatal.

---

[43] PANIAGUA, Enrique Linde. *Op. cit.*, p. 37.
[44] CARBONELL, Elisa Moreu. *Op. cit.*, p. 437.
[45] GAUDEMET, Yves. El futuro del Derecho de las propiedades públicas. *Revista Andaluza de Administración Pública*, n. 40, p. 17, 2000.

Tanto que se tem afirmado que tal rigor do Conselho de Estado gera uma condenação dialética ao instituto que, ao revés de se adaptar às questões subjacentes na prática, tem mantido um endurecimento teórico, embora sujeito à aplicação cada vez mais excepcional de soluções do regime comum ou civil.[46]

Como dito, não se afilia a noção de que a própria concepção de domínio público diante de tais transformações estaria fadada à sua extinção ou inutilidade, mas que tais influxos no direito administrativo denotam as contradições do seu substrato teórico e impõe ajustes e correções necessárias ao tema.

Isto porque, se por um lado, demanda uma releitura da noção de domínio público para ampliar o seu regime protetivo, sob outro prisma, torna necessário o estreitamento do domínio público para discutir a proteção dos bens que não exerçam um *munus publico*, por não estarem ligados à ação estatal de satisfação das necessidades coletivas.

É inegável que a teoria do domínio público como máximo expoente da propriedade pública e construída sob a égide de um Estado Liberal torna-se inadequada diante do influxo de um modelo de Estado Mínimo, correspondendo tal regime a um obstáculo pela sua rigidez para o desenvolvimento de vários institutos.[47]

Tome-se, por exemplo, as *infraestruturas*, que encontram como um dos entraves para o seu desenvolvimento as limitações do domínio público, produzindo muitas vezes conflito entre os prestadores privados de serviço público e os titulares dos referidos bens públicos no que tange à implementação dos equipamentos e redes imprescindíveis.[48]

Tais problemas, dentre outros, apontam não apenas a inadaptação da teoria do domínio público para resolver questões contemporâneas, mas também impõe a discussão sobre uma atenuação ou flexibilização dos seus princípios capaz de permitir uma melhor gestão dos bens públicos pelo Estado.[49]

Por esta razão, não se limita tais transformações observadas na teoria do domínio público apenas no que tange à relação entre os bens públicos e os sujeitos privados, mediante o descolamento da noção de

---

[46] GAUDEMET, Yves. *Op. cit.*, p. 17.
[47] CARBONELL, Elisa Moreu. *Op. cit.*, p. 446.
[48] MARRARA, Thiago. *Op. cit.*, p. 241-242.
[49] CARBONELL, Elisa Moreu. *Op. cit.*, p. 447.

público e estatal com resultante delegação legal, negocial ou consensual da execução da atividade pública.

Envolve, também, a definição das fronteiras do domínio público no que tange ao próprio Estado-Administração, adequando as suas relações jurídicas que têm por objeto os bens públicos, de forma às transformações que conduzem a um novo modelo de gestão do interesse público pela Administração Pública.

Neste sentido, o processo de globalização não se identifica apenas com um processo de difusão do conhecimento ou de efeitos nas relações econômicas, mas envolve a subsunção a vetores como eficiência e desempenho, que impõem um complexo de transformações não apenas nas relações sociais e econômicas, mas políticas e *estatais*.[50]

Impõe a racionalização do emprego dos recursos disponíveis para a Administração Pública, mediante a modernização de suas estruturas e o aprimoramento e qualificação de seus agentes, capaz de permitir uma gestão responsável dos bens públicos e, portanto, maior celeridade, economicidade e eficiência na prossecução do interesse público.[51]

Neste tocante, discutir as fronteiras do domínio público envolve verificar suas margens internas, de forma a delimitar em que medida tais fenômenos alteram a relação dos entes, órgãos e agentes públicos no que tange à gestão dos referidos bens, permitindo garantir uma ação administrativa efetiva na prossecução do interesse público.[52]

Verifica-se, portanto, que a gestão responsável dos bens públicos envolve um processo de *racionalização* na sua gestão pelo poder público e, portanto, demanda uma modificação no perfil organizacional dos entes e órgãos, que impõem um novo standard de atuação dos seus agentes[53] que foi assimilado pelas reformas administrativas.[54]

---

[50] A sociedade de conhecimento que tem por eixo central a informação e as tecnologias de comunicação articula uma revolução expressa na globalização do capital, na mediação das expressões culturais e na modelagem da política e da ação estatal de forma profunda com efeitos variados. A abordagem será restrita àqueles que se correlacionam com o objeto do trabalho. Sobre o tema, *vide*: CASTELLS, Manuel. *A sociedade em rede* – a era da informação: economia, sociedade e cultura. São Paulo: Paz e Terra, 1999.

[51] COUTINHO, José Roberto de Andrade. *Gestão Patrimonial na Administração Pública*. Rio de Janeiro: Lumen Juris, 2004. p. 34-35.

[52] COUTINHO, José Roberto de Andrade. *Op. cit.*, p. 34-35.

[53] BEHN, Robert D. O Novo Paradigma da Gestão Pública e a Busca da Accountability Democrática. *Revista do Serviço Público*, ano 49, n. 4, p. 7, out./dez. 1998.

[54] Neste sentido, a Emenda Constitucional nº 19/98 precognizou o processo de profissionalização da Administração Pública, em especial, com a previsão de manutenção de Escolas de Governo para formação e treinamento dos servidores públicos (artigo 39 §2º), de aplicação de recursos públicos para aplicação no desenvolvimento de programas de qualidade e produtividade,

Neste sentido, o domínio do *público* sujeita-se a um processo de *racionalização* que não determina apenas apropriação privada ou transferência de sua titularidade a agentes privados, como ocorre na privatização e despublicização, mas à adequação efetiva de sua gestão pelo Estado à prossecução dos interesses públicos.

Por efeito, este fenômeno resulta na Administração Pública no movimento de *subsidiariedade* – com utilização da iniciativa privada dotada de maior capacidade técnica e operacional para a prestação do serviço e gestão dos bens públicos – e de *especialidade* – com emprego de conhecimentos especializados na gestão eficiente dos bens e interesses públicos.[55]

Desloca-se, portanto, o eixo central da atuação administrativa, concentrado antes em uma racionalidade procedimental e exteriorizado na observância à legalidade estrita e no controle prévio para o vetor *desempenho* de forma a aferir a gestão dos bens públicos e a avaliar o atendimento aos interesses que se propõem.[56]

Tal processo determina, portanto, no que espaço de atuação da Administração Pública adote a escolha dos meios que produzam os melhores resultados possíveis em atendimento do interesse público[57] e, portanto, a atribuição de *técnicas* que permitam uma melhor gestão dos bens que compõem o domínio público.

Isto não significa ignorar que tal processo de racionalização que se sujeita à Administração Pública possa ser exclusivamente *técnico*, uma vez que a persecução do interesse público sujeita-se ao influxo de questões ideológicas, econômicas e sociais, que conduzem ao debate sob uma tentativa de neutralidade e interfere na questão da eficiência.[58]

Porém, independente das críticas ao fenômeno, tanto o processo de *racionalização* quanto de *privatização* e a *despublicização* representam

---

treinamento e desenvolvimento, modernização do serviço público (artigo 39 §7º), dentre outros. BRASIL. Emenda Constitucional nº 19, de 04 de Junho de 1998. Modifica o regime e dispõe sobre princípios e normas da Administração Pública, servidores e agentes políticos, controle de despesas e finanças públicas e custeio de atividades a cargo do Distrito Federal, e dá outras providências. Casa Civil, Brasília, 4 de junho de 1998. Disponível em: https://www.planalto.gov.br/ccivil_03/constituicao/Emendas/Emc/emc19.htm. Acesso em: 18 out. 2023.

[55] MOREIRA NETO, Diogo de Figueiredo. O Estado e o Futuro: Prospectiva Sobre Aspectos da Instituição Estatal. In: SOUZA, Hamilton Dias de. A Reengenharia do Estado Brasileiro. São Paulo: Editora Revista dos Tribunais, p. 47, 1995.

[56] SOUTO, Marcos Juruena Villela. *Op. cit.* p. 434-435.

[57] MOREIRA NETO, Diogo de Figueiredo. *Legitimidade e Discricionariedade*. 3. ed. Rio de Janeiro: Forense, 1998. p. 25-26 e 76.

[58] MEYNAUD, Jean. *Problemas Ideologicos Del Siglo XX*. Barcelona: Ariel, 1964. p. 362-363.

paradigmas, que impõem uma releitura dos institutos, categorias e normas do direito administrativo e produzem efeitos na delimitação das fronteiras do domínio público.

Observa-se com os fenômenos um nítido deslocamento do *público* com o *estatal* com a transferência da titularidade ou execução dos serviços e bens para entes privados e a manutenção e o emprego racional apenas dos bens públicos considerados estratégicos ou essenciais para a persecução do interesse público.

Torna-se difícil, portanto, sustentar um conceito estrito para o domínio público, que o identifique com a titularidade estatal ou a sujeição plena a um regime jurídico de direito privado, uma vez que na busca do melhor atendimento ao interesse público, o Estado pode atribuir a coisa a entes particulares ou adotar formas do direito comum.

Por efeito, o que se pretende não é um esvaziamento da noção do domínio público, mas sua adequação às referidas transformações, que permita garantir uma disciplina jurídica mais protetiva para os bens públicos independente da titularidade ou instrumento adotado pelo ente estatal.

Não obstante, isto encontra como óbice a construção de sua teoria no século XIX e na sua perpetuação, ainda, na contemporaneidade, à luz de uma centralidade na figura do Estado, o que gera uma concepção equivocada de que o domínio público tem por fundamento a soberania ou do poder estatal.

Torna-se necessário, portanto, perquirir se é possível ainda sustentar uma teoria do domínio público calcada sob a noção de *puissance publique* formada na ascensão do Estado Moderno há mais de dois séculos e sob a égide de um Estado Constitucional de Direito, que reordena a relação entre o Estado e a sociedade.

A reconstrução das fronteiras do domínio público perpassa então pelo necessário debate do fundamento de sua teoria e a tentativa de deslocamento, capaz de situar os bens públicos em um contexto que assumem outras titularidades e utilizam formas oriundas do direito privado.

O tema será tratado a seguir.

1.2 O mito do fundamento do domínio público e a sua feição no Estado Constitucional de Direito: do poder soberano aos deveres funcionais

Uma das dificuldades no que tange à adequação da teoria do domínio público aos influxos das transformações na disciplina administrativa é a tentativa de sustentar ainda como o seu fundamento à noção de *soberania* que, em uma visão tradicional, representaria o *poder* exercido pelo Estado sobre as coisas em seu território.

Na literatura jurídica, inúmeras são as concepções da soberania, que ora se identifica com a titularidade de seu governante,[59] ora é tida pelos seus governados[60] e pode ser vista enquanto elemento de ordenação das relações internacionais[61] ou forma de legitimidade do ente público,[62] porém, todas parecem se ligar a uma noção de *poder*, ainda que juridicizado.

Não se pretende abordar as críticas à vertente da soberania como poder absoluto, seja com a construção de limites decorrentes de um direito natural como superior e anterior ao Estado[63] ou a desconstrução do monopólio normativo do Estado com o reconhecimento de outros sujeitos – como grupos e associações.[64]

Cabe verificar se a soberania em si e o poder público como sua decorrência é capaz de sustentar adequadamente na contemporaneidade uma teoria do domínio público, tendo em vista, também, o seu redimensionamento em razão das transformações, que igualmente se sujeitou o Estado.

Tratar do domínio pressupõe, portanto, o que parte da literatura estrangeira designa como uma *desmistificação* da sua teoria, em razão da sua falta de unidade e coerência, que conduz necessariamente a uma redefinição capaz de permitir a regulação do seu acervo à luz daquelas transformações.[65]

---

[59] BODIN, Jean. *Les six livres de la République*. Paris: Librairie générale française, 1993.
[60] ROUSSEAU, Jean-Jacques. *O Contrato social*. São Paulo: Martins Fontes, 2000.
[61] KANT, Immanuel. *A paz perpétua*. Porto Alegre: L&PM, 2006.
[62] KELSEN, Hans. *Teoría General Del Estado*. Mexico: Editora Nacional, 1959.
[63] DUGUIT, Léon. *Soberania y Libertad*. Madrid: Editora Beltran, 1924. p. 206-210.
[64] LASKI, Harold J. *El problema de la soberanía*. Buenos Aires: Editora Siglo Veinte, 1945. p. 15-31.
[65] CARBONELL, Elisa Moreu. *Op. cit.*, p. 436.

Um dos mitos, portanto, é que o domínio público tem por fundamento a noção de soberania ou poder público, que permite atribuir ao Estado uma titularidade e o exercício sobre as referidas coisas públicas, uma série de prerrogativas ou poderes no exercício da atividade administrativa.

Constrói-se para a propriedade pública um espaço amplo de decisão, que não gera uma adequação aos ditames impostos pela ordem jurídica – que demandam a funcionalização das coisas – e a própria finalidade da construção de uma disciplina própria – voltada à finalidade pública.

Assim gera a idiocracia, por exemplo, de sustentar que por ato formal a desafetação de bens públicos, ainda que funcionalizados, bem como que se adquira ou mantenha no acervo estatal, coisas que não exerçam nenhuma finalidade pública, sem que haja qualquer imposição para a sua alienação aos domínios privados ou afetação a alguma função coletiva.

Porém, isto é decorrência não do instituto, mas da própria natureza da disciplina administrativa, em que se constroem mitos administrativos, que traduzem na eleição de determinados conceitos capaz de se apoiar em uma perspectiva emocional ou não racional dos cidadãos e garantir um consenso sem uma efetiva discussão dos referidos institutos.[66]

Tome-se, por exemplo, a apontada supremacia do interesse público que, embora possa traduzir uma aparente e salutável proteção do bem coletivo, sua noção como princípio acabou sendo construída durante a ditadura militar[67] e serviu como o fundamento para a doutrina da segurança nacional[68] e para sustentar o seu regime.

Um dos mitos é a entidade multiforme chamada *puissance publique* que, apesar de transvestida em uma noção jurídica – enquanto poderes ou potestades atribuídas ao Estado com fins ao interesse público – exerce um papel ideológico e quase místico ou religioso da ação estatal.[69]

Com a ideia de que a *puissance publique* busca atender o interesse comum, as instituições e agentes estatais pelos quais se manifestam o público acabam gozando de uma aprovação tácita para as duas decisões,

---

[66] DÉROCHE, Henry. *Les Mythes Administratives*. Paris: Dalloz, 1966. p. 17.
[67] MELLO, Celso Antônio Bandeira de. O Conteúdo do Regime Jurídico-Administrativo e seu Valor metodológico. *Revista de Direito Público*, v. 1, n. 2, p. 45, out./dez. 1967.
[68] MEIRELLES, Hely Lopes. Poder de Polícia e Segurança Nacional. *Revista dos Tribunais*, São Paulo, v. 61, n. 445, p. 288-289, nov. 1972.
[69] DÉROCHE, Henry. *Op. cit.*, p. 17.

o que conduz não apenas a uma legitimação dos seus atos, mas, igualmente, a garantia de obediência.[70]

A Administração Pública acaba por simbolizar esse *poder* do Estado e, por conseguinte, esse clichê, que se reforça pelo caráter *ritualístico* que é dado à ação administrativa pelo culto das formas, a construção de uma hierarquia e o caráter de coercitividade da obrigatoriedade das sanções.[71]

Enraíza-se tal noção de *puissance publique* de forma que é comum na literatura jurídica e na própria concepção comum considerar que o Estado é o poder público ou que a Administração Pública é o poder público[72] e, portanto, que os seus institutos são a manifestação da soberania ou poder.

Isso ocorre com o domínio público que, ao revés de se identificar como a teoria que busca dotar ou garantir para os bens públicos a realização de seus fins na satisfação das necessidades coletivas, acaba sendo o regime que reafirma a autoridade estatal e o *poder* exercido sob as coisas.

Neste sentido, embora originada no Absolutismo Real, tenta-se transmutar tal noção de *poder* no Estado Moderno para *prerrogativa* concedida à Administração Pública para vencer a resistência dos particulares e garantir os sacríficos necessários para o interesse público, o que ensejará restrições necessárias.[73]

Porém, ainda que dotada de um caráter jurídico, tais poderes ou prerrogativas chocam o sentimento jurídico moderno, como a irresponsabilidade do Estado em determinadas atividades – a exemplo do exercício ordinário da função legislativa ou judiciária – ou a existência de atos discricionários não sujeitos a qualquer controle.[74]

No que tange ao domínio público, a construção de sua teoria à luz de uma *puissance publique* que coloca o Estado nessa posição privilegiada em relação às coisas públicas sob o qual tem a titularidade, deve ser discutida diante da ascensão dos paradigmas de um Estado Constitucional de Direito.

---

[70] DÉROCHE, Henry. *Op. cit.*, p. 19.
[71] DÉROCHE, Henry. *Op. cit.*, p. 22.
[72] ROUSSET, Michel. *L'Idée de Puissance Publique Em Droit Administratif*. Paris: Librairie Dalloz, 1960. p. 7.
[73] RIVERO, Jean. *Droit Administratif*. 3. ed. Paris: Dalloz, 1965. p. 11.
[74] VEDEL, Georges; DELVOLVÉ, Pierre. *Op. cit.*, p. 35.

Todavia, na literatura nacional ainda se sustenta o domínio público como *poder* direto e especial do Estado exercido sobre os bens do seu acervo que, junto ao domínio eminente, permite atuar não apenas sob as coisas públicas, mas qualquer propriedade privada dos particulares em seu território, como decorrência da soberania estatal.[75] A própria expressão domínio público chega a ser utilizada, às vezes, para designar não apenas o acervo – as coisas públicas supostamente sujeitas ao patrimônio do ente público – mas os próprios poderes – espaços inapropriáveis e propriedades particulares – sujeitos à soberania estatal.[76]

Neste sentido, a noção de soberania estatal corresponde ao elemento material da noção de domínio público, sob a justificativa que tais bens caracterizam-se por fazer parte do território do Estado, inclusive, no que tange aos seus referidos bens acessórios, ainda que destacáveis – como as lanternas e bóias de um navio público.[77]

Inegável que a formação da disciplina teórica do domínio público ocorre imediatamente após a ascensão do Estado Moderno e, portanto, justifica-se pela necessidade de superar a monarquia e afirmar a soberania do ente público no que tange à gestão do referido acervo de coisas.

O problema é que o debate na literatura jurídica ainda se move em torno da dogmatização da categoria de domínio público em um plano teórico-historicista que se abstrai das profundas mutações que foram experimentadas pelo Estado na sua evolução e que alteraram o sentido e a funcionalização dos bens públicos.[78]

A compreensão do domínio público como a manifestação do poder ou da soberania estatal impede que se reconheça, por exemplo, ao particular que ocupa um bem público desfuncionalizado, a possibilidade de dar-lhe um fim social, tal qual determina a própria Constituição Federal, ao estipular o dever de funcionalização da propriedade sem distingui-la.

---

[75] CRUZ, Alcides. *Direito Administrativo Brasileiro*. 2. ed. Rio de Janeiro: Francisco Alves & Cia, 1914. p. 215. Para o autor, não existe um *domínio imanente* do Estado sobre o domínio privado, mas as condições a propriedade individual são a própria manifestação do exercício da *soberania* nas relações privadas, que impõe restrição à autonomia individual em razão da necessidade social.
[76] CAETANO, Marcelo. *Op. cit.*, p. 830.
[77] FOIGNET, René. *Op. cit.*, p. 196.
[78] ALFONSO, Luciano Parejo. Dominio Publico: Un Ensayo de Reconstruccion de Su Teoria General. *Revista de Administración Publica*, Espanha, Centro de Estudios Políticos y Constitucionales, n. 100-102, Enero-Diciembre 1983. p. 2.

As celeumas relativas aos bens públicos – como a titularidade por entes privados, a impossibilidade de sustentar um regime exclusivamente público, a contraditória manutenção de coisas públicas desfuncionalizadas e a funcionalização por indivíduos – envolve o enraizamento da noção de soberania.

Isto porque baseia-se em uma noção tradicional e incompatível de soberania estatal enquanto *potestade*, que se exterioriza na formação de uma teoria do domínio público, que se infirma como um exercício do Estado sobre a sua propriedade como um poder jurídico análogo ao que ostentava sob as demais coisas.[79]

Porém, não é mais possível sustentar a construção moderna de soberania como um poder de comando absoluto – que não se sujeita a limites exceto das leis divinas ou naturais – e perpétuo – já que fundamento da própria República – que concede não apenas o monopólio da produção do Direito, mas do exercício da coerção.[80]

Concebida como autodeterminação juspolítica plena, a soberania não é mais sequer tida como um elemento essencial do Estado,[81] diante da formação de entes que declinam da soberania mediante uma razoável autonomia na organização política-jurídica, desde que possam garantir simultânea identidade e segurança.[82]

Assim, se antes a soberania era elemento essencial para a afirmação do Estado Moderno, acaba por assumir uma feição relativizada na contemporaneidade em que se assistem Estados, com organização e meios políticos próprios, não soberanos, de modo que se tornam raros aqueles que podem ser considerados efetivamente nacionais.[83]

A soberania passa a corresponder, portanto, a *um* atributo específico do poder, traduzindo em uma insubmissão de sua ordem jurídica a qualquer outra e no acesso à comunidade internacional de forma igualitária e sem subordinação à força ou diretrizes do Estado Estrangeiro.[84]

---

[79] Tal noção remonta ao próprio Direito Romano, o qual as conquistas militares tornavam os territórios adquiridos ao povo romano, que podia fazer o aproveitamento máximo de todas as propriedades, inclusive, privadas, através de variados instrumentos de cessão – *ager quaestorius, ager trientalibus fruendus datus, ager occupatorius* e *ager vectigalis* – concessão ou arrendamento. ALFONSO, Luciano Parejo. *Op. cit.*, p. 7.
[80] BODIN, Jean. *Op. cit.*, p. 111.
[81] JELLINEK, Georg. *Teoria General Del Estado*. Bueno Aires: Editorial Albatros, 1973. p. 366-367.
[82] MIRANDA, Jorge. *Teoria do estado e da constituição*. Rio de Janeiro: Forense, 2002. p. 218.
[83] JELLINEK, Georg. *Op. cit.*, p. 367.
[84] Nesse quadro em que surge a soberania como a capacidade internacional plena, é possível identificar Estados soberanos, semissoberanos e não soberanos, sendo os últimos aqueles

Isto, todavia, não conduz a compreensão que no âmbito interno não haja a submissão à sua própria produção normativa ou que no âmbito externo não se sujeite à comunidade internacional através dos tratados firmados ou do *ius cogens*, o que aponta que é um poder mitigado sujeito a limitações.

Adéqua-se à transformação do direito internacional no século XX em que a feição de *soberania* transmuta-se de *poder* para *autonomia* dos povos e permite a reconstrução da comunidade internacional à luz de proteções garantidas em âmbitos mundiais que reforçam os constitucionalismos nacionais.[85]

Os arbítrios dos Estados no exercício das suas soberanias, em especial, no que tange às guerras mundiais e os regimes totalitários ou autoritários, apontam a necessidade de relativização do poder que envolve sua compreensão como expressão ordenada das forças na sociedade, mas para a realização dos fins comuns.[86]

O desenvolvimento da comunidade internacional e dos grupos supranacionais, bem como a integração política, jurídica e econômica importa em um estreitamento da plenitude do poder dos entes estatais, inclusive, no seu âmbito interno, o que conduz a um esvaziamento da noção de soberania.[87]

Torna-se insustentável uma concepção restrita de soberania, uma vez que há a presença de sujeitos internacionais de direito privado – como os conglomerados econômicos – ou de direito público – tal qual os órgãos internacionais – que não atuam apenas em um território nacional, inclusive, editam ou aplicam normas que sujeitam os referidos Estados.

Ademais, com a consagração do sistema internacional de proteção dos direitos do homem relativiza-se a noção de soberania,[88] inclusive, no

---

que não integram a comunidade internacional organizada, mas são sujeitos passivos das regras que necessariamente iram o reger. MIRANDA, Jorge. *Op. cit.*, p. 219-230.
[85] FERRAJOLI, Luigi. *A soberania no mundo moderno*. São Paulo: Martins Fontes, 2003. p. 7.
[86] MOREIRA NETO, Diogo de Figueiredo. *Teoria do Poder*: Sistema de direito político: estudo juspolitico do poder. São Paulo: Editora Revista dos Tribunais. 1992. p 17.
[87] BOBBIO, Noberto; MATTEUCCI, Nicola; PASQUINO, Gianfranco. Dicionário de Política. Brasília: Editora Universidade de Brasília, 1998. p. 1187.
[88] ORGANIZAÇÃO DAS NAÇÕES UNIDAS. Declaração Universal dos Direitos Humanos, 10 de dezembro de 1948. Art. 2 "Todos os seres humanos podem invocar os direitos e as liberdades proclamados na presente Declaração, sem distinção alguma, nomeadamente de raça, de cor, de sexo, de língua, de religião, de opinião política ou outra, de origem nacional ou social, de fortuna, de nascimento ou de qualquer outra situação. Além disso, não será feita nenhuma distinção fundada no estatuto político, jurídico ou internacional do país ou do território da naturalidade da pessoa, seja esse país ou território independente, sob tutela, autônomo ou sujeito a alguma limitação de soberania".

âmbito interno com a reordenação da relação de súdito e soberano para de Estado e de cidadão sujeito, portanto, a uma soberania limitada.[89]

Há um nítido deslocamento do paradigma *estatal* para *cidadão*, que demanda uma releitura da soberania não apenas como forma de *submissão* dos indivíduos voltada ao atendimento dos fins coletivos, mas igualmente, como *sujeição* dos entes públicos ao respeito e promoção aos direitos humanos-fundamentais.

Assim, amoldam-se as transformações externas às mudanças produzidas no direito nacional, uma vez que com a ascensão do Estado de Direito impõe-se ao sujeito soberano à vinculação a alguns paradigmas – princípio da legalidade, a separação dos poderes e os direitos fundamentais – o que significa em certa medida a própria negação da soberania.[90]

Há uma perda nítida no espaço de poder do Estado na medida em que ele é exercido de forma especializada entre órgãos separados, de acordo com o próprio fruto da sua produção normativa e observado o procedimento legislativo e em respeito aos direitos que são atribuídos aos cidadãos como igualmente forma de controle do arbítrio.

Desta feita, verifica-se uma inegável tensão dialética entre soberania – enquanto concentração e unificação do poder – com constitucionalismo – conquanto técnica de separação e equilíbrio – de forma que a consagração do Estado Constitucional importa na redução dessa sua dimensão de poder absoluto, evitando que seja arbitrário.[91]

Note, portanto, que o Estado Constitucional de Direito produz vínculos não apenas formais – relativos às exigências formais – mas igualmente substanciais – quanto aos condicionamentos materiais – que produz a validade substantiva do ente público e conduz a um redimensionamento da noção de soberania. 92

Propõe-se reduzir o campo de liberdade estatal pelos poderes constituídos na decisão pública em razão não apenas da submissão formal à sua produção legislativa, mas ao respeito das escolhas fundamentais realizadas pelo titular do poder no âmbito da lei fundamental daquele Estado.

---

[89] FERRAJOLI, Luigi. *Op. cit.*, p. 43.
[90] FERRAJOLI, Luigi. *Op. cit.*, p. 28.
[91] BOBBIO, Noberto; MATTEUCCI, Nicola; PASQUINO, Gianfraco. Op. cit., p. 1185-1186.
[92] FERRAJOLI, Luigi. *Op. cit.*, p. 29.

Isto porque veicula a Constituição um sistema de limites e vínculos jurídicos impostos aos poderes públicos que, portanto, esvazia a concepção tradicional de soberania enquanto um poder ilimitado e determina a necessidade de sua análise à luz das transformações às quais tem se submetido o Estado e o Direito.[93]

Ao revés, considerada a lei fundamental como um pacto que veicula não apenas a organização dos poderes, mas, igualmente, o catálogo dos direitos fundamentais, bem como os fins e objetivos a serem alcançados por aquele Estado, a ação pública para ser conduzida não a partir da soberania como um poder absoluto.

Tal movimento adéqua-se ao reconhecimento da força normativa da constituição, com o rompimento da concepção da lei fundamental como um documento jurídico ou pedaço de papel cuja sua capacidade de regular a realidade subjacente depende da constituição real ou os fatores reais de poder dominante em um país.[94]

A ideia de uma constituição cuja eficácia dependia dos fatores reais além de negar a própria lei fundamental importava em considerar que a sua sujeição às forças políticas e sociais, sem a força própria ordenadora da ação estatal resultava que os seus preceitos são um convite à atuação dos poderes públicos.[95]

Significava dotar o Estado de um *poder* de determinação no que tange à realização ou não daquilo previsto no pacto fundamental da sociedade, o que na prática condiciona a eficácia da Constituição enquanto uma norma jurídica à decisão política de sua realização pelos poderes públicos.

No que tange ao direito administrativo, isto é claro na questão do interesse público, que acaba sendo um reduto de poder pela Administração Pública no que tange a definição e eleição de quais serão concretizados, embora a própria Constituição Federal já os determine as escolhas fundamentais cabendo um resíduo de liberdade apenas na forma.

Exterioriza-se no domínio público na concepção de que ao Estado pode determinar não apenas quais bens são considerados como públicos, mas igualmente, definir que eles podem ser desafetados do interesse

---

[93] FERRAJOLI, Luigi. *Op. cit.*, p. 29.
[94] HESSE, Konrad. *A Força Normativa da Constituição*. Porto Alegre: Sergio Antonio Fabris Editor, 1991. p. 9.
[95] HESSE, Konrad. *Op. cit.*, p. 19.

público e encaminhados ao fim privado ou mantê-los sem qualquer forma de afetação.

Isto não significa considerar que no Estado Constitucional de Direito não haja uma soberania estatal ou em alguma medida os poderes decorrentes para a Administração Pública, mas que não se pode sustentá-los de forma absoluta ou condicionar o cumprimento das escolhas fundamentais já tomadas pela Constituição.

A atribuição do status de norma jurídica à lei fundamental significa reconhecer um caráter conformativo atual, de modo que, embora não possa *per si* alterar a realidade social é capaz de atribuir tarefas ao ente público e, portanto, atribuir não uma vontade do *poder*, mas também uma vontade da *Constituição*.[96]

Tal vontade exterioriza-se não apenas como *limites* aos poderes públicos, mas como *deveres* de atuação para o Estado,[97] que impõe obrigações negativas e positivas no exercício da atividade pública de forma a concretizar os valores, bens, interesses e direitos veiculados pelas normas constitucionais.

Há, portanto, um redimensionamento da noção de soberania, que passa a encontrar não apenas os limites formais exteriorizados pela ordem jurídica, mas um condicionamento no exercício da ação pública, pelo reconhecimento que há determinados deveres impostos pela lei fundamental.

Isto significa admitir que, no direito administrativo, além da submissão ao princípio da legalidade em seu sentido formal – como a necessária obrigatoriedade ou respeito à lei – adstringe-se uma concepção material ou uma feição de legitimidade, enquanto a compatibilidade com os fins e objetivos determinados pela Constituição.

No que tange ao domínio público, importa que a aquisição, gestão e alienação dos bens públicos deve ocorrer não enquanto uma manifestação de poder amplo como reafirmação da autoridade estatal, mas tal qual um exercício de dever na concretização dos bens, valores, interesses e direitos veiculados pela lei fundamental.

Além do papel de redução do espaço do arbítrio desmedido e disforme do poder público significa o reconhecimento de que a ordem jurídica não alcança a efetividade sem uma atuação estatal, de modo

---

[96] HESSE, Konrad. *Op. cit.*, p 11.
[97] HESSE, Konrad. *Op. cit.*, p. 11.

que uma vez que cumpre tais tarefas, também, assume uma função no seu constante processo de sua legitimação.[98] Extrair que o elemento ou categoria central da ação pública desloca-se mediante a afirmação do Estado e as transformações políticas, sociais e econômicas, de uma noção do poder soberano de natureza eminentemente política para as funções ou deveres constitucionais dotados de contornos eminentemente jurídicos não é negar suas interfaces ou correlações.

Ao revés, uma vez que se volta o ente moral enquanto criado para as finalidades do povo organizado em dado território para o atendimento das tarefas designadas pelo Direito com epicentro na Constituição reafirma a legitimidade de sua ação e redimensiona a soberania de forma a adequá-la às mutações apresentadas.

Poderia se apontar, também, que a crise do conceito de soberania decorre da própria afirmação dos Estados Democráticos e a consagração do pluralismo, já que o Estado não representa mais uma unidade política, a incapacidade de resolução dos conflitos internos ou de manter sua decisão nas relações internacionais.[99]

Isto porque o problema da soberania envolve em certa medida a rigidez do paradigma estatal, em que há uma identificação entre Estado e povo, quando a autodeterminação da sociedade pode ocorrer de forma não excludente com o poder público, de modo autêntico e democrático.[100]

Tal estreitamento reborda na gestão dos bens públicos, que pode ser realizada igualmente pelos sujeitos privados, inclusive, a sociedade civil que pode afetar ou funcionalizar coisas aos interesses da coletividade, o que torna inadequado sustentar um domínio público como estatal.

De fato, isto é próprio da realidade social subjacente brasileira as quais instituições privadas historicamente sempre exerceram funções públicas – como as santas casas de misericórdia e a prestação de atividades de saúde pública – seja com afetação de coisas estatais ou colocando a serviço da comunidade bens privados.

O paradigma do Estado Constitucional de Direito liga-se, ainda, com as experiências democráticas, erigindo a concepção clássica de

---

[98] HESSE, Konrad. *Op. cit.*, p. 19-20.
[99] BOBBIO, Noberto; MATTEUCCI, Nicola; PASQUINO, Gianfraco. *Op. cit.*, p. 1187.
[100] FERRAJOLI, Luigi. *Op. cit.*, p. 30.

soberania ao reordenar a relação entre os indivíduos com os povos na sua vertente da cidadania e da própria sujeição do ente público aos organismos internacionais.[101] Como será visto, sustentar um domínio público como estatal ignora que determinadas coisas não se ligam à soberania de cada Estado, mas exercem uma função perante a própria existência humana e, portanto, serão consideradas bens públicos globais ou patrimônio da humanidade e ensejam a proteção da comunidade internacional.

Ademais, sob uma concepção de cidadania global, a própria tentativa de gestão dos bens públicos à luz do conceito tradicional de soberania ignora que mesmo os não nacionais devem ter acesso às coisas do domínio público sob a titularidade estatal, uma vez que ligados à concretização dos seus direitos humano-fundamentais.

Tais vertentes do princípio democrático, junto à própria vinculação à lei que sujeita a soberania igualmente ao princípio da maioria – enquanto fruto daquela conformação legislativa e manifestação da titularidade do povo ainda que de forma representativa – redimensiona sua noção de *poder absoluto* para *poder funcional*.[102]

Sob tal viés que o princípio democrático traduz ou amplia a dimensão de legitimidade do Estado Constitucional de Direito e, portanto, da relação entre Estado e indivíduos remodelando a concepção de soberania, porém, pretende-se não analisar o fenômeno em si, mas extrair o seu efeito.

A proposta é delimitar em que medida a jurisdicização do poder fenômeno ligado ao próprio constitucionalismo, que teve um epicentro no Estado de Direito, alcança a sua curva máxima com a consagração de um modelo constitucional que reconhece uma hierarquia formal e material à Constituição na sua vinculação dos poderes públicos.

Sustentar a dimensão *funcional* da ação estatal – como forma de legitimar a própria atividade do ente moral e ser pressuposto para o alcance de suas tarefas – é adequá-la a esse contexto histórico-social atual do Estado no qual o debate se desloca de sua afirmação como ente soberano para a sua capacidade de lidar com questões econômicas, sociais e afins.[103]

---

[101] FERRAJOLI, Luigi. *Op. cit.*, p. 31.
[102] FERRAJOLI, Luigi. *Op. cit.*, p. 28.
[103] Envolve a *desmonopolização* do poder que é o enfraquecimento da soberania. MOREIRA NETO, Diogo de Figueiredo. Mutações do direito administrativo novas considerações:

Deste modo, a ideia tradicional de soberania não se demonstra compatível com a noção de um Estado Constitucional de Direito e, por conseguinte, como fundamento para sustentar tal noção de domínio público não pelo menos como o conjunto de bens sob a titularidade do Estado, ao que este exerce o seu poder soberano.

Ao revés, sob uma ordem constitucional que racionaliza o exercício do poder mediante a partilha orgânica e funcional entre a harmonia dos poderes e a especialização funcional, bem como consagra os bens, valores, interesses e direitos essenciais da sociedade, o ente público antes de exercer *poderes* ou *direitos* desenvolve *competências* e *deveres*.

Demonstra-se controverso sustentar perante um Estado Constitucional de Direito que o ente estatal mantenha sob os bens qualificados como públicos uma relação jurídica de *poder* ou de *direito*, já que tais coisas correspondem ao substrato material para a realização daqueles bens, interesses, valores e direitos tutelados pela ordem jurídico-constitucional.

Assim, ainda é incongruente se apoiar na noção de soberania, seja como um *poder público* ou como um direito oriundo deste, ainda que transvestido como um direito público administrativo, sob a alegação que não é adequado o Estado exercer sobre as coisas do domínio público um direito de propriedade.[104]

Isto porque poder público não se confunde com Administração Pública e a *puissance publique* não necessariamente coincide com a função administrativa, mas corresponde a uma "técnica específica" de atuação da Administração Pública, identificada com o princípio de autoridade em máxima intensidade.[105]

Neste sentido, ainda que se aceite essa técnica jurídica como um dos meios utilizados na atividade administrativa com fins de interesse geral, essa escolha – leia-se com a utilização das prerrogativas e poderes – não se pode realizar senão à luz dos *fins* ou das *funções* visadas e de acordo com o princípio da proporcionalidade dos meios em relação aos fins.[106]

Não se desconsidere, também, que em diversos momentos, a Administração Pública irá exercer melhor sua atividade mediante o

---

avaliações e controle das transformações. *Revista Eletrônica sobre a Reforma do Estado*, Salvador, Instituto de Direito Público da Bahia, n. 2, p. 9, jun./jul./ago. 2005.
[104] TAVARES, José. *Op. cit.*, p. 302.
[105] ROUSSET, Michel. *Op. cit.*, p. 3.
[106] WEIL, Prosper. *Op. cit.*, p. 101.

abandono dessa técnica jurídica, optando por um regime menos rígido para assegurar melhor atendimento do interesse público – como os contratos privados[107] razão pelo qual não se demonstra como um fundamento adequado.

Ademais, como apontam os próprios autores que sustentam essa designação, trata-se de uma proposta de substituição da noção de um *direito de propriedade* por de um *direito sui generis*,[108] que reforça o papel de um *poder ou direito* realizado sobre as coisas públicas quando se trata de um *dever* ou *função* sobre os bens públicos em prol da coletividade.

Note que não se refere à *função* como a administrativa, ou seja, os bens públicos enquanto os meios materiais essenciais para a realização de tais serviços e atividades de persecução do interesse público que, portanto, justificam dotar tais coisas dos elementos específicos e permitam integrá-las, portanto, ao chamado domínio público.[109]

Sob a égide de um Estado Constitucional de Direito, tais interesses são qualificados pela lei em um sentido de juridicidade com epicentro na lei fundamental e, portanto, a noção de *função* não significa a realização de um interesse público não delimitado juridicamente, mas a concretização dos bens, valores, interesses e direitos constitucionais.

Neste sentido, a construção de uma teoria do domínio público que se adéque à ordem jurídico-constitucional vigente e às transformações da dogmática administrativa não encontra fundamento adequado em uma noção de *poder* advindo da *soberania*, mas de *deveres* em razão das *funções* impostas ao ente incumbido.

Deste modo que se ligam as transformações do direito administrativo estudadas – a privatização, despublicização e racionalização – com a busca por um novo fundamento para a teoria do domínio público, já que a mudança na titularidade dos bens públicos e do *modo operandi* de sua gestão demandam um paradigma capaz de abranger os novos sujeitos.

Assim, pode-se relacionar a degeneração do conceito de soberania com este processo de despersonificação do público, que conduz o Estado à delegação da execução de suas funções a outros atores

---

[107] VEDEL, Georges; DELVOLVÉ, Pierre. *Op. cit.*, p. 36.
[108] TAVARES, José. *Op. cit.*, p. 302.
[109] LAUCHAME, Jean-François. *Droit Administratif*. 13. ed. Paris: Presses Universitaires de France, 2002. p. 630.

sociais[110] e, portanto, uma multiplicidade de sujeitos que exercem as atividades públicas.

Através da transferência da titularidade ou da delegação legal, negocial ou consensual da gestão dos bens públicos, as participações de outro sujeito público, da iniciativa privada ou da sociedade civil demonstram a insuficiência para sustentar a soberania ou poder público como real fundamento do domínio público.

Uma teoria do domínio público que pretenda regular as coisas que façam parte do acervo público deve ser capaz de se adequar ao fenômeno de deslocamento do público com o estatal, marcado pelos movimentos de degradação da noção de soberania e de ampliação da participação dos sujeitos privados nas coisas públicas.

Assim, desloca-se a fundamentação da teoria do domínio público da noção de titularidade – de um Estado soberano – capaz de exercer poderes sob a coisa pública em um regime exclusivamente de direito público para uma compreensão de que com a crise da soberania e as novas formas de gestão é a função que ordena a dogmática dos bens públicos.

Com o Estado Constitucional de Direito pretende-se racionalizar o exercício do poder público às competências atribuídas pela ordem jurídica e, portanto, deslocar tanto a promoção das atividades públicas quanto à gestão dos bens públicos, do paradigma absolutista de poder político para o parâmetro contemporâneo do dever jurídico.

Isto não é negar uma dimensão política ao poder estatal, porém, admitir que no Estado de Direito, sua natureza encontra limites jurídicos nos fins consagrados da comunidade e, portanto, demanda igualmente uma dimensão jurídica, pela sua incapacidade de subsistir sem que esta lhe atribua segurança.[111]

Mesmo que adotada uma concepção clássica, à qual a finalidade do poder público seja submeter à coletividade, isto ocorre para a realização das funções da ordem jurídica, de forma que o Estado legitima-se na medida em que realiza esse dever jurídico, afirmando a sua validez.[112]

Também não é desconsiderar que poder tem uma feição política, mas na medida em que se organiza em Estado a sua realização

---

[110] HELLER, Hermann. *La soberanía*: contribución a la teoría del derecho estatal y del derecho internacional. Ciudad de Mexico: Fondo de Cultura Económica, 1995. p. 89.
[111] JELLINEK, Georg. *Op. cit.*, p. 324.
[112] KELSEN, Hans. *Op. cit.*, p. 125-126.

progressiva é em forma de Direito[113] e que este momento da juridicidade do poder não importa em conversão absoluta e definitiva em Direito, mas, que o conteúdo político-social revela-se com forma ou modelo de natureza jurídica.[114] Delimita-se o poder político do Estado através dos deveres jurídicos que conformam o arbítrio estatal à realidade das finalidades sociais que, portanto, corresponde ao fundamento último de toda ação pública, em específico, da atividade administrativa voltada à obrigação jurídica de realização desses interesses públicos qualificados em lei.

Por esta razão, transmuta-se o fundamento do domínio público pela superação do mito de que o *poder soberano* legitima a teoria dos bens públicos para a compreensão de que são os *deveres funcionais* que justificam a construção de um regime protetivo para tais coisas no Estado Constitucional de Direito.

Isto significa reconhecer que os critérios adotados para delimitação dos bens que serão qualificados como públicos e irão integrar o domínio público não podem se basear na sua titularidade – na figura do Estado Soberano – mas guardar correlação com aquela função assumida pela coisa. O tema será tratado a seguir.

1.3 A insuficiência dos critérios dominantes na matriz romano-germânica e o elemento central do domínio público: da titularidade estatal às gradações da função social

As mutações sofridas pela ação administrativa mediante a ascensão de paradigmas como a globalização e o estado neoliberal – privatização, despublicização e racionalização – produzem alterações no domínio público, que não são capazes de sustentar uma teoria dos bens públicos voltada apenas à titularidade estatal ou seu regime jurídico.

Com o redimensionamento da ação estatal no Estado Constitucional de Direito, que passa a buscar fundamento não na soberania ilimitada do ente público, mas nos deveres impostos pela consagração de bens, valores, interesses e direitos pela Constituição, sepulta-se a compreensão de domínio público como um poder ou direito público administrativo.

---

[113] REALE, Miguel. *Teoria do Estado e do Direito*. São Paulo: Saraiva, 2000. p. 116-117.
[114] REALE, Miguel. *Op. cit.*, p. 141-142.

Isto produz efeitos no que tange não apenas nas fronteiras ou fundamentos do domínio público, mas na própria estruturação de sua teoria, visto que não se torna possível sustentar critérios ou elementos determinantes que não se adéquem ao desenvolvimento do instituto à luz destas transformações do Estado e do Direito.

Neste sentido, usualmente a literatura jurídica tradicional veicula que a teoria do domínio público é aquela construída a partir de elementos próprios dos bens públicos, o que traduz em atributos específicos e, portanto, diferenças fundamentais distintivas do domínio privado e do regime do patrimônio particular.[115]

Porém, não é possível sustentar a existência de uma *única* teoria do domínio público, já que conforme a família jurídica, a sua matriz teórica e as próprias escolas de direito serão determinados traços distintos na formação de tal disciplina que, portanto, traduziram em perspectivas distintas no que tange ao domínio público.

Inegável, portanto, que a teoria do domínio público tal qual qualquer instituto administrativo assumirá diferentes feições conforme sua estruturação nas respectivas famílias jurídicas e importará na assimilação dos elementos gerais seja do regime comum do sistema administrativo anglo-saxão ou da disciplina exorbitante romano-germânica.[116]

Tendo em vista que a teoria administrativa brasileira filia-se ao sistema da *civil law* e gravita em torno da matriz francesa,[117] destaca-se para análise tais teorias do domínio público, porque há uma nítida preponderância de determinadas escolas que sustentam, ainda, que de forma concomitante um critério de titularidade na literatura pátria.

Isto não importa ignorar as contribuições da literatura italiana quanto ao *beni demaniali*, bem como do direito alemão com a sua tese de *öffentlichen Sachen* cujo tratamento dado a propriedade pública será verificado em momento oportuno, quando da verificação da feição patrimonial que é dada à coisa pública.

Uma vez que há uma disparidade dos critérios utilizados para a delimitação do domínio público não se pretende uma análise pormenorizada das variadas teorias, mas uma análise sistemática dos distintos

---

[115] FOIGNET, René. *Manuel Élémentaire de Droit Administratif*. Paris: Arthur Rousseau Editeur, 1898. p. 195.
[116] RIVERO, Jean. Op. cit., p. 237.
[117] DI PIETRO, Maria Sylvia Zanella. O direito administrativo brasileiro sob a influência dos sistemas da base romanística e da common law. *Revista Eletronica de Direito Administrativo*, Salvador, Instituto Brasileiro de Direito Publico, n. 8, p. 7, nov./dez. 2006.

elementos propostos para determinar o seu conteúdo[118] de forma a afirmá-los ou não perante as transformações já estudadas.

Sob tal viés, pode-se reunir sob determinada escola aqueles autores que tendem a centrar a noção de domínio público na titularidade, de forma a fixar a natureza dos bens públicos à luz do sujeito das referidas coisas, embora divirjam sobre os respectivos efeitos, a saber, se o titular exerce uma relação de poder ou de propriedade sobre as mesmas.

Ao identificar domínio público com estatal, parte da literatura jurídica sustenta que o domínio público é aquele acervo sob a titularidade do Estado,[119] abrangendo neste caso tanto o acervo sob a Administração Pública Direta quanto a que compõe as pessoas de direito público por ela criada como a Administração Pública Autárquica e Fundacional.[120]

Quanto ao critério subjetivo, é tradicional a noção de que bens públicos são aqueles que estão sob a titularidade do Estado, de forma que ainda os bens de uso comum não seriam de titularidade – seja de propriedade ou de uso – da coletividade, pois o povo não é titular de direitos, enquanto o próprio Estado não os crie pela ordem jurídica.[121]

O Conselho de Estado Francês, portanto, já aderiu a tal escola, ao determinar que as coisas pertencentes às pessoas públicas formam o domínio público sob o qual o Estado exerce um verdadeiro direito de Propriedade[122] e que, portanto, a titularidade privada exclui os bens de tal domínio público.[123]

Por efeito, o que distinguiria os bens públicos de uso comum dos bens públicos de uso especial ou dominicais não seria a titularidade em si, pois todos comporiam o acervo estatal, mas a titularidade de uso,

---

[118] MARIENHOFF, Miguel S. *Tratado de Derecho Administrativo*. Tomo V. Buenos Aires: Abeledo-Perrot, 1992. p. 12-13.
[119] HAURIOU, Maurice. Précis de Droit Administratif. Paris: L. Larose & Forcel Editeurs. 1893. p. 208. BASAVILBASO, Benjamín Villegas. Derecho Administrativo. Tomo IV Dominio Publico. Buenos Aires: Editora Tipográfica Argentina, 1953. p. 105;
[120] MEIRELLES, Hely Lopes. Direito Administrativo Brasileiro. São Paulo: Malheiros, 1993. p. 426.
[121] REALE, Miguel. *Direito Administrativo: Estudos e Pareceres*. Rio de Janeiro: Forense, 1966. p. 230.
[122] FRANÇA. Conselho de Estado. *Arrêt Ville de Paris et Chemins de fer d'Orléan de 16 de junho de 1909*.
[123] FRANÇA. Conselho de Estado. *Arrêt Association saint pie V et saint pie X de l'Orléannaisne, 19 de outubro de 1990*.

ou seja, o reconhecimento que aos primeiros é garantido a utilização imediata pela coletividade enquanto os outros, não.[124]

Tal noção de exclusividade do Estado parece compatível com aquela compreensão estrita de soberania e com um estreitamento da noção de persecução de interesse público, pois se observada a existência de outros atores sociais internacionais e nacionais responsáveis pela ação pública e que assumem a titularidade dos bens públicos parece insuficiente.

Não é capaz de sustentar de forma plena como há a existência de coisas privadas sob a propriedade estatal – como os bens patrimoniais ou dominicais – e de bens públicos sob a titularidade de pessoas privadas – desde as empresas públicas até as reservas naturais em terrenos privados.

Como derivação, alguns autores sustentarão, portanto, o domínio público como formado não pelo acervo de bens do Estado para abranger todas as entidades jurídico-públicas seja em um caráter territorial – como nação, províncias ou comunas[125] – seja para envolvê-las em um sentido institucional – órgãos e pessoas derivadas.[126]

Persiste a dificuldade da criação de fronteiras rígidas e identidades plenas – entre domínio, sujeito e regime público – que não se adéquam aos movimentos estudados de desconcentração do público como estatal, que demandam a participação de outros sujeitos e a utilização de técnicas e meios da disciplina privada.

Poderia supor, então, que a celeuma não se trata do critério proposto, mas do sujeito eleito e, portanto, que o elemento central do domínio público ainda seria a titularidade, não identificada com o Estado, mas com a própria coletividade, o que permitiria abranger o verdadeiro sujeito das coisas públicas.

Sustenta parte da literatura que isto decorre da própria expressão *domínio* que significa utilização e *público* que deve se identificar com a própria coletividade, pois seja diretamente pelo povo ou indiretamente

---

[124] MIRANDA, Pontes de. *Tratado de Direito Privado*. Tomo II. 4. ed. São Paulo: Revista dos. Tribunais, 1977. p. 155.
[125] LAUBADÈRE, André de. *Traité Élémentare de Droit Administratif*. Tomo 2. Paris: Librairie Générale de Droit et de Jurisprudence, 1953. p. 738.
[126] DIEZ, Manuel María. *Dominio Público*. Buenos Aires: Abeledo, 1940. p. 257.

a cargo do aparato administrativo cabe a exploração dos referidos bens públicos pela sociedade.[127]

Sob tal entendimento há o equívoco de não considerar que há um *domínio estatal* – formado pelas coisas que estão na titularidade do ente público – como um *domínio público* embora não signifique que este se esgote naquele ou que não haja coisas públicas que estão sujeitas aos entes privados.

Ademais, ignora que ao Estado é atribuído um acervo patrimonial próprio, que não necessariamente é fruível de forma indireta pela coletividade, já que os bens patrimoniais ou dominicais não apenas não estão afetados à uma finalidade coletiva, como não há imposição para que assim o sejam.

Negar, portanto, que o critério de titularidade seja suficiente para sustentar uma teoria dos bens públicos não é considerar o domínio público formado por *res nullius* – como coisas sem titularidade alguma – o que admitiria a sua conversão em *res privata* – a sua apropriação por qualquer indivíduo.[128]

Na literatura jurídica não é nova a noção de que há bens públicos embora sob a gestão do Estado são de titularidade ao povo,[129] porém, não é adequado considerar que o domínio público é formado *apenas* por tais coisas públicas que não pertencem ao homens de forma individualmente considerada como faziam os romanos.[130]

Assim, em um sentido, o domínio público se confundiria com a *titularidade* exercida de forma difusa pelo povo não sobre todos os bens públicos, mas como as chamadas coisas públicas ou bens naturais que pertenceriam a todos e a cada um e, portanto, guardariam uma natureza *coletiva* – de tutela do Estado – e *singular* – da fruição individual.

É forçoso reconhecer a procedência da crítica que aponta a pouca praticidade dessa distinção, pois considerar que bens públicos são aqueles de propriedade da coletividade é afirmar que estão em igual medida na titularidade do Estado, já que o ente é a organização de dado povo em dado território, em certo momento, para atingir determinados fins.[131]

---

[127] BERTHÉLEMY, H. *Traité Élémentaire de Droit Administratif*. Paris: Librairie Nouvelle de Droit Et de Jurisprudence, Arthur Rousseau, Éditeur, 1900. p. 273.
[128] BIELSA, Rafael. Derecho Administrativo y Ciencia de La Administración. Tomo II. 2. ed. Buenos Aires: J. Lajoulane & Cia Editores, 1929. p. 157.
[129] MARIENHOFF, Miguel S. *Op. cit.*, p. 6.
[130] SALEILLES, Raymond. *Op. cit.*, p. 5-6.
[131] MARIENHOFF, Miguel S. *Op. cit.*, p. 6.

Deste modo, tão equivocado quanto sustentar um critério da titularidade sob a figura estatal será igualmente supor que é suficiente considerar a própria coletividade, ainda mais que com o fenômeno da delegação legal, negocial ou consensual não se resolve a questão, pois tais coisas não estarão na titularidade da sociedade, mas de alguns sujeitos.

Alguns, em razão dessa celeuma, preferem deslocar o debate do elemento central da teoria do domínio público do *sujeito* – e a respectiva titularidade na coletividade ou no ente estatal – para o *objeto* – da natureza da coisa – embora resulte apenas em uma ficção jurídica, já que ainda se liga aos referidos entes.

Isto porque o *domínio público* seria formado pelos chamados *bens administrativos* – necessários à execução do serviço público que fazem parte do aparelho administrativo – e os *bens da Administração Pública* – como aqueles de uso comum ou os serviços públicos prestados à comunidade.[132]

Pretende-se delinear a existência no *domínio público* de um conteúdo que abrange o acervo patrimonial do Estado – um *domínio estatal* – de outro conjunto de bens da própria sociedade – um *domínio coletivo* – que perde a sua relevância quando sustenta que o Estado sobre ambos possui *direitos reais*.[133]

Ademais, insiste-se em construir uma teoria do domínio público cuja preocupação liga-se ao titular da coisa ou à sua natureza, quando as mudanças de titularidade e o regime dos bens públicos importam em uma necessidade de eleição de um critério capaz de lidar com essas mudanças.

Poderia então considerar que haveria um domínio público *geral* formado pelos bens que são insuscetíveis de aquisição privada e constituem o domínio propriamente público daquele chamado *especial* formado pelos bens que embora possam ser adquiridos pelos particulares, fazem parte do patrimônio do Estado.[134]

A problemática de tal concepção é parecer haver uma identificação clara do domínio propriamente público com os bens de uso comum ou geral do povo e do domínio especial com os bens de uso especial, que transveste, novamente, a utilização do critério de titularidade para definição dos referidos campos.

---

[132] LIMA, Ruy Cerne. *Princípios de Direito Administrativo*. 5. ed. São Paulo: Revista dos Tribunais, 1982. p. 77.
[133] LIMA, Ruy Cerne. *Op. cit.*, p. 77.
[134] CRUZ, Alcides. *Op. cit.*, p. 204.

Tal confusão do objeto com a titularidade ocorre, também, para quem considera como domínio público o acervo patrimonial formado pelo conjunto de bens móveis e imóveis da Administração Pública que destina a sua utilidade pública excluídos os incorpóreos – sejam os bens naturais ou as rendas do crédito público.[135]

Tal noção estreita a compreensão do domínio *público* ao *estatal* em seu sentido material, ao identificar a expressão *domínio* com *patrimônio*, e, portanto, exclui uma parcela pública não estatal que seriam os bens naturais, bem como os bens imateriais que compõem o acervo estatal, como os créditos financeiros.

Por esta razão, alguns autores vão sustentar que o domínio público é formado não apenas pelos bens do Estado, mas também aqueles embora não façam parte do seu acervo patrimonial destinam-se à coletividade sejam de natureza apropriável ou não – como as praças públicas ou ar.[136]

Forma-se para sustentar um critério objetivo, uma distinção entre domínio público *natural* e *artificial*, que parece dotar os últimos de uma feição similar da propriedade privada, o que parece inadequado já que sob ambos incidem todos os caracteres – como a indisponibilidade – do regime jurídico de direito público.

Alguns situam o critério objetivo em uma concepção estrita da natureza *material*, a saber, a insuscetibilidade que possuem determinados bens para sua aquisição como propriedade privada, em razão de sua própria natureza física, o que não impediria, todavia, a sua exploração por aqueles.[137]

Neste caso, inexiste espaço para a Administração Pública determinar que dado bem componha o domínio público ou seja destinado ao regime privado, em razão da classificação de seu acervo, da afetação a um destino coletivo ou a previsão legal, pois há um limite factual da própria substância da coisa – como os mares, as montanhas e afins.[138]

Note que não parece suficiente em nenhuma das teorias propostas a proposta da *natureza* da coisa como critério para formação do domínio público, já que a sua qualidade material não é capaz de ser

---

[135] MENEGALE, J. Guimarães. *Direito Administrativo e Ciência da Administração*. 2. ed. Rio de Janeiro: Editora Borsoi, 1950. p. 7.
[136] CRETELLA JUNIOR, José. *Dicionário de Direito Administrativo*. 3. ed. rev. e atual. Rio de Janeiro: Forense, 1978. p. 204. CARVALHO FILHO, José dos Santos. *Manual de Direito Administrativo*. 27. ed. rev. atual e ampla. São Paulo: Atlas, 2014. p. 1154.
[137] FOIGNET, René. *Op. cit.*, p. 196.
[138] FOIGNET, René. *Op. cit.*, p. 196.

elemento que o especifique, uma vez que sob bens idênticos pode-se exercer uma propriedade privada.[139]

Considere as próprias *coisas naturais* que, embora a primeira vista possam parecer que em razão de sua materialidade seriam bens públicos, o próprio ordenamento jurídico as distingue de forma que, por exemplo, a água pode ser um bem público, como os mares, lagos ou lagoas[140] ou um bem privado, como as águas, correntes e nascentes em terrenos privados.[141]

Não é, portanto, a natureza da coisa que será capaz de qualificá-la como bem público e servir como elemento central do domínio público, mesmo quando demonstre uma aptidão material para servir a coletividade – como as coisas naturais – mas à medida que, de fato, possa ser afetada para o atendimento às necessidades públicas.

No exemplo citado, as nascentes e as águas em terrenos particulares, em regra, são tidas como bens privados, na medida em que não são necessárias para atender ao interesse público, pois havendo a demanda para a satisfação do interesse público, é garantida a sua finalidade comum pelo acesso obrigatório[142] ou até a desapropriação se oportuno.[143]

Uma vez que o elemento central do domínio público pareça ser a sua adequação às necessidades coletivas, alguns autores preferem sustentar que os bens serão, portanto, tidos como públicos na medida em que houver tal afetação, ou seja, o próprio ordenamento jurídico determinar à coisa uma função pública.

---

[139] Em igual sentido: TROTABAS, Louis. *Manuel de Droit Public Et Adminsitratif*. 6. ed. Paris: Labrairie Générale de Droit Et de Jurisprudence, 1948. p. 135.
[140] BRASIL. *Decreto Federal nº 24.643, de 10 de Julho de 1934*. Art. 2º "São águas públicas de uso comum: a) os mares territoriais, nos mesmos incluídos os golfos, bahias, enseadas e portos; b) as correntes, canais, lagos e lagoas navegáveis ou flutuáveis; c) as correntes de que se façam estas águas; d) as fontes e reservatórios públicos; e) as nascentes quando forem de tal modo consideráveis que, por si só, constituam o "caput fluminis"; f) os braços de quaisquer correntes públicas, desde que os mesmos influam na navegabilidade ou flutuabilidade".
[141] BRASIL. *Decreto Federal nº 24.643, de 10 de Julho de 1934*. Art. 8º "São particulares as nascentes e todas as águas situadas em terrenos que também o sejam, quando as mesmas não estiverem classificadas entre as águas comuns de todos, as águas públicas ou as águas comuns".
[142] BRASIL. *Decreto Federal nº 24.643, de 10 de Julho de 1934*. Art. 34. "É assegurado o uso gratuito de *qualquer* corrente ou nascente de águas, para as *primeiras necessidades da vida*, se houver caminho público que a torne acessível."
[143] BRASIL. *Decreto Federal nº 24.643, de 10 de Julho de 1934*. Art. 32. As águas públicas de uso comum ou patrimoniais, dos Estados ou dos Municípios, bem como as águas comuns e as particulares, e respectivos álveos e margens, podem ser desapropriadas por necessidade ou por utilidade pública:

A dificuldade de se adotar tal critério formal para o domínio público – ao menos em um vértice estritamente positivo-normativo – decorre de como os autores que os sustentam consideram que compete apenas à norma jurídica atribuir a qualidade de público aos bens, mediante a determinação do seu destino e titularidade pública.[144]

Assim, em sentido oposto à escola que sustenta um elemento objetivo, as coisas por si só não são públicas, mas dependem de uma qualificação por lei que seja capaz de atribuí-las de forma legal ao domínio de uma pessoa jurídica de direito público, o que resultaria na sua subtração do campo da aquisição privada.[145]

Neste sentido, domínio público seria uma *técnica* que atribui a titularidade ao ente estatal sob os bens públicos e, portanto, a relação jurídica que, mediante a afetação pública impõe a obrigação ou o seu dever de atuação pública na guarda e proteção,[146] porém, esbarra em algumas questões.

Novamente, domínio público e titularidade estatal confundem-se de forma que os bens serão propriamente públicos quando houver disposição normativa legal ou regulamentar que os integrem à organização administrativa, já que a afetação à finalidade coletiva, por si só, importaria somente no reconhecimento dos bens como de utilidade pública.[147]

Demonstra-se inadequado sustentar que são a natureza das coisas que as dotam de caráter público, de igual forma, não se pode negar que determinadas coisas, de fato, de forma natural exercem uma finalidade coletiva e, portanto, independem de qualquer atribuição por um ato formal estatal.

Há de se reconhecer que o *domínio público* não é um conceito imutável, mas variável ao logo do tempo e do espaço[148] e que não é natureza em si de determinadas coisas que lhe dão o caráter público, mas que algumas a sua materialidade permite enquanto as conservarem e for capaz de atender uma necessidade coletiva guardar uma destinação pública.

---

[144] LANZIANO, Washington. *Estudios de Derecho Administrativo*. Montevideu: Editora da Universidade da República, 1993. p. 105.
[145] CAETANO, Marcelo. *Manual de Direito Administrativo*. Tomo II. Rio de Janeiro: Forense, 1970. p. 814.
[146] ALFONSO, Luciano Parejo. *Op. cit.*, p. 38.
[147] WALINE, Marcel. *Précis de Droit Administratif*. Paris: Éditions Montchrestien, 1969. p. 283.
[148] RANELLETTI, Oreste. *Op. cit.*, p. 160.

Seria incongruente admitir que se o ordenamento jurídico não consagrasse por ato formal, por exemplo, o ar ou os mares como bens públicos tais coisas não estariam afetadas à uma finalidade pública ou seriam passíveis de apropriação privada de um sujeito em relação à coletividade, o que ignoraria os limites do Direito na conformação da realidade subjacente.

Ademais, gera a dificuldade que será estudada de se sustentar coisas que embora tenham sido afetadas formalmente para exercer uma finalidade coletiva, uma vez que não exercem mais a função pública, continuam sendo consideradas como bens públicos mesmo desafetados materialmente, o que impede que seja dada outra finalidade social como moradia.

Inegável que atribuir ao acervo do *domínio público* os bens que estão sob a titularidade estatal, mas *sem* afetação material à finalidade pública é não apenas identificar o público com o estatal, mas considerar que o estatal pode não ser público, a saber, que o ser moral criado para finalidades coletivas pode titularizar relações jurídicas sobre coisas que não o servem.

Sob tal viés, poderia se sustentar então que o critério teleológico, considerando o *domínio público* como o acervo formado pelos bens destinados estritamente à finalidade pública, que são atribuídos ao ente público em razão da revolução liberal e a afirmação ao Estado de Direito.[149]

Uma vez que se ligaria aos interesses da coletividade, o domínio público demandaria o uso público *direto* pelo grupo social, por cada um dos seus associados sem que, todavia, fosse passível de apropriação privada por qualquer um dos sujeitos de forma singular naquela sociedade.[150]

Para tais adeptos, não bastaria para caracterizar o domínio público à afetação do bem a finalidade pública, mas a sua destinação imediata à coletividade, o que resultaria em uma confusão entre o domínio público e estatal, determinando a fruição ou uso direto de todas as coisas públicas.

Assim, não teria natureza de bens públicos as coisas que *não tivessem uso imediato ou direto*, de forma que os cidadãos só pudessem

---

[149] FOUCART, Emile-Victor. *Éléments de Droit Public et Administratif*. Tomo II. Paris: Videcoq Pere Et Fils Libraires-Éditeurs, 1843. p. 5.
[150] BIELSA, Rafael. *Op. cit.*, p. 156.

aproveitar de forma abstrata, indivisível e coletiva – como as fortalezas e os navios de guerra – tal qual dispunha o próprio Código Civil Português de 1567.[151]

Ademais, alguns deles sustentam que a própria distinção entre o próprio domínio público e privado do Estado encontra-se superada pela própria factualidade, já que é difícil identificar quais bens públicos não estejam direta ou indiretamente afetados pelo uso público e, portanto, no domínio da coletividade.[152]

Parece equivocado supor que todos os bens estatais estão afetados à uma finalidade pública à ponto de considerá-los como integrantes do domínio público, já que ainda sustenta-se a existência de bens patrimoniais ou dominicais, sem qualquer destinação ou função no interesse da coletividade.

A partir disto, outros consideram o domínio estatal um regime patrimonial tal qual dos particulares e sujeito à disposição, de modo que a sua afetação ao uso coletivo pela autoridade administrativa o converteria em domínio público, tal qual a desafetação de alguns bens o conduziria ao acervo privado do poder público.[153]

Porém, igualmente, como será visto, é um contrassenso que o Estado pode ser dotado de um acervo patrimonial como se sujeito privado fosse, já que enquanto ente moral é criado para exercer determinadas finalidades coletivas e os bens que utiliza devem ser os meios materiais para perseguir tais objetivos.

Além disto, a distinção não explica, portanto, se não cabe a titularização pelo Estado qual seria o destino dos bens do domínio público, sendo insuficiente enunciar tratar-se de *res nullius*, pois se assim o fosse, caberia a sua conversão em bens do domínio privado através da apropriação por qualquer indivíduo.[154]

Alguns consideram que não necessariamente há necessidade de afetação imediata dos bens públicos a tal finalidade coletiva, de forma que compõe o domínio público os bens materiais tanto que servem ao

---

[151] PORTUGAL. *Lei de 1 de Julho de 1567*. 2. ed. Lisboa: Imprensa Nacional, 1868. Art. 380. "São públicas as coisas naturais ou artificiais apropriadas ou produzidas pelo Estado ou corporações públicas, e mantidas debaixo de sua administração, *das quais é lícito a todos individual ou colectivamente utilizar-se*, com as restrições impostas pela lei ou pelos regulamentos administrativos".

[152] GORDILLO, Agustín. *Tratado de Derecho Administrativo Y Obras Selectas*. Tomo 9.1. ed. Buenos Aires: FDA, 2014. XVII-1 e XVII-2.

[153] FOUCART, Emile-Victor. *Op. cit.*, p. 5-6.

[154] BIELSA, Rafael. *Op. cit.*, p. 157.

Estado para a realização de suas atribuições ainda que de forma indireta ou mediata.[155] Porém, não contribui tal proposição na definição do caráter público dos bens, porquanto esteja sob a destinação imediata ao uso da coletividade ou a utilização indireta pela Administração Pública, ambos estão sob a finalidade pública e, portanto, inserem-se ou deveriam no domínio público.

Note que o critério da afetação proposto não é qualquer função social, mas uma função administrativa em si, já que abrangeria apenas os estabelecimentos públicos ou entes ligados à organização administrativa[156] ou ao serviço público,[157] de forma que não abrangeria as atividades privadas exercidas pelos chamados estabelecimentos de utilidade pública.

Assim, retorna-se a celeuma de que teria natureza pública o bem que compõe o acervo estatal enquanto àquele que é de natureza privada dependeria do reconhecimento de forma discricionária de tal finalidade pelo próprio Estado, que o classificaria com um bem de utilidade pública.[158]

Não é incomum algumas teorias utilizarem como critério do domínio público os seus efeitos, considerando que os bens públicos são aqueles dotados de um regime jurídico especial protetivo, o que se aproxima das teorias formalistas, já que caberia ao ordenamento jurídico determinar um ou outro.[159]

Não parece que sejam os efeitos incidentes sob determinadas coisas capazes de atribuir a elas uma natureza pública, pois seria admitir que um prédio, uma vez qualificado como público, seria indisponível, enquanto uma montanha ou mar, se não fosse pelo ordenamento jurídico atribuído, uma disciplina pública poderia ser apropriada.

Em razão das insuficiências dos critérios propostos, a literatura jurídica de forma dominante tenta solver a questão, apontando a reunião dos elementos *subjetivo* – a titularidade do Estado – *objetivo* – de bens naturais e artificiais – *teleológico* – a destinação à função pública

---

[155] FRAGA, Gabino. *Op. cit.*, p. 449.
[156] DUCROCQ, M. TH. *Op. cit.*, p. 574.
[157] FOIGNET, René. *Op. cit.*, p. 197.
[158] WALINE, Marcel. *Op. cit.*, p. 283.
[159] MARIENHOFF, Miguel S. *Op. cit.*, p. 11.

– e *normativo* ou *formal* – a submissão à um regime jurídico de direito público.[160] Todavia, mantém-se todas as celeumas quanto à titularidade em entes privados, a existência de objetos que são públicos não em razão da sua natureza, o reconhecimento da afetação não apenas à função administrativa e o atendimento ao interesse público por coisas não qualificadas pela lei com atributos próprios independentes da disciplina normativa.

Embora se fundem em distintos critérios, todas as teorias propostas apresentam um estreitamento da noção de *público* com de *estatal*, já que seja em razão da sua titularidade, da natureza das coisas, do ato de afetação e do regime decorrente, bem como da finalidade pública, acabam por centrar-se na figura do Estado.

Ademais, encontra o óbice de tentar formular uma teoria que delimite um domínio público, embora se incluam sob o respectivo título determinadas de *coisas* que parecem se amoldar eminentemente de forma mais adequada a um regime privado ou ao menos uma disciplina mista.

Assim, o critério *titularidade* parece insuficiente quando os bens *afetados* estão sob a titularidade de pessoas jurídicas de direito privado, a distinção pela *natureza* incapaz de explicar *objetos* que materialmente não têm destino público e o requisito *finalidade* não solve os bens patrimoniais desafetados da Administração Pública.

Sustentar que o domínio público é formado pelo conjunto de bens jurídicos – tal qual aqueles que compõem o patrimônio privado – que se singularizam em razão do seu *titular* – o Estado – ou do seu regime jurídico – com a afetação pública e as respectivas restrições – não é mais base suficiente para a construção de um instituto exclusivamente administrativo.[161]

Com as transformações que se sujeitou a disciplina administrativa, é inegável que há determinadas coisas que mesmo sem a titularidade estatal ou a atribuição de uma qualificação ou regime próprio exercem uma finalidade de interesse coletivo e, portanto, devem ser protegidos pela sua função pública.

---

[160] MALLOL, M. Ballbé. Concepto de dominio público. Revista Jurídica de Cataluña, n. 5, Barcelona, p. 65-73, 1945.
[161] ALFONSO, Luciano Parejo. *Op. cit.*, p. 15.

Neste sentido, parece insuficiente considerar que a expressão domínio público refira-se exclusivamente ao domínio estatal[162] se considerarmos que sob tal rótulo incluímos os bens dominiais que guardam feições de bens privados ou incluir na concepção as pessoas jurídicas privadas criadas pelo Estado com seus respectivos patrimônios.

Por outro lado, pode se considerar o *regime jurídico de direito público*, porém, a partir de seus efeitos principais – como a inalienabilidade e a impenhorabilidade – porém, torna forçoso sustentar tal critério diante da existência dos bens dominiais, ao qual por própria força da lei, admite a sua disposição onerosa ou gratuita.[163]

Porém, utilizar mesmo assim como critério distinto apenas dos bens dominiais e não os patrimoniais, a concessão de regramento especial para uma especial proteção do acervo composto pelo domínio público, garantindo a finalidade pública ao qual exercem[164] é ignorar que aos bens que exercem uma *função social* prevê-se uma disciplina própria.

Dessa feita, por exemplo, pode-se citar as *limitações administrativas* que incidem sob a coisa privada para adequá-la ao interesse público, bem como o *tombamento* para aqueles bens de natureza cultural que fazem incidir regramento de direito público com restrições no uso e disposição da propriedade, que às vezes transvestem uma conversão tácita em pública.[165]

Parece que se perdeu a própria origem científica da expressão domínio público na matriz romano-germânica, que foi primeiramente utilizada para singularizar as restrições às quais se sujeitam uma coisa que tem destinação pública daquelas que exercem ou devem se adequar respectivamente à uma função social. 166

Note, portanto, que a expressão não foi cunhada para sustentar uma fronteira rígida entre o *público* e o *privado*, reconhecendo que os

---

[162] SCAGLIUSI, Maria de los Ángeles Fernández. La necesaria reformulación del concepto de dominio público en el ordenamiento jurídico español. *Lecciones y Ensayos*, n. 93, p. 95, 2014.

[163] BRASIL. *Lei Federal nº 10.406, de 10 de Janeiro de 2002*. Institui o Código Civil. Diário Oficial da União, Brasília, 10 de janeiro de 2002. Disponível em: https://www2.camara.leg.br/legin/fed/lei/2002/lei-10406-10-janeiro-2002-432893-publicacaooriginal-1-pl.html#:~:text=Institui%20o%20C%C3%B3digo%20Civil.&text=Art.,e%20deveres%20na%20ordem%20civil.Acesso em: 19 out. 2023. Art. 101. Os bens públicos dominicais podem ser alienados, observadas as exigências da lei.

[164] OYARZÚN, Santiago Montt. *Op. cit.*, p. 272.

[165] HEINEN, Juliano. Limitações administrativas e o conteúdo econômico da propriedade: uma "desapropriação à brasileira". *Revista de Direito Administrativo*, Rio de Janeiro, v. 260, p. 133-181, maio/ago. 2012. p. 178-179.

[166] PARDESUS, Jean-Marie. *Op. cit.*, p. 73.

referidos bens se sujeitassem a elementos diferentes, mas ao contrário buscava formar uma *gradação* ou *escala* da utilidade pública ao qual ambos se situem.[167]

Isto porque se tanto o bem público quanto privado se submetem à uma *função* pública não é meramente o critério teleológico como uma afetação que será capaz de distinguir o campo do domínio público do privado, mas à medida que tal se realiza como uma adequação ou uma destinação ao atendimento das necessidades coletivas.

Neste sentido, em uma primeira vista, o critério de *afetação* poderia ser capaz de sustentar uma distinção efetiva para delimitar a natureza dos referidos bens jurídicos, mas os bens privados se sujeitam à uma adequação à uma *função social* enquanto os bens públicos são aqueles *destinados* à sua realização.

Note, portanto, que não se trata da *afetação* em si o elemento central de uma teoria do domínio público, uma vez que tanto os bens públicos e privado devem se adequar ao interesse público, mas a *função social* que exerce a referida coisa, ou seja, em que medida ela se submete a um fim coletivo ou busca realizá-lo.

O Conselho de Estado Francês já aderiu à *teoria funcionalista*, ao determinar que, exercendo a *coisa* um uso *público* – no caso um cemitério – ainda que supostamente esteja sob uma titularidade privada, encontra-se no acervo dos bens que compõem ou *l'appartenance* ao domínio público.[168]

Neste sentido, será a *gradação* da função pública[169] que irá distinguir os bens públicos e privados e, portanto, as fronteiras do domínio público, que não se liga necessariamente com a titularidade, mas em que medida a coisa não busque se adequar, mas promover o interesse público.

Tal gradação que irá distinguir, por exemplo, uma servidão administrativa de uma desapropriação indireta, à medida que há apenas a adequação da propriedade privada à uma atividade pública – como uma passagem de terminal elétrico – ou a sua própria utilização para realização do serviço público – como a necessidade de instalação de central elétrica.

---

[167] PARDESUS, Jean-Marie. *Op. cit.*, p. 73.
[168] FRANÇA. Conselho de Estado. *Arrêt Márecar de 28 de junho de 1935.*
[169] PARDESUS, Jean-Marie. *Op. cit.*, p. 73.

Em ambas há uma nítida afetação à uma finalidade pública, o que as distingue quanto à natureza pública do bem não é a titularidade – já que ambas estão sob título formal privado – mas que enquanto a primeira conserva um espaço de autonomia de vontade restringida pela função pública, na segunda a sua ação já volta-se à realização do interesse público.

Assumir que o critério central do domínio público não deve ser a afetação à finalidade coletiva – como ato formal e normativo – mas a função pública – assumida pela coisa no atendimento às necessidades públicas – não significa negar o papel exercido pelo Estado na *res publicae* e tão pouco que ela possa decorrer, também, de um ato administrativo.

Porém, admitir que além das coisas que exerçam uma função pública sob a titularidade do Estado há outras que independente da afetação formal ou do comando do sujeito estatal, também atendem as necessidades coletivas que, portanto, ensejam igualmente a proteção pela ordem jurídica.

Sob tal viés, torna-se necessário verificar se pode sustentar junto a um domínio público estatal cujos bens estão diretamente a serviço do ente público outro domínio público, que não esteja sob a sua titularidade e, portanto, importará em questões, como a aplicação da própria disciplina normativa.

O tema será tratado a seguir.

1.4 A reconstrução do tema à luz da função social: o reconhecimento de um domínio público não estatal e um domínio público humanitário

A tentativa de delimitação no critério da titularidade seja propriamente dito, de forma transversa com a natureza dos bens, o regime ou a afetação ou sua combinação com estes, como um elemento central da teoria do domínio público, torna-se insuficiente diante das transformações observadas na contemporaneidade.

Com os fenômenos de privatização e despublicização da ação administrativa e o redimensionamento da soberania estatal há um descolamento da noção de público e privado que demandam a construção de uma teoria capaz de lidar com os novos atores sociais e as formas adotadas na persecução do interesse público.

Porém, tais insuficiências não importam que a expressão domínio público seja vaga ou imprecisa por abranger sujeitos variados – Estado, coletividade e indivíduos – ou que de por isso deva continuar a ser um rótulo de poder de dominação do Estado sobre todos os bens em seus territórios, que legitime tais relações com a coisa pública.

A problemática não parece se situar no âmbito da linguística, encerrando uma questão semântica acerca da designação adotada, mas no domínio da ciência jurídica no qual insiste-se em reunir em apenas uma expressão um conjunto de regulações normativas e categorias jurídicas que não se amoldam em apenas uma identificação.

O *domínio público* é apontado como uma determinada *técnica jurídica* capaz de legitimar por parte do Estado uma disciplina jurídica que consagre alguns caracteres e permita certas posições ao ente estatal, de forma a proteger determinadas coisas consideradas como bens públicos. 170

Por efeito, tenta-se propor uma categoria jurídica e, por conseguinte, reunir sob uma única regulação normativa, na figura do *domínio público*, os bens naturais e artificiais, apropriáveis e inapropriáveis, afetados e desafetados ao interesse público, inalienáveis e alienáveis sob a titularidade, propriedade ou concessão pelo Estado.[171]

A tentativa de unificação de domínio público em uma única teoria é *artificial*, já que a criação de *uma* teoria *geral* comum para bens jurídicos ignora que tais coisas não possuem as mesmas características, não se submetem aos mesmos efeitos e estão sujeitos a disciplinas legais específicas distintas.[172]

Tal questão gera um efeito prático de produzir uma superregulação para alguns desses bens, que impede a Administração Pública de geri-los de forma adequado nas suas atividades,[173] como os bens dominicais que, embora adequados melhor ao regime privado, acabam sujeitando-se às restrições da disciplina pública.

Por efeito, inexiste um sentido *inequívoco* de tal designação, que assume feições distintas nas matrizes romano-germânica e anglo-saxão, bem como, igualmente, tem conteúdo controverso nas variadas

---

[170] CARBONELL, Elisa Moreu. *Op. cit.*, p. 463.
[171] CURIEL, P. Brufao. *Las concesiones de aguas en Derecho español, en Poder Judicial*. Poder Judicial, n. 37, p. 23-54, 1995. p. 23-54.
[172] GARCIA, Julio V. González. *La titularidad de los bienes del dominio publico*. Madrid: Marcial Pons, 1998. p. 77.
[173] SCAGLIUSI, Maria de los Ángeles Fernández. *Op. cit.*, p. 102.

construções teóricas que buscaram dotá-la de feições próprias, ainda que possa se identificar em nossa família um elemento e uma exclusão comum.

A plurissignificância que o domínio público encontra na literatura jurídica não aponta incerteza sobre seu conteúdo, mas também a existência daquela variedade de teorias que buscam delimitar em um único conceito uma diversidade de regimes jurídicos e na realidade demanda a necessidade de tornar plural a sua expressão.

Isto significa afastar a expressão domínio público da noção estrita de domínio estatal enquanto uma fórmula simplista e ideia generalizada na literatura jurídica nacional, de que bens públicos são os que pertencem ao *Estado*, que pode através da norma jurídica atribuir à comunidade a titularidade de uso de alguns deles.[174]

Parece adequado ao revés de sistematizar as distintas relações jurídicas formadas com as coisas pelo Estado em apenas uma noção de domínio público, a admissão que a pluralidade de arranjos jurídicos determina variadas acepções dentro do domínio público, que sintetizam as distintas vertentes que o vocábulo *público* deve assumir.

Isto nao significa um esvaziamento da noção de domínio público, mas o reconhecimento de que a teoria deve ser suficiente para abranger os fenômenos relativos aos bens públicos e, portanto, a uma pluralidade de relações jurídicas, o que demanda um elemento ou categoria central.

Neste sentido, distintas teorias sobre os bens públicos foram construídas a partir de uma interpretação da matriz romana, tendo sido generalizada pela família jurídica da *civil law*, como um elemento comum para a distinção da literatura jurídica à identificação entre a noção de domínio público com a de domínio estatal.

Porém, se é possível afirmar que a noção de domínio público já encontrou distintos fundamentos na sua evolução desde o conceito da Antiguidade Clássica até a Modernidade – *poder público, iura regala* – parece que na contemporaneidade seu fundamento liga-se ao cumprimento das finalidades ou funções.[175]

Neste sentido, basta relembrar que o uso público e o aproveitamento geral de determinadas coisas são conceitos historicamente ligados à noção de *domínio público*, porém, sem que necessariamente

---

[174] MONTEIRO, Washington de Barros. *Curso de Direito Civil*. São Paulo: Saraiva, 1962. v 1. p. 163.

[175] BLANCO, Alejandro Vergara. *Op. cit.*, p. 137.

demandem uma *titularidade* pública, como ocorrem com as obras e com os serviços públicos.[176] Como visto, parece se adequar melhor às demandas dos bens públicos diante das transformações sofridas na noção de Estado e na disciplina administrativa a graduação que a coisa vincula-se à função pública, a saber, à medida que se destina à concretização e não apenas adequação à uma finalidade ou necessidade coletiva.

Demonstra-se como o critério capaz de solver questões como bens que atendem à função pública, embora estejam sob a titularidade de entes privados ou não tenham sido afetados formalmente pelo Estado, bem como resolve a celeuma de coisas que, apesar de estar sob o domínio do ente estatal, não se ligam de nenhuma forma com a finalidade coletiva.

Porém, isto demanda a superação da perspectiva tradicional e moderna de uma identificação da noção de público e estatal e reconhece um conteúdo *plural* capaz de abranger os bens que estão sob a titularidade de outros sujeitos, que não necessariamente sejam dos entes estatais.

Em alguma medida, a literatura jurídica já tende a apontar tal sentido, ao distinguir o domínio público *estatal* do *autárquico*[177] em aparente distinção entre o acervo sob o comando do Estado, daqueles que estão sob a titularidade de pessoas criadas por eles admitindo-se, o seu exercício por outros sujeitos, ainda que limitado a pessoas jurídicas de direito público.

Outros já distinguem o domínio público no que consideram como em diferentes *subclassificações* a partir de um critério geral material – domínio público *natural ou artificial* – ou da natureza específica dos bens – domínio público *terrestre, fluvial, marítimo* e *edifilicios*[178] – que corrobora com a compreensão de distinção das coisas nesta noção.

Porém, tal compreensão de que dentro do domínio público há categorias distintas pode auxiliar na delimitação não de uma variedade de teorias, mas na compreensão de que sob tal rótulo deve se compreender a existência de campos exercidos por titulares diferentes e espaços definidos para coisas distintas.

---

[176] FERNÁNDEZ, Tomás Ramón. Las Obras Publicas. *Revista de Administración Pública*, Espanha, Centro de Estudios Políticos y Constitucionales, n. 100-102, 1983. p. 2430.
[177] CAETANO, Marcelo. *Op. cit.*, p. 830.
[178] FOIGNET, René. *Op. cit.*, p. 203. HAURIOU, Maurice. *Précis de Droit Administratif*. Paris: L. Larose & Forcel Editeurs. 1893. p. 503.

Sob tal viés, é aceitável que há determinadas coisas que exercem uma finalidade pública independente de haver uma titularidade estatal ou de um ato formal de afetação ou sujeição a um regime jurídico específico, por exemplo, os mares e o rios, que mesmo antes das qualificações legais ou surgimento do sujeito público serviam a coletividade.

Outras, todavia, exercem uma função pública apenas na medida em que o Estado procede a uma afetação formal ou material à uma finalidade coletiva ou subtraindo-o da sua esfera privada tal qual, por exemplo, os prédios construídos para a realização de serviço público e as propriedades privadas após um ato de desapropriação.

Por fim, há aqueles que, embora devam ser adequados a tal função pública, não são destinados à sua concretização, mas a realização de interesses privados como, os bens particulares que se sujeitam à limitação administrativa como a construção de gabarito, mas excluída estas, resguardada as faculdades e autonomia do proprietário.

Embora pareça clara a proposta, é inegável que há zonas de penumbras, de forma que não se pode determinar um conceito rígido ou estático que permita identificar a natureza pública de determinado bem, mas admitir que a fronteira do domínio público deve ser dotada de mobilidade, que se adéque a própria contingencialidade da definição do interesse público.

A própria Constituição Federal de 1988 consagra em relação aos bens culturais, ao determinar o que aparenta ser formas de proteção da função social[179] – inventários, registros, vigilância, tombamento e desapropriação, e de outras formas de acautelamento e preservação – o que aponta na realidade a gradação de sua destinação e, portanto, o seu domínio.

Desta forma, é de se assumir que determinados bens culturais apenas se adéquam à uma função social – o que demanda restrições apenas para o exercício da autonomia privada como o registro, a vigilância e o tombamento – enquanto outros, ao se vincular às necessidades coletivas, se sujeitarão às restrições do regime público, inclusive, com a desapropriação.

Assim, por exemplo, uma pintura ou um quadro pode tanto fazer parte do domínio privado e parte de um patrimônio de um

---

[179] BRASIL. *Constituição da República Federativa do Brasil de 05 de Outubro de 1988*. Disponível em: https://www.planalto.gov.br/ccivil_03/constituicao/constituicao.htm. Acesso em: 18 out. 2023. Art. 216 §1º c/c Art. 5 inciso XXIV.

colecionador ou sua relevância para a cultura nacional demonstrar a sua natureza pública, que impõe a tutela estatal e, portanto, o processo de desapropriação.

Isto pode ser observado em relação às patentes sobre os inventos que pode se adequar ao interesse público ou ser necessário para a realização de uma necessidade coletiva, o que irá distinguir, portanto, a sua licença voluntária ou compulsória,[180] por exemplo, no caso da medicação contra HIV, em razão da função pública assumida.

Assim, não basta o exercício da função social para a qualificação de um bem como público, mas uma graduação que permita considerar a destinação ao atendimento de uma finalidade coletiva uma forma plena do que a restrição da autonomia privada com a sua compatibilização com determinado interesse coletivo.

Note, portanto, que a gradação da função pública serve como critério não apenas para a delimitação de um domínio público e distingui-lo do domínio privado, mas para a própria distinção dentro do domínio público, de graduações distintas do atendimento à finalidade coletiva, que irão ensejar repercussões diferenciadas.

Há de se admitir que determinados bens serão utilizados como elemento material para a prossecução dos interesses públicos e, portanto, estarão destinados à uma função pública, sem, que, todavia, estejam sob uma relação de titularidade estatal ou dependam de sua intervenção.

Não se trata de construção inédita o reconhecimento do chamado domínio público natural formado por coisas materiais – como os mares, as montanhas e afins – que a sua própria natureza e as demandas do ser humano o colocam imediatamente à satisfação aos interesses da coletividade.[181]

Isto não apenas torna insuficiente determinar que é o ato de afetação pelo ente público que concede o caráter de utilidade pública,[182]

---

[180] BRASIL. *Lei Federal nº 9.279, de 14 de maio de 1996*. Regula direitos e obrigações relativos à propriedade industrial. Casa Civil, Brasília, 14 maio 1996. Disponível em: https://www.planalto.gov.br/ccivil_03/leis/l9279.htm. Acesso em: 17 out. 2023. Art. 68. "O titular ficará sujeito a ter a patente licenciada compulsoriamente se exercer os direitos dela decorrentes de forma abusiva, ou por meio dela praticar abuso de poder econômico, comprovado nos termos da lei, por decisão administrativa ou judicial. §1º Ensejam, igualmente, licença compulsória: I – a não exploração do objeto da patente no território brasileiro por falta de fabricação ou fabricação incompleta do produto, ou, ainda, a falta de uso integral do processo patenteado, ressalvados os casos de inviabilidade econômica, quando será admitida a importação; ou II – a comercialização que não satisfizer às necessidades do mercado".

[181] FOIGNET, René. *Op. cit.*, p. 203.
[182] FOIGNET, René. *Op. cit.*, p. 204.

mas, igualmente, que isso os tornará de titularidade estatal, pois é de sua natureza a impossibilidade de apropriação por pessoa pública ou privada, já que destinados a todos ao mesmo tempo, mas individualmente a ninguém.[183]

Assim, reconhecer dentro do domínio público um domínio natural ou aéreo, marítimo e terrestre envolve admitir que eles não estão dentro do acervo estatal, já que o ar, o mar e os elementos naturais são insuscetíveis de apropriação em razão de sua própria materialidade, o que permite apenas sua qualificação para regulação e exploração estatal.[184]

Sob tais coisas, é difícil determinar o próprio objeto sob o qual haveria a apropriação, por exemplo, o chamado domínio público radioelétrico, formado por espectro de frequências radioelétricas que se propagam pelo ar que é um objeto inapropriável, inacessível, indefinido e insuscetível de propriedade.[185]

Não se deve cometer o equívoco, todavia, de considerar que o domínio público não estatal – das coisas que exercem as funções públicas independente de uma titularidade pública – limita-se apenas ao domínio público natural – formado por coisas que não estão sujeitas à uma titularidade privada ou pública estrita.

Não se propõe utilizar a expressão de domínio público natural, pois não se pretende limitar apenas as coisas que por sua natureza servem à coletividade, mas, como visto, todas as outras que estão afetadas, embora sem a titularidade do Estado como, os bens artificiais sob a sujeição imediata da exploração por entes privados.

Assume o público uma feição não estatal na medida em que abrange o deslocamento da ação pública para outros atores sociais, com a participação da sociedade civil e da iniciativa privada na realização de atividades de interesse público sem a coincidência com as pessoas ou órgãos estatais.[186]

Desta feita, o domínio público não estatal abrange não apenas os chamados bens públicos naturais, que está sujeito à titularidade da

---

[183] Algo que já estava previsto no Digesto de Ulpiano *"Quaedam naturali iure communia sunt omnium, quaedam universitatis, quaedam nullius, pleraque singulorum, quae variis ex causis cuique adquiruntur"*. MADEIRA, Eliane Maria Agati. *Op. cit.*, Livro 1 Capítulo VIII item 2 parágrafo 3.
[184] FRAGA, Gabino. *Derecho Administrativo*. Mexico: Editorial Porrua S.A., 1955. p. 452-453.
[185] CARBONELL, Elisa Moreu. *Op. cit.*, p. 468.
[186] BRESSER-PEREIRA, Luiz Carlos; GRAU, Nuria Cunill. Entre o estado e o mercado: o público não-estatal. *In*: BRESSER-PEREIRA, Luiz Carlos; GRAU, Nuria Cunill (Org.). *O Público Não-Estatal na Reforma do Estado*. Rio de Janeiro: Editora FGV, p. 15-17, 1999.

coletividade – ainda que reconhecida uma ingerência estatal – mas igualmente os bens artificiais, que são qualificados como público pelo Estado, mas estão sob a sujeição de atores privados.

Isto não significa ignorar a tradição no uso da expressão domínio público natural, que pode ser cientificamente incorporada dentro do domínio público não estatal, mas admitindo que tais coisas gerarão distintos problemas perante o Estado, que demandam soluções diferenciadas como, por exemplo, as demandas da regulação da mineração.[187]

Também não se tem a pretensão de considerar que o domínio público é formado apenas por bens não estatais, ou seja, coisas que exercem função para a coletividade cabendo a mera representação do ente estatal,[188] pois seria considerar que as outras sob o domínio do Estado não teriam natureza pública e poderiam ser utilizadas para fins privados.

Deve-se observar, além de uma perspectiva normativo-positiva do Estado como uma pessoa jurídica de direito público e, portanto, sujeito de direitos e deveres, para recordar que o *thelos* da sua própria existência e perpetuação é a busca pela realização dos interesses da coletividade e todos os seus bens devem ser voltados para fins públicos.

Assim, envolve compreender no domínio público, também, as coisas que compõem um domínio artificial – como as ruas, as praças e os prédios públicos – e a rigor não são inapropriáveis pela sua natureza, mas enquanto conservam a sua finalidade pública deve ser atribuída um regime protetivo estatal que garanta a sua inalienabilidade.

Há no domínio público um componente sob a titularidade do Estado, que são coisas antes suscetíveis de apropriação que, por determinação legal e atribuição administrativa ou disposição negocial, foram afetados à prossecução dos interesses da coletividade, ainda que seu exercício não seja de forma direta pelos sujeitos sociais.

Deste modo, percebe-se dois campos no âmbito do domínio público, formado por coisas que exercem uma finalidade pública *per si* e correspondem por sua natureza em um espaço eminentemente inapropriável, daquelas coisas que possuem uma finalidade pública na medida em que é atribuída pelo Estado e, portanto, a resguarda gerando a sua inalienabilidade.

---

[187] LLOP, Javier Barcelona. Consideraciones sobre el dominio público natural. *In*: WAGNER, Francisco Sosa. *El derecho administrativo en el umbral del siglo XXI*: homenaje al profesor Dr. D. Ramón Martín Mateo. Espanha: Tirant lo Blanch, 2000. p. 2085-2089.
[188] BIELSA, Rafael. *Op. cit.*, p. 157.

Por efeito, há de determinar que a noção de domínio público pode se referir ao conjunto de coisas que não demandam uma titularidade estatal para exercer uma função pública – ao qual pode-se designar como um domínio público não estatal – daquelas coisas que impõem uma titularidade estatal para atuar em fins coletivos – o domínio público estatal.

Importa reconhecer que o domínio público não estatal abrangerá todas as coisas que não estão sob a titularidade estatal, mas exercem uma função pública, o que demanda uma ação protetiva estatal, inclusive, a sujeição a um regime jurídico de direito público com todas as faculdades inerentes.

Isto conduz a advertência que a literatura jurídica faz que a categoria chamada de propriedade privada de interesse público é imprecisa, já que tais bens, embora estejam sob a titularidade particular em razão do interesse público ao qual estão afetados, demanda um regime mais específico de intervenção administrativa.[189]

Isto porque, se todos os bens sujeitos à titularidade privada devem ser compatibilizados ao interesse público, o que as sujeitam as modalidades restritivas de propriedade – da ocupação temporária ao tombamento – algumas exercem uma finalidade coletiva ao qual não se pode subtrair uma qualificação pública, sob pena de deixar o interesse público sem tutela.

Supera-se a compreensão, portanto, que sob os bens de titularidade particular o Estado tem o poder de qualificá-los como bens públicos – pois se o fundamento da ação estatal é a função pública, sendo demonstrado o atendimento ao interesse coletivo, este passa a ter um dever – de reconhecidas como públicas preservar a sua finalidade.

Uma vez que ambos os domínios encontram fundamento na função pública, poderia se sustentar que a distinção proposta é inócua, constituindo ambos um único domínio público e correspondendo somente à uma divisão ou classificação, além de existir proposições similares na literatura jurídica.

Neste viés, determinados autores optam por discernir o acervo patrimonial estatal do natural, utilizando a expressão coisas públicas, destacando-as do domínio público,[190] porém, parece inadequado não

---

[189] CARBONELL, Elisa Moreu. Op. cit. p. 467.
[190] ODA, Yorozu. *Principes de droit administratif du Japon*. Paris: Société anonyme du Recueil Sirey, 1928. p. 107.

considerá-los bens, além de acabar utilizando o rótulo de domínio público para expressar apenas o estatal. Inegável que, embora se sustente que as coisas que servem a uma finalidade coletiva independem de uma qualificação estatal, elas assumirão uma expressão jurídica, que será dada pela ordem jurídica não como forma de atribuição ou afetação, mas sim tutela ou proteção normativa dos fins aos quais se liga.

Igualmente, não parece adequado o que propõe outros autores de distinguir um domínio público – as coisas naturais ou artificiais apropriáveis e sob a propriedade do Estado – de um domínio comum – as coisas naturais ou artificiais inapropriáveis sob a guarda do Estado.[191]

Sob tais bens em que convenciona se nomear como domínio público não estatal, o ente público não exercerá um direito de propriedade – uso, fruição, disposição e reivindicação – podendo somente regular o seu uso e fruição individual ou coletivo na medida em que necessário para a sua proteção e para a coletividade, inclusive, no aspecto intergeracional.

Como será visto, não se deve confundir titularidade com propriedade, uma vez que o primeiro, enquanto categoria da teoria do Direito, busca situar a relação jurídica formada por mais de um sujeito com qualquer objeto, ao passo que a última, em especificidade, denota aquela que tem por objeto uma coisa sujeita à apropriação.

Incide em mesmo erro a proposta por parte da doutrina entre domínio – para abranger bens não sujeitos à apropriação e afetos à finalidade pública e, portanto, sujeitos a um regime público – e propriedade pública – para reconhecer os bens sob a propriedade do Estado e não afetos ao seu destino público.[192]

Pretende-se criar uma distinção que possa albergar coisas que não se adéquam a *thelos* da criação de um regime jurídico exorbitante e a própria titularidade do ente moral, situando o Estado em uma posição dualística estranha à sua origem e finalidade, que não se ligam a nenhum interesse próprio.

---

[191] PORTUGAL. *Código Civil Português*. Aprova o Código Civil e regula a sua aplicação – Revoga, a partir da data da entrada em vigor do novo Código Civil, toda a legislação civil relativa às matérias que o mesmo abrange. Ministério da Justiça, 25 de Novembro de 1966. Disponível em: https://diariodarepublica.pt/dr/legislacao-consolidada/decreto-lei/1966-34509075. Acesso em: 19 out. 2023. Artigo 380 a 382.

[192] GAUDEMET, Yves. *Op. cit.*, p. 14.

Com designação distinta, mas ideia idêntica, alguns nomeiam como domínio público – o conjunto de coisas afetadas ao interesse público – e domínio privado estatal – o acervo patrimonial do ente público e desfuncionalizado que o Estado possui e gere como particular, permitindo a sua fruição e todas as posições da propriedade privada.[193] Nesse sentido, sob o domínio público caberia ao Estado a administração, manutenção, fiscalização e polícia, garantindo a fruição dos bens de uso comum do povo, ao passo que sob o seu domínio estatal exerceria atribuições iguais ao do proprietário em seu domínio eminentemente particular.[194]

Igualmente, parece inadequado sustentar bens privados dentro do domínio público, já que não cabe ao Estado constituir um patrimônio desfuncionalizado tal qual uma pessoa natural ou jurídica de direito privado, mas gerir os bens sob sua titularidade para alcançar interesses públicos, o que justifica e fundamenta a sua própria criação como ente moral.

Como bem afirmado pela literatura jurídica, a dominialidade pública é a medida de função,[195] por esta razão não parece se admitir junto ao domínio público uma propriedade pública, o que seria admitir a possibilidade do ente estatal não atuar para fins públicos ou a existência de coisas consideradas públicas, mesmo que não atendam à sua finalidade coletiva.

Porém, se as propostas de divisão são insuficientes, considerar que domínio público não estatal e estatal devem ser tidos a partir de um critério de unicidade é ignorar a sua distinção, não apenas em seu fundamento – no que origina o exercício da função pública, mas precipuamente os efeitos produzidos, o que torna inconveniente reuni-las sob um único rótulo.

Isto que gera a incongruência de tentar traçar elementos que se ligam a determinados bens como estruturantes do domínio público, pois se a titularidade parece se amoldar ao domínio público-estatal na medida em que impõe a funcionalização e o regime protetivo, não se amolda ao domínio público não estatal, já que parecem decorrer em alguns casos da natureza.

---

[193] TAVARES, José. *Op. cit.*, p. 351-352.
[194] REIS, Aarão. *Direito administrativo brasileiro*. Rio de Janeiro: Oficinas Gráficas Villas-Boas & Cia. 1923. p. 292.
[195] GAUDEMET, Yves. *Op. cit.*, p. 18.

Não se pretende negar, que o Estado exerça um papel tanto nos bens que exercem por si só uma finalidade pública e naqueles que demandam a sua afetação à necessidade coletiva, mas que há uma distinção na sua atuação no que se refere tanto ao domínio público estatal quanto ao domínio não estatal.

Isto porque a teoria do domínio público não deve ser considerada como uma técnica que atribua uma titularidade ao ente público correspondente à teoria que regula as coisas que, por estarem destinadas a uma finalidade pública, atribuem um título jurídico de intervenção legítima para que o Estado ordene-as de acordo com as exigências dos interesses públicos.[196]

Assim, a gradação na realização da função pública liga-se a uma graduação da intervenção estatal que, enquanto sob os bens que fazem parte do domínio público estatal corresponde ao amplo espaço de atuação, no que se refere ao domínio público não estatal envolve um espaço eminentemente de regulação.

Por efeito, sob os bens do domínio público estatal – como os prédios, as praças e as ruas públicas – o Estado pode operar a sua desafetação formal pela inexistência de atendimento ao interesse coletivo, já que sob tais coisas, o regime por ele imposto que institui a sua indisponibilidade jurídica e, portanto, pode subtraí-las.

Por outro lado, sob o domínio público não estatal – como os mares, rios e montanhas – cuja indisponibilidade é material, que impede a apropriação por qualquer sujeito público ou privado, cabe apenas a regulação do seu uso e exploração, já que não é a afetação que atribui a sua função pública ou o regime jurídico de direito público que impõe sua inalienabilidade.

Em ambas, porém, com o redimensionamento da noção de soberania, a intervenção do Estado deixa de se ligar à noção de poder político ainda que jurisdicizado – como um amplo espaço de discricionariedade – para se situar como um dever jurídico – de proteção da função pública exercida pelas referidas coisas.

Assumir, portanto, que haverá um título de intervenção estatal não significa que ele exercerá todo o papel na proteção ou atendimento da gestão pública, mas que, embora outros atores sociais tenham a

---

[196] GAMIR, Roberto Parejo; OLIVER, José María. *Lecciones de dominio publico*. Madrid: Ediciones Instituto Catolico de Artes e Industria, 1976. p. 7.

titularidade no que tange ao domínio público-estatal, resguarda-se um espaço de atuação do ente público sob as referidas coisas.

Isto fica claro em outra noção de domínio público não estatal que costuma se designar como *patrimônio da humanidade*, ou seja, o conjunto de bens do patrimônio cultural e natural, em que sejam reconhecidos excepcional interesse pela comunidade internacional que denote a sua preservação e reconhecimento da titularidade do homem.[197]

Trata-se de uma proteção que se justifica na medida em que parte da literatura sustenta que, embora certas *coisas* tenham uma dimensão de relevo – como os monumentos históricos – por não exercerem uma finalidade coletiva, não seriam suficientes para motivar a tutela de privilégios do domínio público e, portanto, a sua natureza como bens *públicos*.[198]

É forçoso reconhecer tanto a natureza de *bens públicos* quanto de *bens da humanidade* às respectivas coisas – como os monumentos arquitetônicos ou arqueológicos – cuja função pública não significa uma *destino* material à uma necessidade – como as praças públicas – ou *uso* imediato – como as praias – mas a preservação de bens jurídicos ambientais e culturais.

Sob tal viés, com a criação dos organismos internacionais que se volta à uma proteção do *patrimônio cultural e natural* em uma escala igualmente internacional, cuja tentativa de conservação pretende permitir a compreensão da necessidade e aproximação pelos povos na proteção de tais coisas necessárias à humanidade.[199]

Em contrassenso à noção de domínio público estatal, o conceito de patrimônio comum da humanidade pretende construir uma *res communis omnium* com a formação de um espaço apto para o uso de todos, em um cenário comum que permita a realização de atividades capazes de perseguir o benefício da humanidade.[200]

Adéqua-se ao redimensionamento da soberania estatal, já que determinadas coisas pela função pública que exercem não assumem relevo apenas para o ente estatal ou àquela sociedade, mas igualmente

---

[197] ORGANIZAÇÃO DAS NAÇÕES UNIDAS. *Convenção para a Proteção do Patrimônio Mundial, Cultural e Natural, Conferência Geral da Organização das Nações Unidas para a Educação, Ciência e Cultura*, de 17 de Outubro a 21 de Novembro de 1972.
[198] MAYER, Otto. *Op. cit.*, p. 128.
[199] GONZÁLEZ-VARAS. Ignácio. *Conservación de bienes culturales*. Madrid: Cátedra, 2001. p. 459.
[200] CARBONELL, Elisa Moreu. *Op. cit.*, p. 474.

para toda a comunidade internacional e a humanidade, o que demanda os efeitos relativos ao seu uso e proteção.

Tome-se, por exemplo, os monumentos naturais e artificiais de determinados Estados, que não podem estar sujeitos à restrição plena ou absoluta de acesso a outros seres humanos além daquele povo, bem como a disposição estatal, já que sendo seu fundamento a função social que exerce para a humanidade, pouco importa o território no qual esteja localizado.

Pode-se extrair como elemento chave desse patrimônio comum não só a proibição de apropriação por entes privados, como o reconhecimento que tais espaços encontram-se fora do comércio do Estado e, portanto, sobre tais bens sua titularidade é revertida à comunidade global e não exercida pelos Estados.[201]

Neste sentido, sujeitam-se tal qual aos bens estatais igualmente à uma função social, que demanda na sua afetação a finalidades coletivas a necessidade de uma gestão racional de tais bens pela sociedade internacional, reforçada pela natureza trans-temporal e trans-espacial das referidas coisas pela humanidade.[202]

Note, portanto, que, embora tais bens públicos – já que conservam tal natureza enquanto afetados aos interesses coletivos – façam parte do domínio público do Estado – já que vinculados ao seu território e ao exercício limitado de sua soberania – porém, igualmente, compõem o domínio da humanidade já que sujeitos à proteção da comunidade internacional.

Pode-se designá-lo, portanto, como um domínio público humanitário ou global, embora se prime pela primeira nomeação, uma vez que o seu fundamento decorre não do fenômeno de integração econômica e política, que pode resultar em um domínio público comunitário, mas da função social exercida por tais bens à coletividade.

Desta forma que se exclui tais construções da análise do domínio público não estatal, já que tal titularidade exercida pela comunidade internacional ou grupos comunitários demanda a formação de um instituto próprio de análise do Direito Internacional para abranger aquelas coisas sujeitas à titularidade pelo Estado de forma direta ou indireta.

---

[201] CARBONELL, Elisa Moreu. *Op. cit.*, p. 474.
[202] PUREZA, Jose Manuel. *El patrimonio común de la humanidad.* ¿Hacia un Derecho internacional de la solidaridad? Madrid: Trotta, 2002. p. 375-382.

Isto significa assumir que as gradações assumidas pela coisa no que tange à função pública, que resultará em distintas qualificações – domínio privado, domínio público estatal, domínio público não estatal, domínio público comunitário e domínio público humanitário – irão conduzir ou sujeitá-la a diferentes regimes jurídicos e nem sempre de forma exclusiva.

Assim, supera-se a compreensão de que o domínio público é técnica de atribuição de um *regime ou uma disciplina exorbitante* de Direito Público, que, decorrente da função de interesse coletivo assumida por determinadas coisas, o que justifica a incidência de regras que imponham determinadas consequências jurídicas.[203]

Os distintos graus de funcionalização assumidos pela coisa gerarão não apenas assunção aos regimes jurídico de direito internacional, comunitário e nacional, mas igualmente diferentes graus de vinculação com o regime jurídico de direito público, permitindo a aplicação de normas jurídicas de direito privado.

Isto fica claro, por exemplo, no que tange aos bens ambientais e culturais, que se situam em uma interface entre o domínio público não estatal e o domínio público humanitário e, portanto, a ação da coletividade, do estado e da comunidade internacional, há de se admitir que incidirá um regime jurídico de direito público nacional e internacional.

Em outros casos, situa-se em uma zona fronteiriça, como os bens privados que, devendo se adequar às finalidades públicas, sujeitam-se tipicamente ao regime jurídico de direito privado com as chamadas normas de ordem pública ou a exorbitância produzida pelo interesse público no exercício da autonomia privada.

Porém, no que tange ao domínio público – estatal e não estatal – é reconhecer que as gradações no atendimento à função pública importam na sua superação da ideia de aplicação de forma estática do regime jurídico de direito público, mas na compreensão que igualmente será graduada a aplicação do referido regime.

Tome-se, por exemplo, que, no domínio público estatal – como os prédios, praças e ruas públicas – parece que a aplicação de formas do direito privado – como locação ou alienação – amoldam-se sem grandes problemas, visto que tais coisas a rigor só não estão sujeitas à tal regime e apropriação privada por um ato estatal.

---

[203] GAUDEMET, Yves. *Op. cit.*, p. 18.

Todavia, em outro caso, como no domínio público não estatal – como os rios, mares e montanhas – demonstra-se inadequada a aplicação de tais negócios do direito comum, pois sob tais coisas só devem incidir um regime jurídico de direito público, que se adéquam à própria realidade material das mesmas.

Definido o regime aplicável em caso de conflito entre os referidos bens, parece que a própria hierarquia normativa das disciplinas é capaz de solver a questão com a precedência entre a regulação internacional e comunitária sob a nacional e local, com a primazia das normas de ordem pública sob as disposições de ordem privada.

Considerando que os bens naturais sejam integrantes do domínio público estatal e do domínio público humanitário, havendo conflito no regime protetivo dado pelo estado e pela comunidade internacional, parece haver uma submissão natural ao regramento internacional devido à mitigação da soberania estatal.

A celeuma surge, porém, quando há um aparente conflito entre bens sujeitos a idênticos ou regimes próximos como o conflito, que pode surgir entre o Estado e comunidade, tratando-se de um domínio público não estatal e a sua possível interface com um domínio público-estatal.

O conflito pode ser tido à luz das terras tradicionalmente ocupadas pelos índios e a eventual necessidade de instalação pelo Estado de bens ou serviços públicos, que resultarão em uma tensão que a unicidade teórica tradicional do domínio público não parece ser capaz de solver e a proposta apresentada pretende auxiliá-la, protegendo os interesses envolvidos.

O tema será tratado a seguir.

1.5 O domínio público não estatal e o Estado: análise das terras tradicionalmente ocupadas pelos índios no caso da demarcação da raposa serra do sol

Considerada a função social como categoria que deve ser central na formação de uma teoria do domínio público, há de se admitir, portanto, que, sob tal designação, incluir-se-á bens que exercem tais finalidades coletivas de forma imediata ou dependente de sua afetação, coisas que estejam sob a titularidade do Estado ou sob outro sujeito.

Sustentando que há um domínio público não estatal, admite-se reconhecer que há certas coisas sob a titularidade da coletividade cuja sua própria natureza material e as necessidades sociais determinam a sua afetação pública e, portanto, independem do reconhecimento formal pelo Estado e não se sujeitam à apropriação.

Porém, igualmente, há determinadas coisas que poderiam ser em razão da sua natureza objeto de apropriação privada, mas o próprio Estado atribui uma qualificação pública, afetando a uma finalidade social, mas sem conservar a sua titularidade, ou seja, determinar que esta será exercida por determinado sujeito privado.

Assim, os bens naturais podem tanto compor o domínio público não estatal, em razão de sua natureza que impeça a apropriação e denote por si só uma função social – como os mares, rios e montanhas – ou devido a um ato formal de afetação que atribua a satisfação de determinada necessidade coletiva – como a terra.

Note que as terras a rigor serão públicas conforme necessárias para a realização de uma função social, por exemplo, as terras devolutas, que sejam indispensáveis à defesa das fronteiras, das fortificações e construções militares, das vias federais de comunicação e à preservação ambiental, que são de atribuição da União[204] ou dos Estados.[205]

Podem integrar o domínio público estatal ou não estatal conforme exerçam sua função pública por um ato de afetação – como a defesa das fronteiras – ou por si só já – como necessária à proteção dos ecossistemas naturais – o que as tornam indisponíveis independente da declaração normativa.[206]

Porém, serão privadas, uma vez que não exercem nenhuma função pública, apenas se adequando a elas como as demais terras devolutas, que podem ser compatibilizadas com a política agrícola e com o plano nacional de reforma agrária, inclusive, mediante as suas concessões ou alienações.[207]

Sob tal viés, a Constituição Federal de 1988, ao reconhecer aos índios sua organização social, costumes, línguas, crenças e tradições,

---

[204] BRASIL. *Constituição da República Federativa do Brasil de 05 de Outubro de 1988*. Disponível em: https://www.planalto.gov.br/ccivil_03/constituicao/constituicao.htm. Acesso em: 18 out. 2023. Art. 20 inciso II.
[205] BRASIL. *Constituição da República Federativa do Brasil de 05 de Outubro de 1988*. Op. cit. Art. 26 inciso IV.
[206] BRASIL. *Constituição da República Federativa do Brasil de 05 de Outubro de 1988*. Op. cit. Art. 225 §5º "São indisponíveis as terras devolutas ou arrecadadas pelos Estados, por ações discriminatórias, necessárias à proteção dos ecossistemas naturais".
[207] BRASIL. *Constituição da República Federativa do Brasil de 05 de Outubro de 1988*. Op. cit. Art. 188.

consagra os direitos originários sobre as terras que tradicionalmente ocupam, atribuindo competência para a União demarcá-las, protegê-las e fazer respeitar todos os seus bens.[208] Neste sentido, a expressão direitos originários sobre as terras não deve ser entendida como um direito de propriedade, mas a garantia daquela porção do território, permitindo a manutenção da vida indígena e a sua organização social, como já assentava a jurisprudência do Supremo Tribunal Federal.[209]

As terras tradicionalmente ocupadas pelos índios têm natureza de bens públicos, tanto que consagra a Constituição Federal os atributos decorrentes do seu regime jurídico de direito público, ainda que de forma atécnica, já que aduz inalienabilidade e indisponibilidade – quando deveria veicular, também, impenhorabilidade – além da imprescritibilidade.[210]

Isto porque tais bens não estão apenas adequados à uma função social, mas exercem uma finalidade pública na medida, uma vez que as terras servem para habitação em caráter permanente, atividades produtivas, preservação dos recursos ambientais necessários ao bem-estar e reprodução física e cultural dos índios, segundo seus usos, costumes e tradições.[211]

Liga-se, portanto, não atribuição de uma propriedade privada àquele grupo social, mas o reconhecimento de uma afetação daqueles bens às finalidades coletivas, já que se protege não qualquer terra, mesmo com condições ecológicas diferentes das adequadas ao conhecimento tradicional, mas aquelas que são tradicionalmente ocupadas.

Assim, a dimensão que deve ser atribuída aos direitos originários é a compreensão de que o Estado reconhece a pré-existência daquela relação dos índios com a respectiva terra e, portanto, o ato de demarcação corresponde apenas à declaração de uma função já exercida por aquelas coisas.

Verifique, portanto, que sob tal bem natural – a terra – que a rigor poderiam estar sob o domínio privado – permitindo a aquisição

---

[208] BRASIL. *Constituição da República Federativa do Brasil de 05 de Outubro de 1988*. Op. cit. Art. 231.

[209] BRASIL. Supremo Tribunal Federal. *Recurso Extraordinário nº 44.585*. Relator Min. Victor Nunes Leal. 11.10.1961.

[210] BRASIL. *Constituição da República Federativa do Brasil de 05 de Outubro de 1988*. Op. cit. Art. 225 §4º.

[211] BRASIL. *Constituição da República Federativa do Brasil de 05 de Outubro de 1988*. Op. cit. Art. 231. §1º.

da sua propriedade – optou o constituinte por reconhecer para algumas delas uma afetação à finalidade pública – a proteção dos índios e de sua cultura – destinando a sua titularidade aos mesmos.

Tanto que determinou a demarcação das terras indígenas no prazo de cinco anos a partir da promulgação da Constituição,[212] de forma a proteger uma função já assumida pelos referidos bens por uso dos indígenas em, portanto, ato de natureza eminentemente declaratório e não constitutivo da respectiva relação jurídica.

Todavia, foi atécnica a Constituição Federal, ao consagrar tais terras como bens da União,[213] uma vez que demarcadas pelo ente federado passam estar sob a titularidade do grupo indígena, o que se demonstra pelas próprias restrições previstas nas normas constitucionais ao Estado-Administração.

Isto porque sob tais bens a lei fundamental estipula o direito à posse permanente pelos índios, cabendo-lhes o usufruto exclusivo das riquezas do solo, dos rios e dos lagos nelas existentes,[214] estipulando, inclusive, a restrição da exploração dos recursos sem autorização pelo Congresso Nacional e a participação nos resultados da lavra.[215]

Poderia se afirmar que é permitida excepcionalmente a remoção dos grupos indígenas das suas terras, em caso de catástrofe ou epidemia que ponha em risco sua população, ou no interesse da soberania do País, após deliberação do Congresso Nacional de natureza *ad referendum*.[216]

Parece antes o reconhecimento da necessidade de realização de outra função social, do que eminentemente sustentar uma titularidade estatal, tanto que determina a norma constitucional a garantia, em qualquer hipótese, do retorno imediato dos índios às terras logo que cesse o risco. 217

Todavia, deflagra o reconhecimento que poderá haver conflitos quando sob determinados bens recaírem mais de uma função pública,

---

[212] BRASIL. Atos das Disposições Constitucionais Transitórias, de 05 de Outubro de 1988. Art. 67.
[213] BRASIL. *Constituição da República Federativa do Brasil de 05 de Outubro de 1988*. Op. cit. Art. 20 XI.
[214] BRASIL. *Constituição da República Federativa do Brasil de 05 de Outubro de 1988*. Op. cit. Art. 231. §2º.
[215] BRASIL. *Constituição da República Federativa do Brasil de 05 de Outubro de 1988*. Op. cit. Art. 231. §3º c/c Art. 49 XVII c/c Art. 176 §1º.
[216] BRASIL. *Constituição da República Federativa do Brasil de 05 de Outubro de 1988*. Op. cit. Art. 231. §5º.
[217] BRASIL. *Constituição da República Federativa do Brasil de 05 de Outubro de 1988*. Op. cit. Art. 231. §5º.

de forma simultânea o que pode ocorrer tanto entre o domínio público não estatal e o estatal quanto entre os mesmos, como no caso das terras tradicionalmente ocupadas pelos indígenas.

Isto porque, por um lado, as terras públicas ou privadas exercem e se adéquam, respectivamente, à uma função social, sendo garantida não apenas a proteção para as primeiras mediante a criação e gestão, com ou sem parcerias, das reservas públicas,[218] mas, também, sendo vedada, por exemplo, a caça e o comércio de animais silvestres em terras privadas.[219]

Neste viés, as terras ocupadas pelos indígenas assumem não apenas uma função social – de proteção dos índios e de suas culturas – mas outras necessidades coletivas – como a preservação da fauna – o que leva à uma tensão e, portanto, à necessidade de compatibilização, como vedando à caça profissional, mas admitindo-a dentro dos usos, costumes e tradições.

A celeuma surge quando se tratar de uma tensão entre a titularidade coletiva – no caso representada pelo grupo indígena – com a do Estado propriamente dita, no que se refere à necessidade que deve assumir aquelas terras para a realização de outras funções sociais, pois, como visto, o domínio público não estatal sujeita-se à ingerência ou regulação do Estado.

Pode-se aduzir a questão no estudo da demarcação da terra indígena Raposa/Serra do Sol situada no Estado de Roraima realizada por portaria do Ministro da Justiça,[220] que foi objeto de homologação pelo

---

[218] BRASIL. *Lei Federal nº 11.284, de 2 de março de 2006*. Dispõe sobre a gestão de florestas públicas para a produção sustentável; institui, na estrutura do Ministério do Meio Ambiente, o Serviço Florestal Brasileiro – SFB; cria o Fundo Nacional de Desenvolvimento Florestal – FNDF; altera as Leis nºs 10.683, de 28 de maio de 2003, 5.868, de 12 de dezembro de 1972, 9.605, de 12 de fevereiro de 1998, 4.771, de 15 de setembro de 1965, 6.938, de 31 de agosto de 1981, e 6.015, de 31 de dezembro de 1973; e dá outras providências. Câmara dos Deputados, Brasília, 2 mar. 2006. Disponível em: https://www2.camara.leg.br/legin/fed/lei/2006/lei-11284-2-marco-2006-541235-normaatualizada-pl.pdf. Acesso em: 17 out. 2023. Art. 4.

[219] BRASIL. *Lei Federal nº 5.197, de 3 de janeiro de 1967*. Dispõe sobre a proteção à fauna e dá outras providências. Casa Civil, Brasília, 3 jan. 1967. Disponível em: https://www.planalto.gov.br/ccivil_03/leis/l5197.htm. Acesso em: 17 out. 2023. Art. 2 e 3.

[220] BRASIL. Ministério de Estado e da Justiça. *Portaria nº 534, de 13 de abril de 2005*. Disponível em: https://www.camara.leg.br/proposicoesWeb/prop_mostrarintegra?codteor=298459. Acesso em: 17 out. 2023.

presidente[221] e depois objeto de ação popular ajuizada por Senador da República contra a União e julgada pelo Supremo Tribunal Federal.[222] No caso em tela, o decreto pretendeu harmonizar os direitos constitucionais atribuídos aos índios junto às condições indispensáveis para a defesa do território e da soberania nacionais, a preservação do meio ambiente, a proteção da diversidade étnica e cultural e o princípio federativo.

Desta feita, além de declarar o direito originário de posse permanente dos Grupos Indígenas sob aquela terra indígena Raposa Serra do Sol, fixou as suas medidas, bem como as restrições impostas para a realização de outras funções coletivas que podem assumir respectivamente o referido bem público.

Interessante notar que reiterou a natureza de bem público do Parque Nacional do Monte Roraima e afirmou um regime jurídico de dupla afetação – já que destinado à preservação do meio ambiente e à realização dos direitos constitucionais dos índios[223] – embora possam exercer outras finalidades públicas conforme as necessidades coletivas.

Ademais, previu a ação de órgãos das Forças Armadas – para a defesa do território e da soberania nacionais – e da Administração Pública Federal – para garantir a segurança e a ordem pública e proteger os direitos indígenas[224] – sem que houvesse necessidade, já que a demarcação não exclui a incidência dos outros preceitos constitucionais.

Igualmente, determinou a possibilidade do Estado-Administração adotar as medidas necessárias para afetar os referidos bens públicos para fins de defesa do território e à soberania nacional,[225] todavia, a própria lei fundamental já previa tal restrição constitucional às terras indígenas.

Por fim, estipulou o exercício do poder de polícia administrativa para garantir a segurança e a ordem pública na terra indígena[226] quando tal exercício, como decorre das necessidades de compatibilizar interesses privados com públicos incidem independente de tal previsão normativa.

---

[221] BRASIL. Presidência da República, Decreto de 15 de Abril de 2015. Art. 1º. "Fica homologada a demarcação administrativa, promovida pela Fundação Nacional do Índio – FUNAI, da Terra Indígena Raposa Serra do Sol, destinada à posse permanente dos Grupos Indígenas Ingarikó, Makuxi, Patamona, Taurepang e Wapixana, nos termos da Portaria no 534, de 13 de abril de 2005, do Ministério da Justiça".
[222] BRASIL. Supremo Tribunal Federal. *Pet nº 3.388/RR*. Relator Min. Carlos Ayres Britto.
[223] BRASIL. Presidência da República, Decreto de 15 de Abril de 2015. Art. 3º.
[224] BRASIL. Presidência da República, Decreto de 15 de Abril de 2015. Art. 4º.
[225] BRASIL. Presidência da República, Decreto de 15 de Abril de 2015. Art. 5º.
[226] BRASIL. Presidência da República, Decreto de 15 de Abril de 2015. Art. 5º.

Isto tudo denota que, embora o decreto considere as terras indígenas demarcadas como bem público da União,[227] acaba regulando a matéria como se o reconhecimento dos direitos originários dos índios importaria em um espaço de domínio tal como privado se fosse, que precisaria da fixação das restrições normativas em razão do interesse público.

Decorre ainda da confusão das noções de domínio público e domínio estatal, bem como de titularidade e propriedade, que faz o Estado considerar a terra indígena como bem da União, mas atribuir a posse e os direitos aos índios e criar restrições em favor do ente público tal qual fosse um negócio jurídico com cláusulas restritivas.

O reconhecimento de um domínio público não estatal ajuda a resolver a celeuma, pois embora seja não estatal – com o reconhecimento que tais coisas que exercem uma função pública, não sob a titularidade estatal – ainda o é público – sendo vinculado às necessidades públicas e, portanto, a sua funcionalização à realização de outros interesses públicos.

Desta feita, tornar-se-á desnecessário tentar fixar quais são as outras funções públicas que pretendem exercer as terras indígenas, já que adstritas à realização das necessidades públicas que não podem ser tidas em um conceito estático, mas em uma visão dinâmica e contingencial, já que vinculadas as demandas do grupo social.

Além disto, já se encontram qualificadas através de conceitos jurídicos indeterminados e outras técnicas de abstração e generalidade traduzidas pela lei a proteção dos bens e interesses públicos, de forma que sujeitam não apenas a adequação pelos bens privados, como impõem a necessidade de concretização pelos bens públicos.

Tal dificuldade de delimitar as fronteiras do público – e de sua dimensão não estatal – e de uma percepção da titularidade – não como propriedade ou domínio amplo – que conduziu a uma judicialização da questão, pelo equívoco de supor que a demarcação de terras indígenas traduza em um espaço amplo de liberdade indígena e não sujeição ao Estado.

---

[227] BRASIL. Presidência da República, Decreto de 15 de Abril de 2015. Art. 3º.

Tanto que, na ação popular, o fundamento da violação aos decretos[228],[229] que regulava o procedimento administrativo de demarcação das terras indígenas, alegando a ausência de participação de todos os entes controvérsia, bem como a assinatura por apenas um profissional no laudo antropológico foram apenas preliminares para verdadeiro objeto da lide.

Foram rechaçadas pela existência de um processo público e notório iniciado ainda na década de 1970 com publicação no jornal oficial da União e o primeiro despacho do Estado-Administração ocorreu apenas em 1996 sem que tenha sido solicitada nenhuma habilitação, além da participação dos grupos indígenas e habilitação comprovada do profissional.

O cerne da questão era a alegação de que a demarcação da reserva indígena Raposa Serra do Sol em uma área tão ampla e contínua traria consequências desastrosas tanto para o Estado de Roraima, sob os aspectos comercial, econômico e social, quanto para os interesses do país, por comprometer a segurança e a soberania nacionais.

Por um lado, há nítido tratamento do bem público a partir da concepção tradicional de soberania como objeto de poder do ente público, que determinará a sua adequação aos fins políticos almejados, ignorando a sua relativização e a existência de objetivos delimitados pela ordem jurídico-constitucional, que prevê a demarcação indígena, ao regular a ordem social.

Em outro vértice, apoia-se em um caráter patrimonial da coisa pública, já que se preocupa principalmente com as repercussões econômicas relativas à demarcação das terras como indígena, o que se aproxima do viés de propriedade e tratamento dos bens públicos como se fossem coisas de um sujeito, que exercem relações dotadas de economicidade.

Tanto que se aduz que resultaria em desequilíbrio da Federação, já que a área demarcada, ao passar para o domínio da União, suprimiria

---

[228] BRASIL. *Decreto Federal nº 22, de 04 de Fevereiro de 1991*. "Art. 2º A demarcação das terras tradicionalmente ocupadas pelos índios será precedida de identificação por Grupo Técnico, que procederá aos estudos e levantamentos, a fim de atender ao disposto no §1º do art. 231 da Constituição. §3º O grupo indígena envolvido participará do processo em todas as suas fases".

[229] BRASIL. *Decreto Federal nº 1.775, de 8 de Janeiro de 1996*. "Art. 2º A demarcação das terras tradicionalmente ocupadas pelos índios será fundamentada em trabalhos desenvolvidos por antropólogo de qualificação reconhecida, que elaborará, em prazo fixado na portaria de nomeação baixada pelo titular do órgão federal de assistência ao índio, estudo antropológico de identificação. §3º O grupo indígena envolvido, representado segundo suas formas próprias, participará do procedimento em todas as suas fases".

parte significativa do território roraimense, ofendendo, ademais, o princípio da razoabilidade, ao privilegiar a tutela do índio em detrimento, por exemplo, da iniciativa privada.

Situa a discussão na partilha constitucional de bens e competências entre os entes federativos, ignorando que o *thelos* da lei fundamental, ao organizar o poder em limitações orgânicas e funcionais, é permitir, além da contenção do poder com a proteção dos direitos dos indivíduos, a garantia do atendimento das funções públicas.

No julgamento da ação pelo Supremo Tribunal Federal, o relator Min. Carlos Britto, ao situar que as terras indígenas são classificadas pela Constituição Federal como bens da União, determinou que elas assumem feição de uma categoria jurídico-constitucional – bem público – sob a titularidade de um sujeito – União – e não dos outros entes federados.[230]

Ademais, poder-se-ia alegar que o ente federado em questão foi objeto de uma transformação de território federal em Estado-Membro pela própria Constituição Federal, o que ocorreria com a posse dos seus respectivos governadores,[231] o que o sujeita às disposições da própria lei fundamental e o faz nascer jungido à preexistência de tais direitos.

Embora seja uma forma de situar a questão, parece que se o fundamento da partilha constitucional é garantir a realização de uma função pública, a questão não volve estritamente a quem exerce a titularidade, já que caberiam exercê-las quantos sujeitos fossem necessários para atingir o fim, o que se adéqua ao próprio modelo de federalismo cooperativo.

Parece que a problemática envolve a má compreensão que a função pública deve ser exercida e determinado pelo agente com titularidade – o Estado em sua soberania – e que a afetação das terras à proteção dos índios não é ou excluem outras finalidades coletivas, o que não traduz em verdade.

Como aponta o próprio ministro, não é atribuída as terras indígenas com a demarcação de uma natureza de território ou de ente federado e, portanto, não possuirá uma personalidade político-administrativa

---

[230] BRASIL. Supremo Tribunal Federal. *Pet nº 3.388/RR*. Relator Min. Carlos Ayres Britto. p. 30-31.
[231] BRASIL. *Ato das Disposições Constitucionais Transitórias*. Art. 14. "Os Territórios Federais de Roraima e do Amapá são transformados em Estados Federados, mantidos seus atuais limites geográficos. §1º instalação dos Estados dar-se-á com a posse dos governadores eleitos em 1990".

capaz de restringir a circulação das pessoas ou o exercício de atividade pública.²³²

Isto porque, se tais terras antes integravam o domínio público-estatal – sob a titularidade da União – com a demarcação para ser atribuída a titularidade à própria coletividade – em específico o grupo indígena – para que atenda àquela finalidade coletiva protegida pela Constituição – a proteção dos usos, costumes, tradições indígenas e afins.

Porém, elas persistem como bens do domínio público e, portanto, guardam a natureza de inalienáveis, impedindo a sua aquisição por qualquer sujeito privado, de forma que não há uma apropriação pelos índios, mas apenas a sua titularização na realização dos fins sociais, sem que isto exclua uma ação estatal.

A tentativa de discussão acerca do marco temporário para a delimitação da ocupação tradicional das terras indígenas igualmente deve volver a sua funcionalização, ou seja, a posse permanente e usufruto exclusivo das populações ocupantes de forma a proteger e garantir a cultura indígena.

No julgamento da ação popular, propõe o ministro como marco temporal da ocupação a data da promulgação da Constituição Federal vigente, de forma a evitar uma fraude da proliferação de aldeias, com o objetivo de artificializar a expansão da demarcação, bem como a violência da expulsão de índios para descaracterizar a tradição na posse das suas terras.²³³

Parece, novamente, que a questão pode ser tida, além de argumentos pragmáticos, mas tendo em vista a própria questão da funcionalização dos bens públicos que, como antes situado, pode ocorrer da sua própria natureza que se adéqua à uma necessidade coletiva ou decorrer de um ato de afetação pela autoridade pública que o coloque à tal mister.

Considerada a terra em si – que é o objeto central da demarcação e desconsiderado por ora os seus elementos agregadores como os rios, minerais e afins – por si só não exerce uma finalidade ou função pública, tanto que o Estado determina, a par daqueles que realizam um *munus publico* – como as montanhas e as florestas –, quais serão públicas ou privadas.

---

²³² BRASIL. Pet nº 3.388/RR. Op. cit., p. 37-38.
²³³ BRASIL. Pet nº 3.388/RR. Op. cit., p. 55-56.

Sob tal viés, parece claro que a terra só terá natureza pública caso não exerça uma função natural na satisfação das necessidades coletivas, caso haja um ato de afetação estatal que determine uma finalidade pública a ser cumprida e seja realizado pelo mesmo ou por outro sujeito.

Não é possível sustentar que as terras indígenas exerçam uma função social em razão de sua natureza, já que servem para a organização social, costumes, línguas, crenças e tradições daquele grupo social, porque em algum momento, os índios fixaram ali a sua ocupação e permaneceram dando-lhe àquele uso.

Por um lado, isto não é ignorar a relação ecológica específica que exercem sob as referidas coisas, de forma distinta dos outros grupos sociais, mas que ela decorre de um ato de afetação material dados pelos índios à terra, que por si só, poderiam servir, em tese, igualmente a outros sujeitos.

Por outro lado, não é de admitir que a colocação das referidas terras – que poderiam ser públicas para outras finalidades sociais ou privadas para a apropriação particular – decorre de uma opção do constituinte e, portanto, um ato de afetação estatal, que decidiu destiná-las a realização desta função social específica, em meio aos demais interesses públicos.

Não se pode ignorar que embora as referidas terras não exerçam por sua natureza uma finalidade coletiva, não foi por ato estatal que passaram a exercê-la, já que as terras são ocupadas tradicionalmente pelos grupos indígenas e, portanto, são dotadas dessa função social de proteção do índio e da sua cultura antes que a ordem jurídico-constitucional a declarasse.

Tal entendimento, que faz o rel. Ministro Carlos Ayres Britto sustentar que a qualificação tradicional importa em uma perdurabilidade da ocupação indígena, consagrando uma situação jurídico-subjetiva anterior a qualquer outra que possa preponderar sobre escrituras públicas ou títulos de legitimação de posse em favor de não índios.[234]

Parece que analisar o tema sob a índole notarial discutindo a legitimidade de um título originário se submeter em relação a outros negócios jurídicos que sucessivamente buscaram legitimidade em títulos anteriores e, portanto, na legislação vigente à época, conduz à uma questão de índole patrimonial e de direito intertemporal que não é o ponto nodal da questão.

---

[234] BRASIL. *Pet nº 3.388/RR. Op. cit.*, p. 57.

Tanto que considerou não ser suficiente constatar uma ocupação fundiária coincidente com aquela data, uma vez que a ocupação é reconhecida – e não outorgada ou concedida – e deve ter um caráter de perdurabilidade – uma prolongação no tempo[235] – que não permite sustentar que seja tal função pública atribuída pela Constituição Federal de 1988.

A função pública assumida pelas terras deve ser tida não apenas na delimitação temporal – um lapso de exercício de tal *munus publico* – mas igualmente especial – em que medida tais terras são necessárias para garantir a habitação permanente dos índios e a proteção de sua cultura.

Desta feita, na delimitação das terras para a reserva indígena, aponta o ministro que devem ser consideradas aquelas imprescindíveis a reunião dos recursos necessários ao bem-estar e as necessárias à sua reprodução física e cultural, segundo os usos, costumes e tradições daquele povo indígena. [236]

Consagra-se a Constituição Federal a demarcação das terras indígenas como forma de garantir uma finalidade social que já exerce o seu conteúdo deve ser capaz de abranger todos os elementos materiais que permitam garantir não apenas as condições de vida e perpetuação dos indígenas, mas, igualmente, a reprodução de sua estrutura social e cultura.

A questão volta-se a compatibilizar tal função pública – que estará sob a titularidade da coletividade na respectiva parcela do grupo social – com as demais necessidades coletivas – que, eventualmente, serão buscadas pelo Estado de forma imediata ou com delegação legal ou negocial.

Neste sentido, é paradigmático o voto-vista do Ministro Carlos Alberto Menezes Direito que, reconhecida a constitucionalidade da ocupação das terras e, respectivamente, da demarcação da raposa serra do sol, criou uma série de restrições, de forma a proteger e adequar o que considera a posse e proteção dos bens do patrimônio indígena.[237]

Parece inadequado e reitera um caráter patrimonialista dos bens públicos sustentar que se trata de uma posse – instituto de direito civil aplicável à propriedade privada – ainda mais considerando que a Constituição Federal adota a expressão terras ocupadas – compatível

---

[235] BRASIL. *Pet nº 3.388/RR. Op. cit.*, p. 58.
[236] BRASIL. *Pet nº 3.388/RR. Op. cit.*, p. 61.
[237] BRASIL. *Pet nº 3.388/RR. Op. cit.*, p. 35.

com a ideia de que se trata de bem público cuja utilização, ou seja, a titularidade, é dos índios.

Ademais, embora a legislação adote a expressão bens do patrimônio indígena, as terras que seriam pertencentes ao domínio dos índios[238] não devem ser tidas no sentido comum e privatista, mas especial e cultural, já que se liga à identidade do grupo social, bem como a própria norma reitera que as terras ocupadas pelos índios são bens inalienáveis da União.[239]

Considerou que as terras indígenas não podem ser objeto de arrendamento ou de negócio jurídico que restrinja o pleno exercício da posse direta da comunidade indígena, qualquer atividade agropecuária, extrativa ou de exploração da flora e fauna, a vedação de arrendamento ou negócio jurídico, além de outras questões, todas já previstas em lei.[240]

Sua inovação decorre ao Ministro após analisar as repercussões da demarcação considerar que tanto a Portaria do Ministro da Justiça quanto o Decreto Presidencial deixam de atender ao conjunto de condições que a disciplina constitucional impõe ao que agora se refere como usufruto exclusivo dos índios sobre suas terras.[241]

Não parece que a demarcação de determinadas terras enquanto ato materialmente administrativo – pois busca declará-las como tradicionalmente ocupadas pelos índios – deva veicular os preceitos constitucionais já incidentes ou produzir uma conformação normativa destes, por lhe faltar a abstração e a generalidade dos atos legislativos em atentado à isonomia.

Porém, ainda que coubesse tal delimitação pela Administração Pública, em usurpação a atribuição do Estado-Legislador, parece incapaz de se produzir uma regulação de toda adequação do exercício daquela função social ao atendimento ou compatibilidade com outras necessidades coletivas, de forma abstrata, ignorando as tensões do caso concreto.

Não obstante, por considerar que a decisão adotada consolidaria o entendimento da Suprema Corte sobre o procedimento demarcatório com repercussão para outras ações, propõe o Ministro

---

[238] BRASIL. *Lei Federal nº 6.001, de 19 de dezembro de 1973*. Dispõe sobre o Estatuto do Índio. Casa Civil, Brasília. Disponível em: http://www.planalto.gov.br/ccivil_03/leis/l6001. htm#:~:text=LEI%20N%C2%BA%206.001%2C%20DE%2019,sobre%20o%20Estatuto%20 do%20C%3%8Dndio.&text=Art.,Par%C3%A1grafo%20%C3%BAnico. Acesso em: 17 out. 2023. Art. 39 inciso I.

[239] BRASIL. *Lei Federal nº 6.001, de 19 de dezembro de 1973*. Op. cit. Art. 22 parágrafo único.

[240] BRASIL. *Pet nº 3.388/RR*. Op. cit., p. 35.

[241] BRASIL. *Pet nº 3.388/RR*. Op. cit., p. 57.

18 condicionamentos para o usufruto constitucional, que pretendem delimitar a sua natureza e seu alcance.[242]

Por um lado, importa em desnecessária afirmação como condicionantes de normas constitucionais que já são incidentes, o que parece um tratamento das terras ocupadas pelos índios como se não estando sob a titularidade do Estado fosse um território não sujeito à ordenação jurídico-constitucional e a sua regulação administrativa.

Tanto que parece buscar reafirmar a soberania estatal, ao determinar a possibilidade de exploração do usufruto, das riquezas naturais do solo, dos rios por interesse público, a atuação das Forças Armadas e da Polícia Federal na área, a instalação de equipamentos e a realização de obras públicas das construções necessárias à prestação de serviços públicos pela União.

Tratando-se de domínio público – ainda que não estatal – não significa a atribuição de poderes em relação à coisa ou posições jurídicas típicas de proprietário, mas o dever de cumprimento daquela função social, bem como a sua compatibilização e realização de outras, o que sujeita a regulação pelo Estado-Administração.

Ademais, todas as condicionantes propostas ou estão previstas de forma expressa na ordem jurídico-constitucional ou decorrem de modo implícito das competências administrativas ou dos chamados poderes-deveres administrativos, que condicionam ou regulam a ordem social, econômica e patrimonial de forma a adequá-los à realização dos interesses públicos.

Em alguns casos, chega a fazer uma interpretação constitucional ampliativa para abranger elementos não previstos, como no interesse da política de defesa nacional, a instalação de bases, unidades e postos militares, a critério dos órgãos competentes e independentemente de consulta às comunidades indígenas ou à FUNAI.

Trata-se de uma tentativa de fixar em rol taxativo as atividades ligadas à defesa nacional, ignorando que, se a Constituição Federal, ao prever de forma excepcional e transitória essa afetação à finalidade pública, optou por deixar uma abertura ou indeterminabilidade para permitir um espaço de discricionariedade que se adéque às necessidades concretas.

Porém, parece que a tentativa de reafirmação estatal envolve a redução do espaço de ação indígena, ao prever a restrição ao usufruto

---

[242] BRASIL. Pet nº 3.388/RR. Op. cit., p. 58.

dos recursos naturais pelo interesse público, estipular a necessidade de autorização do Congresso Nacional para a exploração de recursos hídricos e potenciais energéticos ou a proibição da garimpagem e da faiscação sem permissão.

Considerando que tais bens são qualificados como públicos em razão da sua função social – promoção do índio e sua cultura – não estariam incluídas nas atividades desenvolvidas por tais titulares qualquer outra que não esteja ligada a tal finalidade coletiva, exceto se para realizar ou se adequar a outro fim igualmente público.

Assim, não parece que seja necessário determinar que qualquer exploração dos recursos naturais, hídricos, energéticos ou minerais pelos índios para finalidade diferente dos seus usos, costumes e tradições está vedada, já que foge daquela funcionalização dada pela Constituição Federal, ao declarar as terras tradicionalmente ocupadas.

Isto não impede qualquer outra afetação do mesmo bem a outro fim público, como a exploração dos recursos energéticos ou garimpagem pelo Estado ou por outro sujeito particular mediante autorização do Congresso Nacional ou permissão de lavra garimpeira, porém, desde que de forma compatível e não excludente.

Também, denota claramente a função social exercida pela ocupação indígena, já que exclui a exploração privada sem fins sociais, uma vez que veda, nas referidas terras qualquer pessoa estranha aos grupos tribais ou comunidades indígenas, a prática de caça, pesca ou coleta de frutos ou de atividade agropecuária ou extrativa.

Todavia, não implica que possa ser desenvolvida tal funcionalização social – exploração econômica dos recursos naturais – pelos índios, uma vez que parece incompatível com a outra função pública que pretende ser exercida pela ocupação – a garantia do índio em seus usos, costumes e tradições, que não abrange tal fim econômico.

Tão pouco que tal função social exclua outras que são exercidas pelas referidas coisas, inclusive, decorrente da sua própria substância, já que naquelas terras há determinados bens naturais – os rios, lagos e afins – que são inapropriáveis e destinados materialmente à própria coletividade.

Assim, a previsão de ingresso, o trânsito e a permanência de não índios no restante da área da terra indígena parece despicienda diante do direito fundamental de liberdade de ir e vir,²⁴³ embora a propositura de observadas as condições estabelecidas pela FUNAI pareça demonstrar a regulação estatal que restringe a autonomia privada à função social assumida.

Também como condicionante prevê que o usufruto dos índios na área afetada por unidades de conservação será restrito ao ingresso, trânsito e permanência na unidade de conservação, bem como à caça, pesca e extrativismo vegetal, tudo nos períodos, temporadas e condições estipuladas pelo órgão responsável da mesma.

É a nítida interseção entre tais esferas de um domínio público não estatal com a funcionalização da terra para a ocupação pelo grupo indígena, a funcionalização dos bens naturais como rios e lagos para a coletividade e a funcionalização de florestas com a formação de um parque sob a titularidade do Instituto Chico Mendes.

Além disto, envolve uma interface com domínio público estatal – instalação de equipamentos e utilidades públicas ou realização de obras públicas – que gera uma tensão aparente, já que o exercício de tal função social sob a titularidade indígena não exclui que haja a sua adequação ou concretização de outros interesses coletivos.

Por esta razão, a definição da vedação de cobrança de quaisquer tarifas ou quantias de qualquer natureza por parte das comunidades indígenas para trânsito ou instalação de equipamentos, realização de obras públicas e afins e a proibição de realização de negócios jurídicos que impeçam a posse direta incidem no mesmo equívoco.

Aponta uma tentativa de restrição de uma possível conotação econômica dada às terras pelos índios, que por si só já não coadunaria com aquela funcionalização – ocupação indígena – e, portanto, não poderia ser exercido por aquele titular – o grupo indígena, já que não se trata de um bem privado, mas um bem público sujeito à uma função social.

A falha em situar os domínios do público demonstra-se ainda na equivocada proposta de vedação da ampliação da terra indígena já demarcada, como se tratasse de uma atribuição particular de uma parcela de território àquele grupo social para que desenvolvesse uma atividade própria e privada.

---

²⁴³ BRASIL. *Constituição da República Federativa do Brasil de 05 de Outubro de 1988. Op. cit.* "Art. 5. XV – é livre a locomoção no território nacional em tempo de paz, podendo qualquer pessoa, nos termos da lei, nele entrar, permanecer ou dele sair com seus bens".

Uma vez que a tais terras são reconhecidas para a realização de uma finalidade perseguida pela ordem jurídico-constitucional, a funcionalização do bem público não pode ser tida como estática do ponto de vista territorial e temporal, mas determinada na medida do atendimento daquela função pública.

Se não ocorreria a idiocracia de supondo a extinção daquele grupo indígena, tais terras continuariam afetadas à uma ocupação que não existe, mesmo não subsistindo seus titulares ou a funcionalização da coisa, assim como identificadas outras terras ocupadas por estes e que servem à sua identidade e cultura não poderia haver a sua extensão.

Subsiste, portanto, uma dificuldade em delimitar um domínio público não estatal pela persistente confusão da qualificação pública do bem com a titularidade estatal, que faz como no caso supor que, não estando sob a mesma, não haveria o exercício de uma função pública e a natural sujeição às restrições oriundas do regime jurídico de direito público.

No julgamento pelo Supremo Tribunal Federal, a assimilação das condicionantes, além de evidenciar tal problemática acerca do reconhecimento de bens públicos sob a titularidade de outros atores sociais que podem igualmente exercer a prossecução das funções sociais, aponta, também, uma tentativa de superar as falhas da regulação normativa da matéria.

Uma vez que se sustenta uma teoria do domínio público que reúne todas as coisas públicas, acaba-se por se propor um único regime jurídico para a sua regulação, o que ignora não apenas a multiplicidade das relações e a especificidades delas, porém, igualmente a ausência de uma única disciplina jurídico-positiva, dada a matéria.

Ademais, como pretendia tratar fronteiras exatas dos domínios do público e do privado e, portanto, da titularidade do Estado e da sociedade, constrói-se um regime jurídico apartado, porém, acaba por utilizar normas da disciplina privada, o que é reforçado pelas transformações que se sujeitou os bens públicos.

O tema será tratado no próximo capítulo.

CAPÍTULO 2

O REGIME APLICÁVEL AOS BENS PÚBLICOS

2.1 A tentativa de formação de um regime jurídico para os bens públicos: do critério da titularidade ao reconhecimento da funcionalidade

Como visto, demonstram-se insatisfatórios os distintos modelos teóricos que buscam reunir sobre um único domínio público a pluralidade de relações jurídicas formada pelos distintos sujeitos incumbidos pela titularidade dos bens públicos, bem como as variadas coisas atribuídas ao acervo dominial.

A tentativa de considerar a titularidade como o elemento central, ainda que associado a outros em um critério misto ou transvestido em um elemento, forma ou normativo, resulta em uma insuficiência para lidar com questões contemporâneas diante da presença de outros atores sociais e o redimensionamento do papel do Estado.

Tais questões guardam relação não apenas quanto aos fundamentos da teoria do domínio público, mas resvalam igualmente nos seus efeitos, em específico, no que tange à construção de uma disciplina normativa especial para reger os bens públicos, gerando idiocracias no que tange à aplicação de suas regras e princípios.

Isto porque se não é possível identificar mais como domínio público exclusivamente o domínio estatal diante de fenômenos como a privatização e a despublicização então se torna necessário delimitar em que quais circunstâncias ocorrerão a incidência do regime jurídico de direito público e em que medida poder-se-á aplicar a disciplina do direito comum.

Deve-se perquirir, portanto, não uma análise analítica do regime jurídico dos bens públicos à luz da classificação dos seus bens e de sua disciplina normativa, cuja amplitude do acervo e, portanto, do objeto de investigação resvalaria os campos do domínio de uma tese, mas proceder a seu estudo enquanto categoria jurídica, confrontando-a com tais influxos.

Neste giro, a expressão domínio público desde sua formação científica utilizada para designar e, portanto, distinguir os bens jurídicos sob a titularidade estatal, que estão submetidos a um regime jurídico especial e exorbitante do direito comum, concedendo-lhe atributos próprios que não gozam o acervo patrimonial privado.[244]

Liga-se, portanto, a própria especificidade de tal construção teórica, a compreensão que a formação de um domínio público implica necessariamente na delimitação de um regime jurídico com características específicas para os bens públicos em relação à disciplina que é dada ao regime de direito comum.

Há um caráter de historicidade em tal delimitação, já que no Direito Romano, que já reconhecia as coisas que faziam parte da noção de público, distinguindo-o dos particulares no próprio *Instituta*, ao tratar da divisão de coisas,[245] além da regulação normativa e apartada dos bens públicos.[246]

Note, porém, que se tratava antes de uma comprovação fática – da necessidade de disciplinar de forma distinta tais coisas – do que uma criação científica – das referidas categorias – já que não atendia a nenhum critério técnico e a sua sistematização doutrinária ocorreu apenas no século XIX.[247]

Nas ordens jurídicas integrantes da família romano-germânica, a matriz teórica de sua estruturação encontra substrato no modelo francês em que a notória circularidade da sua codificação[248] não foi distinta no

---

[244] Tem origem a expressão e tal sentido original na obra *Traité des servitudes ou services fonciers*, de J. M. Pardesus. PARDESUS, Jean-Marie. *Traité des Servitudes ou Services Fonciers*. Tomo 1. Paris: G. Thorel et Guilbert. Libraire, 1838. p. 73.

[245] CRETELLA JUNIOR, José. Institutas do Imperador Justiniano. São Paulo: Revista dos Tribunais, 2005.

[246] MADEIRA, Eliane Maria Agati. *Digesto de Justiniano*: Introducao ao Direito Romano. São Paulo: Revista dos Tribunais, 2003. Livro 1, título 8º ("A divisão e qualidade das coisas"), livro 43, título 7º ("dos lugares e das estradas públicas"), título 8º ("que não se tenha coisas no lugar da estrada pública"), livro 41, título 3º, número 45, que trata da prescrição sob bens públicos e no livro 50, título 16 lei 15, que trata do sujeito de direito sobre as coisas públicas.

[247] SALEILLES, Raymond. *Le domaine public à Rome et son application en matière artistique*. Paris: L. Larose et Forcel, 1889. p. 3-4.

[248] FACCHINI NETO, Eugênio. Code Civil Francês: Gênese e Difusão de Um Modelo. *Revista de Informação legislativa*, a. 50, n. 198, abr./jun. 2013. p. 73.

que tange a disciplina jurídica dos bens públicos formando os principais elementos da teoria do domínio público.

Isso se demonstra na própria generalização do tema como uma única expressão domínio público, já que na matriz italiana sustenta-se uma distinção entre *demanialit* e *pubblicit* conforme a extensão da utilidade social – a afetação ao uso pela coletividade ou não, mas com a sua vinculação à um interesse público.[249]

Porém, assimila-se tipicamente a expressão com um sentido inequívoco e forma-se um sistema dual de domínio – com um domínio privado – baseado na autonomia de vontade[250] – e um público – baseado na indisponibilidade da coisa pública,[251] ignorando não apenas as fronteiras movediças entre ambos os campos, mas a própria pluralidade dos bens públicos.

Tenta-se configurar dentro de uma concepção de domínio público um único regime jurídico capaz de abranger e regular normativamente de forma unitária todos os variados bens públicos, ignorando a diferença que assumem tais coisas que compõem o referido acervo dominial.[252]

Produz, portanto, a idiocracia de sustentar dentro de um regime jurídico de direito público a existência de uma distinção entre bens coletivos e bens patrimoniais da Administração Pública, tendo os últimos elementos e características que são típicas dos sujeitos privados no regime dominial geral privado.[253]

Assim, parece que a problemática não se situa na criação de um regime jurídico para os bens públicos, seja do ponto de vista científico-jurídico – como uma categoria ou instituto próprio do Direito Administrativo – ou normativo-positivo – com a produção de regras e princípios específicos para a sua regulação jurídica.

A celeuma situa-se na dificuldade de determinação dos bens que compõem o acervo do domínio público, uma vez que a diversidade das

---

[249] RANELLETTI, Oreste. Concetto, natura e limiti del demanio pubblico. *In*: ITALIA. *Giurisprudenza Italiana*. Torino, Unione Tipografico-Editrice, 1898. p. 137.
[250] FRANÇA. *Code Civil*. Art. 537: "As pessoas privadas têm a livre disposição dos bens que lhes pertencem, debaixo das modificações estabelecidas pelas leis. Os bens que não pertencem as pessoas privadas são Administrados e só podem ser alienados nas formas e segundo as regras que lhe são particulares".
[251] FRANÇA. *Code Civil*. Art. 538: "As estradas, estradas e ruas pelo Estado, rios e córregos navegáveis ou flutuantes, os bancos, terra ribeirinha do mar, portos, abrigos de pesca, ancoradouros e, geralmente, todas as partes do território francês que não são suscetíveis propriedade privada, devem ser tratados como unidades do domínio público".
[252] SCAGLIUSI, Maria de los Ángeles Fernández. *Op. cit.*, p. 94.
[253] ALFONSO, Luciano Parejo. *Op. cit.*, p. 01.

coisas demandam uma utilização e proteção distinta, que gera uma quebra de diversidade nos regimes patrimoniais[254] e, portanto, a própria unidade sistemática que se pretende rotular com um regime jurídico.

Tal idiocracia sustenta-se como pretende implementar elementos específicos de um regime jurídico de direito público, produzindo uma regulação exorbitante ao direito comum, todavia, com a presença de bens jurídicos com contornos tipicamente privados, que demandam aplicação daquelas normas gerais.

Isto decorre precipuamente pela formação de um regime jurídico próprio para os bens públicos estar ligado à noção de titularidade estatal, o que faz agregar dentro do domínio público coisas que não necessariamente se adéquam ao mesmo e, portanto, produzem uma tensão no que tange à aplicação de sua disciplina.

Assim, uma vez que no domínio público situam-se os bens públicos que seriam as coisas sob a titularidade estatal designa aos mesmos uma disciplina própria, embora nem todos eles guardem efetivamente uma natureza de público, já que segundo critério proposto, não estão voltados à concretização de uma função social.

Tal compreensão decorre daquela ligação da noção de domínio público com soberania estatal que fundamentaria um regime jurídico de direito público capaz de permitir ao Estado atuar não apenas sobre os bens públicos à luz de uma disciplina própria, mas limitar os particulares no uso da *res publicae*.[255]

Embora apontem categorias do Direito Romano tal a proposição de um regime próprio fundado na titularidade soberana estatal, isto antes decorre da interpretação acerca das referidas fontes romanas, do que a consolidação *ipsi factus* da eleição de um modelo regulatório historicamente consolidado e incontroverso dos bens públicos.[256]

Surge como uma criação eminente da literatura jurídico-administrativista e da jurisprudência francesa, a partir de uma interpretação

---

[254] ALFONSO, Luciano Parejo. *Op. cit.*, p. 02.
[255] CRUZ, Alcides. *Op. cit.*, p. 206-207.
[256] Todavia, a própria literatura jurídica aponta que o regime das coisas no Direito Romano não é conhecido perfeitamente, em razão das fontes não serem claras, já que foram objeto de interpolação de épocas distintas, gerando textos incongruentes e com contradições. VEGTING, W. G. *Domaine Public et Res Extra Commercium*. Etude historique du droit romain, trancáis et néerlandais. Paris: Sirey, 1950. p. 3.

rigorosa dada às coisas públicas do Direito Romano, que acabou sendo incorporada pela legislação e generalizada pela disciplina jurídica.²⁵⁷ Constrói-se uma teoria de *demanio* – como bens subtraídos de uma disciplina jurídica comum – através da noção de *res publicae* do Direito Romano, embora esta fosse tida eminentemente como as coisas que pertenciam ao povo romano e estavam, portanto, fora do comércio, mas não necessariamente ligado ao Estado e apropriável por ele.²⁵⁸

Mesmo quando há a tentativa de criação, um regime jurídico para os bens públicos na Idade Média ocorre da necessidade de formação de uma disciplina específica de diferenciação dos ingressos reais ao patrimônio da Coroa dos bens²⁵⁹ e, portanto, não uma reafirmação da titularidade estatal.

É do modelo francês a estruturação de uma teoria do domínio público que se confunde com domínio estatal importada em uma inadequada identificação de *res publicae* com *potestade*, com a formação de um regime jurídico público para dotar as coisas estatais de uma disciplina própria com poderes e prerrogativas.

Utilizar um instituto da antiguidade clássica para atribuir fundamento a um poder público importa ignorar o próprio contexto histórico-político de uma época que sequer havia Estado na forma a qual se compreende atualmente e adotar de um conceito que não se adéqua de forma plena às modernas categorias jurídico-administrativas.²⁶⁰

Isto porque não se sustenta diante de coisas sob a titularidade estatal que não são estritamente bens públicos – uma vez que ligados a necessidades coletivas – e não se amoldam a um regime jurídico próprio ou exorbitante, mas parecem se aproximar muito mais de uma disciplina geral privada.²⁶¹

Um exemplo típico são os chamados bens patrimoniais ou dominicais que, embora não exerçam uma função social, são classificados como bens públicos uma vez que estão sob a titularidade estatal e, embora devessem sob a sua qualificação se sujeitar de forma plena ao

---

[257] ISKROW, Karadge. Nature jurique des choses publiques. *Revue du droit public et de la science politique en France et a l'etranger*, Paris, Librairie generale de droit et de jurisprudence, 1930. p. 670.
[258] ARÉVALO, Manuel Francisco Clavero. La inalienabilidade del domínio publico. *Revista de Administración Pública*, Espanha, Centro de Estudios Políticos y Constitucionales, n. 25, 1958. p. 15.
[259] ALFONSO, Luciano Parejo. *Op. cit.*, p. 12.
[260] BLANCO, Alejandro Vergara. *Op. cit.*, p. 137.
[261] ALFONSO, Luciano Parejo. *Op. cit.*, p. 13.

regime jurídico de direito público, encontram certa mitigação quanto à sua alienação.

Outra incongruência decorre dos bens das pessoas jurídicas de direito privado instituídas pelos entes públicos que, se considerada a titularidade, devesse se sujeitar ao regime comum das relações privadas, em razão de tal singularidade acabam se sujeitando a um direito privado especial com regime próprio.[262]

Como será visto, embora propugne um campo próprio do domínio público e insujeição ao regime de direito privado, adota-se algumas formas do direito comum de aquisição – como a doação, acessão ou a compra e venda – e de cessação da dominialidade – tal qual a destruição, alienação ou doação – ainda que sujeita à regulação própria.[263]

Tais questões dentre inúmeras outras apontam a dificuldade de se apoiar a formação de um regime jurídico para os bens públicos sob um critério de titularidade estatal, já que isto importaria em ampliar seu objeto para identificar coisas que não se adéquam a tal disciplina própria, além de ignorar o verdadeiro objeto que pretende ser protegido.

Não é recente a compreensão de que um regime jurídico especial dos bens públicos que singulariza o domínio público em relação ao privado não decorre simplesmente do fato destes bens estarem sob a titularidade do Estado, pois enquanto sujeitos à uma relação jurídica patrimonial, a rigor se submetem ao regime de direito comum.[264]

Igualmente não será a natureza das coisas que ensejam a formação de uma disciplina própria, pois, embora certas materialidades aparentem aptidão à satisfação das necessidades coletivas – como os bens naturais – eles podem assumir feições privadas que excluam o regime protetivo – como as terras privadas ou rios particulares.

Propõe-se o regime jurídico especial proteger o bem jurídico e não a coisa em seu sentido material, ou seja, tal disciplina jurídica regula as coisas em que é atribuída uma qualificação jurídica – no caso de bem público – não em razão de sua titularidade ou natureza, mas de uma função assumida que deflagra a concessão de mecanismos legais protetivos.

---

[262] FRAGA, Gabino. *Op. cit.*, p. 457. CAETANO, Marcelo. *Op. cit.*, p. 888.
[263] BRASIL. Constituição da República Federativa do Brasil de 05 de Outubro de 1988. Op. cit. Artigo 37 inciso XXI impõe o prévio processo de licitação pública para compras e alienações para contratos administrativos realizados sob o regime de Direito Público.
[264] URUGUAI, Visconde do. *Ensaio sobre o Direito Administrativo*. Rio de Janeiro: Typographia Nacional, 1862. p. 86.

Por esta razão, continua insuficiente considerar que o traço característico do regime jurídico de bens públicos, seja a sua participação na atividade administrativa, ainda que considerada que tal vinculação como da Administração Pública não decorre pela vontade, mas pela finalidade jurídica.[265]

Isto porque seria ignorar que determinados bens irão exercer uma função social independente da sua vinculação formal à atividade administrativa e, portanto, previamente a uma qualificação como jurídica de tal finalidade pública como ocorrem com os bens naturais – como os rios e mares.

Em um modelo de Estado marcado por uma pluralidade de atores sociais envolvidos na persecução do interesse público, considerar o contrário gera dificuldades em casos, por exemplo, de bens privados utilizados por entes da sociedade civil sem parceria com o Estado para prestação de atividade de interesse eminentemente social.

Não se sustenta, logicamente, considerar que bens do Estado que não estão afetados à uma finalidade coletiva são qualificados públicos e ensejam um regime protetivo, enquanto coisas embora fora de sua titularidade realizam um interesse da coletividade, mas não serão tidos como públicos e a uma disciplina de direito público.

Poderia então se ampliar o conceito para abranger no regime jurídico próprio dos bens públicos – a par da regulação da lei civil de tais bens apenas àqueles de sujeição aos entes públicos – todas as coisas que independente dos seus titulares participem da atividade administrativa e, portanto, se encontrem vinculados a tais fins.[266]

Porém, tornar-se-ia necessário dar contornos mais nítidos ao que é considerado como função pública, ou seja, se a atividade pública exercida pelos sujeitos estatais, o *munus publico* exercido por particulares mediante ato formal de consentimento dos entes públicos ou qualquer atividade de interesse coletivo exercido por atores sociais.

Isto porque no Direito Romano as coisas ao qual era atribuído um regime protetivo – tidas como *res extra commercium* – não eram apenas por ato de disposição de vontade humana – *res publicae, res universitates,*

---

[265] LIMA, Ruy Cerne. *Princípios de Direito Administrativo*. 5. ed. São Paulo: Revista dos Tribunais, 1982. p. 75.
[266] LIMA, Ruy Cerne. *Op. cit.*, p. 76.

res comunes omnium – mas igualmente por reconhecimento natural – *res sacrae, res religiosae, res sanctae*.[267]

Porém, a formação de um regime jurídico distinto e privilegiado para a *res publicae* – com elementos excludentes da aplicação pura do regime comum, como a inalienabilidade e a impenhorabilidade – derivava não da singularidade das coisas em si – que podem ter igual natureza material – mas da sua finalidade para o povo romano.

Significa aduzir que não corresponde somente o ato de afetação em si – o *dicatio* ou *publicatio* – o elemento para determinar a incidência de um regime protetivo, já que há coisas que naturalmente já atendem uma necessidade coletiva e, portanto, ensejam independente de um ato de vontade formal o seu reconhecimento protetivo.

O regime jurídico privilegiado na forma como é estipulada pelo Direito Romano tinha como finalidade não proteger a coisa em si – seja por sua natureza ou pelo seu ato de afetação – mas assegurar na medida destes a satisfação do destino coletivo ao qual se vinculava o referido bem público.[268]

Isto não significa negar que a afetação não exerce papel capital, visto que não exercendo a coisa em sua substância e por si só uma necessidade coletiva cabe um ato que a coloque para o atendimento de uma função pública e, portanto, dote-a de um regime jurídico capaz de proteger e garantir a sua adequação a tal fim.

É neste sentido que se forma, na idade média, a delimitação do patrimônio da coroa e do público, a necessidade de proteger determinados bens, tornando-os fora do comércio, já que ligados aos interesses comunais do reino, daqueles que ingressavam no acervo do monarca e estavam sujeitos à sua livre disposição.[269]

Porém, não há uma identificação plena entre função social e afetação formal, pois seria transvestir em um critério de titularidade a designação do regime jurídico de direito público para as coisas que exercem uma necessidade coletiva, já que mandariam de uma qualificação pública pelo Estado que, em última instância, definiria o que é ou não público.

---

[267] VANESTRALEN, Hernando. *Op. cit.*, p. 213.
[268] ALFONSO, Luciano Parejo. *Op. cit.*, p. 7.
[269] SÁNCHEZ, Miguel Morón. *Los bienes públicos – régimen jurídico*. Madrid: Tecnos, 1997. p. 24.

No próprio direito francês a *Ordonnance de Moulins* de 1566, que inaugurou a distinção entre os bens públicos e privados a partir de seus efeitos regulares e consagrou formalmente o princípio da indisponibilidade do domínio público gerou uma celeuma, ao determinar o perdimento de bens privados e particulares para o Estado.[270]

Tanto que tal origem autoritária levou à revogação da *Ordonnance* já no Estado Liberal pela *Loi du 22 novembre 1790*[271] como freio a onipotência do Monarca quanto à disposição do domínio estatal, seja na designação de coisas privadas como públicas, como na manutenção pública de suas coisas privadas que não atendiam finalidades coletivas.[272]

A concessão de um regime jurídico de direito público capaz de traduzir em traços distintivos e mais protetivos as coisas apenas pode decorrer na medida em que elas sejam qualificadas como públicas, que pode ocorrer pelo Estado, mas não em razão de sua soberania, mas na medida em que se liguem a uma função social.

Tanto que, com a revolução liberal na França, há transferência dos bens da coroa para a nação e pelo papel que irão assumir e a necessidade de despi-los de qualquer caráter privado e sua possibilidade de disposição reconstrói-se a noção romana de coisa fora do comércio através dos atributos de inalienabilidade e imprescritibilidade.[273]

Neste sentido que deve ser lida a formação de um regime jurídico aos bens públicos que os tornam impassíveis de apropriação privada com os atributos de indisponibilidade, inalienabilidade e imprescritibilidade, ao passo que os demais bens podem, a rigor, ser apropriados e sujeitos a uma disposição *latu sensu* livre.[274]

Não se pode sustentar que diante da falta de uma previsão normativa de um critério para delimitar o regime jurídico especial são tais caracteres – de não sujeição ao comércio jurídico – que funcionarão como elementos para determinar não apenas uma disciplina própria, mas distingui-la de um modelo comum.[275]

---

[270] FRANÇA. *Portaria de Moulins, de Fevereiro de 1566*. Art. 28, 58 e 59.
[271] FRANÇA. *Lei de 22 de novembro e 1 de dezembro de 1790*. Art. 13.
[272] FOIGNET, René. *Op. cit.*, p. 199.
[273] Coube a sistematização a obra clássica: PROUDHON, M. *Traité du domaine public ou De la distinction des biens considérés principalement par rapport au domaine public*. Dijon: Chez Victor Lagier, Libraire-Éditeur, 1833.
[274] CRUZ, Alcides. *Op. cit.*, p. 204.
[275] CAETANO, Marcelo. *Op. cit.*, p. 887.

O predomínio generalizado dessa distinção pelos caracteres ou efeitos – em especial a inalienabilidade – decorre antes de um critério histórico do próprio regime político que, no direito antigo regulava de forma similar a disposição de *bona publica* pelo monarca[276] do que efetivamente de um elemento capaz de sustentar uma especificidade do regime jurídico.

No Direito Romano, distinguiam-se as coisas divinas das humanas, bem como os bens particulares – *res singulorum* – dos bens públicos – que abrangiam as coisas de uso comum de todos – *res communes omnium* – daquelas que pertenciam ao Estado Romano – *res publicae* – e as que pertenciam às cidades – *res universitatum* – e eram atribuídas ao povo.[277]

Havia a identificação da *res publicae* como fora do comércio, ou seja, que as coisas públicas eram dotadas dos atributos de inalienabilidade e imprescritibilidade e, portanto, traduziam-se como elementos caracterizadores de um regime jurídico distinto e privilegiado.[278]

Porém, tais elementos não foram considerados pela disciplina do regime jurídico de bens públicos seja no Código Civil de 1916 – onde sequer havia previsão de inalienabilidade, mas da sua insujeição às leis civis[279] – assim como na regulação atual pelo Código Civil de 2002 não são tais critérios distintivos, mas a titularidade.[280]

Tais caracteres são antes efeitos de uma disciplina jurídica especial formada em razão da necessidade de proteção da função social assumida

---

[276] PORTUGAL, Dominici Antunez. *Tractatus de donationibus, jurium et bonorum regiae coronae*. Tomo 2. Lugduni: Anisson, 1726. p. 482.

[277] MADEIRA, Eliane Maria Agati. *Op. cit.*, Livro 1 Capítulo VIII item 2 parágrafo 1 a 6 Livro III Capítulo IV item 1 parágrafo 1.

[278] ALFONSO, Luciano Parejo. *Op. cit.*, p. 7.

[279] BRASIL. *Lei Federal nº 3.071, de 01 de Janeiro de 1916*. Código Civil dos Estados Unidos do Brasil. Casa Civil, Rio de Janeiro, 1º de Janeiro de 1916. Disponível em: https://www.planalto.gov.br/ccivil_03/leis/l3071.htm#:~:text=LEI%20N%C2%BA%203.071%2C%20DE%201%C2%BA%20DE%20JANEIRO%20DE%201916.&text=C%C3%B3digo%20Civil%20dos%20Estados%20Unidos%20do%20Brasil.&text=Art.,os%20princ%C3%ADpios%20e%20conven%C3%A7%C3%B5es%20internacionais. Acesso em: 20 out. 2023. Art. 67. "Os bens de que trata o artigo antecedente só perderão a inalienabilidade, que lhes é peculiar, nos casos e forma que a lei prescrever."

[280] BRASIL. *Lei Federal nº 10.406, de 10 de Janeiro de 2002*. Institui o Código Civil. Diário Oficial da União, Brasília, 10 de janeiro de 2002. Disponível em: https://www2.camara.leg.br/legin/fed/lei/2002/lei-10406-10-janeiro-2002-432893-publicacaooriginal-1-pl.html#:~:text=Institui%20o%20C%C3%B3digo%20Civil.&text=Art.,e%20deveres%20na%20ordem%20civil.Acesso em: 19 out. 2023. Art. 98. "São públicos os bens do domínio nacional pertencentes às pessoas jurídicas de direito público interno; todos os outros são particulares, seja qual for a pessoa a que pertencerem".

pelas referidas coisas do que efetivamente um traço distintivo dos bens públicos ou como fundamento para um regime jurídico específico.

Os bens que são tidos como dotados de uma finalidade pública – pelo tempo que durar tal destinação – devem ter a natureza de coisas fora do comércio, enquanto os demais, por faltar tal função, irão compor o domínio privado, sendo livremente alienáveis e sujeitos à sua prescritibilidade.[281]

Tal tese chegou a ser incorporada pelo Código Civil de 1916 que identificava os bens públicos como as coisas foras do comércio e estas como aquelas insuscetíveis de apropriação e legalmente inalienáveis, embora parcialmente, já que insistia na inalienabilidade de todos os bens públicos, inclusive, considerando os dominicais.[282]

O que importa notar é o que deflagra o regime jurídico protetivo e a qualificação como coisa fora do comércio não é apenas a determinação formal ou legal, mas igualmente a material e natural, que as dote de uma função para a coletividade que a impeça de apropriação por particulares e, portanto, ser objeto de direitos individuais.[283]

Considerar como os romanos que os bens públicos são *res extra commercium* não é apontar que a sua exclusão do regime comum com a aplicação de uma disciplina jurídica própria decorra desta própria natureza, pois se há coisas que de fato são materialmente inapropriáveis – como alguns bens públicos naturais – outras não o são.

Ademais, a atribuição de uma natureza fora do comércio não pode servir como elemento central do regime jurídico de direito público, já que não necessariamente é um efeito especifico, já que em alguns sistemas jurídicos os bens públicos não são inalienáveis e em nossa ordem jurídica há bens privados que podem ser gravados com uma inalienabilidade.[284]

Considerar que o regime jurídico de direito público veda o comércio não significa total insujeição a qualquer ato negocial, mas uma restrição a rigor às formas privadas, pois admite-se desde as delegações até a criação dos direitos reais administrativos, inclusive, negócios transmissíveis para os particulares como as permissões.[285]

---

[281] CRUZ, Alcides. *Op. cit.*, p. 204-205.
[282] BRASIL. *Lei Federal nº 3.071, de 01 de Janeiro de 1916*. *Op. cit.*, Art. 69 e 67.
[283] CAETANO, Marcelo. *Op. cit.*, p. 825.
[284] MASAGÃO, Mario. *Curso de Direito Administrativo*. Tomo II. 2. ed. São Paulo: Max Limonad, 1959. p. 135.
[285] CAETANO, Marcelo. *Op. cit.*, p. 825-826.

Traduz-se como um efeito do regime jurídico, pois pretende tornar impossível que o bem público seja objeto de uma relação jurídica obrigacional, contratual ou real que o reduza a uma propriedade ou posse permanente individual, bem como qualquer forma de oneração pelos modos do Direito Privado.[286]

Pretende conservar não a titularidade estatal, mas a função social que é perseguida, de forma que ainda sob a titularidade não estatal – seja da coletividade, grupo social ou sujeito privado em específico – será atribuída enquanto tal coisa estiver ligada à persecução de uma finalidade coletiva.

Desta forma, que na concessão administrativa, por exemplo, os bens utilizados na prestação da atividade pública conservam os atributos de inalienabilidade, impenhorabilidade e imprescritibilidade durante o exercício do serviço público pelo particular e após a extinção do contrato administrativo são revertidos ao Estado.[287]

Enquanto a coisa estiver vinculada a uma função coletiva independente de seu titular – como no caso narrado com o ente particular durante a execução do contrato administrativo ou com o titular público após a sua extinção – conservará um regime jurídico protetivo, que impeça a perda de tal qualificação pública, o que aduz a questões de diferentes ordens.

Uma vez reconhecida que a categoria central que orienta a formação de uma disciplina científico-teórica específica – o domínio público – e uma regulação jurídico-normativa própria – o regime jurídico especial – é a função social – em uma gradação de concretização e não apenas de conformação – isto resulta em discutir qual será o seu conteúdo.

Sendo a funcionalização da coisa uma necessidade coletiva, o elemento central que definirá a incidência da disciplina normativa especial deve-se questionar os chamados bens patrimoniais ou dominicais que, embora presentes no acervo dos entes estatais não estão afetados a uma função coletiva.

---

[286] CAETANO, Marcelo. *Op. cit.*, p. 825.
[287] BRASIL. *Lei Federal nº 8.897, de 13 de fevereiro de 1995*. Dispõe sobre o regime de concessão e permissão da prestação de serviços públicos previsto no art. 175 da Constituição Federal, e dá outras providências. Casa Civil, Brasília, 13 fev. 1995. Disponível em: https://www.planalto.gov.br/ccivil_03/leis/l8987cons.htm. Acesso em: 17 out. 2023. Art. 35. "§1 Extinta a concessão, retornam ao poder concedente todos os bens reversíveis, direitos e privilégios transferidos ao concessionário conforme previsto no edital e estabelecido no contrato".

Há de se verificar se é possível sustentar um único regime jurídico especial para a regulação de coisas distintas quanto à sua funcionalidade – em razão de uma afetação material ou formal – e a própria titularidade – bens desafetados sob a sujeição estatal e coisas afetadas sob uma titularização coletiva.

O tema será tratado a seguir.

2.2 A insuficiência da unicidade de uma disciplina jurídica para pluralidade dos bens públicos: da insustentabilidade dos caracteres à assistematicidade da regulação constitucional à luz da função social

A tentativa de delimitação de um regime jurídico para os bens públicos conduz a necessidade de investigação acerca das coisas que compõem o domínio público de forma a apurar se todas podem ser reunidas sob uma única disciplina ou estarão sujeitas tal qual a sua especificidade a várias disciplinas ou a gradações de um regime.

Neste viés, surge a primeira celeuma, que é a própria delimitação das fronteiras do público, pois independente de qual critério é aderido pela referida teoria adotada, pode-se ampliar o objeto – para sustentar qualquer bem sob a titularidade estatal – ou restringi-lo – para propor apenas determinadas coisas em razão de sua natureza.

Parte-se, portanto, da concepção generalizada de que o domínio público identifica-se em alguma medida com a titularidade estatal, de forma a demonstrar as incongruências de se sustentar determinada coisa no acervo público e mostrar maior compatibilidade de uma perspectiva funcional no que tange à sujeição ao regime jurídico especial.

Novamente isto envolve uma desmistificação da ideia de um regime jurídico único capaz de regular a heterogeneidade dos bens que integram o domínio público e demanda a busca por soluções que envolvem as referidas coisas e seus problemas, que persistem e assumem novas formas.[288]

Claro que a expressão domínio público nunca foi caracterizada por demarcar uma uniformidade, mas se assumida dada concepção, sob tal rótulo não é possível extrair de forma clara um regime jurídico

---

[288] CARBONELL, Elisa Moreu. *Op. cit.*, p. 447.

comum para os bens que integram tal acervo público, esta noção restará esvaziada e como técnica se exteriorizará tal qual insuficiente.[289] Também não é uma controvérsia atual a dificuldade de regulação dos bens públicos em razão dessa insuficiência do emprego das categorias tradicionais propostas para regular a multiplicidade de bens, que compõem o domínio estatal nas variadas configurações que eles assumem.[290]

Porém, agrava-se na contemporaneidade, na medida em que o redimensionamento do papel do Estado e a participação de outros atores sociais na prossecução do interesse público produz um movimento dialético de redução e ampliação dos bens públicos e conduzem a uma celeuma na regulação das coisas que não são mais estatais e as que passam a ser públicos.

Algumas questões agravam a dificuldade de formação de um regime jurídico para os bens públicos, como a própria regulação da matéria ser eminentemente *lege ferenda*, com a previsão no tipo normativo de conceitos jurídicos de conteúdo indeterminado – bens, estabelecimentos, patrimônio – o que dificulta a caracterização do seu conteúdo.[291]

Isto torna claro no que tange aos recursos financeiros dos poderes públicos, que ora é considerado como bens públicos para sujeição ao regime especial e restrição ao seu uso, em outros momentos é tido como ingressos e sujeito ao objeto de regulação normativa própria e análise da ciência jurídico-financeira.

Alia-se também a inexistência de uma codificação administrativa ou de uma disciplina normativa unificada do regime de bens que, sendo tratado em uma pluralidade de fontes legais[292] editadas diante de regimes jurídico-constitucionais diversos e conjecturas políticas liberais ou sociais, ampliam a dificuldade de uma sistematização em um único regime.

---

[289] CARBONELL, Elisa Moreu. *Op. cit.*, p. 447-448.
[290] REALE, Miguel. *Op. cit.*, p. 229.
[291] REALE, Miguel. *Op. cit.*, p. 229.
[292] Na ordem jurídica vigente, a disciplina de bens públicos ocorre não apenas com o sistema de partilha de competências e bens na Constituição Federal de 1988, como na sua classificação geral, definição de seus caracteres e formas de aquisição pelo Código Civil (Lei Federal nº 10.406/2002), na legislação federal que de forma esparsa trata do seu procedimento de alienação (Lei Federal nº 8.666/1993 e agora 14.133/2021), que regula os bens da União (Decreto-Lei nº 9.760/1946) e a sua regularização, administração, aforamento e alienação (Lei Federal nº 9.636/1998), além das suas especificidades nos consórcios públicos (Lei Federal nº 11.107/2005), além das disposições estaduais e municipais.

Não se ignore, igualmente, que, sob a égide de um Estado Federado onde cada ente é dotado de uma autonomia político-administrativa, cada qual exercerá não apenas as competências atribuídas pela partilha constitucional, mas igualmente a regulação normativa e ação administrativa, sob os bens atribuídos ou adquiridos para cumprimento dos seus fins.

Isto resulta em uma constelação normativa não apenas no âmbito federal e estadual, mas em uma federação anômala, no que se refere ao ente municipal e distrital, o que produz regulações diferenciadas e torna difícil a sua reunião científica em uma disciplina única, ao menos sem produzir determinadas incoerências.

Se tais questões conduzem a uma dificuldade na formação de um regime jurídico único, deve-se indagar em que medida é sustentável propor reunir sob uma única disciplina jurídico-científica os bens públicos com a pretensão de regular de forma uniforme uma pluralidade de coisas em suas especificidades e até mesmo as suas indeterminabilidades.

Isto porque a existência de determinadas coisas das pessoas administrativas de direito público de índole eminentemente privada – como os bens dominicais – e aquelas em zonas fronteiriças das pessoas administrativas de direito privado – ligados tanto à atividade pública quanto privada desenvolvida – dificultam na regulação uniforme de tal pluralidade de coisas.

Poderia sustentar a conveniência de implantar um regime jurídico especial distinto da disciplina do domínio público e privado para tais bens em zonas fronteiriças,[293] entretanto, não resolveria a celeuma que envolve a aplicação ou não dos referidos regimes aos bens considerados públicos.

Poder-se-ia considerar que a formação de um regime jurídico para os bens públicos deve ser extraído ou determinado pelo próprio estatuto fundamental da sociedade política, de forma que compete a Constituição Federal estipular os elementos básicos que permitiriam a recondução de todas as coisas a uma disciplina básica ou geral.

O processo de constitucionalização do domínio público é um elemento essencial na consagração da sujeição das coisas às finalidades públicas,[294] uma vez que auxilia na determinação não apenas das

---

[293] ARÉVALO, Manuel Franciscos Clavero. *Op. cit.*, p. 46.
[294] LLOVET, Tomás Font. La ordenación constitucional del dominio público. *In*: BAQUER, Sebastián Martín-Retortillo. *Estudios sobre la Constitución española*: Homenaje al profesor Eduardo García de Enterría. Madrid: Civitas, 1991. p. 3931.

fronteiras do público e do privado, mas através da partilha entre os sujeitos públicos determina a ação estatal e a função assumida pelos bens públicos.

Porém, a adoção generalizada nos textos constitucionais de distintos ordenamentos jurídicos dos elementos do regime de direito público – inalienabilidade, impenhorabilidade e imprescritibilidade – para os bens públicos antes apontam a assimilação de uma matriz francesa das teorias do domínio público,[295] do que de fato, uma regulação eficaz das coisas.

Isto porque há bens que para a literatura majoritária integram o domínio público sem que, no entanto, estejam sujeitos a tais atributos, por exemplo, os bens dominicais, que em razão de sua titularidade acaba-se atribuindo uma alienação condicionada, mas sequer deveria diante da ausência de uma função social.

Talvez dever-se-ia ter sido adotada a fórmula da Constituição Espanhola, que prevê a inspiração do regime do domínio público por tais caracteres,[296] o que permite que tais princípios sejam não apenas moduláveis por norma infraconstitucional, mas, igualmente, a compreensão, que não são exclusivos dos bens sob titularidade estatal.[297]

Adéqua-se, portanto, a pluralidade de bens que são identificados no acervo do domínio público, que podem ou não ser dotados dos elementos de inalienabilidade, impenhorabilidade e imprescritibilidade, na medida em que estejam ligados à realização de uma função social e, portanto, seja necessário proteger tal finalidade.

Poderia sustentar que, guardando o bem, a qualificação de público importaria na assunção de um regime jurídico de direito público – e em consequência tais caracteres – contudo, isto seria assumir que há uma identidade entre uma disciplina especial e pública que volve novamente à confusão dos conceitos de público e estatal.

Todavia, o fato de construir uma teoria para as coisas que exerçam uma função social – o domínio público – demanda a necessidade de uma disciplina especial que, embora a rigor possa ser um regime jurídico de direito público, deve ser aplicado na medida em que garanta a funcionalização da coisa, o fundamento último dessa regulação específica.

---

[295] CARBONELL, Elisa Moreu. *Op. cit.*, p. 446.
[296] ESPANHA. *Constituição da Espanha de 27 de Dezembro de 1978*. Art. 132 "1. *La ley regulará el régimen jurídico de los bienes de dominio público y de los comunales, inspirándose en los principios de inalienabilidad, imprescriptibilidad e inembargabilidad, así como su desafectación*".
[297] CARBONELL, Elisa Moreu. *Op. cit.*, p. 451.

Isto significa admitir que há uma reordenação quanto à tradicional noção de que a singularidade do regime público em relação ao privado ocorre em razão dos atributos concedidos ao ente estatal – como os poderes administrativos – ou dos caracteres produzidos sob os referidos bens – como a inalienabilidade, impenhorabilidade e a imprescritibilidade.[298]

Os poderes administrativos já não podiam ser tidos como traços distintivos, já que não são exercidos exclusivamente sob o domínio público, mas também sob o domínio privado, subordinando a atividade econômica e social individual, inclusive, no que tange ao exercício do direito de propriedade, aos ditames dos interesses públicos.[299]

Tais traços característicos, igualmente, não são característicos do regime de direito público, pois igualmente o regime jurídico de direito privado pode estipular a proteção e utilização da coisa, garantindo o respeito a dado interesse social pelos instrumentos ou faculdades do direito privado.[300]

Assim, mesmo a inalienabilidade, por exemplo, não pode ser utilizada como critério destacante para o domínio público, uma vez que há bens públicos que não se sujeitam aos mesmos como os bens dominicais,[301] bem como existem bens privados que, igualmente, podem ser dotados de tais características.[302]

Mesmo porque a inalienabilidade dos bens públicos para a literatura jurídica tradicional parece encontrar fundamento na afetação, de forma que não consiste tanto na impossibilidade de sua disposição, mas antes na incapacidade de alienação onerosa ou gratuita sem a prévia exigência de um ato de desafetação.[303]

Embora se sustente que o regime jurídico especial para as coisas qualificadas como públicas decorre da função social e não da afetação em si, é inevitável que a inalienabilidade ou qualquer atributo para os

---

[298] URUTTIA, José Luiz González-Berenguer. *Op. cit.*, p. 192.
[299] TÁCITO, Caio. O Poder de Polícia e Seus Limites. *Revista de Direito Administrativo*, v. 27, Fundação Getúlio Vargas, 1952. p. 2.
[300] OYARZÚN, Santiago Montt. *Op. cit.*, p. 274.
[301] BRASIL. *Lei Federal nº 10.406, de 10 de Janeiro de 2002*. *Op. cit.* Art. 101. Os bens públicos dominicais podem ser alienados, observadas as exigências da lei.
[302] BRASIL. *Lei Federal nº 10.406, de 10 de Janeiro de 2002*. *Op. cit.* Art. 1.911. A cláusula de inalienabilidade, imposta aos bens por ato de liberalidade, implica impenhorabilidade e incomunicabilidade.
[303] URUTTIA, José Luiz González-Berenguer. *Op. cit.*, p. 203.

bens públicos não serão absolutos, mas incidentes na medida em que são necessários à proteção desta em sua graduação.

Toda questão apresentada demonstra deficiente a formação de uma teoria geral do domínio público pela falta de contornos marginais na delimitação do regime jurídico próprio para os bens públicos, que busca fundamento em efeitos não específicos em relação aos bens privados para a formação de uma disciplina própria.

Isto decorre precipuamente por esta tentativa de delimitação do regime jurídico dos bens públicos a partir de uma titularidade, que antes visa conservar tais coisas a uma sujeição estatal enquanto tidas como propriedade, do que efetivamente se ligar à proteção de sua função social ou reconduzi-la à própria coletividade.

Resta claro na própria Constituição Federal de 1988 que, embora tenha consagrado um controle social – seja exercido diretamente pelo grupo social[304] ou indiretamente através dos órgãos constitucionais[305] – não atribui de forma geral a atuação pela sociedade no que tange aos bens públicos.

Ao revés, opta por determinar a titularidade e a proteção singular[306] ou comum[307] dos bens públicos imediatamente aos entes federados e seus respectivos órgãos administrativos[308] em uma perspectiva patrimonialista extraível do próprio tipo constitucional, que opta pelo

---

[304] BRASIL. *Constituição da República Federativa do Brasil de 05 de Outubro de 1988. Op. cit.* Art. 5. LXXIII – qualquer cidadão é parte legítima para propor ação popular que vise a anular ato lesivo ao *patrimônio público* ou de entidade de que o Estado participe, à moralidade administrativa, ao meio ambiente e ao patrimônio histórico e cultural, ficando o autor, salvo comprovada má-fé, isento de custas judiciais e do ônus da sucumbência;

[305] BRASIL. *Constituição da República Federativa do Brasil de 05 de Outubro de 1988. Op. cit.* Art. 129. São funções institucionais do Ministério Público: III – promover o inquérito civil e a ação civil pública, para a proteção do patrimônio público e social, do meio ambiente e de outros interesses difusos e coletivos;

[306] BRASIL. *Constituição da República Federativa do Brasil de 05 de Outubro de 1988. Op. cit.* Art. 20. "São bens da União". Art. 26. "Incluem-se entre os *bens dos Estados*".

[307] BRASIL. *Constituição da República Federativa do Brasil de 05 de Outubro de 1988. Op. cit.* Art. 23. É competência comum da União, dos Estados, do Distrito Federal e dos Municípios: I – zelar pela guarda da Constituição, das leis e das instituições democráticas e *conservar o patrimônio público*; III – *proteger os documentos, as obras e outros bens* de valor histórico, artístico e cultural, os monumentos, as paisagens naturais notáveis e os sítios arqueológicos; VI – proteger o meio ambiente e combater a poluição em qualquer de suas formas; VII – preservar as florestas, a fauna e a flora;

[308] BRASIL. *Constituição da República Federativa do Brasil de 05 de Outubro de 1988. Op. cit.* Art. 144. A segurança pública, dever do Estado, direito e responsabilidade de todos, é exercida para a preservação da ordem pública e da incolumidade das pessoas e do patrimônio, através dos seguintes órgãos: §8º Os Municípios poderão constituir guardas municipais destinadas à proteção de seus bens, serviços e instalações, conforme dispuser a lei.

verbo *ter* – denotando antes a relação de titularidade – do que *estar* – ligando à efetiva função.

Poder-se-ia sustentar que a lei fundamental, ao atribuir a sujeição dos bens públicos aos entes estatais – ainda que neste viés patrimonialista –, estaria resguardando de forma indireta ou mediata a titularidade na coletividade, bem como a própria função, já que a ação pública é dotada de tal *munus* legal.

Porém, demonstra-se de forma clara a tentativa de formação de um acervo patrimonial independente da função social perseguida, o modo como são atribuídas à titularidade estatal determinadas coisas que sequer podem ser apropriadas e exercem já por si só uma finalidade coletiva.

Considere o modo como atribui *bens* ao acervo patrimonial da União coisas que são insuscetíveis por sua própria natureza de apropriação por sujeitos públicos ou privados, como lagos, rios e águas,[309] ilhas e praias,[310] o mar territorial,[311] as cavidades naturais e os sítios arqueológicos e pré-históricos[312] que tendem a, por si só, exercer uma função social.

Poder-se-ia firmar que tem por finalidade garantir qual sujeito dentro de um Estado Federativo será incumbido da proteção e promoção dos referidos bens em razão da natureza do interesse – nacional, regional ou local – porém, para tal mister, não precisava ser atribuída a titularidade – com viés de propriedade – mas competências – com ligação a um dever.

Ao revés, ao considerar como bens do Estado outras coisas de índole natural, como as águas superficiais ou subterrâneas,[313] as áreas

---

[309] BRASIL. Constituição da República Federativa do Brasil de 05 de Outubro de 1988. Op. cit. Art. 20. III – os lagos, rios e quaisquer correntes de água em terrenos de seu domínio, ou que banhem mais de um Estado, sirvam de limites com outros países, ou se estendam a território estrangeiro ou dele provenham, bem como os terrenos marginais e as praias fluviais;

[310] BRASIL. Constituição da República Federativa do Brasil de 05 de Outubro de 1988. Op. cit. Art. 20. IV as ilhas fluviais e lacustres nas zonas limítrofes com outros países; as praias marítimas; as ilhas oceânicas e as costeiras, excluídas, destas, as que contenham a sede de Municípios, exceto aquelas áreas afetadas ao serviço público e a unidade ambiental federal, e as referidas no art. 26, II;

[311] BRASIL. *Constituição da República Federativa do Brasil de 05 de Outubro de 1988. Op. cit.* Art. 20. VI – o mar territorial;

[312] BRASIL. *Constituição da República Federativa do Brasil de 05 de Outubro de 1988. Op. cit.* Art. 20. X – as cavidades naturais subterrâneas e os sítios arqueológicos e pré-históricos;

[313] BRASIL. *Constituição da República Federativa do Brasil de 05 de Outubro de 1988. Op. cit.* Art. 26 I – as águas superficiais ou subterrâneas, fluentes, emergentes e em depósito, ressalvadas, neste caso, na forma da lei, as decorrentes de obras da União;

das ilhas oceânicas e costeiras,[314] bem como as ilhas fluviais e lacustres,[315] desde que não pertencentes à União, demonstra que o objetivo é determinar as titularidades e não às funções.

Isto porque considerar o princípio da preponderância de interesses de forma estática, de modo que bens que ultrapassam o domínio territorial ou exercem uma função para mais de um munícipio serão de titularidade estatal e mais de um estado de sujeição federal ignora que haverá em alguns casos não apenas interseções, mas zonas fronteiriças.

Em que medida, por exemplo, pode-se considerar que um rio que cruza apenas um Estado não possui relevância ou interesse nacional a justificar uma proteção da União, se atende uma coletividade indeterminada e, portanto, gera repercussões que ultrapassam os domínios territoriais daquele ente estatal?

Seria ignorar a própria integridade e indivisibilidade do domínio natural, que torna impossível uma repartição territorial da sua função social que assumem, visto que se ligam ao equilíbrio do ecossistema e à própria manutenção da vida humana e não somente daquela coletividade naquele território.

Ademais, como visto, determinados bens públicos compõem o domínio público não estatal e, portanto, sujeitam-se à uma titularidade de um ente não estatal – a coletividade, um grupo social ou ente privado – tal qual os bens naturais, que não são passíveis de apropriação por nenhum sujeito ou atribuição de propriedade, mas servem à coletividade.

Isto não significa que o Estado enquanto um ente moral constituído para perseguir finalidades coletivas não exercerá sobre eles determinados deveres e, portanto, uma regulação do seu uso que permita o alcance ou o melhor atendimento à função pública, mas que há uma atecnia da Constituição Federal ao considerar tais coisas como bens da União ou do Estado.

Ademais, essa partilha constitucional de bens demonstra que não se relaciona propriamente com a função pública, na medida em que consagra o município e o distrito federal como entes federados

---

[314] BRASIL. *Constituição da República Federativa do Brasil de 05 de Outubro de 1988. Op. cit.* Art. 26 II – as áreas, nas ilhas oceânicas e costeiras, que estiverem no seu domínio, excluídas aquelas sob domínio da União, Municípios ou terceiros;

[315] BRASIL. *Constituição da República Federativa do Brasil de 05 de Outubro de 1988. Op. cit.* Art. 26 III – as ilhas fluviais e lacustres não pertencentes à União;

com autonomia,[316] mas não prevê qualquer acervo ao tratar dos seus regimes.[317]

Não se nega que parte da literatura jurídica buscará construir um acervo patrimonial para o munícipio[318] e aplicar o regime patrimonial da União e Estados ao Distrito Federal por força de interpretação de norma constitucional relativa à competência,[319] embora alguns fundamentem a exclusão do Município como ente federado exatamente por tal razão.[320]

Porém, se o fundamento da partilha constitucional de bens fosse garantir a titularidade na medida da realização de determinadas funções públicas, por um lado, deveriam ser atribuídas coisas que estivessem ligadas ao *munus publico* de tais entes, bem como prever um acervo para que cada ente realizasse as suas funções.

Não obstante, parece ligar eminentemente à questão de soberania à atribuição do mar territorial como bem da União ou a afirmação de uma autonomia política à determinação de lagos e rios como bens do Estado, do que antes uma preocupação com a sua função social, tanto que não se refere.

Note como a Constituição Federal de 1988, ao trazer um regime jurídico para os bens públicos, adota não como elemento central a função, mas um critério de titularidade, tanto que opta por realizar uma partilha das coisas para os entes federados e sequer busca definir a finalidade pública a ser adotada pelos referidos bens.

Tal preocupação com o sujeito estatal e a sua propriedade resta claro na assunção de que serão bens públicos também "os que pertençam e os que venham ser atribuídos"[321] sem delimitação se haverá uma função social para tal atribuição, bem como, novamente, sem veicular qualquer disposição relativa à finalidade que deve ser perseguida.

---

[316] BRASIL. *Constituição da República Federativa do Brasil de 05 de Outubro de 1988. Op. cit.* Art. 18. A organização político-administrativa da República Federativa do Brasil compreende a União, os Estados, o Distrito Federal e os Municípios, todos autônomos, nos termos desta Constituição.

[317] BRASIL. *Constituição da República Federativa do Brasil de 05 de Outubro de 1988. Op. cit.* Art. 29 a 31.

[318] STROPPA, Yara Martinez de Carvalho e Silva. Município: aquisição de bens móveis e imóveis. *Boletim de Direito Administrativo*, n. 9, 1992. p. 521.

[319] BRASIL. *Constituição da República Federativa do Brasil de 05 de Outubro de 1988. Op. cit.* Art 32. §1º Ao Distrito Federal são atribuídas as competências legislativas reservadas aos Estados e Municípios.

[320] SILVA, José Afonso da. *Curso de Direito Constitucional Positivo.* 24. ed. São Paulo: Malheiros, 2005. p. 474-475 e 639-644.

[321] BRASIL. *Constituição da República Federativa do Brasil de 05 de Outubro de 1988. Op. cit.* Art. 20. São bens da União: I – os que atualmente lhe pertencem e os que lhe vierem a ser atribuídos;

Isto fica, igualmente, claro no Ato das Disposições Constitucionais Transitórias, que estipulou a revisão das alienações, concessões e doações de terras públicas realizadas sob a vigência do período de 1962 e 1987, demandando a reversão ao patrimônio dos entes federados em caso de ilegalidade ou interesse público respectivamente.[322]

Extraídas as hipóteses de ilegalidade e subtraída a possível tensão que tal reversão pode ocasionar ao princípio da segurança jurídica e a prescrição administrativa, tratando-se de interesse público, não há razão para demandar uma reversão, já que a persecução da função social pode estar sendo realizada pelo sujeito privado na privatização ou despublicização.

Porém, pretende sujeitar situações já constituídas perante a ordem vigente a época à uma revisão que não necessariamente volta-se à proteção da função social dos referidos bens, já que no caso das alienações observarão apenas o critério da legalidade, mas antes se preocupa com a possibilidade de reaver a titularidade estatal.

Poderia então supor que o critério de titularidade adotado pela Constituição Federal seja o elemento estruturante e suficiente para a formação de um único regime jurídico para os bens públicos e, portanto, a função social será a consequência disto, ou seja, decorrerá da medida da atribuição à sujeição estatal das referidas coisas.

Porém, a própria Constituição Federal não submete a um único regime jurídico todos os bens públicos, uma vez que esbarra na própria dificuldade em delimitar determinadas coisas a partir de uma definição pela sua titularidade e acaba utilizando outras formas de designação.

Assim, no que tange à regulação da cultura e a dificuldade na determinação de uma titularidade única, determina a formação de um patrimônio cultural brasileiro,[323] o qual atribui não uma propriedade,

---

[322] BRASIL. *Constituição da República Federativa do Brasil de 05 de Outubro de 1988. Op. cit.* Art. 51. Serão revistos pelo Congresso Nacional, através de Comissão mista, nos três anos a contar da data da promulgação da Constituição, todas as doações, vendas e concessões de terras públicas com área superior a três mil hectares, realizadas no período de 1º de janeiro de 1962 a 31 de dezembro de 1987. §1º No tocante às vendas, a revisão será feita com base exclusivamente no critério de legalidade da operação. §2º No caso de concessões e doações, a revisão obedecerá aos critérios de legalidade e de conveniência do interesse público. §3º Nas hipóteses previstas nos parágrafos anteriores, comprovada a ilegalidade, ou havendo interesse público, as terras reverterão ao patrimônio da União, dos Estados, do Distrito Federal ou dos Municípios.

[323] BRASIL. *Constituição da República Federativa do Brasil de 05 de Outubro de 1988. Op. cit.* Art. 216. Constituem patrimônio cultural brasileiro os bens de natureza material e imaterial, tomados individualmente ou em conjunto, portadores de referência à identidade, à ação, à memória dos diferentes grupos formadores da sociedade brasileira, nos quais se incluem:

mas uma proteção[324] e gestão[325] pelos poderes públicos com a participação direta do povo.

Parece reconhecer a formação de um domínio público não estatal, ao admitir que tais coisas têm uma função social e, portanto, são qualificadas como públicas – patrimônio nacional brasileiro – porém, sem, necessariamente, estarem sob a titularidade estatal, mas da própria coletividade.

Ademais, determina uma graduação de tal função que permitirá a titularidade estatal –com a desapropriação – ou a sua sujeição à titularidade pela coletividade, grupo social ou indivíduo, mas resguardando a sua finalidade pública – com os inventários, registros, vigilância e tombamento.

Também parece reconhecer a insuficiência da delimitação de uma titularidade, ao tratar da competência do Congresso Nacional quanto a tratados, acordos e atos internacionais para bens do patrimônio nacional,[326] dotando de uma abertura semântica para abranger coisas relevantes ao Estado Brasileiro, mas que não estejam sob a União ou sequer aos entes públicos.

Tal caráter fica claro ao considerar que o mercado interno integra o patrimônio nacional[327] que, portanto, não se limita ou se identifica a reunião dos bens federais, estaduais, municipais e distritais, mas antes corresponde a uma fórmula adotada pelo constituinte para reconhecer a existência de outros bens públicos sob a não titularidade estatal.

Tal dificuldade de dotar de unicidade um regime jurídico especial para os bens públicos fica claro ao identificar certos bens públicos naturais – como a floresta amazônica – como patrimônio nacional e

---

[324] BRASIL. *Constituição da República Federativa do Brasil de 05 de Outubro de 1988*. Op. cit. Art. 216. §1º O Poder Público, com a colaboração da comunidade, promoverá e protegerá o patrimônio cultural brasileiro, por meio de inventários, registros, vigilância, tombamento e desapropriação, e de outras formas de acautelamento e preservação.

[325] BRASIL. Constituição da República Federativa do Brasil de 05 de Outubro de 1988. Op. cit. Art. 216. §2º Cabem à administração pública, na forma da lei, a gestão da documentação governamental e as providências para franquear sua consulta a quantos dela necessitem.

[326] BRASIL. *Constituição da República Federativa do Brasil de 05 de Outubro de 1988*. Op. cit. Art. 49. É da competência exclusiva do Congresso Nacional: I - resolver definitivamente sobre tratados, acordos ou atos internacionais que acarretem encargos ou compromissos gravosos ao patrimônio nacional;

[327] BRASIL. *Constituição da República Federativa do Brasil de 05 de Outubro de 1988*. Op. cit. Art. 219. O mercado interno integra o patrimônio nacional e será incentivado de modo a viabilizar o desenvolvimento cultural e sócio-econômico, o bem-estar da população e a autonomia tecnológica do País, nos termos de lei federal.

relacioná-lo com a sua função social ao determinar que o seu uso deve atender a proteção ambiental.[328]

Parece incongruente considerar apenas tais bens naturais como patrimônio nacional e os demais como bens da União e do Estado, já que se considerada tal função social exercida na garantia do meio ambiente ecologicamente equilibrado não os situam apenas em bem público de uso comum da coletividade,[329] mas da própria humanidade.[330]

Note, portanto, que a Constituição Federal não consegue dotar de um regime jurídico único os bens públicos, mas ao revés, regula os bens públicos ora a partir da sua função social, ora através de uma titularidade, seja considerando-os como bens da coletividade ou partilhando entre os federados.

Poderia sustentar que a regulação do regime dos bens públicos ocorre através dos seus caracteres, mas seria desconsiderada a insuficiência já vista dos atributos veiculados para distinguir os bens públicos em relação aos privados e sustentar a formação de um regime jurídico único.

Porém, a própria Constituição Federal não dispõe de forma plena sobre tais caracteres, com ausência de previsão da inalienabilidade – mas a regulação da alienação tanto para a Administração Pública Direta[331] e

---

[328] BRASIL. Constituição da República Federativa do Brasil de 05 de Outubro de 1988. Op. cit. Art. 225 §4º A Floresta Amazônica brasileira, a Mata Atlântica, a Serra do Mar, o Pantanal Mato-Grossense e a Zona Costeira são patrimônio nacional, e sua utilização far-se-á, na forma da lei, dentro de condições que assegurem a preservação do meio ambiente, inclusive quanto ao uso dos recursos naturais.

[329] BRASIL. Constituição da República Federativa do Brasil de 05 de Outubro de 1988. Op. cit. Art. 225 Art. 225. Todos têm direito ao meio ambiente ecologicamente equilibrado, bem de uso comum do povo e essencial à sadia qualidade de vida, impondo-se ao Poder Público e à coletividade o dever de defendê-lo e preservá-lo para as presentes e futuras gerações.

[330] ORGANIZAÇÃO DAS NAÇÕES UNIDAS. Convenção para a Proteção do Patrimônio Mundial, Cultural e Natural, Conferência Geral da Organização das Nações Unidas para a Educação, Ciência e Cultura, de 17 de Outubro a 21 de Novembro de 1972. Art. 2 "Para fins da presente Convenção serão considerados como patrimônio natural: Os monumentos naturais constituídos por formações físicas e biológicas ou porgrupos de tais formações com valor universal excepcional do ponto de vista estético ou científico; As formações geológicas e fisiográficas e as zonas estritamente delimitadas que constituem habitat de espécies animais e vegetais ameaçadas, com valor universal excepcional do ponto de vista da ciência ou da conservação; Os locais de interesse naturais ou zonas naturais estritamente delimitadas, com valor universal excepcional do ponto de vista a ciência, conservação ou beleza natural".

[331] BRASIL. Constituição da República Federativa do Brasil de 05 de Outubro de 1988. Op. cit. Art. 37 "XXI – ressalvados os casos especificados na legislação, as obras, serviços, compras e alienações serão contratados mediante processo de licitação pública que assegure igualdade de condições a todos os concorrentes, com cláusulas que estabeleçam obrigações de pagamento, mantidas as condições efetivas da proposta, nos termos da lei, o qual somente permitirá as

Indireta[332] – a impenhorabilidade apenas para alguns bens privados[333] e a imprescritibilidade somente para os bens públicos imóveis.[334] Demonstra-se não apenas do ponto científico-jurídico – a partir de uma perspectiva funcionalista da teoria do domínio público – quanto normativo-positivo – à luz da regulação básica produzida pela Constituição Federal – a impossibilidade de se sustentar um único regime jurídico capaz de regular tal pluralidade de coisas.

Isto também se verifica junto da Constituição Federal, de uma disciplina pelo Código Civil[335] e uma constelação normativa que abrange leis específicas, como as de concessão dos bens[336] e gerais que regulam o acervo de cada ente federado, como o decreto-lei da União que determina sua conceituação, identificação e demarcação.[337]

Tal pluralidade normativa com distintas disposições relativas aos bens públicos concede indícios da impossibilidade de se sustentar um regime jurídico, em razão da própria elasticidade e dificuldade de delimitação do conceito de bem público, que acaba por abranger coisas estatais não funcionalizadas e excluir coisas privadas funcionalizadas.

Tomar-se-á de forma exemplificativa como a regulação legal dos bens públicos acaba por erigir a possibilidade de se sustentar uma disciplina única, a partir da disciplina pela Lei federal nº 11.977/2009 no que tange à ocupação em bens públicos naturais,[338] bem como pela

---

exigências de qualificação técnica e econômica indispensáveis à garantia do cumprimento das obrigações".

[332] BRASIL. *Constituição da República Federativa do Brasil de 05 de Outubro de 1988. Op. cit.* Art. 173. "§1º A lei estabelecerá o estatuto jurídico da empresa pública, da sociedade de economia mista e de suas subsidiárias que explorem atividade econômica de produção ou comercialização de bens ou de prestação de serviços, dispondo sobre: III – licitação e contratação de obras, serviços, compras e alienações, observados os princípios da administração pública".

[333] BRASIL. *Constituição da República Federativa do Brasil de 05 de Outubro de 1988. Op. cit.* Art. 5 "XXVI – a pequena propriedade rural, assim definida em lei, desde que trabalhada pela família, não será objeto de penhora para pagamento de débitos decorrentes de sua atividade produtiva, dispondo a lei sobre os meios de financiar o seu desenvolvimento".

[334] BRASIL. *Constituição da República Federativa do Brasil de 05 de Outubro de 1988. Op. cit.* Art. 183 §3º Os imóveis públicos não serão adquiridos por usucapião. Art. 191 Parágrafo único. Os imóveis públicos não serão adquiridos por usucapião.

[335] BRASIL. *Lei Federal nº 10.406, de 10 de Janeiro de 2002. Op. cit.* Livro II. Título Único. Capítulo III.

[336] BRASIL. *Lei Federal nº 9.074, de 07 de Julho de 1995.* Estabelece normas para outorga e prorrogações das concessões e permissões de serviços públicos e dá outras providências. Casa Civil, Brasília, 7 de julho de 1995. Disponível em: https://legislacao.presidencia.gov.br/atos/?tipo=LEI&numero=9074&ano=1995&ato=c1ag3YU5UeJpWTf30. Acesso em: 20 out. 2023. Art. 4 §10 e 11, Art. 4-A inciso II e outros.

[337] BRASIL. Decreto-Lei nº 9.760, de 5 de Setembro de 1946.

[338] A referida lei foi alterada pela Lei Federal nº 12.424, de 16 de Junho de 2011.

Lei federal nº 13.303/2016, no que se relaciona aos bens de pessoas administrativas privadas.

Em um vértice, embora determine a Constituição Federal e a própria lei civil a insujeição dos bens públicos à usucapião,[339] foi admitida a regularização fundiária de ocupação irregular em bens públicos naturais,[340] inclusive, naqueles que são tidos ou designados como área de preservação permanente.[341]

Não pretende tratar neste momento sob o tema, porém, se excluída a tese de inconstitucionalidade material da norma legal e buscando uma interpretação conforme a Constituição capaz de preservar a manifestação do legislativo, parece que a lei admite naquele lapso temporal, para fins de moradia, a usucapião de alguns bens de uso comum do povo.

Em outro vértice, embora as sociedades de economia mista tenham natureza de direito privado e sejam formadas, também, parcialmente por capital privado,[342] bem como, inclusive, sujeitas a um regime jurídico próprio das empresas privadas,[343] o seu estatuto jurídico prevê

---

[339] BRASIL. *Lei Federal nº 10.406, de 10 de Janeiro de 2002*. Art. 102. "Os bens públicos não estão sujeitos a usucapião".

[340] BRASIL. Lei Federal nº 11.977, de 07 de Julho de 2009. Dispõe sobre o Programa Minha Casa, Minha Vida – PMCMV e a regularização fundiária de assentamentos localizados em áreas urbanas; altera o Decreto-Lei no 3.365, de 21 de junho de 1941, as Leis nos 4.380, de 21 de agosto de 1964, 6.015, de 31 de dezembro de 1973, 8.036, de 11 de maio de 1990, e 10.257, de 10 de julho de 2001, e a Medida Provisória no 2.197-43, de 24 de agosto de 2001; e dá outras providências. Casa Civil, Brasília, 7 de julho de 2009. Disponível em: https://www.planalto.gov.br/ccivil_03/_ato2007-2010/2009/lei/l11977.htm. Acesso em: 20 out. 2023. Art. 46. A regularização fundiária consiste no conjunto de medidas jurídicas, urbanísticas, ambientais e sociais que visam à regularização de assentamentos irregulares e à titulação de seus ocupantes, de modo a garantir o direito social à moradia, o pleno desenvolvimento das funções sociais da propriedade urbana e o direito ao meio ambiente ecologicamente equilibrado.

[341] BRASIL. *Lei Federal nº 11.977, de 07 de Julho de 2009*. Op. cit. Art. 46. §1 O Município poderá, por decisão motivada, admitir a regularização fundiária de interesse social em Áreas de Preservação Permanente, ocupadas até 31 de dezembro de 2007 e inseridas em área urbana consolidada, desde que estudo técnico comprove que esta intervenção implica a melhoria das condições ambientais em relação à situação de ocupação irregular anterior.

[342] BRASIL. Decreto-Lei nº 200, de 25 de Fevereiro de 1967. Art. 5. III – Sociedade de Economia Mista – a entidade dotada de personalidade jurídica de direito privado, criada por lei para a exploração de atividade econômica, sob a forma de sociedade anônima, cujas ações com direito a voto pertençam em sua maioria à União ou a entidade da Administração Indireta.

[343] BRASIL. Constituição da República Federativa do Brasil de 05 de Outubro de 1988. Op. cit. Art. 173. §1º A lei estabelecerá o estatuto jurídico da empresa pública, da sociedade de economia mista e de suas subsidiárias que explorem atividade econômica de produção ou comercialização de bens ou de prestação de serviços, dispondo sobre: II - a sujeição ao regime jurídico próprio das empresas privadas, inclusive quanto aos direitos e obrigações civis, comerciais, trabalhistas e tributários;

condicionamento aos seus bens quase idêntico àquelas impostas ao domínio público.[344] Poderia se sustentar que a própria Constituição Federal determina a sua sujeição à licitação e contratação para compras e alienações,[345] porém, parece nítido que se veiculou à lei fundamental uma norma específica em relação à geral[346] pretendeu a criação de um regime especial ou diferenciado em razão da natureza dessas pessoas.

Não obstante, o estatuto jurídico das estatais prevê dentre as suas disposições de normas para a aquisição[347] e alienação[348] do seu patrimônio, que se aproximam claramente com as disposições relativas aos bens públicos, embora em nenhum momento determine a natureza do seu acervo ou utilize a designação pública.

Parece, portanto, que novamente excluída a tese de inconstitucionalidade das referidas normas legais que, embora o Código Civil adote como critério para designação de bens públicos a sua titularidade,[349]

---

[344] BRASIL. Lei Federal nº 13.303, de 30 de Junho de 2016. Dispõe sobre o estatuto jurídico da empresa pública, da sociedade de economia mista e de suas subsidiárias, no âmbito da União, dos Estados, do Distrito Federal e dos Municípios. Secretaria-Geral, Brasília, 30 de junho de 2016. Disponível em: https://www.planalto.gov.br/ccivil_03/_ato2015-2018/2016/lei/l13303.htm. Acesso em: 20 out. 2023. Art. 49. A alienação de bens por empresas públicas e por sociedades de economia mista será precedida de: I – avaliação formal do bem contemplado, ressalvadas as hipóteses previstas nos incisos XVI a XVIII do art. 29; II – licitação, ressalvado o previsto no §3º do art. 28. Art. 50. Estendem-se à atribuição de ônus real a bens integrantes do acervo patrimonial de empresas públicas e de sociedades de economia mista as normas desta Lei aplicáveis à sua alienação, inclusive em relação às hipóteses de dispensa e de inexigibilidade de licitação.

[345] BRASIL. *Constituição da República Federativa do Brasil de 05 de Outubro de 1988.* Op. cit. Art. 173. §1º A lei estabelecerá o estatuto jurídico da empresa pública, da sociedade de economia mista e de suas subsidiárias que explorem atividade econômica de produção ou comercialização de bens ou de prestação de serviços, dispondo sobre: III – licitação e contratação de obras, serviços, compras e alienações, observados os princípios da administração pública;

[346] BRASIL. Constituição da República Federativa do Brasil de 05 de Outubro de 1988. Op. cit. Art. 37 Art. 37. A administração pública direta e indireta de qualquer dos Poderes da União, dos Estados, do Distrito Federal e dos Municípios obedecerá aos princípios de legalidade, impessoalidade, moralidade, publicidade e eficiência e, também, ao seguinte: XXI –f ressalvados os casos especificados na legislação, as obras, serviços, compras e alienações serão contratados mediante processo de licitação pública que assegure igualdade de condições a todos os concorrentes, com cláusulas que estabeleçam obrigações de pagamento, mantidas as condições efetivas da proposta, nos termos da lei, o qual somente permitirá as exigências de qualificação técnica e econômica indispensáveis à garantia do cumprimento das obrigações.

[347] BRASIL. *Lei Federal nº 13.303, de 30 de Junho de 2016.* Op. cit. Art. 47 e 48.
[348] BRASIL. *Lei Federal nº 13.303, de 30 de Junho de 2016.* Op. cit. Art. 49 e 50.
[349] BRASIL. *Lei Federal nº 10.406, de 10 de Janeiro de 2002.* Op. cit. Art. 98. São públicos os bens do domínio nacional pertencentes às pessoas jurídicas de direito público interno; todos os outros são particulares, seja qual for a pessoa a que pertencerem.

determinando o regime de direito público e as suas restrições, optou o legislador por estender às pessoas privadas e seus bens em razão do aporte público.

Tais questões buscam apenas apontar a insustentabilidade da tese que sustenta a existência de um regime jurídico único marcado por caracteres ou elementos supostamente comuns, a uma variedade de bens considerados públicos e tutelados por uma pluralidade de normas jurídicas atentas às próprias especificidades da ação pública.

O reconhecimento de uma diversidade de relações jurídicas que tem por objeto os bens públicos e são figuradas não apenas pelo Estado, mas, também, por outros atores sociais, contudo, não importará em uma pluralidade de disciplinas jurídicas, já que incidiria na falta de sistematicidade para uma teoria do domínio público.

Tendo visto que é a função social a categoria central, que em sua graduação distingue os domínios do público do privado parece que será o elemento que determinará não só a aplicação do regime jurídico especial, mas, também, uma graduação que permita atingir aquela finalidade coletiva.

Surge a questão se reconhecida a qualificação de pública para a coisa que enseje uma disciplina jurídica própria, isso importará na sua identificação com o regime jurídico de direito público e, portanto, a exclusão absoluta da aplicação das regras e princípios oriundos do direito comum.

Isto porque, por um lado, tradicionalmente no Direito Brasileiro a regulação do regime dos bens públicos, a par do estatuto fundamental na Constituição, tem a previsão de normas gerais pela lei civil, o que importaria em incoerência lógica sustentar a exclusão plena de regras oriundas do direito privado.

Por outro lado, tais influxos de privatização, despublicização e racionalização produzem na gestão dos bens públicos uma tensão na aplicação estrita de normas oriundas de um regime jurídico de direito público e demandam em alguma medida a aplicação de regras mais flexíveis da disciplina civil.

O tema será tratado a seguir.

2.3 A superação da suposta dicotomia do domínio privado e a complementariedade do direito comum: da regulação pela lei civil conforme a função social

Volve-se a discussão acerca do regime jurídico especial atribuído aos bens públicos à própria construção da teoria do domínio público à luz de um critério de titularidade que acaba por embarcar não apenas coisas que não deveriam estar sujeitas a uma disciplina pública, mas, igualmente, propõe um regime jurídico que eminentemente o ligue ao seu sujeito estatal.

A definição de um regime jurídico para os bens públicos antes de se relacionar estritamente com a função social assumida pela coisa acaba por perpassar uma tentativa de reafirmação do próprio ente estatal com a criação de uma disciplina normativa própria, que regule o seu acervo tido patrimonial, com exclusão da aplicação das regras do direito comum.

Não obstante, isto produz a dificuldade de reconduzir à formação de um único regime jurídico não apenas coisas estatais que não exercem uma função pública, mas também como ignorar determinadas coisas que, sob a titularidade de sujeitos particulares, igualmente, se vinculam a uma necessidade coletiva.

Propõe-se, então, delimitar uma especificidade para o regime jurídico especial dos bens públicos e, portanto, a sua unidade a partir da determinação de efeitos – inalienabilidade, imprescritibilidade e impenhorabilidade – que não necessariamente são exclusivos das coisas qualificadas como públicas.

Ademais, a tentativa de criação a partir da titularidade estatal de uma disciplina normativa para os bens públicos acaba esbarrando na dificuldade de delimitação à titularidade de determinadas coisas, o que conduz a Constituição Federal a tratar de forma assistêmica como patrimônio nacional, bens nacionais, além dos bens dos entes estatais.

Essa pretensão de delimitação de fronteiras exatas para um regime jurídico especial das coisas do domínio público em relação à disciplina comum gera não só uma encruzilhada normativa na regulação da matéria, mas acaba por produzir maior dificuldade conceitual no que tange a própria análise dos bens públicos.[350]

---
[350] OYARZÚN, Santiago Montt. *Op. cit.*, p. 272.

Assim, a construção teórica do domínio público acaba por embarcar na polêmica e antiga divisão entre direito público e privado,[351] sobre a qual não se pretende fazer uma análise apurada, de forma a determinar a incidência e aplicação de cada um desses regimes jurídicos, mas apenas verificar o tema na medida em que se relaciona com os bens públicos.

Torna-se necessário relacionar em que medida a superação de uma compreensão estática e estanque dos domínios do direito público e do privado impossibilitam a manutenção de uma concepção absoluta ou rígida da aplicação de um regime jurídico de direito público para os bens públicos.

Tal tentativa de situá-los nas supostas fronteiras movediças e ambíguas existentes entre o direito público e o privado, de forma a distinguir os bens coletivos e particulares ocorre, em especial, através da adoção de um critério residual e negativo ligado à titularidade, que é oriundo do Direito Francês.[352]

Isto significa aduzir que a comum identificação entre bens públicos e regime jurídico de direito público antes decorre da assunção de que o Estado em suas relações sujeita-se à uma disciplina própria e, portanto, isto inclui o seu acervo tido patrimonial, do que uma tentativa de apartar as referidas coisas por suas naturezas ou funções.

Isto porque na família romano-germânica determinada escola francesa, generalizou uma teoria de unicidade que foi firmada no Código Civil Francês e na própria literatura jurídica administrativa e civil e compreende que o distintivo da coisa não é a sua natureza em si, mas a sua titularidade, que enseja regimes diferenciados.

Porém, na matriz alemã, distingue-se o regime jurídico de direito público e privado pela construção de uma dualidade na noção de bem, adotando tais autores que as coisas têm no direito público um sentido distinto do direito privado decorrente, inclusive, da sua impossibilidade de algumas vezes delimitá-los – como os mares e o ar.[353]

Sustenta-se a necessidade de se afastar a aplicação do direito comum diante da especificidade das coisas públicas, de forma que haveria uma ambiguidade ou incerteza caso sua tutela fosse realizada

---

[351] ALFONSO, Luciano Parejo. *Op. cit.*, p. 23.
[352] VANESTRALEN, Hernando. *Op cit.*, p. 211-212.
[353] FORSTHOFF, Ernst. *Traité de Droit Administratif Allemand*. Bruxelas: Societé Anonyme D'Editions Juridiques et Scientifiques, 1969. p. 546.

junto aos bens privados pelo Direito Civil, cabendo à doutrina administrativista moderna determinar a distinção.[354]

Por efeito, a especificidade que assume a coisa na relação jurídica de direito público, já que está sujeita à realização do interesse público, impõe como sustenta a literatura alemã a formação de um direito das coisas públicas como uma matéria do Direito Público, em disciplina apartada da coisa dada pelo regime jurídico de direito privado.[355]

Embora seja importante tal diferenciação para demarcar a distinção entre a relação jurídica formada pelo particular tendo por objeto a coisa – tipicamente de propriedade enquanto direito subjetivo – daquela com titularidade pelo Estado[356] não parece que seja um fundamento legítimo para sustentar uma exclusão do regime privado.

Embora possa parecer mais adequado para determinar fronteiras claras entre o regime jurídico de direito público – para coisas que sejam públicas – e de direito privado – para coisas que sejam privadas – não parece que, necessariamente, a materialidade ou especificidade do bem material determine a incidência das referidas disciplinas.

Como antes visto, parece que a qualificação jurídica da coisa não se ligará à sua materialidade em si, mas na medida em que esta é capaz de exercer uma função social e se ligar à realização de uma necessidade coletiva ou apenas se adequar ao interesse público e, tal qual, se sujeitar à uma qualificação privada.

Ademais, acaba-se por reconduzir a questão da titularidade através da adoção de uma noção de *puissance publique*, que impõem uma disciplina própria, afastando a predominância da disciplina comum sobre os campos da disciplina administrativa sendo uma delas a suposta propriedade que o Estado exerce sobre as coisas públicas. 357

Embora na matriz francesa não haja a adesão dessa construção alemã de dualidade na noção de coisa, generaliza-se, também, no regime romano-germânico, uma distinção de uma disciplina especial para regular as coisas públicas de um regime comum e residual para tratar dos demais bens privados.

Assim, é comum encontrar a temática sem qualquer forma de debate pela literatura jurídica, sendo usual a afirmação de que os bens

---

[354] MAYER, Otto. *Op. cit.*, p. 99-100.
[355] FORSTHOFF, Ernst. *Op. cit.*, p. 546.
[356] O tema será tratado no item 4.4.
[357] MAYER, Otto. *Op. cit.*, p. 100.

públicos são aqueles sob a titularidade do Estado e sujeitos a uma disciplina protetiva e exorbitante dos privados, que estão sob a tutela dos particulares e não assumem nenhum dos caracteres especiais.[358] Parece haver uma identificação do regime jurídico especial como público e, portanto, estatal, quando não necessariamente considerar que uma disciplina protetiva das referidas coisas perpasse estritamente por determinados atributos ou poderes concedidos ao Estado, mas pode envolver outros mecanismos jurídico-legais.

No entanto, o próprio Conselho de Estado Francês sustenta que a distinção do domínio público e privado decorre do regime jurídico especial de proteção que concede aos bens públicos determinados atributos – imprescritibilidade, impenhorabilidade e inalienabilidade – além de um sistema de proteção penal especial, normas específicas de regulação e outros.[359]

Há, ainda, a tentativa de situar um papel de proeminência do Estado na proteção dos bens públicos, desconsiderando não apenas a participação de outros sujeitos sociais, mas também os seus próprios limites diante do crescimento e complexização dos interesses públicos de desenvolver inúmeras tarefas e ser responsável pela gestão de todas as referidas coisas.

Assim, no que tange à tradicional distinção entre bens do domínio público e privado, salvo a resistência de parte minoritária da literatura jurídica, nada parece ter mudado, mantendo-se a noção de que os bens públicos estão sujeitos a um regime jurídico de direito público, criando-se uma fronteira bem nítida com o domínio privado.[360]

Neste sentido, o centro dessa celeuma dogmática acaba retornando à assimilação daquilo que a literatura jurídica aponta como um dos traços mais persistentes da cultura jurídica europeia: a tentativa de construir na titularidade estatal uma identidade entre domínio público e regime jurídico de direito público.[361]

Em que pese a perda do protagonismo estatal durante o século XX e o descolamento da noção de público com o estatal, ainda persiste na tentativa de fixar uma relação simbiótica de titularidade-regime-qualificação dos bens que não se adéquam aos novos atores sociais, às

---

[358] FOIGNET, René. Op. cit., p. 198.
[359] FRANÇA. Conselho de Estado. *Association Eurolat et Crédit foncier de France de 6 de maio de 1985*.
[360] VANESTRALEN, Hernando. *Op. cit.*, p. 218.
[361] BLANCO, Alejandro Vergara. *Op. cit.*, p. 28.

novas técnicas jurídicas e aos critérios de determinabilidade da coisa no domínio do público.

No próprio direito francês há certo consenso sobre as dificuldades decorrentes de um regime normativo rígido e a necessidade de extensão do conceito de dominialidade para um período que demanda maior flexibilidade, capaz de atender as questões contemporâneas que surgem.[362]

Sob o influxo das transformações dogmáticas, torna-se cada vez menos visível a distinção entre os campos de domínio do público e do privado, de forma que, embora possa persistir um interesse acadêmico em razão de seu caráter didático, todavia, carece de um fundamento ontológico aceitável.[363]

Além de reconhecida a unidade do ordenamento jurídico com a assunção pela Constituição do papel de seu epicentro dotada de hierarquia formal e axiológica, torna-se impossível considerar os ramos jurídicos de modo compartimentalizado, se suas normas e categorias devem ser reconduzidas em forma e conteúdo aos preceitos da lei fundamental.

Junto a tal influxo centrípeto, as mutações produzidas na gestão dos interesses públicos com os fenômenos de privatização, despublicização e racionalização, aliado ao redimensionamento da noção de soberania e papel do Estado no campo do público produzem efeitos não apenas no que se refere à titularidade, mas, também, ao regime aplicável.

Sob tal viés, exterioriza-se na chamada fuga para o direito privado a crescente adoção do regime jurídico direito privado na gestão de interesses públicos, o que em tese é capaz garantir uma disciplina mais flexível, que atenda as novas demandas da ação administrativa.[364]

Deslocado o interesse público dos seus paradigmas centrais no modelo burocrático-racional para os assumidos no gerencial – da legalidade para a legitimidade, da eficácia para a eficiência e do controle de procedimentos para aferição pelo resultado – a adoção de um regime jurídico rígido e formal corresponde ao óbice para alcance de determinados fins.

---

[362] LLOP, Javier Barcelona. *Op. cit.*, p. 558.
[363] GUARIGLIA, Carlos E. *Op. cit.*, p. 29.
[364] ESTORNINHO, Maria João. *A fuga para o direito privado*: contributo para o estudo da activadade de direito privado da admnistração pública. Coimbra: Almedina, 1999. p. 59.

Também o reforço de atividades administrativas desenvolvidas por entes privados resultou na dificuldade de determinação do regime aplicável a cada função desenvolvida e em uma relativização da dicotomia do direito público e privado com a crescente concepção de uma unidade da ordem jurídica.[365]

Ainda é celeuma na literatura administrativa a aplicação do regime de direito público – como o consequente exercício dos poderes ou prerrogativas – por sujeitos privados, pois, embora usualmente sejam considerados ligados à função pública, ainda enfrentam resistência sua aplicação para sujeitos distintos do Estado.

Ademais, junto à proliferação de instrumentos para a gestão de atividades públicas sob um regime jurídico de direito privado há uma crescente da intervenção estatal igualmente nos espaços individuais,[366] o que estreita a distinção entre ambos os conceitos e produz reflexo no que tange à teorização do domínio público.

Para alguns autores, tais fenômenos abrem uma forma de legitimação para a aplicação do regime jurídico de direito privado pela Administração Pública, inclusive, por demandar um estudo atencioso e imparcial tanto das categorias públicas quanto privadas, neste caso, no que se trata de bens públicos.[367]

Admitir a formação de uma teoria e a criação de uma disciplina própria para os bens públicos não significa determinar a sua sujeição plena ao regime jurídico de direito público, mas que haja a aplicação de institutos e categorias próprias à pluralidade das coisas albergadas em tal acervo.

Em qualquer regulação normativa nunca há a incidência de apenas um regime jurídico, tanto que no Direito Privado há a chamada aplicação das normas de ordem pública, que manifestam a restrição à autonomia de vontade pela aplicação de regras de direito público, que limitem a ação privada e reconduzam ao interesse público.

A submissão de alguns bens estatais às regras do Direito Civil não significa uma sujeição total a um regime jurídico de direito privado, pois uma vez que envolvem interesses públicos, haveria igualmente a

---

[365] ESTORNINHO, Maria João. *Op. cit.*, p. 139-141.
[366] RODRIGUEZ-ARANA, Jaime. La vuelta al derecho administrativo (a vueltas con lo privado y lo publico). *Revista de Derecho de La Universidad de Montevideo*, a. 4, n. 7, p. 95, 2005.
[367] OYARZÚN, Santiago Montt. *Op. cit.*, p. 274-275.

incidência das normas legais protetivas que devem se sujeitar às coisas públicas.³⁶⁸ Apenas garante-se que as disposições administrativas não deveriam ser interpretadas de forma restritiva, mas que nas lacunas do regime jurídico devem ocorrer uma ponderação de interesses para verificar o cabimento de se aplicarem os preceitos especiais do regime administrativo de direito privado ou da lei civil.³⁶⁹

Porém, a questão é se é suficiente a aplicação do regime de direito privado na lacuna das normas de direito público, o que importaria não apenas na regular adoção de uma própria técnica de integração da ordem jurídica, mas continuaria sustentando de forma transvestida uma identificação da disciplina especial com pública e a proeminência da regulação estatal.

Isto porque há zonas de penumbra, como os bens jurídicos de titularidade das pessoas jurídicas de direito privado criadas pelo Estado – como as sociedades de economia mista e as empresas públicas – que recebem patrimônio público para exercer finalidades coletivas e, portanto, geram certa indeterminabilidade na natureza pública ou privada de tais bens.

Ademais, há a questão dos bens privados sob o domínio das pessoas jurídicas de Direito Público que, adquiridos pelo Estado foram ou não afetados à finalidade pública, mas embora sujeitos à função administrativa daqueles que são adquiridos por força legal – como a sucessão hereditária ou execução fiscal – não assumem uma função social alguma.

Poderia se sustentar que, tratando de um domínio privado do ente público, aplica-se *mutatis mutandis* a disciplina privada civil³⁷⁰ e, portanto, não deveriam estar sujeitos a um regime jurídico de direito público, mas de acordo com a sua natureza as regras do direito comum.

Embora possa traduzir certa coerência na regulação das coisas, que enquanto desfuncionalizadas não deveriam sequer estar sob a titularidade estatal, não parece ser capaz de sanar a disciplina do acervo de bens das pessoas administrativas privadas ou civis privadas no exercício de uma função social.

---

³⁶⁸ CAETANO, Marcelo. *Op. cit.*, p. 888.
³⁶⁹ CAETANO, Marcelo. *Op. cit.*, p. 888.
³⁷⁰ BERTHÉLEMY, H. *Op cit.*, p. 273.

Incide no mesmo equívoco de sustentar uma aplicação rígida do regime jurídico de direito público para as coisas de pessoas jurídicas de direito público a identificação de que para as pessoas jurídicas de direito privado devem se submeter suas coisas a um regime jurídico de direito privado.

Ainda que se considere uma aplicação desses institutos do direito privado das coisas com mitigações à luz do regime jurídico de direito público,[371] propõe-se de forma estática a determinação de uma fórmula que não necessariamente se adéqua aos variados bens públicos e, portanto, às suas especificidades, que exigem tratamentos próprios.

Há quem aponte que tal qual há uma autonomia científica do regime de direito público sob a tutela privada, que a disciplina do domínio público é distinta da propriedade particular, de sorte que nas eventuais ausências ou conflitos a integração deve ser realizada pela analogia às leis administrativas ou princípios do Direito Público.[372]

Parte-se de uma compreensão de que há uma universalidade no domínio público, formada não apenas pelos bens afetos de mesmo ente público para uma finalidade idêntica, mas também a par da individualidade e autonomia jurídica de cada bem, o reconhecimento de uma unidade do acervo sujeito, portanto, de um regime único e integro, para resolução das dicotomias.[373]

Não parece adequado reconhecer uma unidade dos bens públicos para sustentar um único regime jurídico, quando há uma pluralidade de espécies de bens jurídicos – afetados e desafetados – sob a titularidade de sujeitos distintos – públicos e privados – e regulados por uma variedade normativa – da Constituição até a lei civil.

Há de se reconhecer que existe uma dificuldade em delimitar campos nítidos de distinção do domínio público ou privado, de modo que se verificam zonas cinzentas em que estão bens públicos que não são afetos ao interesse da coletividade e bens privados que são utilizados para fins públicos, o que torna, por conseguinte, incomplexa a fixação rígida de um regime jurídico rígido público ou privado.

Isto não significa negar que cabe a rigor a regulação pelo direito civil para o bem privado, uma vez que disciplina a relação jurídica, que

---

[371] CASTRO y BRAVO, Federico de. *Derecho civil de España*. Parte General. Madrid: Ed. Instituto de Estudios Políticos, 1955. p. 98.
[372] CAETANO, Marcelo. *Op. cit.*, p. 827.
[373] CAETANO, Marcelo. *Op. cit.*, p. 827.

tem por objeto a coisa exercida a partir da autonomia de vontade do seu sujeito e posições jurídicas próprias – como o uso, gozo, disposição e reivindicação da coisa.[374]

Igualmente, submete-se à disciplina pelo direito administrativo o bem público, já que regula outra relação jurídica, que tem por objeto a coisa, exercida a partir da finalidade pública, o que impõe deveres ao seu sujeito e atribuições jurídicas próprias – competências e poderes administrativos – para o atendimento das necessidades coletivas.

A admissão da existência de espaços próprios para o regime jurídico de direito público e privado não significa que devam ser tidos como campos herméticos, que não se sujeitam a uma interface produzida não apenas para os bens em zonas de penumbra, mas para todas as coisas públicas e privadas.

Seria paradoxal negar a relação entre o regime de direito público e privado pela própria tendência no direito comparado do tratamento das coisas públicas pela norma civil como uma forma especial de propriedade, que decorre da própria matriz francesa liberal e de uma tese patrimonialista do domínio público.[375]

O Código Civil Brasileiro de 1916, no projeto de Clovis Bevilaqua depois da revisão, adotava a proposta do projeto de Coelho Rodrigues de apenas enunciar que os bens públicos podem ser de uso especial, de uso comum ou *dominiaes*,[376] considerando que a definição do domínio público e privado desses bens não surge com a lei, mas esta apenas a declara.[377]

Não obstante, a redação final optou por fixar uma disciplina para os bens públicos a partir de um critério normativo-subjetivo taxativo, considerando como pertencentes ao domínio nacional os bens dos entes federados e sendo os demais bens vinculados aos respectivos entes federados, portanto, de forma residual, do domínio particular.[378]

Tal diretiva foi acompanhada pelo Código Civil de 2002, que optou por prosseguir na regulação dos bens públicos como espécie de propriedade e utilizando um critério tipicamente subjetivo, considerando-os

---

[374] MAYER, Otto. *Op. cit.*, p. 113.
[375] BLANCO, Alejandro Vergara. *Op. cit.*, p. 152.
[376] BEVILAQUIA, Clovis. *Original do Projecto do Codigo Civil Brasileiro*. Rio de Janeiro: Acervo do Memorial do Tribunal de Justiça do Estado do Ceará, 1900. p. 114.
[377] CRUZ, Alcides. *Op. cit.*, p. 206.
[378] BRASIL. *Lei Federal nº 3.071, de 01 de Janeiro de 1916*. *Op. cit.* Art. 65.

como aqueles pertencentes às pessoas jurídicas de direito público interno, sendo os demais bens particulares.[379] A regulação normativa promovida pela lei civil dos bens públicos considera-os como uma das espécies de classificação dos bens jurídicos,[380] embora empregue um regime jurídico próprio, no que tange ao uso – comum e especial,[381] gratuito ou retribuído[382] – e seus atributos – inalienabilidade, imprescritibilidade e impenhorabilidade.[383]

Ao adotar como traço distintivo dos bens públicos e privados um critério subjetivo – titularidade das pessoas jurídicas de direito público – e de natureza residual – os demais são das pessoas particulares[384] – reforça as celeumas de um regime distintivo do privado, em especial, se considerados os entes privados administrativos e as terras devolutas.

Parece inadequado considerar que os bens pertencentes às pessoas administrativas com personalidade jurídica de direito privado criadas pelos entes federados na prossecução de determinados interesses públicos sejam tidos como privado desconsiderando não somente a sua origem, mas a própria destinação.

Isto porque a própria Constituição Federal determina um regime misto com normas de direito público, ao sujeitar a aquisição, locação, alienação e gravame de bens das empresas estatais à licitação,[385] bem

---

[379] BRASIL. *Lei Federal nº 10.406, de 10 de Janeiro de 2002*. Op. cit. Art. 98.
[380] BRASIL. *Lei Federal nº 10.406, de 10 de Janeiro de 2002*. Op. cit. BRASIL, Livro II dos Bens. Título Único. Das Diferentes Classes de Bens. Capítulo 1. Dos Bens Considerados em Si Mesmo. Seção I. Dos Bens Imóveis Seção II Dos Bens Móveis Seção III Dos Bens Fungíveis e Consumíveis Seção IV Dos Bens Divisíveis Seção V Dos Bens Singulares e Coletivos Capítulo 2 Dos Bens Reciprocamente Considerados Capítulo 3 Dos Bens Públicos.
[381] BRASIL. *Lei Federal nº 10.406, de 10 de Janeiro de 2002*. Op. cit. Art. 99. "São bens públicos: I – os de uso comum do povo, tais como rios, mares, estradas, ruas e praças; II – os de uso especial, tais como edifícios ou terrenos destinados a serviço ou estabelecimento da administração federal, estadual, territorial ou municipal, inclusive os de suas autarquias";
[382] BRASIL. *Lei Federal nº 10.406, de 10 de Janeiro de 2002*. Op. cit. Art. 103. "O uso comum dos bens públicos pode ser gratuito ou retribuído, conforme for estabelecido legalmente pela entidade a cuja administração pertencerem".
[383] BRASIL. *Lei Federal nº 10.406, de 10 de Janeiro de 2002*. Op. cit. Art. 100. "Os bens públicos de uso comum do povo e os de uso especial são inalienáveis, enquanto conservarem a sua qualificação, na forma que a lei determinar. Art. 102. Os bens públicos não estão sujeitos a usucapião".
[384] BRASIL. *Lei Federal nº 10.406, de 10 de Janeiro de 2002*. Op. cit. Art. 98. São públicos os bens do domínio nacional pertencentes às pessoas jurídicas de direito público interno; todos os outros são particulares, seja qual for a pessoa a que pertencerem.
[385] BRASIL. *Lei Federal nº 13.303, de 30 de Junho de 2016*. Op. cit. Art. 28.

como estipular regras específicas no caso da pessoa criada pelo consórcio público, mesmo que privada.[386]

Seria considerar que os bens públicos antes de serem versados para o patrimônio das pessoas administrativas privadas foram previamente desafetados ou estão sendo alienados como se bens particulares fossem, o que é incompatível com a própria finalidade da transferência, que é a persecução de um interesse público.[387]

Ademais, há uma idiocracia no que tange aos bens dominicais, a saber, coisas consideradas como públicas por pertencer às pessoas jurídicas de direito público, embora possuam estrutura de direito privado[388] e sob tais entes exerçam sobre elas direitos pessoais ou reais,[389] tal como se sujeito privados fossem.

Reforça-se o problema com o reconhecimento de que para tais bens privados do Estado aplica-se não a disciplina comum civil, mas regras oriundas do regime jurídico de direito público,[390] já que uma vez que tais coisas não estejam afetadas ao interesse público, falta o fundamento que determina a aplicação de um regime exorbitante.[391]

Talvez por isto a própria literatura jurídica tente afirmar que sobre tais bens deve-se limitar a sujeição às normas do regime jurídico de direito público sob a alegação da existência de prerrogativas e poderes que se aplicam com maior profundidade aos bens propriamente públicos.[392]

Poderia se alegar que coube à lei civil, apenas ao tratar dos bens jurídicos, classificar aqueles designados como público, estipulando uma regulação geral, já que a Constituição Federal em sua disciplina fundamental não determinou suas espécies e seus principais efeitos, bem como que suas regras conservariam natureza de normas de direito público.

---

[386] BRASIL. *Lei Federal nº 13.303, de 30 de Junho de 2016*. Op. cit. Art. 11 §1º e Art. 13 §2º.
[387] ARÉVALO, Manuel Francisco Clavero. *Op. cit.*, p. 46.
[388] BRASIL. *Lei Federal nº 10.406, de 10 de Janeiro de 2002*. Op. cit. Art. 99. São bens públicos: Parágrafo único. Não dispondo a lei em contrário, consideram-se dominicais os bens pertencentes às pessoas jurídicas de direito público a que se tenha dado estrutura de direito privado.
[389] BRASIL. *Lei Federal nº 10.406, de 10 de Janeiro de 2002*. Op. cit. Art. 99. São bens públicos: II – os dominicais, que constituem o patrimônio das pessoas jurídicas de direito público, como objeto de direito pessoal, ou real, de cada uma dessas entidades.
[390] VANESTRALEN, Hernando. *Op. cit.*, p. 227.
[391] O tema será tratado no item 4.4.
[392] VANESTRALEN, Hernando. *Op. cit.*, p. 227.

Porém, além deste regime geral, o Código Civil estipulou outras normas relativas à aquisição dos bens públicos – como no caso de abandono da propriedade privada urbana[393] ou inexistência de sucessores na herança jacente[394] – fora as demais disposições privadas – como enfiteuse, locação e comodato – que a literatura jurídica considera aplicável.[395]

Ou pode-se apontar que o fato do Código Civil regular os bens públicos não significa admitir que eles dependam dos atributos previstos pela norma comum, já que tais atributos decorrem antes de um regime jurídico de direito público do que sua consagração por normas do regime privado.[396]

Porém, em qualquer caso, há de reconhecer que a construção do regime jurídico de direito público acaba sendo condicionada por categorias do direito privado e limitada pela perspectiva dos bens públicos como objetos de direitos reais, o que gera uma posição ambígua e uma zona intermediária entre o direito público e o privado.[397]

Assim, não ignora que a manutenção do regime de bens públicos na legislação vigente do direito privado e quase *ipsis literis* com o que dispunha o Código Civil de 1916 gera uma incongruência de versar sobre a regulação de um instituto público em normas do direito comum, mantendo uma disciplina legal incompatível com os desafios na matéria.[398]

Isto porque, embora se sustente um regime jurídico especial para os bens públicos, com características próprias, a sua disciplina apropria-se do instituto de propriedade do direito privado, inclusive, quanto à sua regulação normativa fundamental, que ocorre na própria lei civil, que os insere como uma das categorias dos bens.[399]

Assim, em que pese tente se reconduzir os bens públicos a um regime jurídico de direito público acaba por adotando mesmo neles formas do direito privado, como o reconhecimento de alienação,

---

[393] BRASIL. *Lei Federal nº 10.406, de 10 de Janeiro de 2002*. Op. cit. Art. 1.276.
[394] BRASIL. *Lei Federal nº 10.406, de 10 de Janeiro de 2002*. Op. cit. Art. 1.822.
[395] CARVALHO FILHO, José dos Santos. Op. cit. p. 1181-1210.
[396] MAYER, Otto. *Op. cit.*, p. 106.
[397] ALFONSO, Luciano Parejo. *Op. cit.*, p. 3.
[398] CARVALHO FILHO, José dos Santos. *Op. cit.*, p. 54.
[399] BRASIL. *Lei Federal nº 10.406, de 10 de Janeiro de 2002*. Op. cit. Livro II Dos Bens. Título Único. Das Diferentes Classes de Bens. Capítulo III. Dos Bens Públicos.

aforamento, direito real de uso, locação dentre outros de bens imóveis residenciais construídos ou destinados pelo poder público.[400] Isto reforça a impossibilidade de identificação plena do regime jurídico de direito especial com uma disciplina de direito público, mas a assunção de que além de uma regulação geral pela lei civil haverá, também, a assunção em certa medida tanto de regras quanto das formas do direito comum.

Volve-se a questão, então, em definir qual será o critério que será utilizado para determinar, portanto, a incidência e, em qual medida, das regras de direito público e privado, no regime jurídico especial formado para os bens públicos de forma a garantir tanto a sua proteção quanto a sua promoção.

Não sendo o critério da titularidade capaz de sustentar a formação de um regime jurídico para os bens públicos, diante das variedades de relações assumidas pela diversidade de sujeitos, parece encontrar na função social assumida pelas referidas coisas o elemento capaz de definir a sujeição e a sua medida do regime especial.

O tema será tratado a seguir.

2.4 A proposta de uma regulação jurídica à luz da função social: as gradações na aplicação do regime jurídico de direito público

Como já visto, os contornos de um regime jurídico especial para os bens públicos perpassam por dificuldades que abrangem a insuficiência do critério eleito para sua delimitação, a problemática de afirmação de sua especificidade à luz dos caracteres propostos e da disciplina vigente, bem como uma tentativa de delimitação do regime privado.

Tal qual não é possível identificar o domínio público como apenas uma teoria do domínio estatal, não se sustenta mais a formação de um regime jurídico especial próprio para as coisas públicas, em razão

---

[400] BRASIL. *Lei Federal nº 8.666, de 21 de Junho de 1993*. Regulamenta o art. 37, inciso XXI, da Constituição Federal, institui normas para licitações e contratos da Administração Pública e dá outras providências. Casa Civil, Brasília, 21 de junho de 1993. Disponível em: https://www.planalto.gov.br/ccivil_03/leis/l8666cons.htm. Acesso em: 20 out. 2023. Art. 17 inciso I "f". BRASIL. *Lei Federal nº 14.133, de 01 de abril de 2021*. Lei de Licitações e Contratos Administrativos. Secretaria-Geral, Brasília, 10 de junho de 2021. Disponível em: https://www.planalto.gov.br/ccivil_03/_ato2019-2022/2021/lei/l14133.htm. Acesso em: 20 out. 2023. Art. 76 inciso I "f", "g", "h",

da titularidade centrada na figura do Estado diante da participação de outros atores sociais.

É incapaz firmar a ideia de um regime jurídico especial próprio que alcança a sua especialidade em razão de determinados traços – inalienabilidade, impenhorabilidade e imprescritibilidade – que não apenas podem ser para bens privados, como, igualmente, não são aplicados de forma homogênea a todos os bens públicos.

A própria tentativa de formação de uma disciplina fundamental pela Constituição Federal para os bens públicos a partir daquela titularidade e dos referidos caracteres acaba conduzindo a uma regulação assimétrica com reconhecimento de coisas sob a titularidade dos entes federados e outras não, algumas restrições para bens públicos e outras não.

Pretende, ainda, a par de tais idiocracias, que tal regime jurídico especial tenha fronteiras distintas da disciplina comum, embora a própria natureza de determinadas coisas inseridas no acervo do domínio público, bem como, as ausências normativas e demandas da gestão pública impõem a aplicação de regras do direito civil.

Tais questões conduzem a uma necessidade de que o regime jurídico especial dos bens públicos deva se apoiar em um elemento central capaz de legitimar não apenas a incidência de um regime jurídico especial, mas a sua própria especificidade em relação à disciplina comum, sem que, no entanto, importe em uma artificial delimitação do regime privado.

Corresponde à uma construção científica-jurídica no Estado Liberal a noção de que no âmbito privado os bens seriam singularizados pela autonomia de vontade do seu titular no uso e determinação da coisa, ao passo que no âmbito público seria delimitada pelo interesse público, por sua afetação formal a uma utilidade coletiva.

Em decorrência de tal delimitação rígida que se propõe uma dicotomia com campos delimitados e herméticos de um domínio público – exercido precipuamente pelo Estado com afetação dos bens estatais aos interesses públicos – e um domínio privado – de titularidade dos particulares com uso dos bens privados.

Porém, tal qual na Espanha, a ausência de um estatuto ou lei reguladora própria dos bens públicos resulta em dificuldade, em especial, no que tange às celeumas decorrentes da aplicação dos elementos resultantes do seu regime exorbitante, em especial, a bens de outra natureza, como os bens privados afetados[401] e aos bens tido públicos, embora desafetados.

Além da inexistência de uma disciplina normativa uniforme, a não formação de uma categoria única aos bens de titularidade da coletividade demanda uma variedade de regimes jurídicos que serão fixados para aquela pluralidade de bens públicos[402] ou uma gradação na aplicação das referidas matérias.

Isto significa admitir que a própria disciplina dos bens públicos encontra-se fraturada na medida em que se pretende a formação de um único regime jurídico a partir da *summa divisio* que distingue em bens públicos formados da dominialidade estatal e bens patrimoniais, que compõem o acervo privado do Estado.[403]

Em igual medida, discutir a tutela normativa dos bens públicos significa superar a noção de que bens públicos é uma categoria residual que envolve apenas as relações específicas titularizadas pela Administração Pública, ignorando os sujeitos particulares no uso da *res publicae* ou os bens privados afetados ao interesse público.[404]

É um equívoco considerar que os bens privados estão sujeitos a um espaço amplo de autonomia privada com eventual ingerência do ente estatal para adequá-lo ao interesse público, bem como que todos os bens considerados públicos estão ligados a uma função social em idêntico grau.

Isto porque a afetação não é uma categoria privativa do domínio público, mas igualmente existe no domínio privado, o que impõe tanto aos bens privados quanto aos bens públicos um atendimento a uma necessidade coletiva, ainda que em gradações distintas quanto à função social assumida.[405]

Não considera que a realização de tal função social não se limita apenas aos casos de afetações expressamente previstas pela lei civil, por exemplo, no caso das fundações onde há destinação de um acervo

---

[401] CARBONELL, Elisa Moreu. *Op. cit.*, p. 451.
[402] WALINE, Marcel. *Op. cit.*, p. 278.
[403] OYARZÚN, Santiago Montt. *Op. cit.*, p. 272.
[404] WALINE, Marcel. *Op. cit.*, p. 278.
[405] URUTTIA, José Luiz González-Berenguer. Sobre La Crisis Del Conceptio de Dominio Publico. *Revista de Administración Pública*, Espanha, Centro de Estudios Políticos y Constitucionales, n. 56, p. 193, 1968.

patrimonial a um fim específico de cunho eminentemente social com fiscalização estatal.[406] Ao revés, deve-se admitir que há um dever geral de atendimento ou adequação do exercício da autonomia privada no âmbito das relações civis do indivíduo à realização de uma função social, não somente no que se refere ao contrato,[407] mas em toda disciplina jurídico-civil já que reconduzida ao cumprimento dos fins constitucionais.[408]

No Estado Contemporâneo vigora um princípio social que orienta tanto o domínio público quanto o privado e impõe na gestão dos bens públicos ou na ordenação dos bens privados o atendimento de uma função social com as modificações que permitam a sua adequação ao interesse público.[409]

Inexorável que tal cumprimento da função social pelos bens qualificados como públicos e privados não ocorrerá em igual medida, mas abrangerá desde uma mera adequação ao cumprimento de finalidades coletivas até a sua afetação ou utilização para a realização de determinado interesse público.

No que se refere aos bens privados, a literatura jurídica costuma apontar os variados encargos sociais que abrangem desde a restrição patrimonial advinda da tributação até mesmo a sujeição da coisa às necessidades coletivas, como as imposições de servidões ou a realização de desapropriações.[410]

Não se inova ao considerar o domínio privado não como um campo de autonomia de vontade pleno, mas sujeito a constrições pelas demandas sociais, o que importa na sua sujeição a restrições impostas pelo ente estatal, já que usualmente se reconhece um domínio imanente do Estado sob todas as coisas em seu território passíveis de restrição.

Porém, note que há uma nítida gradação no que se refere ao atendimento da função social pelas coisas privadas, que pode abranger

---

[406] BRASIL. *Lei Federal nº 10.406, de 10 de Janeiro de 2002. Op. cit.* Art. 62. "Para criar uma fundação, o seu instituidor fará, por escritura pública ou testamento, dotação especial de bens livres, *especificando o fim a que se destina*, e declarando, se quiser, a maneira de administrá-la."

[407] BRASIL. *Lei Federal nº 10.406, de 10 de Janeiro de 2002. Op. cit.* Art. 421. "A liberdade de contratar será exercida em razão e nos limites da função social do contrato".

[408] MORAES, Maria Celina. O princípio da solidariedade. *In*: PEIXINHO, Manuel Messias; GUERRA, Isabella Franco; NASCIMENTO FILHO, Firly (Orgs.). *Os princípios da Constituição de 1988*. Rio de Janeiro: Lumen Juris, 2001. p. 170.

[409] FOUCART, Emile-Victor. *Éléments de Droit Public et Administratif*. Tomo I. Paris: Videcoq Pere Et Fils Libraires-Éditeurs, 1843. p. 683.

[410] FOUCART, Emile-Victor. *Op. cit.*, p. 683.

desde uma mera restrição no exercício da autonomia individual até mesmo uma limitação da posse em razão da necessidade de atendimento dos interesses públicos.

Isto fica claro no que tange ao Estatuto da Cidade, que determina uma gama de instrumentos de ordenação da propriedade privada urbana às funções da cidade, que abrange desde limitações administrativas[411] como o gabarito de prédios, até mesmo o parcelamento, edificação ou utilização compulsória.[412]

Note que os bens enquanto qualificados como privados sujeitam-se a uma adequação à realização de uma função social, porém, não a prossecução ou o exercício do *munus publico* em si, pois se a coisa independente do titular se voltar propriamente à realização de uma necessidade coletiva passará a ser qualificada como pública.

Tanto assim que, enquanto um bem se sujeita a uma restrição a sua posse para adequá-lo à uma função pública desenvolvida pelo Estado – como uma ocupação temporária para a instalação de uma obra estatal ou a servidão administrativa para a passagem de energia elétrica – conserva a sua natureza de privado.

Na medida em que não mais se adéqua, mas exerce a função social em si – o imóvel ocupado acaba servindo de depósito ou apoio ao final da obra ou além da passagem de energia elétrica é necessária a instalação de terminal e equipamento de distribuição – a literatura jurídica admite que houve uma desapropriação indireta.

Em tais casos, o reconhecimento da qualificação pública da coisa é tão incontroversa que apontam os autores, uma vez haja a destinação a uma função social, cabe ao titular do imóvel apenas a ajuização de uma ação pleiteando a indenização, visto que passou a ser incorporada ao domínio público e não pode ser restituída ao domínio privado.

Admitido, porém, que os bens privados podem assumir uma adequação graduada no atendimento à função social, há de se reconhecer que não estarão sujeitas à medida que ligadas às necessidades coletivas,

---

[411] BRASIL. Lei Federal nº 10.257, de 10 de julho de 2001. Regulamenta os arts. 182 e 183 da Constituição Federal, estabelece diretrizes gerais da política urbana e dá outras providências. Casa Civil, Brasília, 10 jul. 2001. Disponível em: https://www.planalto.gov.br/ccivil_03/leis/leis_2001/l10257.htm#:~:text=LEI%20No%2010.257%2C%20DE%2010%20DE%20JULHO%20DE%202001.&text=Regulamenta%20os%20arts.%20182%20e,urbana%20e%20d%C3%A1%20outras%20provid%C3%AAncias.&text=Art.,Par%C3%A1grafo%20%C3%BAnico. Acesso em: 17 out. 2023. Art. 4 inciso V alínea "c".

[412] BRASIL. *Lei Federal nº 10.257, de 10 de julho de 2001*. Op. cit. Art. 4 inciso V alínea "i".

apenas a um regime jurídico de direito privado, mas igualmente e em certa graduação a um regime jurídico de direito público.

Isto resta claro, no caso do tombamento, que, embora o particular continue sujeito à sua regulação pela lei civil, no que tange à sua propriedade,[413] se submeterá igualmente às normas impostas pelo regime de direito público, inclusive, quanto a uma alienabilidade condicionada,[414] dever especial de conservação[415] e outros.

Considere, igualmente, os bens privados que não foram tombados, mas sujeitam-se à limitações administrativas, que a par da sua regulação pelo direito comum no que tange à propriedade, impõe, também, um regramento de direito público, como o código de postura municipal que estipula restrições quanto aos ruídos,[416] construções, manutenções[417] e afins.

Há de se verificar que a sujeição às restrições oriundas do regime jurídico de direito público, em ambos os casos, não ocorreu de forma idêntica para os bens privados, mas antes ocorreram com uma gradação, na medida em que tais coisas se adequavam em diferentes graus à função social.

Tal questão pode ser tida não apenas quanto aos bens tidos como privados e a sua adequação à função pública, mas de igual modo, para aqueles que possuem natureza pública, mas estão sob a titularidade

---

[413] BRASIL. *Lei Federal nº 10.406, de 10 de Janeiro de 2002*. Op. cit. Art. 1.228 e seguintes.

[414] BRASIL. *Decreto-Lei nº 25, de 30 de Novembro de 1937*. Art. 12. "A alienabilidade das obras históricas ou artísticas tombadas, de propriedade de pessôas naturais ou jurídicas de direito privado sofrerá as restrições constantes da presente lei".

[415] BRASIL. *Decreto-Lei nº 25, de 30 de Novembro de 1937*. Op. cit. Art. 18. "Sem prévia autorização do Serviço do Patrimônio Histórico e Artístico Nacional, não se poderá, na vizinhança da coisa tombada, fazer construção que lhe impeça ou reduza a visibílidade, nem nela colocar anúncios ou cartazes, sob pena de ser mandada destruir a obra ou retirar o objéto, impondo-se nêste caso a multa de cincoenta por cento do valor do mesmo objeto".

[416] RIO DE JANEIRO. *Decreto nº 29.881, de 18 de Setembro de 2008*. Consolida as Posturas da Cidade do Rio de Janeiro e dá outras providencias. Disponível em: http://www.rio.rj.gov.br/dlstatic/10112/1017211/DLFE-238836.pdf/decreto2.9.8.8.1.0.8._posturasmunicipais.pdf. Acesso em: 17 out. 2023. Livro II. Regulamento 2. Art. 4.º "As atividades deverão obedecer aos níveis máximos de sons e ruídos preconizados pela NBR 10.151, conforme estabelecido na tabela I do Anexo, de acordo com os períodos e as zonas em que se divide o Município".

[417] RIO DE JANEIRO. *Decreto nº 29.881, de 18 de Setembro de 2008*. Op. cit. Regulamento 6. Título 1 Art. 1.º "Os proprietários de terrenos não edificados, situados no Município, manterão obrigatoriamente, nesses imóveis, placa identificadora, com dimensões de sessenta centímetros por sessenta centímetros, contendo o seu nome e endereço ou número de inscrição do imóvel no Cadastro Imobiliário do Município, da Secretaria Municipal de Fazenda".

particular, o que sujeitará a certa idiocracia no que tange à aplicação de normas de direito público e privado.

Com o reconhecimento da delegação dos serviços ou exploração das infraestruturas e a titularidade imediata ao particular, permite-se atuar com maior liberdade através de formas negociais de direito privado, porém, conservando quanto aos bens já afetados as posições decorrentes de seu regime de direito público.[418]

Isto porque tais coisas enquanto sujeitas a uma finalidade pública devem ser passíveis de sua submissão e aplicação a um regime jurídico de direito público e, portanto, às restrições e condicionantes que buscam garantir o seu atendimento ao interesse público enquanto guardarem, portanto, a sua respectiva função social.

Inseridas, também, na mudança do modelo burocrático-racional para gerencial – de deslocamento da afirmação da legalidade para a busca pela legitimidade, da eficácia para eficiência e do controle dos procedimentos para controle do resultado – devem se sujeitar às formas e modos do regime jurídico de direito privado.

Parte da literatura jurídica aponta isto como privilégios da propriedade pública às coisas destinadas a infraestruturas, prestação de serviço ou atividades públicas em geral, já que decorrentes de um regime jurídico especial que se forma não em razão da titularidade, mas devido à afetação pública.[419]

Sob a égide de um Estado Constitucional de Direito que impõem uma adequação da atuação dos sujeitos privados à uma função social[420] e ordena a ação dos poderes públicos e, por conseguinte, a afetação dos seus bens ao cumprimento dos interesses da comunidade,[421] não parece que correspondem a privilégios, antes deveres da ordem jurídico-constitucional.

Em certa medida, tal entendimento já foi consagrado pelo Tribunal Constitucional da Espanha, que defendeu a aplicação de um regime jurídico exorbitante com o reconhecimento de uma impenhorabilidade

---

[418] SANFIEL, A. M. González. *Un nuevo régimen para las infraestructuras de dominio público*. Madrid: Montecorvo, 2000. p. 231.
[419] CARBONELL, Elisa Moreu. *Op. cit.*, p. 463.
[420] BRASIL. *Constituição da República Federativa do Brasil de 05 de Outubro de 1988*. *Op. cit.* Art. 5 XXIII – "a propriedade atenderá a sua função social".
[421] BRASIL. *Constituição da República Federativa do Brasil de 05 de Outubro de 1988. Op. cit.* Art. 3º "Constituem objetivos fundamentais da República Federativa do Brasil: IV – promover o bem de todos, sem preconceitos de origem, raça, sexo, cor, idade e quaisquer outras formas de discriminação".

para os bens patrimoniais ou privados da Administração Pública, desde que estivessem afetados à uma finalidade pública.[422] Considerou que os atributos oriundos do regime jurídico de direito público não devem ser tidos como um poder ou potestade, mas antes um dever que justifica na medida em que o bem esteja afetado à uma função pública e enseje a concessão das prerrogativas necessárias para a proteção deste interesse geral.[423]

Alguns autores optam por designar como obrigações de domínio público que incidem aos bens públicos cuja titularidade não se encontra no ente estatal, mas em entes privados ou consórcio deles, que estejam com a delegação negocial das referidas coisas como nas concessões ou tenham adquirido através de uma delegação legal como a desestatização.[424]

Parece que tal nomenclatura ainda é uma tentativa de não reconhecer a incidência do regime jurídico de direito público para tais coisas, já que estão sob uma titularidade privada, de forma que caberia a incidência somente de deveres ou obrigações e não as prerrogativas e poderes.

Independente disto é interessante notar que eles apontam que o processo de transferência de sua titularidade para os particulares não retirará o caráter público dos referidos bens e a sua sujeição ao domínio público, já que corresponde a artifício, pois uma vez que estejam materialmente afetados não poderiam ser adquiridos.[425]

Isto fica evidente em obras públicas de infraestrutura nas quais prosseguirá a coisa com o destino de uso público e, portanto, enseja a incidência do regime de direito público, permitindo que seja objeto de regulação e controle estatal e garantindo suas condições de atendimento das necessidades coletivas.[426]

Assim, tais chamadas obrigações de domínio público abrangem os bens afetados com a finalidade de garantir mediante a proteção da integridade de seu substrato físico ou jurídico tal destino público, legitimando a Administração Pública no exercício de determinadas

---

[422] ESPANHA. Tribunal Constitucional da Espanha. *Sentença nº 166, de 15 de Julho de 1998*.
[423] ESPANHA. Tribunal Constitucional da Espanha. *Sentença nº 166, de 15 de Julho de 1998*.
[424] CARBONELL, Elisa Moreu. *Op. cit.*, p. 465.
[425] CARBONELL, Elisa Moreu. *Op. cit.*, p. 465.
[426] CARBONELL, Elisa Moreu. *Op. cit.*, p. 466.

faculdades que classicamente eram reconhecidas apenas aos bens sob a sua titularidade.[427]
Tanto que, nos países com dualidade de jurisdição, os bens do domínio privado cuja controvérsia envolvem a aplicação de regras do Direito Público sujeita-se ao domínio dos tribunais administrativos na proteção do interesse público envolvido na controvérsia do bem sob regime privado.[428]

Note que há uma dificuldade de delimitação para fixar o regime aplicável para coisas privadas que exercem função pública e as coisas públicas sob a titularidade de agentes privados antes, uma vez que se volve a preocupação ao sujeito que desenvolve a atividade coletiva – particular – do que a finalidade ou destinação da coisa em si.

Tal incongruência desloca-se quando se consideram as coisas sob a titularidade estatal, que, embora não parece haver grandes dificuldades em designá-las como bens públicos ou inseri-las no acervo do domínio público, há uma dificuldade, já que algumas não exercem uma função social e outras desenvolvem igualmente uma atividade privada.

A celeuma abrange os chamados bens dominicais que, conforme será visto, sequer deveriam integrar o acervo sob a titularidade do Estado, em razão da sua não funcionalização aos fins de atuação do mesmo, uma vez reconhecidos como bens públicos, porém, desfuncionalizados, sujeitam-se a um regime privado com certa especialidade.

Assim, por um lado, reconhece a lei que tais bens integram o acervo das pessoas jurídicas de direito público, porém, referindo-se aos mesmos como patrimônio e determinando que sob tais coisas se exerce um direito pessoal ou real[429] sob uma estrutura de direito privado.[430]

Por outro lado, todavia, determina que a sua alienação não ocorrerá na forma comum das coisas privadas, como através de um contrato de compra e venda,[431] mas que, ao revés, se sujeitará a observância às prescrições formais e substanciais previstas em lei e,[432] como será visto, impõe um procedimento de licitação.

Outra dificuldade são as empresas públicas que, apesar de serem constituídas sob a personalidade jurídica de direito privado

---

[427] CARBONELL, Elisa Moreu. *Op. cit.*, p. 466.
[428] CAETANO, Marcelo. *Op. cit.*, p. 889.
[429] BRASIL. *Lei Federal nº 10.406, de 10 de Janeiro de 2002. Op. cit.* Art. 99 inciso III.
[430] BRASIL. *Lei Federal nº 10.406, de 10 de Janeiro de 2002. Op. cit.* Art. 99 parágrafo único.
[431] BRASIL. *Lei Federal nº 10.406, de 10 de Janeiro de 2002. Op. cit.* Art. 481 e seguintes.
[432] BRASIL. *Lei Federal nº 10.406, de 10 de Janeiro de 2002. Op. cit.* Art. 101.

para alcançar fins socialmente almejados, são cedidos bens móveis e imóveis pelo ente público que devem ter, portanto, uma salvaguarda sobre o capital confiado pelo Estado.[433]

Aponta a literatura jurídica que seu regime jurídico é em princípio de Direito Privado, mas a afetação de seus bens à finalidade coletiva o sujeitariam ao regime público[434] com todas as limitações decorrentes,[435] o que aponta uma dificuldade de traçar um regime rígido sob os campos do domínio público e privado aos bens jurídicos em geral.

Parece acertado considerar a existência de uma gradação na sua sujeição tanto ao regime jurídico de direito público quanto privado, já que não estará adstrito de forma igual às pessoas jurídicas de direito público, mas igualmente não gozará da ampla liberdade das pessoas jurídicas de direito privado.

Assim, embora possa se considerar que, no que tange aos bens públicos, há um regime jurídico de direito público que os dotam de características próprias e dão feições específicas a tais coisas, igualmente é admissível que há a aplicação de determinados elementos ou institutos próprios da disciplina comum civil.[436]

Não é sustentável que os traços característicos de tal regime público – como a inalienabilidade ou a impenhorabilidade – sejam tidos de forma absoluta a tal ponto de impedir o dever de funcionalização social das coisas públicas, bem como que se apliquem a todos os bens considerados como públicos.[437]

Tão pouco que seja possível transpor plenamente categorias privadas no que se refere aos bens públicos – como a própria alienação ou a usucapião – sem considerar um dos traços distintivos da disciplina de direito público – a persecução do interesse público – demande que haja uma adequação de tais institutos à teleologia do regime administrativo.

Por um lado, importa considerar que a disciplina especial aos quais se sujeitam os bens públicos não se forma a partir de uma

---

[433] DEBBASCH, Charles. *Institutions et Droit Administratifs*. Paris: Press Universitaires de France, 1976. p. 508.

[434] DEBBASCH, Charles. *Op. cit.*, p. 509.

[435] Na legislação vigente, a alienação de bens da Administração Pública sujeita-se ao prévio procedimento de licitação pública, seja da administração direta e entidades autárquicas e fundacionais, bem como dos entes paraestatais. BRASIL. *Lei Federal nº 8.666, de 21 de Junho de 1993. Op. cit.* Art. 17 inciso I. BRASIL. *Lei Federal nº 14.133, de 01 de Abril de 2021. Op. cit.* Artigo 76 inciso I.

[436] SAGUER, Marta Franch. *Op. cit.*, p. 423.

[437] O tema será debatido em momento oportuno no capítulo IV.

dicotomia entre o regime jurídico de direito público e privado, mas acaba envolvendo graduações de ambas as normatividades, que se adéqua a própria distinção dos bens do acervo público.

Supera-se, portanto, a compreensão de que o regime jurídico de direito privado é incompatível com a atuação pública, já que possui como um dos princípios estruturantes a autonomia de vontade, pois mesmo quando os bens públicos sujeitam-se à tal disciplina comum conservam a incidência de um núcleo irredutível de direito público.[438]

Também, abandona-se a ideia de que os bens públicos identificam-se plenamente a um regime jurídico de direito público, mas que a delimitação da sua disciplina especial demandará da análise da própria graduação na funcionalização da coisa, ou seja, a medida que esteja ligada efetivamente à realização dos interesses da comunidade.

Assim, reconduz-se diante do descolamento do público com o privado e da persecução da função social por outros atores sociais o fundamento de uma disciplina jurídica especial para os bens públicos, não a partir de sua titularidade, mas da destinação das coisas à realização de uma função pública.[439]

Desta feita, além de garantir uma legitimidade na justificação para a sujeição de determinadas coisas a um regramento específico, permite, mediante a função social a possibilidade de se adequar a especificidade assumida por tais bens na persecução do interesse público, garantindo uma regulação adequada na medida de sua gradação.

Isto pode ser observado no que tange à aplicação do regime jurídico de direito público às empresas públicas, que será condicionado à medida do exercício da função social, por exemplo, na incidência da imunidade tributária recíproca para a empresa brasileira de correios e telégrafos.

O tópico será tratado a seguir.

---

[438] ENTERRÍA, Eduardo García de; FERNÁNDEZ, Tomás-Ramon. *Op. cit.*, p. 49.
[439] GAUDEMET, Yves. *Op. cit.*, p. 17.

2.5 O regime jurídico de direito público e as pessoas administrativas de direito privado: análise da aplicação da imunidade recíproca tributária na exploração da atividade de banco postal pelos correios à luz da função social

Como visto, a impossibilidade de se sustentar um único e estático regime jurídico especial para os bens públicos conduz ao reconhecimento da existência de uma gradação na aplicação das normas de direito público e de direito privado conforme o grau de adequação ou afetação à referida coisa.

Tal questão pode ser vislumbrada com maior clareza a partir da análise de entidades administrativas de direito privado que, embora constituídas pelos poderes públicos e afetas ao atendimento de determinadas funções sociais, igualmente, atuam na ordem econômica ou social como sujeitos privados.

Considere a questão do serviço postal, a qual a ordem jurídico-constitucional historicamente[440] reconhece em razão do interesse da comunidade e por envolver a comunicação no território nacional não apenas como uma função social, mas designa a competência administrativa[441] e legislativa[442] da União.

Antes de ser desenvolvida tal atividade pública pelo Departamento dos Correios e Telégrafos, este foi transformado ainda no século XX em empresa pública[443] com a finalidade de executar, controlar e explorar, em regime de monopólio, os serviços postais em todo o território nacional.[444]

Porém, a lei federal que disciplina tal atividade administrativa reconheceu que a União titulariza a exploração do serviço postal e

---

[440] BRASIL. *Constituição da República dos Estados Unidos do Brasil (de 24 de fevereiro de 1891)*. Disponível em: https://www.planalto.gov.br/ccivil_03/constituicao/constituicao91.htm. Acesso em: 20 out. 2023. Art. 34 item 15. Constituição de 1934. Art. 5 VII. Constituição de 1937. Art. 15 VI. Constituição de 1946. Art. 5 XI. Constituição de 1967. Art. 8 XII.
[441] BRASIL. *Constituição da República Federativa do Brasil de 05 de Outubro de 1988*. Op. cit. Art. 21. "Compete à União: "X - manter o serviço postal e o correio aéreo nacional".
[442] BRASIL. *Constituição da República Federativa do Brasil de 05 de Outubro de 1988*. Op. cit. Art. 22. "Compete privativamente à União legislar sobre: V – serviço postal".
[443] BRASIL. *Decreto-Lei nº 509, de 20 de Março de 1969*. Art. 1º – "O Departamento dos Correios e Telégrafos (DCT) fica transformado em empresa pública, vinculada ao Ministério das Comunicações, com a denominação de Empresa Brasileira de Correios e Telégrafos (ECT; nos termos do artigo 5º, ítem II, do Decreto lei nº.200 (*), de 25 de fevereiro de 1967".
[444] BRASIL. *Decreto-Lei nº 509, de 20 de Março de 1969*. Op. cit. Art. 2 inciso I a III.

telegrama através daquela empresa pública[445] como um serviço público[446] remunerado por tarifa,[447] porém, sendo monopólio apenas algumas de suas atividades,[448] enquanto outras, não.[449]

Não se pretende envolver na celeuma acerca da natureza do serviço postal, já que com a sua descentralização legal e a criação de ente administrativo privado para alguns tratar-se-ia de serviço público apenas com regime jurídico diferenciado enquanto outros sustentam que é atividade econômica pelo Estado sem caráter de monopólio dado pela Constituição.[450]

Propõe-se analisar, em específico, o tema, na medida em que isto implica em uma sujeição à uma disciplina pública ou privada, de modo a determinar a esfera incidente de forma isolada, cumulativa ou sobreposta, bem como o critério utilizado para determinar a aplicação das regras de um e de outro regime jurídico.

Neste sentido, determina a Constituição Federal o estabelecimento de um estatuto jurídico para a empresa pública, da sociedade de economia mista e de suas subsidiárias que explorem atividade econômica de produção ou comercialização de bens ou de prestação de serviços[451].

---

[445] BRASIL. *Lei Federal nº 6.538, de 22 de Junho de 1978*. Dispõe sobre os Serviços Postais. Casa Civil, Brasília, 22 jun. 1978. Disponível em: https://www.planalto.gov.br/ccivil_03/leis/l6538.htm. Acesso em: 17 out. 2023. "Art. 2º – O serviço postal e o serviço de telegrama são explorados pela União, através de empresa pública vinculada ao Ministério das Comunicações".

[446] BRASIL. *Lei Federal nº 6.538, de 22 de Junho de 1978*. Op cit. Art. 4º – "É reconhecido a todos o direito de haver a prestação do serviço postal e do serviço de telegrama, observadas as disposições legais e regulamentares".

[447] BRASIL. *Lei Federal nº 6.538, de 22 de Junho de 1978*. Op cit. Art. 32 – O serviço postal e o serviço de telegrama são remunerados através de tarifas, de preços, além de prêmios "ad valorem" com relação ao primeiro, aprovados pelo Ministério das Comunicações.

[448] BRASIL. *Lei Federal nº 6.538, de 22 de Junho de 1978*. Op cit. Art. 9º – São exploradas pela União, em regime de monopólio, as seguintes atividades postais: I – recebimento, transporte e entrega, no território nacional, e a expedição, para o exterior, de carta e cartão-postal; II – recebimento, transporte e entrega, no território nacional, e a expedição, para o exterior, de correspondência agrupada: III – fabricação, emissão de selos e de outras fórmulas de franqueamento postal.

[449] BRASIL. *Lei Federal nº 6.538, de 22 de Junho de 1978*. Op cit. Art. 9 §2º – Não se incluem no regime de monopólio:
a) transporte de carta ou cartão-postal, efetuado entre dependências da mesma pessoa jurídica, em negócios de sua economia, por meios próprios, sem intermediação comercial; b) transporte e entrega de carta e cartão-postal; executados eventualmente e sem fins lucrativos, na forma definida em regulamento.

[450] Sobre o tema, *vide*: FRANÇA, Vladimir da Rocha. O regime constitucional do serviço postal e os "monopólios" da Empresa Brasileira de Correios e Telégrafos. *Revista de Informação Legislativa*, Brasília, a. 45, n. 177, p. 48 e ss, jan./mar. 2008.

[451] BRASIL. *Constituição da República Federativa do Brasil de 05 de Outubro de 1988*. Op. cit. Art. 173 "§1º A lei estabelecerá o estatuto jurídico da empresa pública, da sociedade de

A própria lei fundamental considera a impossibilidade de fixar exclusivamente o mesmo regime jurídico de direito público previsto para as pessoas jurídicas de direito público da Administração Pública Direta, Autárquica e Fundacional para os entes administrativos privados, mas também não os sujeita à uma disciplina exclusivamente de direito privado.

Tanto que determina a formação de um estatuto jurídico próprio, que disporá tanto da sua função social e formas de fiscalização pelo Estado e pela sociedade[452] quanto à sujeição ao regime jurídico próprio das empresas privadas[453] em claro reconhecimento de uma aplicação de ambas as disciplinas públicas e privadas na sua regulação normativa.

Na constituição da empresa brasileira de correios e telégrafos foi realizado um aporte de capital exclusivo da União, que abrangeu bens móveis, imóveis, valores, direitos e ações e passaram a estar, por força legal, à serviço ou disposição daquela pessoa, além de outros que poderiam ser incorporados oriundos de pessoas jurídicas de direito público.[454]

Inegável, portanto, que tais bens conservavam a titularidade estatal foram afetados para o cumprimento das suas atividades de exploração do serviço social[455] o que ensejou sua sujeição à normas do regime jurídico de direito público como a aplicação de isenções, imunidades e qualquer prerrogativa concedidas à Fazenda Pública[456].

Porém, o processo de descentralização buscou traduzir em maior eficiência na gestão do interesse público, o que conduz a sua submissão à uma disciplina de direito privado como aplicação do regime jurídico

---

economia mista e de suas subsidiárias que explorem atividade econômica de produção ou comercialização de bens ou de prestação de serviços (...)".

[452] BRASIL. *Constituição da República Federativa do Brasil de 05 de Outubro de 1988. Op. cit.* Art. 173 "§1º I – sua função social e formas de fiscalização pelo Estado e pela sociedade; II - a sujeição ao regime jurídico próprio das empresas privadas, inclusive quanto aos direitos e obrigações civis, comerciais, trabalhistas e tributários".

[453] BRASIL. Constituição da República Federativa do Brasil de 05 de Outubro de 1988. Op. cit. Art. 173 "§1º II – a sujeição ao regime jurídico próprio das empresas privadas, inclusive quanto aos direitos e obrigações civis, comerciais, trabalhistas e tributários".

[454] BRASIL. *Decreto-Lei nº 509, de 20 de Março de 1969.* Art. 6º *caput*, §§1º, 3º e 4º.

[455] BRASIL. *Decreto-Lei nº 509, de 20 de Março de 1969.* Art. 2 inciso I a III.

[456] BRASIL. *Decreto-Lei nº 509, de 20 de Março de 1969.* Art. 12 – "A ECT gozará de isenção de direitos de importação de materiais e equipamentos destinados aos seus serviços, dos privilégios concedidos à Fazenda Pública, quer em relação a imunidade tributária, direta ou indireta, impenhorabilidade de seus bens, rendas e serviços, quer no concernente a foro, prazos e custas processuais".

trabalhista para o seu pessoal[457] ou a aplicação subsidiária da lei das sociedades por ações.[458] Note uma dificuldade de apontar fronteiras claras entre o regime aplicável decorrente não apenas da falta de determinação nítida da natureza do serviço postal – serviço público ou atividade econômica – e da própria regulação legal que o sujeita às prerrogativas das pessoas jurídicas de direito público, mas, também, a disciplina normativa de direito privado.

Isto se reforça com as sucessivas alterações no Estatuto Social da Empresa Brasileira de Correios e Telégrafos, que acabou por ampliar o objeto social da empresa pública, de forma a abranger não apenas o planejamento, implantação e exploração do serviço postal, mas de atividades correlatas e outras atividades fins mediante autorização ministerial.[459]

Inegável que, a par da controvérsia da natureza jurídica do serviço postal, ele pode ser considerado como uma função social – o que é reconhecido pela própria lei[460] – que embora designada à empresa pública de forma exclusiva[461], a rigor, não se verifica impedimento para seu exercício por outros atores sociais, desde que garantido o seu acesso e continuidade.

Porém, o exercício de outras atividades fins parece que não necessariamente se identifica como o exercício de uma função social propriamente dita como a sua atuação como banco postal, tal qual correspondente na prestação de serviços bancários básicos em todo o território nacional.

Cinge tal controvérsia no que tange ao regime jurídico, pois uma vez que desenvolve ou se liga à atividade financeira tal qual sujeitos econômicos deveriam se sujeitar à sua disciplina normativa privada com

---

[457] BRASIL. *Decreto-Lei nº 509, de 20 de Março de 1969*. Art. 11º – "O regime jurídico do pessoal da ECT será o da consolidação das Leis do Trabalho aprovada pelo Decreto-lei nº 5.452, de 1º de maio de 1943".

[458] BRASIL. *Decreto-Lei nº 509, de 20 de Março de 1969*. Art. 21-A. "Aplica-se subsidiariamente a este Decreto-Lei a Lei no 6.404, de 15 de dezembro de 1976".

[459] BRASIL. *Decreto Federal nº 8.016, de 17 de Maio de 2013*. Art. 4 inciso I a IV.

[460] BRASIL. *Decreto Federal nº 8.016, de 17 de Maio de 2013*. Art. 4 §3 "A ECT, no exercício de sua função social, é obrigada a assegurar a continuidade dos serviços postais e telegráficos, observados os índices de confiabilidade, qualidade, eficiência e outros requisitos fixados pelo Ministério das Comunicações".

[461] BRASIL. *Decreto Federal nº 8.016, de 17 de Maio de 2013*. Art. 4 §1 "A ECT terá exclusividade na exploração dos serviços de que tratam os incisos I a III do caput do art. 9º da Lei nº 6.538, de 22 de junho de 1978, conforme inciso X do caput do art. 21 da Constituição".

restrições públicas, como as regras relativas à segurança para estabelecimentos financeiros,[462] inclusive, pela clara subsunção ao tipo legal.[463] Todavia, desloca-se o debate da atividade desenvolvida para a titularidade, sob a alegação de que a empresa pública não desempenha uma atuação financeira como atividade fim,[464] embora o critério determinante para aplicação do regime jurídico não deva ser o sujeito, mas a atividade realizada e na medida em que se ligue à uma função social.

O exercício da atividade financeira de correspondente bancário não é a realização de uma função social propriamente dita, mas deve se adequar a ela de forma que tal qual o sujeito privado, os correios produzem em risco pela atividade desenvolvida à segurança das pessoas e, portanto, devem se sujeitar às normas que determinam as regras de proteção.

As margens para aplicação do regime jurídico de direito público ou privado para a atuação junto de serviço postal, também, de banco postal pela empresa brasileira de correios e telégrafos podem ser observadas igualmente no que tange à determinação da incidência de imunidade tributária constitucional.

Determina a Constituição Federal de 1988 como um dos limites constitucionais explícitos ao poder de tributar exercido pela União, Estados, Municípios ou Distrito Federal, a vedação à instituição de

---

[462] BRASIL. *Lei Federal nº 7.102, de 20 de junho de 1983*. Dispõe sobre segurança para estabelecimentos financeiros, estabelece normas para constituição e funcionamento das empresas particulares que exploram serviços de vigilância e de transporte de valores, e dá outras providências. Casa Civil, Brasília, 20 jun. 1983. Disponível em: https://www.planalto.gov.br/ccivil_03/leis/l7102.htm. Acesso em: 17 out. 2023. Art. 1º É vedado o funcionamento de qualquer estabelecimento financeiro onde haja guarda de valores ou movimentação de numerário, que não possua sistema de segurança com parecer favorável à sua aprovação, elaborado pelo Ministério da Justiça, na forma desta lei.

[463] BRASIL. *Lei Federal nº 7.102, de 20 de junho de 1983*. Op. cit. 1º Os estabelecimentos financeiros referidos neste artigo compreendem bancos oficiais ou privados, caixas econômicas, sociedades de crédito, associações de poupança, suas agências, *postos de atendimento*, subagências e seções, assim como as cooperativas singulares de crédito e suas respectivas dependências.

[464] BRASIL. Superior Tribunal de Justiça. *Recurso Especial nº 1.497.235-SE*. Rel. Min. Mauro Campbell Marques. J. 01.12.2015. "A imposição legal de adoção de recursos de segurança específicos para proteção dos estabelecimentos que constituam sedes de instituições financeiras não alcança o serviço de correspondente bancário ('banco postal') realizado pela ECT, pois não exerce atividade-fim e primária das instituições financeiras na forma definida no artigo 17 da Lei 4.595/1964. Nesse sentido, há precedente da Quarta Turma do STJ, ao julgar o REsp 1.183.121/SC, no afastou a aplicação da Lei 7.102/1983 à ECT."

impostos sobre o patrimônio, renda ou serviços de um ente federado sobre o outro.[465] Tal hipótese de não incidência constitucionalmente qualificada decorre não de uma eleição pelo constituinte ao disciplinar o poder de tributar, mas do próprio modelo de estado federativo que determina uma igualdade entre as entidades políticas dotadas de autonomia político-administrativo dentre o ente federado, o que impede a sua tributação recíproca.[466]

Porém, se o fundamento parece se ligar eminentemente à titularidade, o objeto da sua imunidade são aqueles previstos no tipo constitucional – o patrimônio, a renda e o serviço – sem que possam abranger o último qualquer atividade desempenhada, mas aquele que deflagre o regime jurídico de direito público e a prerrogativa decorrente.

Parece claro que se pretende com a expressão serviços proteger o exercício de uma função pública que justifique a aplicação do regime jurídico de direito público, ainda que não seja pela titularidade estatal, como o Supremo Tribunal Federal já decidiu acerca de emissão de papel moeda do ente estatal através de delegatária.[467]

Ainda que tal função pública seja igualmente perseguida por mais de um ator social, de modo que nas atividades exercidas de serviço postal pela Empresa Brasileira de Correios e Telégrafos e a iniciativa privada deve ocorrer a aplicação de um regime de direito público e com a excelsa corte já decidiu a incidência da imunidade constitucional.[468]

Tanto que no caso da Ordem dos Advogados do Brasil reconheceu que a imunidade recíproca apenas poderia incidir no que se refere à atividade propriamente dita do Estado – defesa da Constituição, da

---

[465] BRASIL. *Constituição da República Federativa do Brasil de 05 de Outubro de 1988. Op. cit.* Art. 150 inciso VI "a".

[466] BALEEIRO, Aliomar. *Limitações constitucionais ao poder de tributar.* 7. ed. revista e complementada, à luz da Constituição de 1988 até a Emenda Constitucional nº 10/1996, por Misabel Abreu Machado Derzi. Rio de Janeiro: Forense, 2006. p. 15.

[467] BRASIL. Supremo Tribunal Federal. *Recurso Extraordinário nº 610.517.* Relator Min. Celso de Mello. J. 03.06.2014. "A delegação da execução de serviço *público*, mediante outorga legal, não implica alteração do regime jurídico de direito público, inclusive o de direito tributário, que incide sobre referida atividade. Consequente extensão, a essa empresa pública, em matéria de impostos, da proteção constitucional fundada na garantia da imunidade tributária recíproca (CF, art. 150, VI, a)".

[468] BRASIL. Supremo Tribunal Federal. *Recurso Extraordinário nº 601.392.* Relator Min. Gilmar Mendes. J. 28.02.2013. "Exercício simultâneo de atividades em regime de exclusividade e em concorrência com a iniciativa privada. Irrelevância. Existência de peculiaridades no serviço postal. Incidência da imunidade prevista no art. 150, VI, a, da CF".

ordem jurídica do Estado democrático de direito, dos direitos humanos, da justiça social – e não nas demais.[469] Igualmente, no que se refere à Petrobras, afastou-se do critério da titularidade e eventual monopólio estatal para reconhecer a não incidência da imunidade tributária, visto que a atividade em questão não se ligava à proteção ou realização de qualquer interesse público e, portanto, a risco ao exercício da autonomia do ente federado.[470]

Note, portanto, que a aplicação do regime jurídico de direito público relaciona-se de forma imediata à realização da função social, de modo que, nas pessoas administrativas privadas a aplicação da imunidade tributária recíproca se ligará à realização de serviços públicos e não à exploração de atividades econômicas privadas.[471]

Tanto que a própria Constituição Federal determina que a imunidade vincula-se para as autarquias e fundações desde que vinculadas à função social propriamente perseguida por elas,[472] bem como exclui a imunidade recíproca da exploração de atividades econômicas pelo Estado sob o mesmo regime dos empreendimentos privados.[473]

---

[469] BRASIL. Supremo Tribunal Federal. *Recurso Extraordinário nº 259.976*. Relator Min. Joaquim Barbosa, J. 23.03.2010. "A imunidade tributária recíproca alcança apenas as finalidades essenciais da entidade protegida. O reconhecimento da imunidade tributária às operações financeiras não impede a autoridade fiscal de examinar a correção do procedimento adotado pela entidade imune. Constatado desvio de finalidade, a autoridade fiscal tem o poder-dever de constituir o crédito tributário e de tomar as demais medidas legais cabíveis. Natureza plenamente vinculada do lançamento tributário, que não admite excesso de carga".

[470] BRASIL. Supremo Tribunal Federal. *Recurso Extraordinário nº 285.716*. Relator Min. Joaquim Barbosa, J. 02.03.2010. "A imunidade tributária recíproca não se aplica à Petrobrás, pois: Trata-se de sociedade de economia mista destinada à exploração econômica em benefício de seus acionistas, pessoas de direito público e privado, e a salvaguarda não se presta a proteger aumento patrimonial dissociado de interesse público primário; A Petrobrás visa a distribuição de lucros, e, portanto, tem capacidade contributiva para participar do apoio econômico aos entes federados; A tributação de atividade econômica lucrativa não implica risco ao pacto federativo".

[471] BRASIL. Supremo Tribunal Federal. *Recurso Extraordinário nº 253.472*. Relator Min. Joaquim Barbosa, J. 25.08.2010.

[472] BRASIL. *Constituição da República Federativa do Brasil de 05 de Outubro de 1988*. Op. cit. Art. 150 "§2º– A vedação do inciso VI, 'a', é extensiva às autarquias e às fundações instituídas e mantidas pelo Poder Público, no que se refere ao patrimônio, à renda e aos serviços, vinculados a suas finalidades essenciais ou às delas decorrentes".

[473] BRASIL. *Constituição da República Federativa do Brasil de 05 de Outubro de 1988*. Op. cit. Art. 150 "§3º – As vedações do inciso VI, 'a', e do parágrafo anterior não se aplicam ao patrimônio, à renda e aos serviços, relacionados com exploração de atividades econômicas regidas pelas normas aplicáveis a empreendimentos privados, ou em que haja contraprestação ou pagamento de preços ou tarifas pelo usuário, nem exonera o promitente comprador da obrigação de pagar imposto relativamente ao bem imóvel".

Embora a literatura aponte que as empresas públicas apenas gozarão da imunidade reciproca na medida em que desenvolvam atividades que representem o papel de *longa manus* das pessoas políticas em que estão vinculadas, como a prestação de serviços públicos ou poder de polícia,[474] pode-se sintetizar na medida em que tal atividade seja uma função social.

Assim, o serviço postal enquanto um serviço público dota o seu titular de um regime jurídico de direito público que prevê tal imunidade tributária recíproca,[475] ao passo que a atividade de banco postal, além de não ser atividade inerente à finalidade da empresa pública, tem natureza de exploração econômica e não faz incidir tal disciplina.

Isto, também, fica evidente, ao se analisar o seu fundamento legal que é a Resolução do Banco Central do Brasil e o tratamento dado à contratação de correspondentes no país que envolve as sociedades, associações, os prestadores de serviços notariais e de registro e as empresas públicas.[476]

Os contratos de correspondência são impessoais ou não personalíssimos,[477] com objeto tipicamente de atividade financeira privada[478]

---

[474] CARRAZZA, Roque. *Curso de Direito Constitucional Tributário*. Malheiros: São Paulo, 2003. p. 652.
[475] MARTINS, Ives Gandra da Silva. Imunidade Tributária dos Correios e Telégrafos. *Revista Jurídica*, n. 288, 2001. p. 38.
[476] BRASIL. Banco Central do Brasil. *Resolução nº 3.954, de 24 de Fevereiro de 2011*. Brasília, 24 de fevereiro de 2011. Disponível em: https://www.bcb.gov.br/pre/normativos/res/2011/pdf/res_3954_v7_L.pdf. Acesso em: 21 out. 2023. Altera e consolida as normas que dispõem sobre a contratação de correspondentes no País. Art. 3.
[477] BRASIL. Banco Central do Brasil. *Resolução nº 3.954, de 24 de Fevereiro de 2011*. Op. cit. Art. 7º "Admite-se o substabelecimento do contrato de correspondente, em um único nível, desde que o contrato inicial preveja essa possibilidade e as condições para sua efetivação, entre as quais a anuência da instituição contratante".
[478] BRASIL. Banco Central do Brasil. *Resolução nº 3.954, de 24 de Fevereiro de 2011*. Op. cit. Art. 8º O contrato de correspondente pode ter por objeto as seguintes atividades de atendimento, visando ao fornecimento de produtos e serviços de responsabilidade da instituição contratante a seus clientes e usuários: I – recepção e encaminhamento de propostas de abertura de contas de depósitos à vista, a prazo e de poupança mantidas pela instituição contratante; II – *realização de recebimentos, pagamentos e transferências eletrônicas visando à movimentação de contas de depósitos de titularidade de clientes mantidas pela instituição contratante*; III – recebimentos e pagamentos de qualquer natureza, e outras atividades decorrentes da execução de contratos e convênios de prestação de serviços mantidos pela instituição contratante com terceiros; IV – *execução ativa e passiva de ordens de pagamento* cursadas por intermédio da instituição contratante por solicitação de clientes e usuários; V – recepção e encaminhamento de *propostas referentes a operações de crédito* e de arrendamento mercantil de concessão da instituição contratante; V – recepção e encaminhamento de propostas de operações de crédito e de arrendamento mercantil concedidas pela instituição contratante, bem como outros serviços prestados para o acompanhamento da operação; VI – recebimentos e pagamentos relacionados a letras de câmbio de aceite da instituição contratante; VII – *execução de serviços de cobrança*

e exercida de forma empresarial[479] que não se demonstram identificáveis com uma noção de serviço público ou guardam relação com o objeto da referida empresa pública que é a atividade de serviço postal.

Note, portanto, que não é possível dar um tratamento único com a incidência de apenas uma disciplina jurídica para as pessoas administrativas que exercem serviços públicos e atividades econômicas, como a Empresa Brasileira de Correios e Telégrafos cujo serviço postal e banco postal deflagram a aplicação de regimes próprios adequados a tais atividades.

No caso, a incidência ou não da imunidade tributária dependerá da medida em que se qualificar aquele serviço como atividade privada adequada à uma função social – no caso de instituição financeira sujeita às imposições de segurança pela lei – ou atividade pública voltada à realização de um interesse da coletividade – o serviço postal.

Parece ter sido acertada a decisão do Ministro Luiz Fux em recurso extraordinário julgado pelo Supremo Tribunal Federal em que se discutia a extensão da imunidade tributária para tal empresa pública e distinguiu o monopólio – no caso do serviço postal – da concorrência – com atividade de banco fiscal.[480]

Assim, considerou a existência de uma submissão ao regime de direito público para a atividade de serviço postal – com a incidência da imunidade tributária – e um regime de direito privado para a exploração como banco fiscal – o qual não ocorreria a não incidência constitucionalmente qualificada. 481

Embora resolva em parte a questão, deve-se admitir que existem zonas fronteiriças que demandarão uma análise no caso concreto de forma a aferir não o objeto em si, já que não é o elemento central

---

extrajudicial, relativa a créditos de titularidade da instituição contratante ou de seus clientes; VIII - recepção e encaminhamento de propostas de fornecimento de cartões de crédito de responsabilidade da instituição contratante; e IX - realização de operações de câmbio de responsabilidade da instituição contratante, observado o disposto no art. 9º.

[479] BRASIL. Banco Central do Brasil. *Resolução nº 3.954, de 24 de Fevereiro de 2011*. Op. cit. Art. 4º-A "A instituição contratante deve adotar política de remuneração dos contratados compatível com a política de gestão de riscos, de modo a não incentivar comportamentos que elevem a exposição ao risco acima dos níveis considerados prudentes nas estratégias de curto, médio e longo prazos adotadas pela instituição, tendo em conta, inclusive, a viabilidade econômica no caso das operações de crédito e de arrendamento mercantil cujas propostas sejam encaminhadas pelos correspondente".

[480] BRASIL. Supremo Tribunal Federal. *Recurso Extraordinário nº 601.392*. Relator Min. Gilmar Mendes. J. 28.02.2013. p. 5.

[481] Idem. Ibidem.

da teoria do domínio público ou de seu regime, mas a função social, de modo a verificar a medida que a atividade esteja se adequando ou concretizando a mesma.

Isto porque é válida a ressalva que a atividade de banco postal pode assumir não apenas uma feição privada que deve ser adequada à uma função social, mas diante das circunstâncias ser dotada de uma qualificação pública, à medida que serve para realizar uma necessidade coletiva.

O banco postal pode ser assumir uma finalidade social, na medida em que esteja instalado em determinado local onde não haja instituições financeiras em funcionamento por ausência de interesse econômico, o que assumirá uma relevância para o grupo social ao garantir a circulação de recursos financeiros na localidade.[482]

Neste caso, parece que incidirá a imunidade tributária não em razão de seu titular – enquanto pessoa administrativa – mas porque se liga à realização de uma função social de tal forma que não será uma mera exploração econômica – em regime de concorrência – mas um serviço público – em uma situação de não concorrência.

Porém, em conclusão ao julgamento, a Corte decidiu por maioria que a imunidade tributária recíproca alcança todas as atividades exercidas pelos Correios, já que a empresa pública prestadora de serviços públicos em que todas as suas rendas ou lucratividade são revertidas para as finalidades precípuas.

No voto vencido do Ministro Joaquim Barbosa, ele destacou a necessidade de distinção entre os serviços lucrativos e os serviços executados pelo Estado e, que o correio exerce atividade postal e bancária, como a venda de títulos em concorrência com o setor privado, o que o sujeitaria a dois regimes jurídicos.

Desta forma, para o ministro, quando os Correios estão diante de exercício de serviço público há imunidade absoluta, porém, quando se tratar de exercício de atividade privada – como a venda de títulos em concorrência com o setor privado – devem incidir as mesmas normas incidentes sobre as empresas privadas.

Tais situações demonstram a impossibilidade de afirmar fronteiras rígidas entre o público e o privado e qualquer tentativa de delimitação estrita de um regime jurídico especial para os bens públicos

---

[482] NUNES, Cleucio Santos. A imunidade tributária dos correios sobre serviços postais não exclusivos. *Revista de Estudo de Direito Postal dos Correios*, v. 1, p. 38, 2014.

identificando como uma disciplina de natureza pública plenamente apartada de uma regulação privada.

As distintas graduações assumidas pelas coisas no que tange à função pública que variam desde uma adequação até uma plena realização importarão em uma variedade de graus que assumirá o regime jurídico de direito público e de direito privado na formação de uma disciplina própria para os bens públicos e para os próprios bens privados.

É possível atestar que nenhuma coisa privada estará não sujeita ao regime jurídico de direito público na medida em que se submete à autonomia de vontade desde a uma menor ingerência através das restrições às normas de ordem pública – como as limitações administrativas – até uma redução mais ampla do seu espaço – tal qual o tombamento.

Em igual medida, as coisas públicas estão sujeitas a distintas graduações de suas submissões ao regime jurídico de direito público na medida de sua função social, estando algumas sujeitas às restrições mais rígidas – como a indisposição dos mares e rios – ou mais flexíveis – como a inalienabilidade dos prédios públicos superada pela desafetação.

O reconhecimento de que o fundamento – a teoria do domínio público – e os efeitos – o regime jurídico especial – dos bens públicos volvem-se a um critério de funcionalização à luz de sua graduação produz igualmente transformação no que se refere à sua titularidade – em específico o papel desempenhado pelo Estado.

Não podendo se sustentar uma teoria do domínio público à luz de uma identificação com a titularidade estatal ou da incidência exclusiva do seu regime jurídico de direito público, cabe discutir qual será o papel desenvolvido pelo Estado no que tange aos bens públicos diante da função social como elemento configurador.

Não havendo uma exclusividade do ente estatal no que tange à satisfação dos interesses da coletividade e na titularidade dos bens públicos, cabe determinar qual será o seu papel na garantia ou promoção da função social, que será perseguida por outros atores sociais no que se refere à gestão das coisas públicas.

Neste sentido, torna-se necessário delimitar de forma adequada a noção de titularidade sobre a coisa pública, já que sob o influxo da concepção civil tradicional é confundida com uma perspectiva patrimonialista e, portanto, uma afirmação de propriedade sobre o bem público, que não aparece se amoldar a tais questões.

O tema será tratado a seguir.

CAPÍTULO 3

A TITULARIDADE DOS BENS PÚBLICOS

3.1 Da atribuição da personalidade ao ente estatal e da apropriação da noção privatista da coisa pública: a construção do Estado-Proprietário aquém da função social

Conforme demonstrado, não existe, na ciência jurídica, uma concepção definitiva de qual seja a qualificação dogmática do domínio público, mas ao revés, há inúmeras teorias que tentam justificar a delimitação de um acervo com a formação de uma disciplina própria para tais bens públicos.

Pode-se observar, porém, uma noção ampla aceita de que a titularidade estatal de forma isolada ou associada direta ou indiretamente a outros elementos corresponde à fundamentação teórico-científica para a construção do instituto dos bens públicos e jurídico-positiva que os dotam de um regime especial.

Demonstra-se insuficiente sustentar um domínio público e um regime jurídico especial na figura do Estado diante da ampliação de outros atores sociais responsáveis para gestão dos bens públicos agrave-se a questão o modo generalizado que se compreende a relação do ente público com as referidas coisas.

Pode-se verificar que há certa preponderância na matriz romano-germânica de uma concepção patrimonialista de origem francesa, que vincula a teoria dos bens públicos à figura do Estado em uma titularidade ou senhorio especial que seria o elemento de formação de um regime jurídico próprio.[483] Isto parece estar ligado eminentemente à construção normativa do Estado como uma pessoa jurídica que, dotada de uma personalidade e, portanto, a capacidade de adquirir direitos e obrigações, estaria sujeito igualmente à atribuição de bens e à formação de um patrimônio.

Decorre uma inadequada compreensão de que a noção de *bens* seja intimamente correlata à noção de *propriedade* por um sujeito, quando tal concepção corresponde a uma dada concepção de *coisificação* típica do direito civil que liga as *coisas* à *personalidade* e, portanto, a noção de pessoa ou de titular.[484]

No direito privado é generalizada a compreensão do patrimônio enquanto o conjunto ou universalidade de bens de que é dotada uma determinada pessoa extraindo-se, portanto, a noção de que o patrimônio se deduz diretamente da personalidade jurídica, como a variedade de objetos, sob o qual determinado sujeito exerce seus direitos e deveres.[485]

Sob tal entendimento haveria, portanto, uma relação íntima entre pessoa e patrimônio, de forma que é comum a referência de que inexista uma pessoa que não seja dotada de um patrimônio, já que este não se confunde com riqueza, tal qual não há um patrimônio que possa ser concebido de forma separada ou autônoma em relação a uma pessoa.[486]

Neste viés, o patrimônio assume uma feição de economicidade representando aquele acervo ao qual é possível atribuir um valor pecuniário positivo ou negativo decorrente da própria atuação do sujeito que, através da manifestação de sua personalidade jurídica, no exercício de sua autonomia de vontade, adquire e despoja-se de bens e forma seu acervo.[487]

Sob tal viés, o Estado corresponde a um ente moral o qual foi construído por ficção jurídica, uma técnica capaz de atribuir-lhe através da lei uma personalidade jurídica[488] e, portanto, a possibilidade de

---

[483] BLANCO, Alejandro Vergara. Teoria del dominio publico y afetacion mineira. *Revista Chilena de Derecho*, v. 17, 1990. p. 135.

[484] BLANCO, Alejandro Vergara. *Op. cit.*, p. 139.

[485] AUBRY ET RAU, M. *Cours de droit civil français*. Tomo 9. 5. ed. Paris: Librairie Générale de Jurisprudence Marchal et Billard, 1917. p. 229-231.

[486] PLANIOL, Marcel. *Traité élémentaire de droit civil*. 11. ed. Paris: Librairie Générale de Jurisprudence, 1928. p. 697.

[487] PLANIOL, Marcel. *Op. cit.*, p. 698-699.

[488] BRASIL. *Lei Federal nº 10.406, de 10 de Janeiro de 2002*. *Op. cit.* Art. 41. São pessoas jurídicas de direito público interno: I – a União; II – os Estados, o Distrito Federal e os Territórios; III – os

atuar como titular de direitos e deveres nas relações jurídicas formadas com outras pessoas físicas ou jurídicas.[489]

Isto, porém, não significa que possa se atribuir um tratamento jurídico ao Estado igual aos das demais pessoas jurídicas constituídas, que são constituídas por sua própria ordenação legal. Seria ignorar não apenas o fundamento de sua instituição, mas finalidades que se pretende alcançar com tal constituição.

Não obstante, isto não parecer ser um problema para a literatura tradicional, já que a par da sua personalidade política e pública detentora de prerrogativas da soberania e competências cria-se uma personalidade jurídico-privada com a formação de um Estado patrimonial, um sujeito com patrimônio ou Estado-pessoa.[490]

Por efeito, a figura estatal acaba-se por mover através de categorias teóricas públicas e privadas, em alguns momentos sendo o ente público que atua através de poderes e prerrogativas sob a propriedade privada e em outros como um sujeito privado que exerce uma propriedade pública.

A problemática surge diante de tais coisas que, uma vez ligadas à realização de uma utilidade coletiva, não parecem se adequar à uma noção privatista capaz de ligá-lo à uma personalidade jurídica do seu titular como a formação de um patrimônio com um respectivo caráter de economicidade.

Isto fica evidente em determinados bens naturais – como os mares e o ar – que por sua própria natureza torna impossível uma delimitação no acervo de um ou outro Estado, mas igualmente é possível perceber nos próprios bens artificiais – praças e ruas – que, uma vez servindo à coletividade, não parecem que o papel adequado para o Estado seja de proprietário.

Por esta razão, a literatura jurídica aponta que uma boa parte da celeuma envolvendo os bens públicos, inclusive, a sua distinção de um domínio privado e a inalienabilidade das coisas públicas decorrem

---

Municípios; IV – as autarquias; IV – as autarquias, inclusive as associações públicas; V – as demais entidades de caráter público criadas por lei. Parágrafo único. Salvo disposição em contrário, as pessoas jurídicas de direito público, a que se tenha dado estrutura de direito privado, regem-se, no que couber, quanto ao seu funcionamento, pelas normas deste Código. Art. 42. São pessoas jurídicas de direito público externo os Estados estrangeiros e todas as pessoas que forem regidas pelo direito internacional público.

[489] DUCROCQ, M. TH. *Cours de Droit Administratif*. Paris: Auguste Durand Libraire-Éditeur, 1863. p. 12.
[490] BERTHÉLEMY, H. Op cit., p. 44-46.

da tentativa de manter conceitos tradicionais e oriundos do direito comum, como as noções de direito subjetivo, propriedade e *dominus*.[491] Na família romano-germânica tanto na matriz que se apoia em uma dualidade do regime das coisas – como a literatura alemã – quanto naquela que adota uma noção de unicidade – tal qual oriunda do direito francês, que acabava por regular as coisas públicas e privadas na lei civil – há uma nítida apropriação de categorias do direito privado.

Como visto, não se pretende fixar fronteiras entre o público e o privado, mas deve se reconhecer que se há uma pretensão de construção de uma teoria própria e de um regime especial para os bens públicos, a assimilação de suas estruturas fundamentais não se amoldam à especificidade que pretende se firmar.

Isto, inclusive, pela literatura alemã que, embora sustente uma dualidade com a compreensão de que existe uma categoria própria de coisas materiais dotadas de uma destinação especial – sua colocação à serviço da comunidade – colocam sua dependência especial da *puissance publique* do Estado que identificam com propriedade pública.[492]

Embora considerem que tais coisas são distintas daquelas sujeitas ao regime jurídico de direito privado, continuam compreendendo uma concepção de propriedade, mesmo que dotando-a de uma característica especial ou regime próprio, que é adequada à pessoa jurídica de direito público.[493]

Ligam tal noção ao próprio desenvolvimento moderno do Estado como pessoa permite que as coisas comuns – que não se adéquam a uma noção de uma propriedade coletiva partilhada por cada cidadão – possam estar sob a titularidade do ente moral que exercerá seus poderes na busca da realização das finalidades enquanto coisas públicas.[494]

Em outro vértice, generaliza-se na matriz romano-germânica a teoria dualista advinda da literatura administrativa francesa que identifica o domínio público com uma forma de propriedade inalienável e

---

[491] DUGUIT, Léon. *Traité de Droit Constitutionnel*. 2. ed. Tome 3. La Théorie Générale de L'État. Paris: Ancienne Librairie Fontemoing & Gie Éditeurs, 1923. p. 317.
[492] MAYER, Otto. *Le droit administratif allemand*. Tome 3. Paris: V. Giard & E. Briére Libraires-Éditeurs, 1905. p. 87.
[493] MAYER, Otto. *Op. cit.*, p. 88.
[494] MAYER, Otto. *Op. cit.*, p. 88 e 92.

imprescritível, embora com coisas afetadas a um destino ou finalidade pública.[495] Para a maioria dos autores, seria a *puissance publique* capaz de afetar determinadas coisas à função pública e, por efeito, atribuí-la uma personalidade, um Estado-patrimonial,[496] de forma que o Estado seria marcado por esta dualidade de ao mesmo tempo ser um poder público e um agente patrimonial.[497]

Inegável que essa formação de uma personalidade patrimonial do Estado gera algumas idiocracias, como o próprio Estado que atribui a si personalidade jurídica, também, se designa titular de um direito subjetivo, que é construído justamente como um espaço de proteção do indivíduo em face do ente público.[498]

Há certa incongruência se sustentar a aplicação de uma categoria jurídico-privada – um patrimônio público como decorrente da personalidade jurídica do Estado – fundada e através de prerrogativas que decorrem de uma categoria político-pública – *puissance* ou *potestade publica* de sua noção enquanto ente soberano.[499]

Disto surgiram críticas acerca da insustentabilidade de uma personalidade dualística – política e patrimonial – na delimitação jurídica do Estado, já que qualquer pessoa no Direito ainda que se manifeste de formas variadas conserva uma única natureza atribuída pelo ordenamento jurídico, tal qual deve ocorrer com o Estado.[500]

Em certa medida, tais óbices foram incorporados até pelos seus adeptos, que passaram a sustentar uma unidade de personalidade em razão da dificuldade que se produzia no momento de delimitar um fundamento jurídico para a obrigatoriedade dos contratos estatais ou para a responsabilidade estatal enquanto manifestação de atos de poder público.[501]

Todavia, insistem uma dupla face na possibilidade de o Estado atuar como um sujeito eminentemente público, porém, igualmente

---

[495] VELASCO, Recaredo Fernández. Natureza juridical del domínio publico, según Hauriou. Aplicación de su doctrina a la legislación española. *Revista de Derecho Privado*, VIII, p. 230-236, 1921.
[496] BERTHÉLEMY, H. Op cit., p. 44-46.
[497] DUGUIT, Léon. *Op. cit.*, p. 234.
[498] DUGUIT, Léon. *Op. cit.*, p. 300.
[499] DUGUIT, Léon. *Op. cit.*, p. 300.
[500] JELLINEK, Georg. *Op. cit.*, p. 185-188.
[501] HAURIOU, Maurice. *Op. cit.*, p. 340.

privado, de forma que exerce *potestades* sobre as coisas privadas e públicas como uma manifestação de soberania e de propriedade respectivamente.

Se a proposta fosse romper os limites do regime público e privado na regulação das coisas públicas seria sustentável, porém, tais adeptos ainda insistem na necessidade de uma formação de uma pessoa jurídica-administrativa nestes moldes em razão da proteção de dados interesses, como o exercício das prerrogativas e as pretensões à uma propriedade pública.[502]

Insistem embora decorrentes de uma *puissance publique*, que a personalidade administrativa do Estado sujeita-se a um duplo efeito, importando não apenas a atuação em uma via pública, mas também privada, com a única diferença que neste campo, ao contrario dos sujeitos individuais, ela se moveria por interesses públicos.[503]

Por efeito, acaba-se incorporando uma natureza dualística em uma concepção unitária de um ente estatal que tal como um sujeito público é ente soberano e exerce sua potestade sobre as coisas e como um sujeito privado é proprietário e executa as consequentes posições sobre os referidos bens.

Há uma evidente apropriação não apenas do conceito de propriedade do direito civil, mas igualmente da sua ligação com a noção de personalidade, que se liga, eminentemente, à uma construção liberal da disciplina, que se adéqua à reconstrução da disciplina à luz da Constituição em um movimento crescente de repersonalização e despatrimonialização.[504]

Não parece que o reconhecimento da personalidade jurídica dos entes públicos[505] como pessoas jurídicas de direito público[506] signifique a formação de um patrimônio, mas ao revés, diante da sua finalidade

---

[502] HAURIOU, Maurice. *Op. cit.*, p. 208.
[503] HAURIOU, Maurice. *Op. cit.*, p. 209.
[504] ARONNE, Ricardo. Os direitos reais na constitucionalização do direito civil. *Direito & Justiça*, Porto Alegre, v. 39, n. 2, p. 178 e ss, jul./dez. 2013.
[505] BRASIL. *Constituição da República Federativa do Brasil de 05 de Outubro de 1988. Op. cit.* Art. 18. "A organização político-administrativa da República Federativa do Brasil compreende a União, os Estados, o Distrito Federal e os Municípios, todos autônomos, nos termos desta Constituição".
[506] BRASIL. *Lei Federal nº 10.406, de 10 de Janeiro de 2002. Op. cit.* Art. 41. "São pessoas jurídicas de direito público interno: I – a União; II – os Estados, o Distrito Federal e os Territórios; III – os Municípios; IV – as autarquias; IV – as autarquias, inclusive as associações públicas; V – as demais entidades de caráter público criadas por lei".

que é a persecução de interesses públicos, que exerça uma titularidade de coisas, na medida em que sirvam para tais fins.

No que tange aos bens públicos, não há como no direito privado haver uma identificação entre personalidade e patrimônio, de forma que já tendo sua afetação à uma finalidade coletiva prescinde sequer que haja a sua atribuição enquanto titularidade ou *dominus* para que seja preservado o seu destino.[507]

Para alguns, haveria um precedente no Direito Romano que, ao se ligar a noção de *res publicae* como uma concepção de propriedade coletiva, permitiria diante do Estado Moderno, que se considerasse, portanto, os bens públicos como uma propriedade da sociedade representada pela figura estatal.[508]

Porém, parece tratar-se de uma interpretação forçada, já que o *populus* não tinha propriedade, mas ao cidadão romano havia apenas o direito de usar coisas que estavam fora do comércio[509] e, portanto, eram inapropriáveis por qualquer indivíduo e também não era de propriedade do estado romano.

No principado romano havia a própria distinção entre a *res publicae* cuja titularidade era do povo e não poder incidir o fim do lucro sobre tais coisas já que *res publico usui destinatae*, daquelas *res fiscales* que estavam sob o domínio do príncipe e podiam ter tal finalidade conforme *res in pecunia populi*.[510]

A própria noção de domínio público foi construída a partir de uma interpretação da noção romana sob as *res extracommercium*, de forma que o Estado não era o proprietário de tais bens inapropriáveis, mas apenas exercia mediante suas *potestades* o controle e vigilância, tendo apenas o título de *dominus* sob os outros bens privados estatais.[511]

Foi sob a influência da escola da *puissance publique* a concepção moderna que acaba por se identificar a noção de *domínio público* com o acervo patrimonial do Estado, sendo os requisitos de inalienabilidade

---

[507] DUGUIT, Leon. *Op. cit.*, p. 310.
[508] MAYER, Otto. *Op. cit.*, p. 100.
[509] ARÉVALO, Manuel Francisco Clavero. La inalienabilidade del domínio publico. *Revista de Administración Pública*, Espanha, Centro de Estudios Políticos y Constitucionales, n. 25, p. 15, 1958.
[510] ARÉVALO, Manuel Francisco Clavero. *Op. cit.*, p. 15.
[511] DUFAU, Jean. *Op. cit.*, p. 15-25

e imprescritibilidade decorrentes da afetação atribuída por este ente moral à utilidade pública.[512] Tanto que alguns sustentam que no Estado de Direito substitui-se a propriedade do príncipe sobre os bens públicos para a propriedade da pessoa moral do Estado sobre tais coisas públicas, de forma a sepultar a compreensão de que tais coisas possam permanecer sem titularidade.[513]

Para tais adeptos, competiria à lei positiva regular as coisas públicas, retirando qualquer ambiguidade quanto aos fins que se destinam e declarando-as como de propriedade geral do Estado, que passa a se identificar com os bens públicos, o domínio público e a propriedade do Estado propriamente dita.[514]

Poder-se-ia firmar que sendo o Estado o ente moral representativo da coletividade não haveria celeumas em admitir a sua propriedade sob as coisas públicas, já que ele, além de exercer o monopólio do poder de forma soberana, está destinado à satisfação dos interesses do grupo social.

A questão é que sob tal vértice, o domínio público não seria o conjunto de bens da nação propriamente dita ou do público, mas o acervo patrimonial distribuído às diversas pessoas administrativas para o exercício da função administrativa, que podem ser afetados ao uso direto da coletividade ou a prestação dos serviços públicos.[515]

Alega-se que inexistem bens de propriedade da nação, coletividade ou povo, que seriam conceitos de natureza política ou sociológica,[516] embora a figura estatal igualmente possa ser apreendida por estes ramos da ciência e igualmente ter uma conotação jurídica que, inclusive, a Constituição Federal cede ao povo enquanto titular do poder político-jurídico.[517]

Outros chegam a sustentar que o pertencimento anterior dos bens públicos ao longo da evolução histórica para as comunidades rurais, o povo e o soberano decorreriam antes da inexistência de um ente moral

---

[512] HAURIOU, Maurice. *Op. cit.*, p. 609.
[513] MAYER, Otto. *Op. cit.*, p. 92.
[514] MAYER, Otto. *Op. cit.*, p. 93.
[515] HAURIOU, Maurice. *Op. cit.*, p. 610.
[516] MORENO, Fernando Sainz. *Op. cit.*, p. 488.
[517] BRASIL. Constituição da República Federativa do Brasil de 05 de Outubro de 1988. Op. cit. Art. 1º Parágrafo único. "Todo o poder emana do povo, que o exerce por meio de representantes eleitos ou diretamente, nos termos desta Constituição".

dotado de personalidade jurídica para titularizar as relações jurídicas decorrentes, do que de fato uma titularidade difusa sobre essas.[518] Ignora-se a existência não apenas de instituições político-administrativas, que centralizavam igualmente a figura do poder, mas do reconhecimento de que determinadas coisas estavam sob a titularidade do ente estatal como àquelas *res fiscales* em contraposição a *res publicae* no direito romano.

Parece que a não configuração dos bens públicos como propriedade do ente estatal ou da coletividade decorria antes da assimilação de um critério funcional – que os reconhecia pelo papel desempenhado e a sua utilização conforme os fins almejados – do que a titularidade, que parece se identificar com o Estado Moderno e a afirmação do ente moral.

Tais concepções restringem as coisas públicas em uma identificação com o Estado, que acaba por se afastar do critério funcional como o elemento central que a designa e da compreensão que estarão envolvidos outros atores sociais na prossecução dos interesses da coletividade e, portanto, a gestão das referidas coisas.

Não significa que tais autores não dotem o patrimônio público de uma finalidade pública, porém, que esta decorre na medida em que são fixados como propriedade das pessoas de direito público e, por efeito, isto as dotarão de um caracter jurídico especial, que é a sua destinação à uma utilidade pública.[519]

Tal compreensão ignora àquelas coisas que exercem uma finalidade para coletividade independente da titularidade ou atribuição ao ente estatal – como alguns bens públicos naturais – e a tendência de maior participação dos atores sociais na busca da realização dos interesses públicos dotando de função social às referidas coisas.

Alguns adeptos alegarão que o fato das coisas públicas serem dotadas de indisponibilidade não impediria considerar que o Estado fosse proprietário do domínio público, pois a sua extracomercialidade retiraria tais bens apenas da aquisição privada, mas não impediria as pessoas administrativas de afetá-las a finalidades públicas.[520]

Corresponderia, portanto, antes como atributos excepcionais concedidos para excluir a aplicação do regime de direito civil[521] e a apro-

---

[518] LANZIANO, Washington. *Op. cit.*, p. 87.
[519] MAYER, Otto. *Op. cit.*, p. 93.
[520] HAURIOU, Maurice. *Op. cit.*, p. 611.
[521] MAYER, Otto. *Op. cit.*, p. 93.

priação por sujeitos privados com a sua exclusão da titularidade pública do que decorrente de qualquer função social que exercem tais coisas.

Para tais autores, a própria inalienabilidade dos bens públicos não decorrem de sua natureza, mas antes representa uma indisponibilidade administrativa decorrente de uma incapacidade pessoal, já que a Administração Pública enquanto proprietária de bens públicos afetos a interesse público, não pode deles dispor.[522]

Assim, o Estado não seria mero titular dos bens públicos, mas um verdadeiro proprietário cujo acervo seria formado tanto pelas coisas tidas como indisponíveis quanto, também, pelos demais bens que são considerados disponíveis, ao qual caberia a propriedade privada.[523]

Tal título de propriedade estatal seria formal e baseado não em um negócio jurídico, mas encontraria fundamento na soberania do ente público como uma forma de potestade ou título de intervenção, que permitiria exercer sob as referidas coisas as faculdades oriundas de um proprietário.[524]

Há uma clara assimilação de uma perspectiva subjetiva e patrimonialista do domínio público que não se adéqua à realidade subjacente, pois como já visto, a indisponibilidade de alguns bens naturais decorre da sua inapropriedade material por qualquer sujeito até o estatal, bem como que o critério funcional que justifica a atribuição deste e outros caracteres.

Caso distinto fosse o entendimento, uma vez que determinados bens não estivessem sob a propriedade estatal não poderiam se sujeitar a tais atributos, o que não ocorre, seja com os bens públicos através da despublicização ou com os bens privados, como no caso de tombamento ou desapropriação indireta, ao qual a função social impõe a restrição.

Tal difusão é tão ampla que, na literatura jurídica nacional, ainda, confunde-se a noção de bens públicos com a de propriedade do Estado, designando aqueles usualmente como as coisas que pertencem às pessoas jurídicas de direito público e, portanto, estão sujeitos à um regime jurídico próprio e exorbitante do direito comum.[525]

Assim, é comum uma tentativa de identificação entre os conceitos de domínio, titularidade e regime jurídico, em uma síntese que o

---

[522] HAURIOU, Maurice. *Op. cit.*, p. 620.
[523] CRUZ, Alcides. *Op. cit.*, p. 203.
[524] VANESTRALEN, Hernando. *Op. cit.*, p. 215.
[525] CRETELLA JUNIOR, José. *Op. cit.*, p. 106

domínio público é o acervo formado pelas propriedades atribuídas a um sujeito de direito com personalidade jurídica de direito público e sob um regime jurídico de direito público.[526] Porém, como visto, é possível reunir tais conceitos com epicentro na figura do Estado, já que existe um domínio público – não estatal – exercido por variados titulares – públicos e privados – e sujeitos à um regime especial graduado – que envolverá a aplicação de regras do direito comum ou da disciplina pública.

Generalizada a compreensão de um Estado-proprietário, sustenta-se que o ente público não exerce apenas uma titularidade sobre as coisas públicas, mas possui o *dominus* sobre estas, inclusive, com suas atribuições de defesa e resguardo,[527] formando essas o patrimônio estatal, tal qual com os sujeitos privados.

Não falta na legislação pátria atual exemplos da assimilação de tal construção, ao prever não apenas a formação de um acervo patrimonial para cada ente público, inclusive, com regras de incorporação de coisas ao patrimônio público, que sequer exercem ou irão realizar uma função social.

Além da partilha constitucional já estudada que atribuiu como propriedade os bens da União e Estados,[528] inclusive, coisas materialmente inapropriáveis,[529] a lei civil reforça o caráter patrimonial ao determinar a aquisição no acervo do município dos bens da herança jacente[530]

---

[526] MORENO, Fernando Sainz. *Op. cit.*, p. 488.

[527] Assim, dispôs o Decreto Federal que vedava o resgate dos aforamentos de terrenos pertencentes no domínio da União e dá outras providencias, "Considerando que ao Govêrno cumpre velar pela integridade do Patrimônio da União, defendendo e resguardando o domínio dos respectivos bens", "Considerando ainda que, embora no direito patrio os bens públicos, mesmo dominicais, já sejam insuscetiveis de usocapião, a circuntancias de se terem manifestado em contrário, algumas opiniões torna conveniente que o legislador volte a reafirmar esse: princípio que é de ordem pública". BRASIL. *Decreto Federal nº 22.785, de 31 de Maio de 1993.*

[528] BRASIL. *Constituição da República Federativa do Brasil de 05 de Outubro de 1988. Op. cit.* Art. 20 "*São* Bens da União". Art. 26 "Incluem-se entre os bens *do* Estado"

[529] BRASIL. *Constituição da República Federativa do Brasil de 05 de Outubro de 1988. Op. cit.* Art. 20. "III – os lagos, rios e quaisquer correntes de água em terrenos de seu domínio, ou que banhem mais de um Estado, sirvam de limites com outros países, ou se estendam a território estrangeiro ou dele provenham, bem como os terrenos marginais e as praias fluviais; VI – o mar territorial".

[530] BRASIL. *Lei Federal nº 10.406, de 10 de Janeiro de 2002. Op. cit.* Art. 1.822. "A declaração de vacância da herança não prejudicará os herdeiros que legalmente se habilitarem; mas, decorridos cinco anos da abertura da sucessão, os bens arrecadados passarão ao domínio do Município ou do Distrito Federal, se localizados nas respectivas circunscrições, incorporando-se ao domínio da União quando situados em território federal".

e sem titular[531] independente de exercerem ou poderem exercer uma função social.

Em igual sentido, determina o direito comum brasileiro a apropriação pelo Estado dos bens privados abandonados de forma real ou presumida como o não cumprimento das obrigações fiscais[532] e das coisas alheias perdidas em que cabe ao município os valores de sua venda em hasta pública ou abandono para o descobridor.[533]

A literatura jurídica reforça tal caráter patrimonialista, ao sustentar que, a par dos bens atribuídos pela partilha constitucional de bens e competências[534] e as próprias formas de aquisição determinadas pela Constituição Federal,[535] seria admitida as outras formas de aquisição de propriedade da lei comum[536] – dação em pagamento, compra e venda e outras.[537]

Embora se reconheça a titularidade sobre as referidas coisas não se busca atribuir nenhuma função social aos referidos bens, de forma que se admite a formação de um acervo patrimonial estatal com coisas que não exerçam nenhuma ligação com as necessidades coletivas e nem venham necessariamente a assumir.

Tal noção de um Estado-Proprietário, também, se confirma na medida em que o Estado possa ser proprietário de coisas que não guardem uma função social imediata, os tidos bens *dominiaeis*, que

---

[531] BRASIL. *Lei Federal nº 10.406, de 10 de Janeiro de 2002. Op. cit.* "Art. 1.844. Não sobrevivendo cônjuge, ou companheiro, nem parente algum sucessível, ou tendo eles renunciado a herança, esta se devolve ao Município ou ao Distrito Federal, se localizada nas respectivas circunscrições, ou à União, quando situada em território federal".

[532] BRASIL. *Lei Federal nº 10.406, de 10 de Janeiro de 2002. Op. cit.* Art. 1.276 "O imóvel urbano que o proprietário abandonar, com a intenção de não mais o conservar em seu patrimônio, e que se não encontrar na posse de outrem, poderá ser arrecadado, como bem vago, e passar, três anos depois, à propriedade do Município ou à do Distrito Federal, se se achar nas respectivas circunscrições".

[533] BRASIL. *Lei Federal nº 10.406, de 10 de Janeiro de 2002. Op. cit.* Art. 1.237. "Decorridos sessenta dias da divulgação da notícia pela imprensa, ou do edital, não se apresentando quem comprove a propriedade sobre a coisa, será esta vendida em hasta pública e, deduzidas do preço as despesas, mais a recompensa do descobridor, pertencerá o remanescente ao Município em cuja circunscrição se deparou o objeto perdido".

[534] BRASIL. *Constituição da República Federativa do Brasil de 05 de Outubro de 1988. Op. cit.* Art. 20 a 24, Art. 26, 30 e Art. 32 §1º.

[535] BRASIL. *Constituição da República Federativa do Brasil de 05 de Outubro de 1988. Op. cit.* Art. 5 inciso XXIV e XXV, Art. 182 III, Art. 184, Art. 216 §1º e Art. 243.

[536] BRASIL. *Constituição da República Federativa do Brasil de 05 de Outubro de 1988. Op. cit.* Artigo 356, 481, 538 e 1.238 a 1.259

[537] MARINELA, Fernanda. *Op. cit.*, p. 756-757.

irão compor um domínio próprio e se subordinar a um regime jurídico diferenciado dos bens particulares.[538]

Tal compreensão foi aderida pelo Código Civil tanto de 1916 quanto de 2002 que apontava que os bens dominicais são aqueles que constituem o patrimônio dos entes federados como objeto de direito pessoal ou real dos respectivos sujeitos,[539] e, desta forma, independente de qualquer afetação ou finalidade pública.

Tal noção assimilada de Estado-Proprietário não corresponde à uma apropriação da categoria privada de forma plena, mas antes se liga à uma noção de *puissance publique*, que gera uma idiocracia de conceder ao ente público as benesses do tratamento de proprietário, mas sem sujeitá-lo previamente ao cumprimento dos respectivos deveres.

Considere, por exemplo, que enquanto o não exercício do direito de propriedade com abandono da coisa pelo proprietário privado é causa de extinção de propriedade,[540] no caso do suposto proprietário público o não exercício da utilidade pública coloca as suas coisas apenas como bens dominais, que estão sujeitas, mas não serão necessariamente alienadas.[541]

Diante de tais críticas surgem propostas, alguns sustentam o domínio público como uma propriedade, mas de direito público que, em razão da especificidade de suas natureza e finalidade, impõem o surgimento de institutos próprios – como os contratos administrativos ou a servidão administrativa.[542]

Seria ignorar que a expressão *dominius* no direito administrativo nunca se identificou com uma noção de *proprietas*, mas se vinculava à noção de *potestas eminens* do príncipe,[543] razão pelo qual no Estado de Direito parece se adequar melhor a concepção de função, já que se transmuta à noção de poder para deveres partilhados em competências.

Ademais, se for admitida que é a especialidade da ação administrativa que justifique uma formação de uma disciplina jurídico-normativa própria e de uma teoria específica, há de sustentar que a sua matriz ou fundamento não será a titularidade – estatal – mas a função

---

[538] CRUZ, Alcides. *Op. cit.*, p. 203.
[539] BRASIL. *Lei Federal nº 3.071, de 01 de Janeiro de 1916.* Art. 66 inciso III.
[540] BRASIL. *Lei Federal nº 10.406, de 10 de Janeiro de 2002. Op. cit.* Art. 1.275 inciso III e 1.276.
[541] CRUZ, Alcides. *Op. cit.*, p. 209.
[542] MAYER, Otto. *Op. cit.*, p. 101.
[543] BLANCO, Alejandro Vergara. *Op. cit.*, p. 150.

– pública – e, portanto, da afetação sobre a propriedade na delimitação dos bens públicos.

Outros propõem soluções privatistas, como considerar que o Estado, sob determinados bens públicos, não possui a propriedade, mas a função de depositário das coisas do domínio público em razão do interesse social, de forma a garantir a sua apropriação por sujeito público ou privado.[544]

Embora reconheça a inapropriedade de determinadas coisas – como o ar e o mar – sob o qual o Estado não poderá agir como proprietário, não parece adequado o instrumento jurídico, já que pressupõe uma manifestação volitiva além de se inserir no âmbito do negócio jurídico privado transitório.[545]

Porém, é inegável que, sendo o domínio público a reunião do conjunto de bens corporais e incorporais, móveis e imóveis, afetados a diversos títulos, a universalidade da nação, há certas coisas em razão de sua natureza – como os rios e os mares – que não podem ser sujeitas à uma propriedade pelo Estado, mas a sua guarda e conservação.[546]

Ademais, não é possível considerar uma relação de propriedade, já que as características propostas para os bens públicos – inalienabilidade, imprescritibilidade e impenhorabilidade – são incompatíveis com as faculdades regulares desse direito para os seus titulares.[547]

Talvez por esta razão parte da literatura jurídica não sustenta uma relação de propriedade do Estado com a coisa, mas uma noção de suporte jurídico de *potestades*, que concederia o título jurídico de intervenção, que permitiria a Administração Pública disciplinar as condutas em relação às coisas qualificadas como pública.[548]

Assim, para alguns haveria a formação de uma escala ou gradação de títulos sobre os bens do domínio público de forma que sob determinadas coisas o Estado exercerá uma potestade ou prerrogativa,

---

[544] DUCROCQ, M. *Cours de Droti Administratif*. 6. ed. Tomo 2. Paris: Ernest Thorin Éditeur, 1881. p. 106-107.
[545] BRASIL. *Lei Federal nº 10.406, de 10 de Janeiro de 2002*. Art. 627. "Pelo contrato de depósito recebe o depositário um objeto móvel, para guardar, *até que* o depositante o reclame".
[546] DUCROCQ, M. *Op. cit.*, p. 107.
[547] MARÍN, Carmen Chinchilla. *Bienes patrimoniales del Estado*. Madrid: Marcial Pons, 2001. p. 98.
[548] GAMTB, B. Parejo; OLIVEK, J. M. Bodríguez. *Lecciones de dominio público*. Madrid: Editora ICAI, 1976. p. 7-8.

outros possuirá uma propriedade privada e por fim terá um dever de vigilância ou controle.[549] Por efeito, seria necessário observar cada bem público para determinar se o ente público exerce sobre ela uma verdadeira propriedade – com as suas implicações privadas – ou se exerce uma *potestade* ou prerrogativa – com todos os efeitos do seu império enquanto elemento do próprio Estado.[550]

Em que pese a proposta distinguir dentro de uma noção estática de domínio público uma pluralidade de bens e, portanto, de distintas relações jurídicas do Estado, parece que sustentar as prerrogativas ou poderes como título causal gera uma confusão com a noção de domínio imanente e a justificativa de intervenção na propriedade privada.

Ademais, não parece claro que o Estado pode exercer sob determinados bens um regime patrimonial como se sujeito privado fosse, pois a própria diversidade de seus regimes e princípios diretivos – o interesse público na disciplina pública e a autonomia de vontade na regulação privada – impõem diretivas distintas ao uso e fruição das referidas coisas.

Porém, avança-se ao permitir a substituição da noção de propriedade para uma visão de função, já que os seus titulares admitem uma concepção de domínio público que funciona como justificação para que o ordenamento jurídico atribua determinadas faculdades às pessoas públicas para ordenar tais coisas ao interesse público.[551]

Aproxima-se, portanto, da compreensão dada por alguns, que os bens que compõem o domínio público não cumprem funções típicas de propriedade e o que determina a sua verdadeira natureza jurídica é um título causal de intervenção, fundamentado em uma potestade-função.[552]

Não parece tratar-se de uma potestade-função, pois ainda se liga à noção de titularidade na figura estatal e suas prerrogativas e poderes, bem como em uma aparente discricionariedade, quando parece que se situa como um dever de cumprimento da função social, que pode ser exercida por outros atores sociais.

---

[549] MARÍN, Carmen Chinchilla. *Op. cit.*, p. 103.
[550] VANESTRALEN, Hernando. *Op. cit.*, p. 215.
[551] GAMTB, B, Parejo; OLIVEK, J. M. Bodríguez. *Op. cit.*, p. 7-8.
[552] MORENO, Fernando Sainz. El domínio publico: una reflexion sobre su concepto y naturaleza. *Revista de Administración Pública*, Espanha, Centro de Estudios Políticos y Constitucionales, n. 150, septiembre/diciembre 1999. p. 481.

Neste viés, parece que ao rechaçar a tese patrimonialista – de um título de propriedade privada do Estado sobre as coisas públicas – acaba-se por fundamentar em uma teoria funcionalista – de que o domínio público relaciona-se ou vincula-se com as funções da Administração Pública.[553]

Tal entendimento exerce um papel capital, em especial diante da realidade social subjacente, já que se sustenta uma teoria patrimonialista dos bens públicos com a figura do Estado como proprietário com seus poderes diante de instituições políticos-administrativas brasileiras marcadas pelo patrimonialismo, nepotismo e autoritarismo.

Em uma cultura administrativa onde se observa uma apropriação da coisa pública por agentes privados para satisfação de interesses próprios exerce um papel essencial a busca pela configuração de uma titularidade estatal que permita preservar a função social assumida pelas referidas coisas.

O tema será tratado a seguir.

3.2 Uma aproximação necessária: da patrimonialização dos bens públicos ao patrimonialismo nas instituições político-administrativas brasileiras

Como visto, há certa preponderância de um caráter patrimonialista no que tange à titularidade dos bens públicos, de forma que para a literatura dominante, o Estado seria formado de um acervo patrimonial e exercia em relação às coisas uma posição próxima ao de proprietário, ainda que considerada as posições jurídicas singulares que lhe forem atribuídas.

Tal questão assume relevo não apenas no que tange à sua origem em uma matriz francesa em uma quadra histórica de necessária afirmação da soberania estatal, inclusive, sobre os bens da nação, mas igualmente, no que tange à sua assimilação pelo direito brasileiro em razão da especificidade de suas instituições políticos-administrativas.

Deste modo, tratar sobre os eventuais limites de se sustentar uma titularidade sobre os bens públicos a partir de um caráter eminentemente privatista e dotado de uma natureza de economicidade sem considerar

---

[553] BLANCO, Alejandro Vergara. *Op. cit.*, p. 150.

tal questão importaria ignorar os próprios limites conformativos do Direito, no que se refere à realidade social subjacente.

Em que pese as próprias incongruências apontadas, da tentativa de construção de uma teoria específica para as coisas públicas, com a formação de um regime jurídico próprio excludente da disciplina comum, mas com a apropriação de categorias fundamentais do direito privado, assume especial relevo na realidade brasileira.

Há, portanto, além de uma insuficiência científico-jurídico de se sustentar um critério de titularidade para uma dogmática própria dos bens públicos, bem como uma dificuldade positivo-normativo de se sustentar um regime jurídico especial utilizando tal elemento, uma inevitável dificuldade social subjacente.

Deve-se verificar em que medida a sustentação teórica de uma perspectiva patrimonial para os bens públicos encontra em estruturas político-administrativas marcadas por elementos perniciosos oriundos de sua formação colonial e reiterados na contemporaneidade uma dificuldade que não pode ser ignorada.

Desta feita, não se pretende a partir de uma perspectiva sociológica analisar os elementos que informam a cultura político-administrativa brasileira produzindo influência no Direito Administrativo, no que tange às suas aproximações e distanciamento de seus elementos teóricos e dos efeitos sob as suas eficácias.

Porém, torna-se capital apontar a sua interface no que se refere à teoria dos bens públicos, de modo a trazer subsídios que permitam reafirmar a insuficiência de uma perspectiva patrimonial de economicidade como traço na relação que tem por objeto a coisa com seu titular.

Sob tal viés, é ínsito ao debate o caráter assumido pela coisa pública – aqui utilizada em um sentido amplo para abranger também os bens públicos – no que tange às instituições públicas brasileiras oriundas precipuamente de um modelo próprio de formação político-administrativa.

A colonização da América do Sul foi tida como de terras primitivas e com população inaproveitável e, portanto, pretendia-se uma ocupação estritamente comercial com a formação de uma Administração Pública – de funcionários e militares – apenas na medida de defesa dos territórios ocupados e exploração dos recursos naturais.[554]

---

[554] PRADO JUNIOR, Caio. *Formação do Brasil Contemporâneo*. São Paulo: Companhia das Letras, 2011. p. 20.

Desde já, observe-se uma função nitidamente patrimonialista assumida pelas coisas públicas, uma vez que os bens públicos artificiais – como as edificações e embarcações – são exercidos exclusivamente com a finalidade de exploração econômica dos bens públicos naturais – os recursos como a madeira e, posteriormente, o ouro e o café.

Assim, ao reverso da colonização, as áreas temperadas onde o Estado Inglês funda na América do Norte colônias com tradições de *self-government* e de respeito às liberdades públicas e, portanto, a formação de instituições e organização político-administrativa própria, na colonização do Brasil, o Português fundou um prolongamento do Estado na América.[555]

Submetido à uma Administração Metropolitana, o Brasil não correspondia a uma unidade, mas um conjunto de províncias ou capitanias – tais como aquelas estabelecidas na África e no Oriente – que integravam a monarquia portuguesa e estava sujeita à uma Administração Geral das Capitanias.[556]

A Administração Pública Colonial não era apenas adotada de uma ausência de autonomia, mas estava sujeita à uma direção ampla e geral de uma monarquia portuguesa em um escalonamento dos seus súditos e vassalos, que exerciam um papel, mesmo que modesto, no organismo político monárquico.[557]

Isto produz uma influência perniciosa, já que a nobreza assumia um papel de poderio na Administração Colonial, através desde o monopólio dos cargos públicos até a influência nas decisões políticas dos Conselhos da Coroa, de forma que os demais cidadãos não possuíam direitos pessoais ou influência sobre as referidas decisões.[558]

Desta feita, o processo de colonização Europeia se processou no Brasil mais do que em qualquer parte da América, em um modelo aristocrático, patriarcal, e escravocrata onde tudo se deixou à iniciativa particular dos nobres, que eram responsáveis pelas instalações, defesas e privilégios de mandos sobre a Colônia.[559]

---

[555] FAORO, Raymundo. *Os Donos do Poder*. 3. ed. Rio de Janeiro: Globo, 2001. p. 146-147.
[556] PRADO JUNIOR, Caio. *Op. cit.*, p. 322.
[557] PRADO JUNIOR, Caio. *Op cit.*, p. 318.
[558] ABREU, J. Capistrano de. *Capítulos de História Colonial*: 1500-1800. Brasília: Conselho Editorial do Senado Federal, 1998. p. 27.
[559] FREYRE, Gilberto. *Casa-grande & senzala*: Formação da família brasileira sob o regime da economia patriarcal. 48. ed. Recife: Fundação Gilberto Freyre, 2003. p. 158-159 e 187.

Isto porque há a adoção de um modelo de organização administrativa de sistema de capitanias com a divisão do território em grandes faixas de terra doadas de forma individual, intransferível e transmissível por herança, que permitia a apropriação das riquezas naturais e os deveres de defesa das ameaças.

As capitanias eram tratadas como concessões do poder público a particulares com atribuições ao donatário de natureza judiciária – aplicação da justiça civil e criminal – fiscal – arrecadação de tributos devido à Coroa – e administrativas – fundação de vilas, nomeação de funcionários e distribuição de terras entre colonos.[560]

Porém, há uma nítida confusão entre público e privado, na figura do nobre que exercia o papel de colono e a função de exploração econômica e de governador que exercia atribuições sobre a colônia, administrando as mesmas terras como fazenda e província, usando ora privilégios de comerciante e ora competências públicas.

Esse sistema adotado na Administração Colônia é chamado pela literatura como de um feudalismo renascido na América em que a figura do senhor de latifúndios incorpora-se não apenas uma categoria social – aristocracia ou nobreza – mas um viés estatal – sua ascensão ao poder político-administrativo exercendo a autoridade como as mãos do rei à distância.[561]

Há um caráter patrimonial na própria relação entre os governadores e a Coroa que exerciam o papel de autoridade e fazendeiro, não com o objetivo de colonização e formação de um Estado, mas de exploração dos recursos naturais, garantindo o retorno à Portugal para a corte com as riquezas consequentes.[562]

Estruturam-se, portanto, as instituições políticos-administrativas sob a figura da autoridade e não da função, que exercia sob seu pequeno feudo – a capitania hereditária – e as coisas públicas – a respectiva terra e os bens públicos – as atribuições administrativas apenas necessárias para a defesa e exploração econômica para o seu enriquecimento próprio.

De tal sorte que, além dos bens públicos se sujeitarem a um caráter eminentemente patrimonial para a exploração econômica dos recursos naturais assumem uma nítida feição privada, já que eram utilizados por

---

[560] WEHLING, Arno; WEHLING, Maria José C. *Formação do Brasil Colônia*. Rio de Janeiro: Editora Nova Fronteira, 1994. p. 67.
[561] FAORO, Raymundo. *Op. cit.*, p. 155.
[562] FAORO, Raymundo. *Op. cit.*, p. 158 e 166-167.

sujeitos privados que destinavam tais coisas à satisfação dos interesses de enriquecimento tanto da metrópole quanto seus próprios.

Mesmo quando há uma centralização administrativa com a absorção da autoridade dos capitães donatários na figura do governador-geral permanece o fim de exploração econômica metropolitana,[563] seja com maior fiscalização sobre os poderes do donatário[564] ou medidas burocráticas para garantir a arrecadação de tributos e rendas.[565]

A formação de estruturas administrativas próprias com separação das funções dos donatários não afasta a exploração privada do público, já que as Câmaras com atribuições tipicamente administrativas[566] era formada pelo povo qualificado ou homens-bons da lei que exerciam suas vontades sem manifestação do cidadão.[567]

Há uma apropriação do uso da *res publicae* por determinado estrato social que exerce a titularidade da função pública e, portanto, da gestão das referidas coisas públicas, de forma a garantir a satisfação dos seus interesses e não as necessidades coletivas, que sequer eram perquiridas pelas atividades públicas.

Considere que a coleta dos tributos era realizada por contrato, mediante hasta pública e entregue a particular que, por determinada soma, obrigava-se a pagar o Erário os tributos arrecadados por sua conta, sendo uma das práticas perniciosas do governo colonial, já que o particular buscava não garantir as coisas públicas, mas obter seus lucros privados.[568]

Ao revés, além de submeter o contribuinte a verdadeiras extorsões, o Erário tinha grandes perdas, pois não era pouco frequente os contratadores insolváveis, incapazes de pagar o preço do contrato que concediam favoritismo em relação a contratadores amigos ou comparsas que nunca satisfaziam suas dívidas para com a Fazenda Pública.[569]

Sob tal cenário, organiza-se uma Administração Pública que adotava processos autoritários de recrutamento de agentes públicos, confusão entre competências, excesso de burocratização em um aparelho

---

[563] FAORO, Raymundo. *Op. cit.*, p. 158 e 167-170.
[564] FREYRE, Gilberto. *Op. cit.*, p. 92.
[565] FAORO, Raymundo. *Op. cit.*, p. 171.
[566] PRADO JUNIOR, Caio. *Op cit.*, p. 336.
[567] PRADO JUNIOR, Caio. *Op cit.*, p. 333-335.
[568] PRADO JUNIOR, Caio. *Op cit.*, p. 341-342.
[569] PRADO JUNIOR, Caio. *Op. cit.*, p. 342.

ineficiente e autoritário,[570] que não se preocupava com aperfeiçoamento das atividades públicas.[571] Inexistia uma vinculação dos bens públicos a interesses públicos exceto na medida em que se ligavam à necessidade para garantir a exploração econômica pelo Estado Português que era reiterado pelas estruturas político-administrativas coloniais e a nobreza aqui residente no uso da coisa pública como forma de enriquecimento.

A relação das autoridades com as coisas públicas era tão alheia ao interesse público, de forma que as atividades de fisco, defesa, justiça e administração colonial ligavam-se apenas aos interesses econômicos[572] – com nítida exploração da *res publicae* – era comum a corrupção e imoralidade através de suborno, peculato e distribuição de cargos públicos.[573]

Verifica-se, por conseguinte, que a própria função pública é tida como um negócio de exploração, inclusive, através da ocupação de cargos públicos[574] que é exercido de forma autoritária[575] e patriarcal pela classe dominante como marca de nobreza ou de "boa linhagem" conforme aduz as Ordenações Filipinas ou os "homens bons" nas câmaras.[576]

Por efeito, na atividade administrativa colonial, a par da centralização administrativa, tanto o uso da função pública quanto a gestão dos bens públicos afasta-se da noção de interesses da coletividade, mas antes se liga a uma figura de autoridade, que busca através de seus privilégios a satisfação dos interesses próprios.

O Estado era utilizado como instrumento de dominação das classes sociais elevadas – como os proprietários rurais e mineradores – sobre as demais, com um estamento burocrático que controlava o Estado com fins próprios, manipulando as classes de acordo com seus interesses.[577]

Os detentores de posições públicas de responsabilidade não conseguiam compreender a distância fundamental entre domínios do privado e do público: a gestão representava assunto de interesse

---

[570] PRADO JUNIOR, Caio. *Op. cit.*, p. 353-354.
[571] BOMFIM, Manoel. *A América Latina*: Males de Origem. Rio de Janeiro: Centro Edelstein de Pesquisas Sociais, 2008. p. 100-101.
[572] BOMFIM, Manoel. *Op. cit.*, p. 102.
[573] PRADO JUNIOR, Caio. *Op. cit.*, p. 356-357.
[574] FAORO, Raymundo. *Op. cit.*, p. 199.
[575] FREYRE, Gilberto. *Op. cit.*, p. 114-115.
[576] FAORO, Raymundo. *Op. cit.*, p. 203-205.
[577] WEHLING, Arno; WEHLING, Maria José C. *Op. cit.*, p. 300.

particular relacionando-se às funções, aos empregos, aos benefícios e aos interesses pessoais do funcionário do que a interesses objetivos da sociedade.[578]

A coisa pública, ainda que formalmente pudesse estar a suposto encargo de interesse público, era manuseada na Administração Colonial para a realização dos interesses privados de determinada classe sujeitando-se, portanto, às práticas persistentes de corrupção, o seu manuseio para fins de nepotismo e uma perspectiva nitidamente patrimonialista.

Tal relação de poder da autoridade exterioriza-se em uma dominação patrimonial exercida pelo soberano e seu quadro administrativo sob a coisa pública, ao controlar diretamente os recursos econômicos e militares em uma indissociação entre o patrimônio público e privado.[579]

Formam-se, por conseguinte, as instituições político-administrativas brasileiras a partir de determinados elementos – como o patrimonialismo, a corrupção, a autopromoção do indivíduo – que atuam não apenas na colonização da coisa pública, mas na própria identidade brasileira no que se refere ao exercício da função administrativa.[580]

Não se ignora as reformas realizadas no estado brasileiro, dentre as quais se destaca a Administração de Pombal com seu despotismo esclarecido, que buscou mais do que uma mera reforma na burocracia, mas a manifestação de uma nova perspectiva racionalista sobre a gestão pública.[581]

Porém, não tinha por finalidade beneficiar a coletividade, mas a metrópole e as elites locais,[582] demarcando apenas uma mudança desse patrimonialismo tradicional – originário e patriarcal – para o estamental – com uma separação conceitual e jurídica do patrimônio particular.[583]

---

[578] HOLANDA, Sérgio Buarque de. *Op. cit.*, p. 145-146.
[579] FAORO, Raymundo. A Aventura Liberal numa Ordem Patrimonialista. *Revista da USP*, São Paulo, n. 17, p. 16, mar./abr./maio 1993.
[580] REZENDE, Joaquim Leonel Alvim de; NUNES, Tiago de García. O Jeitinho Brasileiro, o Homem Cordial e a Impessoalidade Administrativa: Encontros e Desencontros na Navegação da Máquina Pública Brasileira. *In*: ANAIS DO III ENCONTRO INTERNACIONAL DE CIÊNCIAS SOCIAIS, Universidade Federal de Pelotas, 2012. p. 2.
[581] SALDANHA, Nelson Nogueira. *História das Idéias Políticas no Brasil*. Brasília: Senado Federal, 2001. p. 58.
[582] WOLKMER, Antonio Carlos. *História do Direito no Brasil*. Rio de Janeiro: Forense, 2003. p. 48.
[583] AVELLAR, Hélio de Alcântara. *História Administrativa do Brasil* – Vol. 5. Brasília: DASP, 1970. p. 98.

Mesmo na República com a ascensão do governo autoritário[584] e a aceleração do processo de industrialização na década de 30, a tentativa de mudança para um padrão burocrático, que buscou imprimir impessoalidade e eficácia na atuação administrativa, demonstra-se insuficiente.

Neste modelo organizacional burocrático, pretende-se que Administração Pública passe a mover-se na esfera de competências previamente definidas, com relações estáticas baseadas na autoridade e submissão, atividade especializada pela divisão racional e a criação de procedimentos que gerem a prestação padronizada dos serviços públicos.

Propõe-se que se ascenda com a burguesia industrial e a classe média tecnoburocrática um novo perfil de agentes que voltam à coordenação dos interesses estatais e privados, com a criação de critérios legais e gerais, de ingresso nos serviços públicos, classificação de cargos, organização das estruturas e racionalização dos métodos.[585]

Todavia, o ideal de burocracia profissional foi frustrado pela persistência das concessões patrimonialistas transvertidas na forma de clientelismo e nos eventuais limites do formalismo burocrático, que impediam a construção de um modelo de gestão pública capaz de atender as demandas da transformação econômica.[586]

Sob tal viés, os bens públicos enquanto recursos materiais do Estado desempenham um papel crucial no clientelismo, já que tal rede personalista – que se estende das entidades e partidos políticos até a burocracia e órgãos administrativos – tem acesso ao aparelho estatal e manuseia as referidas coisas públicas para tais fins privados.[587]

Tais processos de trocas personalistas permeiam as instituições formais ainda sob a égide de um suposto modelo burocrático racional, pois o universalismo de procedimentos e o insulamento burocrático persistem sob a falsa impessoalidade os princípios clientelistas e os anéis burocráticos permeáveis continuam sujeitos ao patrimonialismo.[588]

---

[584] AMARAL, Azevedo. *O Estado Autoritário e a Realidade Nacional*. Rio de Janeiro: José Olympio Editora, 1938. p. 6.
[585] Sobre o tema, vide: WAHRLICH, Beatriz. A Reforma Administrativa da Era de Vargas. Rio de Janeiro: Editora FGV, 1983.
[586] NUNES, Edson. *A gramática política do Brasil* – clientelismo e insulamento burocrático. Rio de Janeiro: Jorge Zahar Editor, 1997. p. 32.
[587] NUNES, Edson. *Op. cit.*, p. 32.
[588] NUNES, Edson. *Op. cit.*, p. 33 e 42.

Deste modo, há apenas uma passagem do modelo de dominação patrimonial de uma feição estamental para racional, já que haverá a apropriação privada da coisa pública, porém, dentro de uma ordem lícita, com a continuação de sua distribuição, como recompensas e favores.[589]

Ainda considerando o advento da sociedade pós-industrial e recorrência da globalização,[590] que tornou o modelo de gestão burocrático inoperante e economicamente insustentável incapaz de atender as demandas da economia e da sociedade, impondo um novo complexo de transformações na Administração Pública, não é capaz de sanar a problemática.

Erigiu-se a implantação de um modelo gerencial que, baseado nos vetores da eficiência e desempenho, fosse capaz de atribuir maior governança mediante a organização dos fatores e finanças, a descentralização da estrutura administrativa, a cooperação entre os entes federativos e o controle voltado à aferição do resultado.[591]

Porém, persistem nas reformas administrativas diversas inadequações em face da realidade social brasileira subjacente, como a elaboração de modelos ou concepções não ajustáveis, falta de objetivos para as políticas do setor público e estratégias capazes de superar as eventuais resistências e conflitos.[592]

Há uma busca por uma conformação normativa da problemática da Administração Pública, ignorando que as questões relativas à legitimidade e eficácia da ação administrativa não decorrem de um formalismo excessivo ou de uma ineficiência latente, mas como as instituições movem-se ainda através do patrimonialismo, nepotismo e autoritarismo.

Mesmo com a tentativa de transição de uma gestão de natureza burocrática – baseada na obediência das prescrições formais – para uma profissional – adstrita à eficiência dos resultados e a flexibilidade dos processos –, persistem os traços perniciosos que se exteriorizam no exercício da função pública e, portanto, na gestão dos bens públicos.

---

[589] REZENDE, Joaquim Leonel Alvim de; NUNES, Tiago de García. *Op. cit.*, p. 16.
[590] MOREIRA NETO, Diogo de Figueiredo. Globalização, Regionalização, Reforma do Estado e da Constituição. *Revista de Direito Administrativo*, n. 215, p. 1-20, jan./mar. 1998.
[591] TÁCITO, Caio. A Reforma do Estado e a Modernidade Administrativa. *Revista de Direito Administrativo*, Fundação Getúlio Vargas, RJ, n. 215, p. 4-5, jan./mar. 1999.
[592] MARCELINO, Gileno Fernandes. Administração pública brasileira: evolução, situação atual e perspectivas futuras. *Revista do Serviço Público*, Brasília, v. 117, n. 2, p. 24, set./dez. 1998.

Há uma tentativa de racionalização da gestão e das coisas públicas através da implantação do modelo de *New Public Management* que envolve a descentralização racional – com atribuição de flexibilidade aos entes e órgãos na persecução de suas finalidades – e a profissionalização – mediante a desburocratização e o emprego racional dos bens.[593] Porém, não traduziu modificações no que tange à relação do agente com a coisa pública, já que tais reformas ignoraram um aspecto típico da estrutura institucional no Brasil, a interpenetração entre a burocracia e as relações sociais de parentesco, amizade, apadrinhamento e suborno.[594]

De tal sorte que, embora tenham ocorridas sucessivas reformas administrativas ao longo do século XX que pretenderam imprimir maior eficiência e legitimidade na ação administrativa, inclusive, com reforço no controle do procedimento ou do resultado, não foi capaz de evitar a apropriação da coisa pública para fins privados.

Isto porque tais estruturas da Administração Pública não foram emancipadas sequer com a independência política do Brasil, permanecendo a mesma máquina administrativa, com a reiteração dos mesmos processos e culturas,[595] inclusive, no que tange ao exercício das atribuições e gestão da coisa pública.

Incontroverso que há um enrijecimento da cidadania no que tange ao reconhecimento que o patrimônio público deve ser destinado a finalidades coletivas, mas inegável que os casos de corrupção, nepotismo e captura do Estado apontam a persistência de um patrimonialismo que se busca combater.[596]

O patrimonialismo permanece atuante por debaixo de uma ordem burocrática-racional na Administração Pública e desenvolvendo-se no quadro administrativo como resquício do caráter político assumido no período colonial que, mesmo as reformas liberais não conseguem superar tal herança.[597]

---

[593] MOREIRA NETO, Diogo de Figueiredo. *Op. cit.*, p. 22-24.
[594] SCHWARTZ, Stuart B. *Burocracia e sociedade no Brasil colonial*. São Paulo: Perspectiva, 1979. p. 251.
[595] BOMFIM, Manoel. *Op. cit.*, p. 179.
[596] BRESSER-PEREIRA, Luiz Carlos. Do Estado Patrimonial ao Gerencial. In: PINHEIRO, Wilheim e Sachs (Orgs.). Brasil: Um Século de Transformações. São Paulo: Companhia das Letras, 2001. p. 258-259.
[597] FAORO, Raymundo. *Op. cit.*, p. 17.

Persiste, ainda, sob a coisa pública, um predomínio do senso privado no Brasil, que corresponde a este personalismo decorrente em larga medida da presença dessas estruturas coloniais – e feudais – de nossa histórica social que se revela na formação da imagem geral de certos sistemas.[598]

Há um predomínio do senso privado no Brasil que se exterioriza em um personalismo que confunde instituto com pessoas e que acaba por esbarrar qualquer dimensão pública com o tradicional privatismo, daquelas concepções feudais arraigadas e dificulta a formação de fronteiras entre o público e o privado.[599]

Exerce um papel capital no que tange aos bens públicos, já que para o patrimonialismo é necessário que haja recursos administrativos dependentes do poder público para que atue mediante a sociedade através de variadas formas – como as concessões, estímulos, subsídios, autorização e outras.[600]

Tais colocações da coisa pública para uso privado decorrem justo dessa formação em que o agente público exercia o controle pessoal do tido patrimônio estatal e realizava negócios privados, de forma que, ao sustentar com recursos particulares as realizações do governo, subjetivamente considerava como seu o conjunto dos bens públicos colocados à sua guarda.[601]

Por esta razão que não se pode ignorar que o patrimonialismo assume no Estado Brasileiro uma extensão – não apenas alcançando os sujeitos públicos, mas os privados que se locupletam com o mesmo – mas igualmente uma profundidade – já que alcança desde o período colonial até as reformas do neoliberalismo.[602]

Neste contexto que sustentar um critério de titularidade como o fundamento do domínio público e do seu regime exorbitante apropriando-se de categorias privatistas – como o conceito de propriedade e do seu senhorio – para coisas públicas – bens que servem à uma finalidade coletiva – demonstra-se no caso brasileiro particularmente preocupante.

---

[598] SALDANHA, Nelson Nogueira. O Jardim e a Praça: Ensaio sobre o lado "privado" e o lado "público" da vida social e histórica. Ci & Tróp, Recife, n. 11, p. 119, jan./jun. 1983.
[599] SALDANHA, Nelson Nogueira. Op. cit., p. 119.
[600] FAORO, Raymundo. Op. cit., p. 17.
[601] FRANCO, Maria Sylvia de Carvalho. Homens livres na ordem escravocrata. 3. ed. São Paulo: Kairós Livraria Editora, 1983. p. 121-122.
[602] FAORO, Raymundo. Op. cit., p. 17.

Adotar uma perspectiva de proprietário ou senhorio assumido pelo titular estatal sob a coisa pública não contribui com a tentativa de superação de uma apropriação privada da *res publicae* que já marca o contexto institucional brasileiro, mas ao revés reitera o papel assumido pelos bens públicos nas trocas e favores políticos.

Assim, assume o caráter patrimonial dos bens públicos – de coisa integrante do acervo estatal – uma feição nitidamente do patrimonialismo nas instituições político-administrativas brasileiras – de uma apropriação pelo seu titular que o utiliza para uma finalidade estritamente privada afastada de qualquer benefício da coletividade.

Sob tal realidade político-administrativa subjacente que a formulação de qualquer teoria dos bens públicos que pretenda reconduzir tal substrato material ao atendimento das necessidades coletivas deve buscar um elemento estruturante capaz de tentar contribuir com a mudança do referido sistema.

A proposta de adequação do domínio público aos influxos contemporâneos – como a privatização, despublicização e racionalização – de forma a resolver as idiocracias resultantes, não significa ignorar tais elementos históricos persistentes – patrimonialismo, nepotismo e autoritarismo – nas instituições estatais e na cultura administrativa brasileira.

Ao contrário, assumir que tais reformas buscam implementar novos paradigmas aos bens públicos, mas que encontram traços persistentes na realidade político-administrativa brasileira apenas reforçam a necessidade de construção de uma teoria, que não apenas seja abstratamente sustentável, mas capaz de conformar às questões sociais subjacentes.

Superada a noção de titularidade como elemento central da teoria dos bens públicos, deve-se definir em qual perspectiva deve ser tido o papel do sujeito – público ou não – que assume a relação jurídica tendo por objeto as coisas públicas, de forma a permitir que de fato possa se reconduzir a funcionalidade assumida pelas mesmas. O tema será tratado a seguir.

3.3 Do reajustamento da titularidade dos bens públicos: da noção do direito de propriedade ao reconhecimento de uma relação jurídica funcionalizada

Conforme demonstrado, torna-se incongruente sustentar a partir de uma concepção funcional da teoria do domínio público uma titularidade para o Estado ou a coletividade, que se identifique ou aproprie ainda que parcialmente de um conceito de propriedade e coloque o sujeito em uma dimensão igual ou próxima de proprietário.

Apoiar-se em tal concepção construída em uma matriz francesa no século XIX onde havia a necessidade de afirmação da soberania estatal, inclusive, sob a recém-construída da noção de bens da nação ignora os efeitos perniciosos de sua assimilação perante o patrimonialismo persistente das instituições político-administrativas brasileiras.

Porém, não é recente a ideia que os bens públicos não se adequam à noção de um direito de propriedade do Estado, tal qual em sua feição liberal privada e individual – como um direito subjetivo que traduz em um livre uso, fruição, disposição e reinvindicação da referida coisa.

Apontam com destreza tais autores que não se pode supor uma figura de Estado-Proprietário, já que em relação às referidas coisas públicas que seriam objeto de sua propriedade, ele não seria capaz de exercer plenamente um papel de *dominus*, já que não poderia restringir a sua destinação aos cidadãos, inclusive, estrangeiros.[603]

De fato, não se pode sustentar que a relação exercida pelo Estado, que tem por objeto a coisa qualificada como pública, possa ser igual ou próxima a de um direito de propriedade, já que se movem por *thelos* distintos, um enquanto exercício típico da autonomia que deve se adequar ao interesse público e o outro como a própria realização da finalidade coletiva.

A propriedade corresponde a um direito subjetivo público, ou seja, um poder de ação juridicamente delimitado concedido ao senhor da coisa possuindo em nossa ordem jurídica o status de direito

---

[603] PROUDHON, M. *Traité du domaine public ou De la distinction des biens considérés principalement par rapport au domaine public*. Dijon: Chez Victor Lagier, Libraire-Éditeur, 1833. p. 4.

humano-fundamental, uma vez que se liga à noção de personalidade humana e corresponde à forma de limitação ao arbítrio estatal.[604] Ademais, o reconhecimento de que a qualificação pública decorre de uma relação de propriedade do Estado sob uma coisa importa em reiterar uma noção de "coisificação" do domínio público, admitindo-se a existência de uma relação jurídica que não envolva apenas a noção de dominialidade sob os bens, mas, igualmente, de outros direitos sob as coisas.[605]

Reconhecer que a relação do Estado, que tem por objeto os bens públicos é de propriedade, seria admitir que o ente moral não apenas possui um acervo patrimonial, mas pode ter coisas que não estejam afetadas – como os chamados bens dominicais ou patrimoniais – bem como que pode buscar a ampliação do seu acervo de riqueza.

Desta feita, em que pese se ligue a noção de relação jurídica – uma vez que os poderes ou posições jurídicas são exercidos perante a coletividade – não é adequado supor essa relação jurídica ao Estado, uma vez que ao contrário do sujeito privado, não pode exercer com plena autonomia de vontade, já que é gestor de bens a serviço da coletividade.

Por esta razão, parece adequado o que sustenta a literatura alemã, de que a relação formada pelo Estado com a coletividade e que tem por objeto a coisa não será igual ao do particular com a propriedade, mas, ao revés, demandará uma existência e um desenvolvimento dogmático independente que impõe a formação de fronteiras próprias.[606]

Por um lado, isto não significa admitir uma teoria da dualidade com tratamentos distintos das mesmas, pois o que se pretende proteger não é a substância material ou a coisa em si, mas a sua finalidade pública, ou seja, à medida que tais bens se destinam à realização de uma necessidade coletiva.

Por outro lado, é considerar que reconhece que uma das problemáticas da teoria do domínio público é o modo como, ao estabelecer uma unidade no que tange à regulação da coisa, tenta-se criar uma

---

[604] Neste sentido, a Declaração de Direitos do Homem e do Cidadão: "Art. 17.º Como a propriedade é um direito inviolável e sagrado, ninguém dela pode ser privado, a não ser quando a necessidade pública legalmente comprovada o exigir e sob condição de justa e prévia indenização".
[605] SCAGLIUSI, Maria de los Ángeles Fernández. *Op. cit.*, p. 97.
[606] FORSTHOFF, Ernst. *Op. cit.*, p. 546.

concepção de propriedade administrativa como uma categoria especial de direitos reais semelhante à de natureza privada.[607] Observa-se que é possível fazer um tratamento distinto da noção de bem jurídico no que tange ao regime público – pautado pelo interesse público – e privado – vinculado à noção de autonomia de vontade – que se situa em um ponto central entre a teoria dualista germânica e a monista de matriz francesa.[608] A impossibilidade de transpor o instituto privado para o âmbito público demanda a estruturação de um direito público das coisas[609] que se afaste daquela concepção de direito de propriedade, já que corresponde a direito subjetivo construído em face do Estado, de natureza humano-fundamental, já que ligada à própria dimensão da pessoa humana.

Isto não significa ignorar todo o exposto quanto à necessária interface entre o regime jurídico de direito público e de direito privado no que tange à regulação da coisa, porém, reforçar que a distinção entre as coisas qualificadas como públicas e privadas decorrem das graduações distintas no cumprimento da função social.

Desta feita, há de se considerar uma distinção nas relações jurídicas titularizadas no âmbito privado e público, de modo que é possível sustentar um senhorio do particular sob coisas qualificadas como privadas, mas não se demonstra uma assertiva verdadeira supor um papel de proprietário pelo Estado para que as coisas sirvam às necessidades coletivas.

Como já visto, a qualificação de público dado ao bem independe necessariamente de uma atuação estatal, já que há coisas que buscam realizar necessidades coletivas mesmo sem estarem sob a titularidade do sujeito público, por exemplo, os bens públicos naturais – o ar e os mares – e aqueles sob a sujeição de particulares.

Isto significa não apenas redimensionar que a titularidade quando estatal não assume uma feição de propriedade, mas a própria transposição para o direito público das categorias privadas de pessoa e patrimônio como vinculadas, de sorte que não existe um sujeito que não seja dotado de um conjunto de bens.

Tal raciocínio não pretende negar o Estado como uma pessoa jurídica, mas o reconhecimento que se tal instituição singulariza-se e

---

[607] GAMIR, Roberto Parejo; OLIVER, José María. *Lecciones de dominio publico*. Madrid: Ediciones Instituto Catolico de Artes e Industria, 1976. p. 7.
[608] ALFONSO, Luciano Parejo. *Op. cit.*, p. 36.
[609] MAYER, Otto. *Op. cit.*, p. 108.

legitima por sua função que é o interesse público,[610] a sua relação com os bens materiais devem ser não como de proprietário com as respectivas faculdades, mas de dever de adequação à persecução dos fins coletivos.

Por esta razão, adere-se à crítica feita pela literatura estrangeira, não apenas no que se refere à teoria do domínio público, mas toda ciência jurídico-administrativista, da ascensão no século XX sob as bases de um idealismo hegeliano da consagração da visão subjetiva e reconhecimento da personalidade jurídica do Estado.[611]

Segundo tais autores, com a consagração do Estado como uma pessoa centra-se a disciplina na sua expressão orgânica e especialização de suas atividades a partir destas, gerando uma perda da substância própria do ente,[612] que é a noção de função que corresponde não apenas o fundamento de sua existência, mas da própria ciência jurídico-administrativa.

A qualificação da coisa como bem público decorre da medida em que se ligam à concretização da função social e, portanto, não tem por finalidade garantir ou afirmar um proprietário ou *dominus* sob os mesmos, mas atribuir uma titularidade e um regime jurídico, na medida em que permita proteger e garantir tal finalidade pública.

Assim, é sustentável a formação de um vínculo entre o bem público com o Estado, que não seja de titularidade de propriedade, mas se ligue ao próprio fundamento de sua existência, que é a busca por suas finalidades, a saber, a sua afetação ao atendimento dessa função ou interesse público.

Adéqua-se à própria existência de relações que um sujeito assume, tendo por objeto à coisa que não necessariamente é uma propriedade, mas uma titularidade que busca atender determinada finalidade, como há no próprio direito privado, por exemplo, o síndico no condomínio,[613] o administrador judicial na massa falida,[614] dentre outros.

---

[610] MORÓN, Miguel Sánchez. *Discrecionalidad administrativa y control judicial.* Madrid: Tecnos, 1995. p. 97.
[611] ENTERRÍA, Eduardo Gárcia; FERNÁNDEZ, Tomás-Ramon. *Curso de derecho administrativo.* Tomo 1. Madrid: Editorial Tecnos, 1998. p. 37.
[612] ENTERRÍA, Eduardo García de; FERNÁNDEZ, Tomás-Ramon. *Op. cit.*, p. 37.
[613] BRASIL. *Lei Federal nº 10.406, de 10 de Janeiro de 2002. Op. cit.* Art. 1.348. Compete ao síndico: "V – diligenciar a conservação e a guarda das partes comuns e zelar pela prestação dos serviços que interessem aos possuidores".
[614] BRASIL. *Lei Federal nº 11.101, de 09 de fevereiro de 2005.* Art. 22. "Ao administrador judicial compete, sob a fiscalização do juiz e do Comitê, além de outros deveres que esta Lei lhe impõe: f) arrecadar os bens e documentos do devedor e elaborar o auto de arrecadação,

Ora, se cabe no regime privado em que se busca uma adequação da autonomia privada à uma finalidade social, o reconhecimento de relações jurídicas que, embora titularizadas por sujeitos em relação à coisa, não corresponde ao direito de propriedade, quiçá no regime público, no qual a autonomia pública se adstringe à concretização dos interesses públicos.

Isto implica assumir que o Estado exerce uma relação jurídica no que se refere aos bens públicos, que não se confunde com um direito de propriedade, já que voltada à realização não de uma autonomia privada, mas de uma função de persecução do interesse público cabendo, por conseguinte, fixar melhor os seus contornos.

Para alguns autores, o Direito regula não apenas relações entre pessoas, mas igualmente as relações jurídicas formadas entre pessoas e coisas, de forma a garantir que aquelas atendam às suas necessidades individuais ou coletivas, conforme tais pessoas sejam privadas ou públicas.[615]

Disto decorreria uma distinção que configuraria duas relações jurídicas: uma de natureza eminentemente patrimonial e sujeita a um regime de direito privado formado com o particular, e outra, de natureza estritamente dominial e submissa à uma disciplina de direito público formada com o Estado.[616]

Porém, isto seria confundir a noção de bem jurídico e de relação jurídica, já tendo sido superada a concepção do domínio sob a coisa para o seu reconhecimento como objeto das relações tuteladas pelo Direito, a saber, o vínculo da ação dos sujeitos enquanto instrumento de realização de suas finalidades jurídicas.[617]

Assim, relação jurídica na concepção vigente é a regulação normativa pelo Estado de uma relação interpessoal e, portanto, de um vínculo intersubjetivo formado entre mais de uma pessoa em torno de um objeto que, embora seja uma categoria privada, acaba sendo

---

nos termos dos arts. 108 e 110 desta Lei; g) avaliar os bens arrecadados; judicial compete, sob a fiscalização do juiz e do Comitê, além de outros deveres que esta Lei lhe impõe".

[615] OYARZÚN, Santiago Montt. La administración del Estado y los bienes: entre lo público y lo privado. *Revista de Derechos y Humanidades*, Facultad de Derecho de la Universidad de Chile, n. 8, 2001. p. 265.

[616] OYARZÚN, Santiago Montt. *Op. cit.*, p. 265.

[617] AMARAL, Francisco. *Direito Civil* – Introdução. 5. ed. Rio de Janeiro: Renovar, 2003. p. 309.

estendida para as relações públicas em que o Estado também figura como um dos sujeitos.⁶¹⁸ Neste sentido, discorda-se que se forme uma relação jurídica entre o Estado e a coisa, já que tal se identifica com o vínculo estabelecido entre dois ou mais sujeitos de forma a regular as suas manifestações de vontade e, portanto, atribuindo os direitos e deveres respectivos que serão exercidos em torno de um objeto.⁶¹⁹

Tal objeto pode assumir nas relações jurídicas a natureza de prestações – sendo tidas como pessoais – ou de coisas – sendo classificadas como direitos reais – porém, o que ocorrerá é a formação de um vínculo ou liame em torno de tal objeto, o que ocorre nas relações do Estado com a coletividade.⁶²⁰

Desta feita, o Estado não forma com as coisas públicas uma relação jurídica, mas com outro sujeito determinado ou não – como a própria coletividade – que poderá ter por objeto um direito ou um bem, por exemplo, na regulação administrativa dos logradouros públicos ou de tráfegos nas vias públicas.

Isto significa admitir, por conseguinte, que se a relação não é de poder sobre a coisa, a teoria do domínio público não pretende formar prerrogativas a serem exercidas de acordo com a faculdade do Estado, mas determinar deveres na manutenção das condições necessárias que permitam a tais bens exercerem suas funções.⁶²¹

Resta evidente que a noção de relação jurídica como critério distinto permite uma análise mais precisa quanto à definição do sentido e finalidade dos bens públicos, já que se supera a concepção de poder sobre as coisas – no sentido jurídico-administrativo tradicional – ou de senhorio ou propriedade sobre as mesmas – na concepção jurídico-civil comum.⁶²²

Afirmado, portanto, que há um vínculo do ente público com outros sujeitos tendo por objeto uma coisa, torna-se necessário determinar a especificidade dessa relação jurídica, a saber, se perquirir qual será o traço distintivo desta em consideração com os demais nexos formados pelos atores privados.

---

⁶¹⁸ AMARAL, Francisco. *Op. cit.*, p. 23.
⁶¹⁹ AMARAL, Francisco. *Op. cit.*, p. 104.
⁶²⁰ BLANCO, Alejandro Vergara. *Op. cit.*, p. 31-32.
⁶²¹ ALFONSO, Luciano Parejo. *Op. cit.*, p. 24.
⁶²² ALFONSO, Luciano Parejo. *Op. cit.*, p. 30.

Em um primeiro momento, tanto nas relações jurídicas de direito público e de direito privado, ainda que no último a esfera de autonomia ou liberdade seja mais ampla, pode-se identificar uma função social que deve orientar o titular da coisa no seu exercício em relação à coletividade.[623]

Isto faz com que alguns autores entendam que, embora as coisas tidas como bens públicos também possuam uma função social não é esse o seu traço distintivo, já que os privados igualmente se sujeitam ao atendimento de uma determinada finalidade coletiva.[624]

Neste sentido que o Conselho de Estado Francês já sustentou a tese de que a função social não é critério suficiente para considerá-los como bens públicos impondo, portanto, o regime jurídico de direito público decorrente da dominialidade pública, já que sempre sujeitos a regulamentos administrativos que o adéquem ao interesse público.[625]

Para parte da literatura jurídica, portanto, não seria a função social o critério que definiria a sua relação jurídica com o Estado, mas o momento que passa a haver uma imputação de um dever jurídico, no caso, que determine a sua gestão no atendimento do interesse coletivo.[626]

Assim, a afetação pública que corresponderia ao elemento básico na definição dos bens públicos,[627] e neste caso, aquele que determina e fundamenta o nexo causal da relação jurídica, que permite imputar normativamente à coisa a sua natureza de bem público e ao Estado o dever de sua realização.

Note que tal compreensão transveste novamente um critério de titularidade, já que caberá ao próprio Estado o papel de determinar a adequação da coisa ao cumprimento da função social e, por conseguinte, importa reconhecer que a relação jurídica tendo por objeto os bens públicos é dotada de uma natureza formal ou solene.

Tanto que tais autores consideram que a afetação pública não gera um título de propriedade, de modo a formar uma relação jurídica tal qual com os sujeitos privados, mas um título de *potestade*, que consagra

---

[623] OYARZÚN, Santiago Montt. *Op. cit.*, p. 265.
[624] ALFONSO, Luciano Parejo. *Op. cit.*, p. 28.
[625] FRANÇA. Conselho de Estado. *Arrêt Cie d'assurances "La Préservatrice foncière". J de 11 de fevereiro de 1994.*
[626] ALFONSO, Luciano Parejo. *Op. cit.*, p. 28.
[627] Sobre as vertentes, *vide*: BLANCO, M. Sánchez. *La afectación de bienes al dominio público*. Sevilha: García Oviedo, 1979. p. 403.

ao Estado-Administração o exercício de dadas prerrogativas com fim de atendimento às finalidades coletivas.[628]

Ademais, voltam a reconduzir a afetação pública como elemento que permite uma vinculação ao regime jurídico de direito público, de forma que a coisa ao qual guarda o elemento teleológico de atendimento às necessidades coletivas assume uma destinação material relacionando-se à função pública.[629]

Considerar a afetação – em sua vertente formal – como o elemento que definirá a formação da relação jurídica entre o Estado e a coletividade, que tem por objeto uma coisa, significa incidir nas limitações já apresentadas de considerar coisas afetadas formalmente que não exercem materialmente uma finalidade pública e vice-versa.

Tal relação jurídica não pode ocorrer pelo ato formal de afetação à atividade ou aos serviços públicos como proposta pela literatura jurídica administrativista tradicional,[630] mas por sua vinculação ao destino público,[631] visto que há coisas que servem à coletividade, ainda que não tenham sido formalmente afetadas pelo Estado para tanto, por exemplo, o ar.

Sustentar uma afetação como critério da relação jurídica significa admitir que ela é formada apenas no momento que ocorre a autovinculação pela Administração Pública, que por ato próprio se obrigue à determinada prestação, a saber, a criação e manutenção dos bens públicos.[632]

Parte-se de uma perspectiva jurídico-positivista que tal relação jurídica surge da manifestação de vontade – do Estado-Administração – dentro da norma positiva – ainda que através da forma de ato administrativo – o que se aproxima de um formalismo que não resolve determinadas questões.

Há determinadas coisas que, em razão de sua própria substância material ligam-se às necessidades da coletividade e do próprio ser humano – como os mares e rios – e, portanto, condicioná-los à manifestação de vontade pela Administração Pública para vincular-se é

---

[628] ORTIZ, G. Ariño. *Op. cit.*, p. 31.
[629] ORTIZ, G. Ariño. *La afectación de bienes ai servicio público*. Madrid: Editora ENAP, 1973. p. 43.
[630] DUCROCQ, M. TH. *Op. cit.*, p. 574. LIMA, Ruy Cerne. *Op. cit.*, p. 77.
[631] COLIN, Ambroise; CAPITANT, H. *Cours Élémentaire de Droit Civil Français*. 7. ed. Paris: Librairie Dalloz, 1932. p. 709.
[632] ALFONSO, Luciano Parejo. *Op. cit.*, p. 31.

confundir o público com o estatal e deixar ao seu arbítrio à designação de bem público.

Outras, embora não guardem uma materialidade, a sua destinação com a afetação à realização *in concreto* a um determinado interesse público torna inexorável enquanto permanecer tal situação, o reconhecimento de sua natureza de bem público e, portanto, a formação de uma relação jurídica com o Estado, que passa a ter o dever de guarda e tutela.

Admitir a afetação formal seria permitir que a qualificação e a desqualificação do que seja destino público fosse deixada ao arbítrio do Estado,[633] o que permitiria não reconhecer aquelas coisas que exercem por si só uma função perante a coletividade ou desafetar as outras coisas, às quais foram atribuídas uma finalidade coletiva.

Deve-se buscar o liame jurídico que permite a formação dessa relação jurídica do Estado com a coletividade, a partir de um critério funcional ou finalista que será capaz de exteriorizar o atributo singular e contemporâneo que permita qualificar e reconhecer a coisa como um bem público.[634]

Não é possível considerar que a classificação de uma coisa em privado ou público se sujeite apenas a questões formais ou solene, ignorando a situação de fato do referido bem, em razão da própria extensão do domínio público e a impossibilidade de sua geometrização completa.[635]

Se não incidiria no equívoco ainda generalizado de reconhecer, por exemplo, que um prédio abandonado não transitoriamente tem uma natureza pública uma vez que foi formalmente afetado pelo Estado, mas as santas casas de misericórdias, que tradicionalmente exercem a prestação de serviços à coletividade têm natureza privada enquanto não os forem.

Sustentar que tal relação jurídica forma-se pela afetação como um ato formal de vontade estatal[636] seria admitir a incongruência de que o ente moral teria autonomia para manter bens públicos desfuncionalizados e não qualificar como público bens privados funcionalizados a par da sua afetação material às necessidades coletivas.

---

[633] PASTOR, Juan Alfonso Santamaría. Objeto y ámbito. La tipología de los bienes públicos y el sistema de competencias. *In*: MARÍN, M. Carmen Chinchilla. *Comentarios a la Ley 33/2003 del Patrimonio de las Administraciones Publicas*. Madrid: Civitas, 2004. p. 85-95.
[634] PASTOR, Juan Alfonso Santamaría. *Op. cit.*, p. 85-95.
[635] ENTERRÍA, Eduardo Gárcia. *Op. cit.*, p. 50.
[636] ALFONSO, Luciano Parejo. *Op. cit.*, p. 42.

Admitir-se-ia que caso não previsse a ordem jurídico-legal ou não houvesse um ato administrativo formal, as coisas naturais que exercem uma função pública – como o ar e os mares – não seriam considerados bens públicos, ao passo que outras, que não exercem por si só – como os prédios – já gozariam desta qualificação.

Isto não é desconsiderar que determinadas coisas dependem de uma afetação para que possam exercer uma finalidade coletiva, como os bens artificiais que a rigor podem ser públicos ou privados, mas que em razão de um ato formal são colocados ao atendimento das necessidades coletivas.

Porém, não é a afetação enquanto manifestação de vontade e elemento formal que enseja o nexo que singularizará tal relação jurídica do titular com o bem público, mas na medida em que a coisa, mesmo sem um ato de vontade e de forma moral, atende à uma necessidade coletiva.

De certo modo, há uma tentativa de apropriação deste entendimento, já que a afetação para a determinação da dominialidade pública tem sido considerada de forma estrita, de maneira que não basta a colocação em disposição à atividade pública em si, mas torna-se necessária a sua adaptação exclusiva ou essencialmente às finalidades da mesma.[637]

Tal concepção foi reconhecida pelo próprio Conselho de Estado Francês que passou a determinar a necessidade de um *aménagement spécial* ou adaptação dos bens afetados ao serviço[638] público e ao uso coletivo,[639] deixando claro que a mera afetação formal não pode ser usada como critério para o reconhecimento do bem público.[640]

Parece haver uma prevalência da afetação material sobre a formal, tendo a literatura jurídica considerado que a relação física ou funcional que existe entre um bem e o domínio público pode resultar

---

[637] WALINE, Marcel. *Les Mutations domaniale*. Paris: Jouve, 1925. p. 45-48.
[638] FRANÇA. Conselho de Estado. *Arrêt Société Le Béton de 19 de outubro de 1956*.
[639] FRANÇA. Conselho de Estado. *Arrêt Berthie de 22 de abril de 1960*.
[640] Não deixou de ser objeto de crítica pela literatura jurídica, visto que há bens que, apesar de nenhuma adaptação especial, conservam em sua própria natureza o caráter público, como os bosques públicos. HERVOUET, F. L'utilité de la notion d'aménagement spécial dans la théorie du domaine public. *Revue Du Droit Public*, Paris, 1983. p. 160-161.

pela regra da acessoriedade[641] ou pela forma de aquisição de acessão[642] o reconhecimento da natureza pública.[643,644]

Porém, ainda é insuficiente considerar a necessidade de uma afetação material, por se ligar a um ato de vontade estatal que de fato adeque ou adapte a coisa à uma necessidade coletiva, ignorando que há coisas que mesmo sem uma manifestação do Estado já estão destinadas ao atendimento de funções públicas.

Vide, por exemplo, as terras indígenas que, como já visto, o ato de demarcação estatal é declaratório, não apenas do marco temporal e territorial da existência de uma ocupação tradicional, mas da sua funcionalização por aquele grupo social para sua perpetuação e cultura, que é um interesse público qualificado pela ordem constitucional.

Igualmente, considere os bens públicos naturais, por exemplo, os rios ou florestas, que independente de uma afetação ou ato de vontade estatal ainda atenderiam uma necessidade coletiva, mesmo sem a existência de uma adaptação especial que permitisse o melhor atendimento a tais fins.

Também não se mostra adequado considerar que a formação da relação jurídica, que tem por objeto o bem público, decorre da afetação, de forma que uma coisa ingressa no domínio público quando está afetada a uma utilidade coletiva e o deixará quando tal afetação terminar.[645]

Seria ignorar que além das coisas que exercem uma finalidade coletiva independente de uma afetação formal, que as demais adaptadas ou destinadas pelo ente por seu ato de vontade podem ser igualmente

---

[641] BRASIL. *Lei Federal nº 10.406, de 10 de Janeiro de 2002. Op. cit.* Art. 92. "Principal é o bem que existe sobre si, abstrata ou concretamente; acessório, aquele cuja existência supõe a do principal".

[642] BRASIL. *Lei Federal nº 10.406, de 10 de Janeiro de 2002. Op. cit.* Seção III Da Aquisição por Acessão. Art. 1.248. "A acessão pode dar-se: I – por formação de ilhas; II – por aluvião; III – por avulsão; IV – por abandono de álveo; V – por plantações ou construções".

[643] Os bens materialmente independentes ou dissociáveis sem perda do domínio público não serão considerados incorporados ao mesmo. Deve haver um vínculo de dependência ou, como aponta a literatura, um "liame físico" entre o acessório, que o faça seguir o destino do bem principal. DUFAU. *Op. cit.*, p. 77.

[644] Novamente tal teoria teve resposta por alguns autores que propuseram uma técnica chamada classificação ou divisão em volumes, de forma a negar que a acessoriedade de bens privados conduzam a sua natureza pública, admitindo em um conjunto de construções sob o domínio público sejam apartados bens que não aderem a obra em si. DUFAU. *Op. cit.*, p. 188-189.

[645] ENTERRÍA, Eduardo Gárcia. Sobre la Imprescritibilidad del Dominio Publico. *Revista de Administración Pública*, Espanha, Centro de Estudios Políticos y Constitucionales, n. 13, p. 20, 1954.

desafetadas por uma manifestação estatal, mesmo que estejam satisfazendo uma necessidade coletiva.

Isto significaria admitir que o liame ou nexo causal que liga o Estado com a coletividade seria definido não pela função social em si, mas pelo ato de vontade estatal que o dotasse ou o retirasse de tal destinação pública, o que conduz a titularidade como critério na definição da relação jurídica que tem por objeto o bem público.

Tal concepção resulta em uma expansão equivocada das relações jurídicas, que formarão o domínio público, que passa a abranger não somente as coisas que estejam afetadas diretamente à cidadania, mas, também, aquelas colocadas à disposição dos serviços públicos, tornando-as um título ou ritual sem qualquer substância material.[646]

Por esta razão, ainda é incompleta a construção do Conselho de Estado Francês, com a figura do *aménagement spécial*,[647] porque gera a presunção de que a afetação ao serviço público produz um reconhecimento da adaptação especial da coisa antes da observância dos critérios e de um domínio público por antecipação ou dominialidade virtual.[648]

Não há de se alegar, portanto, que a afetação formal ou material – ao menos enquanto ligada a um ato de manifestação estatal – seja o elemento que determinará o liame que tem por objeto o bem público, assim como mesmo a afetação implícita também não pode ser o elemento configurador da relação jurídica.

Isto porque para a literatura jurídica, a afetação implícita liga-se à titularidade estatal e não à função da coisa, sendo considerada aquela decorrente de um ato administrativo que determina ao bem uma finalidade pública ou de uma ocupação pacífica pela Administração Pública.[649]

Novamente assume o Estado o papel central, visto que nesta concepção se inexistir uma manifestação volitiva – formal ou não – não haverá uma qualificação jurídica da coisa como bem público e, por conseguinte, retorna-se a questão que há coisas que independente de um agir estatal irão atender uma função social.

Talvez por essa razão que parte da literatura jurídica considere que a relação jurídica formada no domínio público seja de direito real limitado, já que tem por objeto uma coisa, mas não configura uma relação

---

[646] GAUDEMET, Yves. Op. cit., p. 15.
[647] FRANÇA. Conselho de Estado. *Arrêt Lecoq de 03 de março de 1978*.
[648] FRANÇA. Conselho de Estado. *Arrêt Avi de 31 de janeiro de 1995*.
[649] VANESTRALEN, Hernando. *Op. cit.*, p. 218.

de propriedade do Estado, uma vez que não é necessária para que possa garantir ou proteger que o bem atinja a sua finalidade pública.[650] Como exemplo típico aponta-se as servidões administrativas que, constituídas sob a propriedade privada permitem ao ente público sem que adquira a titularidade manter a destinação atual à finalidade coletiva e, portanto, a proteção da natureza pública exercida por parte da coisa, mediante a configuração de um direito real.

Tem por vantagem convergir na compreensão que se a disciplina jurídica especial funda-se na proteção da finalidade pública, deve envolver não apenas aquelas sob a titularidade estatal, mas igualmente que os bens sob uma titularidade privada, uma vez que destinados a um interesse público devem se revestir das garantias e exorbitâncias públicas.[651]

Todavia, importa superar a apropriação do instituto da propriedade nos seus contornos privados com a circunscrição dentro do domínio público de uma noção de direito real, com a titularização pelo Estado-Administração de direitos subjetivos com iguais posições jurídicas, que um proprietário individual.[652]

Por efeito, não resolve a problemática de se apropriar de categorias de direito privado e de sustentar faculdades típicas de um Estado-Proprietário, embora pretenda sustentar uma relação jurídica de direito real para a garantia do cumprimento da finalidade pelas referidas coisas se aproxime de uma perspectiva não apenas finalista, mas tipicamente funcionalista.

Como o próprio Tribunal Constitucional Espanhol já se manifestou, é possível reconhecer que a destinação a uma finalidade pública não é monopólio do domínio público, mas pode ocorrer com coisas sob uma titularidade privada, de forma que para as mesmas deve ser garantido um regime jurídico público.[653]

Assim, a relação jurídica que se forma tem por objeto os bens qualificados como públicos e pode ter como sujeitos não somente o Estado e a coletividade, mas qualquer outro ator social – público ou

---

[650] SCAGLIUSI, Maria de los Ángeles Fernández. *Op. cit.*, p. 98.
[651] CARBONELL, Elisa Moreu. *Op. cit.*, p. 448.
[652] Por esta razão, tende a literatura jurídica sustentar que no domínio público os direitos reais teriam caráter limitado. Neste sentido: DIEZ-PICASO, Luis. Breves Reflexiones Sobre El Objeto Del Demanio: Los Iura In Re Aliena. *Revista española de derecho administrativo*, n. 35, p. 651, 1982.
[653] ESPANHA. Tribunal Constitucional da Espanha. *Sentença nº 166, de 15 de Julho de 1998.*

privado – já que o seu liame é formado pela função social que é exercida pela coisa e não por sua titularidade.

Parece clara tal consagração, *mutatis mutandis*, pelo ordenamento jurídico, que reconhece a criação de uma pessoa de direito privado,[654] mas com uma finalidade de interesse público[655] e, portanto, aplicação de regras de direito público na proteção da função social assumida pela coisa.

Prevê igualmente de forma expressa a intervenção para proteção de tal acervo patrimonial pelo *parquet*,[656] o que denota a natureza coletiva ou pública dos interesses envolvidos,[657] o que resta claro, ao determinar uma forma de indisponibilidade no que tange à sua extinção e destinação dos bens à outra instituição de igual natureza.[658]

Igualmente, com a criação das próprias pessoas administrativas com personalidade jurídica de direito privado que, como perseguem tais fins coletivos,[659] estão sujeitas à uma disciplina jurídica

---

[654] BRASIL. *Lei Federal nº 10.406, de 10 de Janeiro de 2002*. Op. cit. Art. 44. São pessoas jurídicas de direito privado: (...) III – *as fundações*.
[655] BRASIL. *Lei Federal nº 10.406, de 10 de Janeiro de 2002*. Op. cit. Art. 62. Para criar uma fundação, o seu instituidor fará, por escritura pública ou testamento, dotação especial de bens livres, especificando o fim a que se destina, e declarando, se quiser, a maneira de administrá-la. Parágrafo único. A fundação somente poderá constituir-se para fins de: I – assistência social; II – cultura, defesa e conservação do patrimônio histórico e artístico; III – educação; IV – saúde; V – segurança alimentar e nutricional; VI – defesa, preservação e conservação do meio ambiente e promoção do desenvolvimento sustentável; VII – pesquisa científica, desenvolvimento de tecnologias alternativas, modernização de sistemas de gestão, produção e divulgação de informações e conhecimentos técnicos e científicos; VIII – promoção da ética, da cidadania, da democracia e dos direitos humanos; IX – atividades religiosas; e X – (VETADO).
[656] BRASIL. *Lei Federal nº 10.406, de 10 de Janeiro de 2002*. Op. cit. Art. 66. Velará pelas fundações o Ministério Público do Estado onde situadas.
[657] BRASIL. *Constituição da República Federativa do Brasil de 05 de Outubro de 1988*. Op. cit. Art. 127. O Ministério Público é instituição permanente, essencial à função jurisdicional do Estado, incumbindo-lhe a defesa da ordem jurídica, do regime democrático e dos *interesses sociais* e individuais indisponíveis.
[658] BRASIL. *Lei Federal nº 10.406, de 10 de Janeiro de 2002*. Op. cit. Art. 69. Tornando-se ilícita, impossível ou inútil a finalidade a que visa a fundação, ou vencido o prazo de sua existência, o órgão do Ministério Público, ou qualquer interessado, lhe promoverá a extinção, incorporando-se o seu patrimônio, salvo disposição em contrário no ato constitutivo, ou no estatuto, em outra fundação, designada pelo juiz, que se proponha *a fim igual ou semelhante*.
[659] BRASIL. *Decreto-Lei nº 200, de 25 de Fevereiro de 1967*. Art. 4º "A Administração Federal compreende: II – A Administração Indireta, que compreende as seguintes categorias de entidades, dotadas de personalidade jurídica própria: a) Autarquias; b) Empresas Públicas; c) Sociedades de Economia Mista. d) fundações públicas. Art. 5º Para os fins desta lei, considera-se: II – Emprêsa Pública – a entidade dotada de personalidade jurídica de direito privado, com patrimônio próprio e capital exclusivo da União, criado por lei para a exploração de atividade econômica que o Govêrno seja levado a exercer por fôrça de contingência ou de conveniência administrativa podendo revestir-se de qualquer das formas admitidas em

especial[660] com incidência de normas de direito público no que tange aos seus referidos bens.[661] É possível ainda visualizar o vínculo parcial que se forma com as coisas sob a titularidade privada, que estejam em parte destinadas à realização de uma função social – servidão, ocupação temporária ou tombamento – tanto que a sua integral destinação pública ocasionará a sua desapropriação indireta, ou seja, a sua qualificação como bem público.

Note que a concretização da função social é o elemento que determina não apenas as margens do domínio público e a aplicação do regime jurídico especial, mas, igualmente, o nexo causal que ligará o titular – Estado ou particular – com a coletividade, tendo por objeto a respectiva coisa.

Sepulta, por conseguinte, qualquer tentativa de centralizar tal relação jurídica na figura da afetação, pois é forçoso admitir que se há coisas sob outras titularidades que não do Estado – como visto no domínio público não estatal – não pode exclusivamente se sustentar que o ato ou manifestação de vontade estatal formará tal nexo causal.

Tal compreensão garante que se proteja a finalidade coletiva perseguida pelo bem, pois se o elemento que determina o nexo de seu titular com a coletividade não é uma manifestação volitiva, mas a própria função social exercida pela coisa, enquanto ela persistir haverá a sua proteção mediante a sujeição do regime jurídico especial.

---

direito. III – Sociedade de Economia Mista – a entidade dotada de personalidade jurídica de direito privado, criada por lei para a exploração de atividade econômica, sob a forma de sociedade anônima, cujas ações com direito a voto pertençam em sua maioria à União ou a entidade da Administração Indireta".

[660] BRASIL. Lei Federal nº 13.303, de 30 de Junho de 2016. Dispõe sobre o estatuto jurídico da empresa pública, da sociedade de economia mista e de suas subsidiárias, no âmbito da União, dos Estados, do Distrito Federal e dos Municípios. Secretaria-Geral, Brasília, 30 de junho de 2016. Disponível em: https://www.planalto.gov.br/ccivil_03/_ato2015-2018/2016/lei/l13303.htm. Acesso em: 20 out. 2023. Art. 1 "Esta Lei dispõe sobre o estatuto jurídico da empresa pública, da sociedade de economia mista e de suas subsidiárias, abrangendo toda e qualquer empresa pública e sociedade de economia mista da União, dos Estados, do Distrito Federal e dos Municípios que explore atividade econômica de produção ou comercialização de bens ou de prestação de serviços, ainda que a atividade econômica esteja sujeita ao regime de monopólio da União ou seja de prestação de serviços públicos".

[661] BRASIL. Lei Federal nº 13.303, de 30 de Junho de 2016. Op. cit. Art. 28. "Os contratos com terceiros destinados à prestação de serviços às empresas públicas e às sociedades de economia mista, inclusive de engenharia e de publicidade, à aquisição e à locação de bens, à alienação de bens e ativos integrantes do respectivo patrimônio ou à execução de obras a serem integradas a esse patrimônio, bem como à implementação de ônus real sobre tais bens, serão precedidos de licitação nos termos desta Lei, ressalvadas as hipóteses previstas nos arts. 29 e 30".

Assim, na fundação, enquanto a coisa conservar a sua destinação pública, não é possível qualquer ato de disposição por seu gestor que retire da sua afetação, de forma que a dissolução da pessoa com a tredestinação dos seus bens para outra que exerça a mesma função social só ocorrerá caso não tenha aptidão para atender mais o fim público.

De igual sorte, a alienação da propriedade com ocupação temporária, tombamento ou servidão ocorre com o gravame real, que corresponde ao instrumento formal de proteção do atendimento parcial da função social, de modo que ainda alienada é garantida a perpetuação do cumprimento daquele interesse da coletividade.

Reconduz à categoria de função social que, ao atuar como elemento central da teoria do domínio público, permite delimitar contornos claros não apenas na delimitação do acervo e do seu regime aplicável, mas da relação que o titular e a coletividade terão tendo por objeto coisas que atendam necessidades coletivas.

Porém, mais do que isso, adéqua-se à própria instrumentalidade da função pública, que demanda a adequação dos seus institutos e do regime jurídico especial à finalidade pública, permitindo distingui-lo da teoria privada, tal como ocorre, por exemplo, na responsabilidade estatal, que é dotada de elementos próprios.[662]

Ao considerar que é a concretização da função social o elemento que determinará o nexo formado entre o titular e a coletividade em torno de uma coisa, permite-se uma especificidade clara e nítida em relação aos bens privados, já que, embora ligados também à uma função social, a ordem jurídica demanda tão somente uma adequação.

Auxilia na resolução da celeuma, que será tratada com maiores detalhes, dos bens sob a titularidade estatal desfuncionalizados, já que uma vez que não exercem uma função social não há a formação de uma relação jurídica entre o Estado e a sociedade que permitam a sua qualificação como pública e, portanto, vedação à sua aquisição por usucapião.

Por outro lado, também, permite resolver a problemática, dos bens sob a titularidade particular, que se encontram funcionalizados, por exemplo, as florestas em domínios privados, pois já que exercem uma função social há a formação de uma relação jurídica entre o Estado e a sociedade e a sua qualificação como pública, o que demanda uma proteção.

---

[662] ALFONSO, Luciano Parejo. *Op. cit.*, p. 36.

Tal compreensão de que a relação jurídica que tem por objeto os bens públicos também decorre da função social assumida adéqua-se à noção de que a satisfação de determinadas necessidades coletivas ou situações de escassez determinam o *status* público dos bens para a satisfação do interesse público.[663]

Isto fica claro, por exemplo, no que se refere às águas particulares que, por enquanto, não atendem uma função social, porém, na medida em que eventual escassez ou demanda torne necessário à satisfação de necessidades coletivas, importará no reconhecimento de uma relação jurídica formada com a coletividade e a sua qualificação como pública.[664]

Note que o reconhecimento do atendimento a uma finalidade coletiva que demarca a natureza pública da coisa não significa necessariamente que o bem deverá estar sob a titularidade do poder público, pois importaria, igualmente, identificar a noção de público e estatal e de que os bens públicos são aqueles sob a propriedade do Estado.

Porém, admitindo-se que o vínculo formado entre o titular e a coletividade tendo por objeto a coisa qualificada como pública decorre da concretização da referida função social cabe então determinar qual será o papel do respectivo sujeito no que tange a tal relação jurídica funcionalizada formada.

Tratando-se de uma relação intersubjetiva tendo por centro tal objeto serão impostos direitos e deveres de cada um dos sujeitos envolvidos, de forma a garantir o atendimento à finalidade da respectiva relação jurídica, no caso, o atendimento da função social pela referida coisa qualificada como pública.

Neste sentido, assume especial relevo determinar quais serão os deveres impostos ao titular das coisas que são qualificadas como bens públicos na respectiva relação jurídica, já que serão exercidos por sujeitos públicos ou privados, cuja própria especificidade de suas naturezas resultará em obrigações distintas.

No que tange ao Estado, importa na superação de sua compreensão de proprietário com faculdades para a sua verificação de titular com deveres específicos em relação à coisa, que serão igualmente distintos, conforme esteja ou não sob a titularidade imediata ou direta dos referidos bens públicos.

---

[663] SCAGLIUSI, Maria de los Ángeles Fernández. *Op. cit.*, p. 102.
[664] Parece que tal entendimento foi incorporado pelo próprio Código de Águas. BRASIL. *Decreto Federal nº 24.643, de 10 de Julho de 1934*. Art. 3º "A perenidade das águas é condição essencial para que elas se possam considerar públicas, nos termos do artigo precedente".

Já no que se refere aos particulares, significa aduzir que, além das obrigações gerais impostas no uso regular dos bens públicos, devem ser verificadas quais serão impostas enquanto estiver sob a titularidade das relativas coisas, de forma a garantir não apenas uma adequação, mas o cumprimento de uma função social.
O tema será tratado a seguir.

3.4 Do efeito da atribuição de titularidade dos bens públicos: das obrigações do domínio público ao papel de gestor na função social

Em grande medida, a crise da teoria dos bens públicos decorre da própria assimilação da categoria jurídica de propriedade,[665] que tem sofrido alterações em razão da ascensão de um modelo constitucional voltado à proteção do homem e seus direitos e conduz à uma despatrimonialização das relações jurídicas.[666]

No direito civil, tal crise no conceito tradicional e liberal de propriedade sobre a coisa, ao demandar uma flexibilidade do conceito para se acomodar às exigências da vida social acaba sendo imposto a todos os sujeitos e, por conseguinte, demanda sua assimilação, também, ao próprio Estado.[667]

Deste modo, sustentar uma concepção patrimonialista sobre a coisa pública, que não se adéqua mais à ordem jurídica vigente sequer no que se refere ao direito privado corresponde ignorar que sob a égide de um Estado Constitucional de Direito o exercício de qualquer titularidade sobre o bem sujeita-se à uma série de deveres.

Se aos bens qualificados como privados são impostas obrigações de compatibilização com os fins perseguidos pela ordem jurídica, supor que a figura de um Estado exerce poderes administrativos ou faculdades plenas de proprietário é contrariar que os bens atribuídos à sua titularidade o são para a garantia da realização de seus objetivos.[668]

Ademais, importa ignorar que os sucessivos conflitos envolvendo as coisas públicas – como a usucapião de bens estatais abandonados

---
[665] CARBONELL, Elisa Moreu. *Op. cit.*, p. 471.
[666] MORAES, Maria Celina. A caminho de um direito civil constitucional. *Revista de Direito Civil Imobiliário*, Agrário e Empresarial, vol. 65, p. 8, 1993.
[667] BLANCO, Alejandro Vergara. *Op. cit.*, p. 138.
[668] DUGUIT, Leon. *Op. cit.*, p. 315.

– decorrem da tentativa de perpetuação de um *status quo* na teoria formulada, que não se adéquam às transformações observadas nas relações sociais e na própria regulação da coisa pelo Direito.

Neste sentido, também, aponta a literatura jurídica a necessidade de uma redefinição urgente do direito das coisas, de forma a garantir uma adequação entre a teoria jurídica e a realidade concreta, de maneira que sua concepção absoluta deve ceder às suas novas formas de expressão, como condicionamentos, desmembramentos e relativismos.[669]

Assim, a regulação do instituto tem sofrido alterações contemporâneas para admitir a sua relativização diante da funcionalização aos fins sociais, ambientais e econômicos da ordem jurídica que, embora pareça ser mais evidente no âmbito do direito privado, no que tange ao Estado não parece efetivamente ter ocorrido. 670

A crescente superação da patrimonialização da coisa no âmbito jurídico-civil não tem sido acompanhada no que se refere aos bens públicos, o que ignora a verdadeira justificação do título atribuído para intervenção sobre tais bens – e para a própria atuação do próprio Estado – que é a realização de uma função social.[671]

Torna-se necessário deslocar o princípio ontológico do instituto de uma concepção subjetiva – de titularidade – para uma noção teleológica – de função – adéqua-se melhor ao vínculo público que se forma com os referidos bens[672] e isto importa em uma transmutação no papel do titular das referidas coisas.

Demanda-se uma disassociação do binômio função-titularidade e sua relação recíproca – os bens públicos são aqueles de titularidade do Estado e cabe ao Estado apenas exercer a titularidade dos respectivos bens – de forma a evitar a associação falsa de domínio público e de propriedade pública.[673]

Pretendida que a teoria do domínio público corresponda a uma técnica jurídica capaz de constituir um título pleno de intervenção administrativa que legitime a atuação estatal sob as referidas coisas,

---

[669] GILLI, Jean-Paul. *Redéfinir le droit de propriété*. Paris: Centre de Recherche d'Urbanisme, 1975. p. 124.
[670] Embora se sustente que sobre os bens públicos o Estado exerça um direito de *propriedade*, todavia, não se admite a assimilação do dever de *funcionalização social das propriedades* aos bens públicos desafetados ao interesse público, a ponto de admitir a sua usucapião. O tema será tratado oportunamente no item 4.4.
[671] ALFONSO, Luciano Parejo. *Op. cit.*, p. 25.
[672] BLANCO, Alejandro Vergara. *Op. cit.*, p. 139.
[673] BLANCO, Alejandro Vergara. *Op. cit.*, p. 147.

não deve ser tido em um sentido regaliano de propriedade de relação do titular com o bem.[674] Se a coisa é qualificada como pública em razão da medida que se liga à concretização de um interesse público, o papel do seu titular não será de exercer um domínio ou senhorio sob a mesma com os respectivos poderes ou faculdades, mas a atribuição de prerrogativas na medida necessária para que se garanta o cumprimento das necessidades coletivas.

Neste viés, a desvinculação da noção de função com a de titularidade converte-se no principal instrumento para superar a teoria patrimonialista do domínio público,[675] de forma a orientar as suas repercussões no que tange à assunção da titularidade sobre as referidas coisas, bem como os efeitos decorrentes.

Sustentar a existência de uma titularidade sobre os bens públicos não significa assumir que tal sujeição se identifique com um direito de propriedade – tal qual um sujeito privado – ou um poder administrativo – em uma concepção liberal oitocentista do Estado – mas antes que deve se adequar à ordem jurídico-constitucional subjacente.

Porém, também, não é ignorar que, ao se formar uma relação jurídica entre o titular – seja público ou privado – com a coletividade tendo por objeto tal coisa qualificada como pública, isto não importará na atribuição ao lado da obrigação de determinados direitos, mas que se fundamentam e legitimam na medida em que correlacionam com tal finalidade.[676]

Voltada a titularidade dos bens públicos não como atribuição de senhorio ou poder, mas ligada à realização de uma função social, isto não significa admitir que o seu exercício ocorrerá de forma idêntica em relação aos diferentes sujeitos que podem exercê-la, bem como as próprias coisas que se ligam à uma necessidade coletiva.

Como visto, há determinadas coisas que sua própria substância ligam-se à uma necessidade coletiva, inclusive, essencial, por se ligar à existência e perpetuidade humana –, por exemplo, o ar e os mares – enquanto outras a sua natureza material não a dotam de uma função coletiva, mas depende de um ato de vontade – como um prédio.

---

[674] PALASÍ, Villar. *Derecho Administrativo*. Madrid: Universidad de Madrid, 1968. p. 32.
[675] BLANCO, Alejandro Vergara. *Op. cit.*, p. 139.
[676] BRASIL. *Lei Federal nº 10.406, de 10 de Janeiro de 2002*. Art. 187. "Também comete ato ilícito o titular de um *direito que, ao exercê-lo, excede manifestamente os limites impostos pelo seu fim econômico ou social*, pela boa-fé ou pelos bons costumes".

Há de se admitir que a própria natureza enquanto não designativa da qualificação de público da coisa – pois é o atendimento à função coletiva que a determina e não a sua aptidão física ou orgânica – entretanto, produz uma distinção no que tange aos direitos e deveres que serão assumidos pelos seus titulares.

Isto porque algumas dessas coisas são materialmente inapropriáveis e, portanto, juridicamente indisponíveis em razão de sua própria natureza – como os bens jurídicos naturais – enquanto outras em sua substância são passíveis de apropriação, sendo atribuída a sua inalienabilidade como forma de proteger a sua função – tais quais os artificiais.

Por esta razão, com apoio na literatura jurídica, pode se sustentar uma escala gradativa no que se refere ao reconhecimento de tais bens públicos como objeto de direitos pelos seus respectivos titulares,[677] de forma a se adequar à especificidade que assumem tais coisas na realização da função social.

Assim, embora dados bens naturais façam parte do domínio público e a rigor estejam sob a titularidade difusa da coletividade, a sua natureza material ou como preferem alguns autores a sua indeterminabilidade espacial – como o espaço aéreo, marítimo, territorial e afins – impede não apenas a sua apropriação, ao menos total, mas um senhorio pleno.[678]

Por efeito, para tais autores, sob tais bens públicos o seu titular não teria como exercer uma propriedade pública, mas apenas direitos dominiais sob as referidas coisas, dotando-o de um conjunto de prerrogativas que seriam necessárias para a garantia do atendimento da função social.[679]

Embora se rechace que o Estado exercerá propriedade sobre qualquer outro bem qualificado como público, ainda que materialmente apropriável, tal entendimento conduz à uma interessante reflexão acerca da diferenciação do papel assumido pelo titular no que tange às coisas públicas naturais e artificiais, inclusive, no que se refere às coisas privadas.

Uma importante distinção da relação administrativa formada com o bem público se diferencia da relação de propriedade formada pelo bem privado é a capacidade de disposição – tanto na aquisição,

---

[677] CAETANO, Marcelo. *Op. cit.*, p. 827.
[678] CAETANO, Marcelo. *Op. cit.*, p. 827.
[679] CAETANO, Marcelo. *Op. cit.*, p. 827 e 829.

uso e perda do domínio – que seria limitada em razão da destinação do bem à finalidade pública.[680] Uma vez que os bens privados são orientados pelo princípio da autonomia de vontade à sua disposição – naquele sentido amplo – encontra um espaço amplo desde que adequado ao exercício da função social, ao passo que os bens públicos, uma vez que direcionados pelo princípio do interesse público deve ter sua disposição condicionada àquela finalidade.

Por efeito, o domínio sobre as coisas públicas garante ao seu titular que sejam concedidos direitos igualmente públicos enquanto necessários à própria proteção da finalidade pública, permitindo-se, por conseguinte, render o máximo de utilidade coletiva, através de um tratamento distinto daquele efetuado do regime privado.[681]

Porém, isto não importa que haveria um direito do Estado de manter a sua conservação na propriedade pública e, portanto, resguardar uma esfera de proteção pública para a coisa, mesmo que esteja desafetada ou desclassificada de sua utilidade pública, já que o ente estatal poderia atribuir outra igual finalidade coletiva.[682]

Considerando que é o elemento funcional que forma o nexo causal entre o titular e a coletividade tendo por objeto o bem que se qualifica como público e concede os direitos e deveres, isto ocorre apenas em razão da função social exercida e na medida em que se a proteja, de forma que, inexistindo ou não subsistindo, há a extinção dessa relação jurídica.

Ao revés, considerando-se que o complexo de direitos e deveres são atribuídos devido ao liame funcional formado, pelo cumprimento da função social pela coisa, isto significa admitir que houver uma gradação de acordo com a medida que há o atendimento da necessidade coletiva por aquele bem qualificado como coletivo.

Neste giro, inequívoco que para os bens públicos naturais, uma vez que exercem por si só a função pública e são insuscetíveis de apropriação exceto de forma parcial, significaria uma reserva de direitos para abranger a fruição e disposição ordenada pelo Estado, apenas no que tange ao poder de regular e de policiar o uso desses bens.[683]

---
[680] LIMA, Ruy Cerne. *Op. cit.*, p. 77.
[681] CAETANO, Marcelo. *Op. cit.*, p. 827 e 829.
[682] CAETANO, Marcelo. *Op. cit.*, p. 830.
[683] CAETANO, Marcelo. *Op. cit.*, p. 834.

Não cabe ao titular a disposição da coisa natural quando qualificada como pública, como o ar ou rio, visto que o exercício de sua função social não só não ocorre por um ato de vontade, como se no primeiro caso é impossível desafetá-los, no segundo seria admitir a disposição de uma necessidade coletiva e até mesmo humana.

Porém, se não é possível a disposição em si das referidas coisas, é possível que o Estado possa na sua regulação destinar a exploração a um sujeito privado em prol da coletividade ou exercer o dever-poder de polícia, garantindo uma disposição do uso ou restrição transitória a indivíduos que permita a proteção da sua finalidade social.[684]

Já para os bens artificiais, cujo exercício da função pública decorre de um ato de vontade e a sua substância não impede a sua apropriação, por exemplo, os prédios, há de se admitir que se a relação jurídica é formada por um ato que o ligue à uma finalidade coletiva, a sua perpetuação ocorrerá enquanto permanecer a mesma.

Por efeito, serão atribuídos igualmente direitos e deveres ao titular das referidas coisas, de forma a garantir o exercício de sua função social, mas uma vez que isto decorre de um ato que produz a sua afetação, há de se admitir que será garantida uma inalienabilidade enquanto permanecer ligada à finalidade, ou seja, sem impedimento que haja uma eventual disposição.

Novamente, rechaça-se qualquer tese de que o reconhecimento de uma afetação ou desafetação da coisa a uma finalidade coletiva signifique firmar um critério de titularidade como definidor na relação jurídica ou uma concepção patrimonial da coisa pública, mas se liga eminentemente à questão da função social.

Recorde-se que a disponibilidade é traço característico do direito de propriedade enquanto ligada à autonomia de vontade, ao passo que a inalienabilidade é característica da coisa pública ligada à função pública, o que não necessariamente importa que o Estado é proprietário, mas gestor daqueles interesses da coletividade.[685]

Admitir-se uma inalienabilidade não implica no reconhecimento de uma indisposição absoluta, mas tão somente que determinadas coisas enquanto qualificadas como públicas se sujeitam àquele regime protetivo especial já visto, sem que isso signifique uma restrição absoluta

---

[684] BIELSA, Rafael. *Op. cit.*, p. 170-171.
[685] TAVARES, José. *Op. cit.*, p. 349.

ao seu titular da disposição, mas a sua conservação enquanto ligada à finalidade.

Tal proposição converge para a tese já aqui exposta de que a gradação do atendimento da função social não apenas define as fronteiras do público e do privado, mas, igualmente, delimita formas distintas de cumprimento das necessidades coletivas pelos bens públicos, que influem na gradação do regime aplicável e no papel do seu titular.

Tanto os direitos quanto deveres do titular do bem qualificado como público serão graduados em razão de sua vertente objetiva – na medida em que tais coisas ligam-se de forma distinta ao atendimento da função social – quanto em sua vertente subjetiva – na forma em que sujeitos distintos são responsáveis pela garantia desta finalidade pública.

Assim, reconhecido que haverá uma gradação nos direitos e deveres relativos a coisas que atendem por si só uma necessidade coletiva em relação à outras que só por um ato de vontade são destinadas à uma finalidade social, há de se verificar se os mesmos serão exercidos de forma idêntica pelos seus sujeitos.

Como visto, as transmutações ocorridas na soberania do Estado e na persecução dos interesses da coletividade resultaram em um descolamento do público com o estatal e o reconhecimento de que haverá bens sob uma titularidade imediata do Estado enquanto outros poderão estar sob a sujeição do grupo social ou sujeito privado.

É tradicional a noção que sob os bens públicos cada indivíduo teria o direito de uso ou gozo como titular de um *jus utendi* em razão de uma titularidade comum que atribuiria a todos de forma *uti singuli* e *uti universi*,[686] embora não determine em si os deveres decorrentes dessa sujeição das respectivas coisas.

Ao revés, considera que os bens públicos estão sujeitos à regulação pelo próprio Estado, que permitiria condicionar o uso ao seu destino e a utilização pelos outros sujeitos,[687] sustentando alguns, inclusive, que isto decorreria de se tratarem de *res nullius* possuída em nome alheio pelo Estado para assegurar à coletividade a sua fruição.[688]

Entretanto, não parece adequado sustentar que os bens públicos são *res nullius*, pois além de se admitir uma possível apropriação seria ignorar que sob tais coisas existe uma titularidade ou sujeito que exerça

---

[686] BIELSA, Rafael. *Op. cit.*, p. 166.
[687] BIELSA, Rafael. *Op. cit.*, p. 166.
[688] PROUDHON, M. *Op. cit.* p. 4 e ss.

direitos e deveres em relação a ela,[689] sem que considere que isso seja uma propriedade, já que tais coisas não visam o *usufructus, abusos* e afins[690].

Admitida, porém, que há coisas que estarão sob a titularidade não estatal, mas da própria coletividade, seja através de determinado grupo social – como as terras ocupadas pelos indígenas – ou sujeito privado – como na despublicização –, caberá definir os seus respectivos deveres em relação à coisa.

Desde já, ultrapassa-se à noção de que tais deveres se limitariam àqueles decorrentes da regulação estatal sob as referidas coisas, pois correspondem a restrições ordinárias decorrentes do exercício de um poder de polícia geral que decorrem das necessidades de ordenação do seu respectivo uso.

Admitida uma titularidade da coletividade ou de algum daqueles atores sociais sob as coisas públicas há de se definir o seu papel na garantia de concretização da função social perseguida pelo bem público e, por conseguinte, quais serão os seus deveres e, em que medida, esses serão ou não idênticos ao do Estado.

A literatura estrangeira aponta que, para a proteção dos bens enquanto suportes materiais ao exercício de uma função pública que impõem ao seu titular, seja o Estado ou o particular as chamadas obrigações do domínio público que legitimam o exercício das garantias e prerrogativas públicas.[691]

Não se deve considerar que tais obrigações impostas pela titularidade correspondam por si o elemento que determina a formação do nexo ou distingue a relação jurídica, que tem por objeto a coisa pública, pois traduz isto na consequência jurídica ou sanção imposta pelo vínculo jurídico formado em relação ao referido objeto.

Seria partir de uma concepção positivista-estruturalista, em que a imputação da referida consequência ao sujeito é o traço distintivo da relação jurídica e do próprio Direito[692] quando, embora seja inegável que sob os bens públicos incidam os deveres de guarda e proteção, não parece que sob todos que tenham tais deveres resulte em uma natureza pública.

---

[689] ALVAREZ-GENDÍN, Sabino. *Op. cit.*, p. 24.
[690] MENEGALE, J. Guimarães. *Op. cit.*, p. 19.
[691] CARBONELL, Elisa Moreu. *Op. cit.*, p. 448-449.
[692] KELSEN, Hans. *Teoria Pura do Direito*. São Paulo: Martins Fontes, 2003. p. 86-91 e p. 113-115.

Porém, adéqua-se a compreensão de que se uma concepção de relação jurídica determina uma articulação de direitos e deveres surgindo para o seu titular, haverá obrigações jurídicas impostas aos seus sujeitos de criação e manutenção das coisas públicas, de forma a alcançarem a sua finalidade coletiva.[693]

Não obstante, parece que tais obrigações de domínio público de fato são antes uma designação distinta para abranger os deveres decorrentes da gestão pública, que incidirão sob os titulares que estejam na execução do *munus publico*, em especial, na figura estatal enquanto ente moral cuja criação e perpetuação liga-se à satisfação dos interesses públicos.

Isto implica admitir que, embora haja obrigações de proteção e promoção da função social que devem ser exercidas pelo titular da coisa pública – seja coletividade, grupo social ou particular – o Estado, mesmo que não a esteja com a sua sujeição direta, conservará, ainda, o dever de proteção da função social assumida.

Relembre-se no caso já analisado das terras tradicionalmente ocupadas que figuram como domínio público não estatal – já que sob sujeição do grupo indígena – aos quais devem conservar a função social assumida – identidade e cultura indígena – sob pena de se extinguir o liame jurídico, que tanto as qualificam como públicas, quanto fundamentam tal titularidade.

Além das obrigações decorrentes dessa atribuição da titularidade a tal grupo social inegável que cabe ao Estado, igualmente, preservar essa função social – de forma que aquele sujeito não poderia, por exemplo, contra invasões e explorações – bem como garantir a proteção das outras necessidades coletivas – como a proteção dos rios e demais bens naturais.

Na literatura jurídica tradicional, sustenta-se tal reserva de obrigações em razão de uma suposta dicotomia da titularidade, de modo que embora a sua execução ou sujeição direta estivesse sob um particular, ainda guardaria o Estado uma titularidade imediata sob as referidas coisas.

É a apropriação na teoria das coisas públicas da concepção de propriedade e de seu senhorio que estreitou a noção de público com de Estado, confundindo ambos, pois sob as atividades e bens públicos

---

[693] ALFONSO, Luciano Parejo. *Op. cit.*, p. 30.

o ente moral exerce uma função de gestor, ao que cumpre entregar seu aproveitamento à coletividade o verdadeiro sujeito de tais coisas.[694] O raciocínio é reverso, pois as obrigações impostas ao Estado na conservação e promoção dos bens públicos não são decorrentes de possuir uma sujeição última sob tais respectiva coisas, mas de ser gestor dos interesses da coletividade, que correspondem aos verdadeiros titulares, sem que possuam *per si* os instrumentos para a sua proteção.

Se o fundamento da atuação do Estado ligava-se no Estado Liberal de Direito a noção de potestade ou senhorio sob a coisa com a consagração do Estado Constitucional de Direito configura em deveres que se voltam na garantia da função social dos bens que integram o domínio público.[695]

Isto implica na compreensão de que não basta o Estado exercer obrigações em um conceito estático – de afetação da coisa a uma finalidade pública – mas assumir uma visão dinâmica e historicamente fluídica – no dever jurídico de orientar a ação dos seus órgãos e agentes à tutela e promoção da função social.[696]

Ademais, de que mesmo sob os bens que não estejam na sua titularidade caberá uma atuação estatal, visto que o elemento que deflagra a sua atuação não é o objeto estar sob a sujeição, mas a perseguição da finalidade coletiva, de modo que mesmo sob a titularidade de outrem restará as obrigações de atuar quando necessário na proteção da função social.

Assim, desloca-se por vez a compreensão de um Estado-Proprietário – que exerce faculdades de senhorio e prerrogativas soberanas sob as suas coisas – para de um Estado-Gestor – que enquanto regulador dos interesses da coletividade é atribuído um dever jurídico de proteção e promoção das coisas ligadas às finalidades sociais.

Compreender que o Estado não exerce um direito de propriedade, mas um dever de gestão sobre a coisa pública é admitir que sobressai a relevância dos bens públicos, não em razão de sua titularidade, mas do seu exercício enquanto afetado ao interesse da coletividade, o que importa na própria ampliação da noção de gestão.[697]

---

[694] BLANCO, Alejandro Vergara. *Op. cit.*, p. 140.
[695] ALFONSO, Luciano Parejo. *Op. cit.*, p. 26.
[696] ALFONSO, Luciano Parejo. *Op. cit.*, p. 26.
[697] GONZÁLEZ, Julio V. González Garcia. *Op. cit.*, p. 127.

Centrada a relação jurídica no elemento teleológico, isto importa não apenas no reconhecimento de que a titularidade pode ser estatal ou não, já que se busca a realização daquela função social, mas que se pretende alcançar a sua melhor forma de concretização, a própria redefinição da exclusividade da mesma.

Isto significa que se a noção de Estado-Proprietário reforçava uma concepção liberal de propriedade pública sob um domínio exclusivo de um ente estatal sustentar um conceito de Estado-Gestor é substituí-lo por uma noção de competências[698] com a atuação coordenada por variados entes na consecução do interesse público.

É mais um dos mitos dos bens públicos a noção de que tais coisas devem estar sob o domínio – como sujeição – de um ente estatal – quando sob a égide de um Estado de Direito estarão sob uma repartição constitucional[699] entre mais de um ente se necessário para o melhor atendimento da função social.

Assim, refletir sobre os efeitos produzidos na atribuição de titularidade dos bens qualificados como público à luz da perspectiva funcionalista, em certa medida, corresponde admitir que a própria noção de titularidade deve se sujeitar à uma releitura que se adéque melhor à realização da função social.

Assim, substitui-se a tradicional noção de titularidade como uma sujeição sob os bens para uma concepção de competências exercidas sob tais coisas,[700] que se adéquam muito mais à noção não de um ente moral criado para atingir finalidades públicas, mas de funções públicas que serão perseguidas por entes morais.

Como já firmou a Corte Constitucional Espanhola, devem-se analisar os bens públicos além de seu regime jurídico de titularidade, também reconhecê-los como o suporte físico ou material de uma pluralidade de atividades públicas e privadas, ao qual a Constituição atribui competências aos variados entes federados.[701]

Neste sentido, o regime constitucional de partilha de competências e de bens adota um modelo de federalismo cooperativo que estrutura um sistema que combina competências exclusivas, privativas e principiológicas com competências comuns e concorrentes, buscando

---

[698] GONZÁLEZ, Julio V. González Garcia. *Op. cit.*, p. 127.
[699] CARBONELL, Elisa Moreu. *Op. cit.*, p. 455.
[700] GONZÁLEZ, Julio V. González Garcia. Op. cit., p. 127.
[701] ESPANHA. Tribunal Constitucional da Espanha. Sentença nº 227, de 29 de noviembre de 1988.

um equilíbrio na federação, mas prevendo atuações paralelas entre os entes.[702] Junto à técnica do federalismo cooperativo acresce um esquema de competências concorrentes com atributos exercidos por mais de um ente de federação, de forma a garantir maior eficiência na execução de tarefas e objetivos de interesse social e uma responsabilidade do Estado.[703]

Note que há uma necessária convergência desse modelo federalista de partilha de competências com a teoria dos bens públicos, pois não há como sustentar uma titularidade rígida no que se refere a tais coisas, uma vez que correspondem aos substratos materiais para a realização daqueles *munus publicos*.

Assim, é possível identificar um papel de Estado-Gestor dos bens públicos pela Constituição Federal ao determinar ser competência *comum* dos quatros níveis federados a conservação *do* patrimônio público,[704] da proteção de bens de valor histórico, artístico e cultural[705] e dos bens públicos naturais.[706]

Note que a Constituição Federal não determina um dever individual consentâneo ao titular dos bens públicos de garantir a guarda dos bens que são da federação a ele atribuído, em razão da partilha constitucional, mas atribui um dever comum de todos os entes na preservação do patrimônio daquela comunidade política.

Reforça a ideia de que, embora possa ser atribuída uma titularidade aos bens públicos, não exclui os deveres consentâneos, que serão impostos aos demais entes estatais enquanto criados para satisfação dos interesses da coletividade de garantir a preservação da função social que exercem.

---

[702] SILVA, José Afonso da. *Op. cit.*, p. 477 e 479.
[703] SILVA, Almiro do Couto e. Comentários ao Artigo 20 da Constituição Federal (Bens da União). *In*: CANOTILHO, J. J. Gomes; SARLET, Ingo Wolfgang; STRECK, Lenio Luiz; MENDES, Gilmar Ferreira. *Comentários à Constituição do Brasil*. São Paulo: Saraiva/Almedina, 2013. p. 1552.
[704] BRASIL. *Constituição da República Federativa do Brasil de 05 de Outubro de 1988. Op. cit.* Art. 23. "É competência comum da União, dos Estados, do Distrito Federal e dos Municípios: I – zelar pela guarda da Constituição, das leis e das instituições democráticas e *conservar o patrimônio público*".
[705] BRASIL. *Constituição da República Federativa do Brasil de 05 de Outubro de 1988. Op. cit.* Art. 23: (...) "III – proteger os documentos, as obras e outros bens de valor histórico, artístico e cultural, os monumentos, as paisagens naturais notáveis e os sítios arqueológicos".
[706] BRASIL. *Constituição da República Federativa do Brasil de 05 de Outubro de 1988. Op. cit.* Art. 23: (...) "VII – preservar as florestas, a fauna e a flora".

Ademais, ao tratar da gestão associada, é expressa pela Constituição Federal que a formação de consórcios públicos e de convênios de cooperação podem resultar a transferência total ou parcial de bens públicos,[707] o que sobreleva a prevalência de sua função na realização do interesse público sobre a sua titularidade.

Não é recente a superação da ideia de competência exclusiva para uma gestão associada dos serviços públicos, que mediante a permeabilidade das competências supõe a atuação de várias entidades administrativas na prossecução do interesse público e, portanto, a afetação dos referidos bens públicos para tal mister.[708]

Em certa medida, a literatura jurídica pátria já reconhece a prevalência da função sob a titularidade dos bens públicos, ao admitir *exempli gratia* a desapropriação de um ente federado sobre outro, desde que observado o princípio da preponderância de interesses – nacionais, regionais e locais – que justifique a referida ingerência.[709]

Tal entendimento parece ser admitido, igualmente, pelos autores estrangeiros em maior ou menor grau, ao admitir que a mudança de titularidade na coisa pública, sem que isto resulte em uma perda da sua finalidade coletiva, e tão pouco, em violação ao princípio da inalienabilidade, já que mantida a destinação e o domínio público.[710]

Também parece assumido pelo Conselho de Estado Francês que adere essa *théorie des mutations domaniales*, ao permitir que o Estado possa de forma discricionária e sem qualquer indenização modificar a afetação de uma coisa do domínio público que pertença ao outro ente moral com personalidade de direito público.[711]

Uma vez que o domínio público é marcado pela prossecução do interesse público, todos os bens que o compõem são indivisíveis e estão destinados à proteção deste, o que justifica a modificação do

---

[707] BRASIL. *Constituição da República Federativa do Brasil de 05 de Outubro de 1988. Op. cit.* "Art. 241. A União, os Estados, o Distrito Federal e os Municípios disciplinarão por meio de lei os consórcios públicos e os convênios de cooperação entre os entes federados, autorizando a gestão associada de serviços públicos, bem como a transferência total ou parcial de encargos, serviços, pessoal e *bens* essenciais à continuidade dos serviços transferidos".
[708] ARÉVALO, Manuel Francisco Clavero. *Op. cit.*, p. 53.
[709] CARVALHO FILHO, José dos Santos. *Manual de Direito Administrativo*. 27. ed. rev. atual e ampla. São Paulo: Atlas, 2014. p. 836.
[710] ARÉVALO, Manuel Francisco Clavero. *Op. cit.*, p. 51.
[711] FRANÇA. Conselho de Estado. *Arrêt Ville de Paris et chemins de fer d'Orléans de 16 de Julho 1909.*

thelos de um bem público por uma autoridade, de coisa que está sob a sujeição de outra.[712] No caso da França, não há propriamente uma mudança da titularidade, mas uma modificação ou superposição da afetação do bem público, que permite a transferência da gestão do ente local para o ente nacional,[713] o que afirma claramente no âmbito do domínio público uma distinção entre a noção de titularidade e função.

Claro que tal construção teórica e jurisprudencial de uma mutação dominial surgiu para contornar uma suposta proibição de expropriação da coisa pública, em razão do princípio da inalienabilidade do domínio público,[714] porém, acaba por reforçar o critério de função na delimitação dos contornos da titularidade e na sua própria modificação.

Com tal construção, a teoria dos bens públicos evolui para a par de um domínio absoluto do seu titular, para uma homogeneização em torno da competência, de forma a haver a participação coordenada de todas as Administrações Públicas afetadas pelo substrato físico ou real da destinação da coisa.[715]

Admitir tal superposição na destinação da coisa conduz ao reconhecimento de uma gestão conjunta entre os sujeitos públicos e uma composição dos interesses públicos incidentes no caso do Estado Unitário Francês entre os interesses locais e nacionais[716] e na questão do Estado Federado Brasileiro entre os interesses locais, regionais e nacionais.

Por efeito, reconhecer uma titularidade aos bens públicos a partir de uma perspectiva funcional é sustentar que não apenas existirão sujeitos públicos e privados responsáveis pela gestão das referidas coisas, como que isto não ocorrerá de forma exclusiva, mas do modo que permita o melhor atendimento da função social.

Por efeito, quando a titularidade do bem público estiver sob um grupo social ou ente privado, caberá uma atuação do Estado, bem como, se a coisa pública estiver sob a sujeição de um ente público, isto não excluirá a atuação de outros entes estatais, de forma a garantir a melhor realização da necessidade coletiva.

---

[712] CAPITANT, David. Les mutations domaniales et les superpositions d'affectation. *Réflexions sur le Code General de la propriété des personnes publiques*, Litec, p. 33, 2007.
[713] CAPITANT, David. *Op. cit.*, p. 33.
[714] CAPITANT, David. *Op. cit.*, p. 34.
[715] CARBONELL, Elisa Moreu. *Op. cit.*, p. 472.
[716] CAPITANT, David. *Op. cit.*, p. 44.

Ademais, incidirá aos respectivos titulares das coisas públicas as chamadas obrigações do domínio público ou simplesmente os deveres decorrentes do papel de gestor que, embora possam ser distintos ao ente público ou privado em razão da própria natureza de cada sujeito, deve envolver em certa medida a atribuição de determinadas faculdades.

Sem se adentrar na celeuma se a disciplina administrativa é formada por potestades oriundas da soberania estatal,[717] prerrogativas decorrentes da função ou *munus publico*[718] ou por deveres explícitos e implícitos decorrentes da atribuição de uma competência legal[719] inexorável que o reconhecimento de um papel de gestor impõe a necessidade de instrumentos.

No que tange aos bens públicos, parece que decorre da própria noção de domínio público como técnica multívoca, que pretende atribuir um título de legitimidade para maior atuação do titular sob coisas que exerçam uma finalidade pública que sejam atribuídas algumas posições específicas.[720]

Isto não significa ignorar a dificuldade de delimitar quais seriam tais atribuições de gestão, em razão dos problemas que surgem, por exemplo, quando observado o próprio modelo de partilha de competência – com atribuições comuns e concorrentes – mas que demanda uma fórmula de coordenação ou de cooperação.[721]

Torna-se nítido no que se refere a determinados bens públicos aos quais atribuídas competências comuns – como os bens naturais – a realização de determinadas obrigações, como o dever de fiscalização, pode resultar em uma superposição regulatória, que acabe importando em um menor grau de eficiência.[722]

Neste sentido, buscam alguns autores quais seriam essas faculdades para a proteção da coisa pública, como a regulação do uso com

---

[717] CRETELLA JUNIOR, José. Os cânones do Direito Administrativo. *Revista de Informação Legislativa*, a. 23, p. 21, v. 97, jan./mar. 1988.
[718] BRITTO, Carlos Ayres. Distinção entre direitos subjetivos e prerrogativas constitucionais. *Revista do Ministério Público do Estado de Sergipe*, v. 1, n. 2, 1992. BRITTO, Carlos Ayres. Distinção entre direitos subjetivos e prerrogativas constitucionais. *Boletim de Direito Administrativo*, v. 5, n. 11, p. 48-50, nov. 1989.
[719] A crítica à construção de um regime administrativo em um Estado de Direito com uma matriz de prerrogativas ou poderes foi tratado em: MOURA, Emerson Affonso da Costa. *Op. cit.*, Capítulo II.
[720] CARBONELL, Elisa Moreu. *Op. cit.*, p. 467.
[721] CARBONELL, Elisa Moreu. *Op. cit.*, p. 452.
[722] AAGAARD, Todd S. Regulatory Overlap, Overlapping Legal Fields, and Statutory Discontinuities. *Virginia Environmental Law Journal*, v. 29, n. 3, p. 238-240, 2011.

o estabelecimento de reservas ou restrições, a criação de critérios ou requisitos para a sua utilização, bem como, a fiscalização e limitação com fins de interesse público decorrentes do exercício do poder de polícia.[723]

Parece insuficiente a tentativa de restringir nestas proposições teóricas quais seriam os atributos exercidos pelo titular no que se refere às coisas públicas, ainda mais considerando que envolvem apenas os poderes ou as prerrogativas que são concedidas ao Estado, embora a coisa possa ser titularizada por outros sujeitos.

Também não resolve a questão considerar que a gestão dos bens públicos esgota-se no uso, como fazem parte dos autores, especificando as suas modalidades – comum, geral, compartilhada e privada – e os instrumentos públicos – autorização, permissão, concessão e cessão – e privados – enfiteuse, direito de superfície, locação e comodato.[724]

Não se nega que a gestão dos bens públicos pelo Estado abrange uma atividade de tutela das coisas que será realizada precipuamente – mas não exclusivamente – através do exercício dos seus poderes, em especial, de gestão e de regulação da sua utilização pela coletividade.[725]

Não se pode restringir a atuação do gestor apenas para a regulação do seu uso, uma vez que se volve a titularidade à persecução da função social, significa que não se destina apenas a disciplina da sua utilização, mas da própria existência e perpetuação da finalidade coletiva assumida pela coisa.

Por esta razão, prefere-se a estipulação de uma fórmula genérica, que a titularidade dos bens públicos abrangerá as faculdades expressas – aquelas previstas em lei[726] – e as implícitas – decorrentes e necessárias para o seu exercício,[727] que sejam atribuídas tanto para sujeitos públicos quanto privados.

Assim, por exemplo, nas terras tradicionalmente ocupadas, a titularidade dos índios abrangerá as faculdades expressas, como de

---

[723] RODRÍGUEZ, J. R. Calero. *Régimen jurídico de las costas españolas*. Pamplona: Editorial Aranzadi S.A., 1995. p. 99.
[724] CARVALHO FILHO, José dos Santos. *Op. cit.*, p. 1181-1210.
[725] CAETANO, Marcelo. *Op. cit.*, p. 916-917.
[726] Como, por exemplo, impedir a evasão, a destruição e a descaracterização de obras de arte e de outros bens de valor histórico, artístico ou cultural. BRASIL. *Constituição da República Federativa do Brasil de 05 de Outubro de 1988. Op. cit.* Art. 23 IV.
[727] Como adentrar sem prévia comunicação no campo de exploração dos recursos hídricos e minerais para realizar os deveres expressos de registro, acompanhamento e fiscalização das concessões de direitos de pesquisa e exploração. BRASIL. *Constituição da República Federativa do Brasil de 05 de Outubro de 1988. Op. cit.* Art. 23 XI.

exploração dos recursos naturais,[728] quanto a faculdades implícitas, como a defesa dentro da ordem jurídica[729] e permissivo legal[730] de apropriação por qualquer outro sujeito dentro deste.

Não se ignora a existência na literatura jurídica de autores que sustentam a extensão plena ao Direito Administrativo das formas e métodos de gestão, que são típicos do setor privado à propriedade privada com fins de racionalização e exploração rentável e, propõem, portanto, a reforma do direito dos bens públicos.[731]

Porém, também, não se escusa aqueles que são contrários a um aproveitamento econômico dos bens públicos, sustentando os riscos de dilapidação. A melhor garantia para a integridade e o cumprimento de sua função pública é a utilização coletiva das coisas e não a apropriação ainda que transitória e para fins de exploração econômica por agente privado.[732]

Não se pretende neste livro analisar em si a exploração dos bens públicos, mas apenas firmar que o papel de gestor que será assumido pelo titular da coisa qualificada como pública importará no reconhecimento de um dever de promoção da função social, que atribuirá faculdades expressas ou implícitas, mas não serão exercidas de forma exclusivas.

A problemática pode ser observada no que tange aos bens que compõem o domínio público, mas estejam sob a titularidade dos entes privados, o que não exclui o dever de atuação do Estado, como no caso de determinados bens públicos naturais – como as florestas privadas – ou culturais – os bens privados tombados.

O tema será tratado a seguir.

---

[728] BRASIL.*Constituição da República Federativa do Brasil de 05 de Outubro de 1988. Op. cit.* Art. 231 "§2º As terras tradicionalmente ocupadas pelos índios destinam-se a sua posse permanente, cabendo-lhes o usufruto exclusivo das riquezas do solo, dos rios e dos lagos nelas existentes".

[729] BRASIL. *Lei Federal nº 10.406, de 10 de Janeiro de 2002. Op. cit.* Art. 1.210. "O possuidor tem direito a ser mantido na posse em caso de turbação, restituído no de esbulho, e segurado de violência iminente, se tiver justo receio de ser molestado. §1 O possuidor turbado, ou esbulhado, poderá manter-se ou restituir-se por sua própria força, contanto que o faça logo; os atos de defesa, ou de desforço, não podem ir além do indispensável à manutenção, ou restituição da posse"

[730] BRASIL. *Constituição da República Federativa do Brasil de 05 de Outubro de 1988. Op. cit.* Art. 231 "§3º O aproveitamento dos recursos hídricos, incluídos os potenciais energéticos, a pesquisa e a lavra das riquezas minerais em terras indígenas só podem ser efetivados com autorização do Congresso Nacional, ouvidas as comunidades afetadas, ficando-lhes assegurada participação nos resultados da lavra, na forma da lei".

[731] GAUDEMET, Yves. *Op. cit.*, p. 11.

[732] GAUDEMET, Yves. *Op. cit.*, p. 12.

3.5 O papel do Estado-Gestor nos bens que exercem função social sob a titularidade particular: da velha questão do tombamento à nova celeuma das florestas em terras privadas

Como visto, um dos efeitos da crise da teoria dos bens públicos é permitir ressituar o domínio público não a partir de um critério de titularidade estatal identificando como uma noção de proprietário das referidas coisas, mas partir do elemento da finalidade pública, que é a razão do próprio instituto e fundamento da sua disciplina exorbitante.[733]

Sob tal viés, assume o Estado enquanto ente moral criado e destinado para a satisfação das finalidades coletivas o papel de gestor dos bens qualificados como públicos, que estejam sob a sua titularidade imediata ou sujeição de outro ator social um conjunto de deveres, de forma a garantir o cumprimento daquela função social.

Neste ponto, aproximamo-nos de uma antiga celeuma, que é o tombamento dos bens que compõem o patrimônio cultural brasileiro, mas estejam sob uma titularidade privada ao qual tal reconhecimento pode impor ônus ao sujeito que, por vezes, não seja capaz de suportá-lo integralmente, ensejando uma ação estatal.

Determina a Constituição Federal de 1988 o dever do Estado em colaboração da comunidade, da promoção e proteção do patrimônio cultural brasileiro, que envolverá desde medidas que não importem na alteração de sua titularidade – inventários, registros e vigilância – até a sua sujeição ao próprio Estado – como a desapropriação.[734]

Note que o fato da lei fundamental determinar a proteção do patrimônio histórico e cultural brasileiro ao Estado não significa que ele possa avocar por si próprio a sua tutela, mas sendo a titularidade mediata da coletividade, cada cidadão tem o seu direito público subjetivo de ver a coisa protegida mediante instrumentos próprios – como ação popular.[735]

Dentre tais medidas de acautelamento e preservação há o tombamento, que pretende mediante a imposição de restrições aos bens que

---

[733] LAVIALLE, Christian. Op. cit., p. 585.
[734] BRASIL. *Constituição da República Federativa do Brasil de 05 de Outubro de 1988.* Op. cit. Art. 216 §1º.
[735] ALVES, Alexandre Ferreira de Assumpção. O tombamento como instrumento de proteção ao patrimônio cultural. *Revista Brasileira de Estudos Jurídicos,* Universidade Federal de Minas Gerais, v. 98, p. 83-84, jul./dez. 2008.

compõem tal acervo histórico e artístico nacional garantir a conservação de sua função social, qualificada por lei, a saber, o seu excepcional valor histórico, arqueológico ou etnográfico, bibliográfico ou artístico.[736]

Note que constitui o patrimônio histórico e cultural brasileiro não apenas às coisas que estejam sob a titularidade das pessoas jurídicas de direito público, mas, igualmente, aquelas que possam estar sob a sujeição das pessoas jurídicas de direito privado, sejam eles entes naturais ou morais.[737]

A proteção jurídica dada pelo instrumento designado como tombamento decorre da proteção da função social, pois não é a coisa em si que se protege, mas se materializa como um bem jurídico, que é objeto de tutela, na medida em que assume um valor cultural, ao qual o Estado procede ao reconhecimento jurídico.[738]

Por isso, parece imprópria a técnica legislativa, ao considerar que tais coisas sejam "pertencentes" às pessoas privadas, pois uma vez que compõem o patrimônio histórico e cultural brasileiro, isto significa considerar que estão afetadas à uma finalidade social a qual passam a ser designadas como públicas.

Parece partir de uma concepção patrimonialista de que a qualificação do bens como públicos decorre do fato de estar sob o acervo da titularidade estatal, quando a partir daquela perspectiva funcionalista, tais coisas assumirão um caráter público sem ignorar que estejam sob uma titularidade privada.

Isto fica claro pelo modo como tais coisas, uma vez tombadas, sujeitam-se, igualmente, a uma alienabilidade condicionada – ainda que a lei utilize expressões distintas – pois estando sob a titularidade estatal apenas caberá a sua transferência a outro ente público[739] e a

---

[736] BRASIL. *Decreto-Lei nº 25, de 30 de Novembro de 1937.* Art. 1º Constitue o patrimônio histórico e artístico nacional o conjunto dos bens móveis e imóveis existentes no país e cuja conservação seja de *interêsse público, quer por sua vinculação a fatos memoráveis da história do Brasil, quer por seu excepcional valor arqueológico ou etnográfico, bibliográfico ou artístico.*

[737] BRASIL. *Decreto-Lei nº 25, de 30 de Novembro de 1937.* Art. 2º A presente lei se aplica às coisas pertencentes às pessôas naturais, bem como às pessôas jurídicas de direito privado e de direito público interno.

[738] RABELO, Sonia. *O Estado na preservação dos bens culturais*: tombamento. Rio de Janeiro: IPHAN, 1999. p. 45.

[739] BRASIL. *Decreto-Lei nº 25, de 30 de Novembro de 1937.* Art. 11. As coisas tombadas, que pertençam à União, aos Estados ou aos Municípios, inalienáveis por natureza, só poderão ser transferidas de uma à outra das referidas entidades.

titularidade privada a qualquer outro ente, desde que observada as restrições legais.[740] Tal entendimento parece ter sido parcialmente reconhecido, já pelo Superior Tribunal de Justiça brasileiro, ao afirmar que o bem está submetido com o tombamento a um regime jurídico *sui generis*, permanecendo o seu titular na condição de administrador e incumbindo o ônus de conservação da coisa tombada. [741]

De qualquer modo, pretende-se, com o tombamento, proteger a coisa independente da sua titularidade estar sob uma sujeição privada, evitando-se uma desnecessária estatização de todo o patrimônio histórico e cultural nacional, mas sujeitando tais bens à uma disciplina normativa especial que alguns denominam como regime jurídico de tutela pública.[742]

Como visto, uma vez que tais coisas ainda sob a titularidade privada estejam ligadas não à uma adequação à função social, mas à concretização de uma necessidade coletiva – a proteção do patrimônio histórico nacional – sujeitam-se a um regime jurídico especial, que não exclui as regras de direito privado, mas impõe aplicação de normas de direito público.

Sob tal viés, a tais coisas estejam sob a sujeição pública ou particular incidiram deveres ou obrigações que visam preservar não a sua titularidade, mas a proteção da função que assumem, podendo ser distintas em razão da natureza dos seus sujeitos, uma vez que se movem por princípios distintos – autonomia de vontade e interesse público.

Desta feita, uma vez que esteja sob a titularidade privada pode ser objeto de negócio jurídico, desde que haja a averbação no registro do seu tombamento,[743] a transcrição no seu deslocamento[744] e a comunicação à autoridade,[745] pois o que se pretende não é conservar o sujeito, mas garantir que a função social seja perpetuada.

Isto implica no reconhecimento do seu próximo titular, que a coisa exerce uma função social e, portanto, não se sujeita à sua autonomia

---

[740] BRASIL. *Decreto-Lei nº 25, de 30 de Novembro de 1937*. Art. 12. A alienabilidade das obras históricas ou artísticas tombadas, de propriedade de pessôas naturais ou jurídicas de direito privado sofrerá as restrições constantes da presente lei.
[741] BRASIL. Superior Tribunal de Justiça. *Recurso Especial nº 25.371*. Relator Min. Giácono Gavazzi. J. 19.04.1993.
[742] ALVES, Alexandre Ferreira de Assumpção. *Op. cit.*, p. 86.
[743] BRASIL. *Decreto-Lei nº 25, de 30 de Novembro de 1937*. Art. 13 caput e §1º.
[744] BRASIL. *Decreto-Lei nº 25, de 30 de Novembro de 1937*. Art. 13 §2º.
[745] BRASIL. *Decreto-Lei nº 25, de 30 de Novembro de 1937*. Art. 13 §3º.

de vontade plena e aplicação integral das formas e normas do regime jurídico de direito privado, mas enquanto compõem o patrimônio histórico nacional está ligada a um interesse público e aplicação dos deveres decorrentes.

Tanto que ao revés de um bem privado, o qual o Código Civil admite uma disposição material pelo abandono[746] ou a destruição resguardadas as suas consequências[747] para as coisas que exercem uma função pública impõe a lei de tombamento a vedação da destruição, demolição ou mutilação[748] e o dever de notificação, em caso de extravio ou furto.[749]

Se parece claro que pretende o regime jurídico especial imposto a tais coisas que estão sob a titularidade privada, mas exercem uma função social garantir a proteção da mesma deve-se verificar então sob quem será imposto os ônus ou deveres decorrentes para permitir a conservação do seu caráter de patrimônio histórico nacional.

Neste sentido, repare que impõe a lei de tombamento um dever de conservação e reparação ao titular da coisa tombada, inclusive, que, não possuindo os recursos, deverá levar o conhecimento à Administração Pública, sob pena de aplicação de multa estipulada em relação ao dano sofrido pela coisa.[750]

Poderia supor que se tratando de propriedade privada caberia ao próprio sujeito o dever de sua conservação, porém, note que considerada necessárias às obras e inexistindo pelo seu titular capacidade econômica de realizá-las poderá o órgão competente ordenar a sua realização às expensas da União.[751]

Contudo, sendo medidas para conservação de propriedade privada, em tese, geraria a dificuldade de compatibilizar com a vedação da Lei de Improbidade Administrativa, ao vedar a utilização de equipamentos ou materiais públicos em obra ou serviço particular[752] e a

---

[746] BRASIL. *Decreto-Lei nº 25, de 30 de Novembro de 1937*. Art. 1.275 inciso IV.
[747] BRASIL. *Lei Federal nº 10.406, de 10 de Janeiro de 2002*. Art. 188 inciso II, 1.297, 1.357, 1.408 e 1.410 inciso V.
[748] BRASIL. *Decreto-Lei nº 25, de 30 de Novembro de 1937*. Art. 17.
[749] BRASIL. *Decreto-Lei nº 25, de 30 de Novembro de 1937*. Art. 16.
[750] BRASIL. *Decreto-Lei nº 25, de 30 de Novembro de 1937*. Art. 19.
[751] BRASIL. *Decreto-Lei nº 25, de 30 de Novembro de 1937*. Art. 19 §1º.
[752] BRASIL. *Lei Federal nº 8.429, de 2 de junho de 1992*. Dispõe sobre as sanções aplicáveis em virtude da prática de atos de improbidade administrativa, de que trata o §4º do art. 37 da Constituição Federal; e dá outras providências. Casa Civil, Rio de Janeiro, 2 jun. 1992. Disponível em: planalto.gov.br/ccivil_03/leis/L8429compilada.htm. Acesso em: 17 out.

aplicação de recursos públicos em qualquer forma de incorporação ao patrimônio particular.[753]

Parece nítido que a coisa, ao assumir uma função social – no caso tratado o interesse da coletividade na preservação do patrimônio histórico e cultural brasileiro – assume a qualificação de público, o que enseja as obrigações ou deveres não apenas ao seu titular, mas ao Estado, enquanto gestor dos interesses e bens públicos.

Não se pode tentar limitar tais deveres ao exercício do poder de polícia, pois seria admitir tal qual o pensamento tradicional, que se trata de coisa privada, ao qual compete ao Estado regular o seu uso através das restrições incidentes na propriedade particular em razão da sua compatibilidade com o interesse público.[754]

Não se deve confundir os bens privados que devem no exercício de sua autonomia privada se compatibilizar ao interesse público e, por conseguinte, sujeitam-se a restrições determinadas pelo Estado – como as limitações administrativas – com as coisas que exercem por si só uma função social e, portanto, são impostos os deveres para tutelar tal finalidade.

Se parece suficiente para o Estado as atividades de regulação – como regulamentação, fomento, poder de polícia etc. – no que se refere aos bens privados, de forma a ordenar a ação particular, para aquelas coisas que são qualificadas como públicas, na medida em que exercem uma função social, impõe-se atividades típicas de gestão para o ente público.

Porém, há de se reconhecer que se foi atribuída ou mantida a titularidade da coisa que exerce uma função social sob a sujeição de um ente privado, corresponde a seu dever ou ônus a conservação da coisa, cabendo a ação estatal apenas em demonstração da impossibilidade de adimplemento de tal obrigação.[755]

2023. Art. 9º Constitui ato de improbidade administrativa (...): IV – utilizar, *em obra ou serviço particular*, veículos, máquinas, equipamentos ou material de qualquer natureza, de propriedade ou à disposição de qualquer das entidades mencionadas no art. 1º desta lei, bem como o trabalho de servidores públicos, empregados ou terceiros contratados por essas entidades;

[753] BRASIL. *Lei Federal nº 8.429, de 2 de junho de 1992. Op. cit.* Art. 10. Constitui ato de improbidade administrativa (...) I – facilitar ou concorrer por qualquer forma para a incorporação ao patrimônio particular, de pessoa física ou jurídica, de bens, rendas, verbas ou valores integrantes do acervo patrimonial das entidades mencionadas no art. 1º desta lei.

[754] CRETELLA JUNIOR, José. Regime Jurídico do Tombamento. *Revista de Direito Administrativo*, Rio de Janeiro, n. 112, p. 51 e 54, abr./jun. 1973.

[755] BRASIL. Superior Tribunal de Justiça. Recurso Especial nº 25.371. *Op. cit.*

Assim, excepciona a Lei de Tombamento a aplicação dos recursos públicos em bens sob a sujeição de particulares, pois seu valor cultural reveste-a de um interesse público que, embora possam acrescer o valor da coisa e gerar benefício ao seu titular, legitimam-se pela necessidade de conservação da sua função social, na preservação do seu valor cultural.[756]

Tanto que, demonstrando o seu titular particular a impossibilidade de conservação do respectivo bem, o que no caso, corresponde à insuficiência ao próprio dever de tutela da função social perseguida, já que é a conservação da coisa por se ligar ao patrimônio histórico cultural, cabe igualmente a sua desapropriação.[757]

Neste caso citado, não deve ser tida a desapropriação como o ato que transfere a coisa da propriedade privada para a estatal, qualificando-a como pública, pois já assumia tal dimensão por exercer a função social, mas como a mudança de titularidade, de forma a garantir o melhor atendimento à necessidade coletiva.

Tanto que não será admitido tal desapropriação para outros fins senão a manutenção do próprio tombamento, exceto mediante a sua prévia desqualificação como o reconhecimento que não exerce mais aquela sua função social e, por efeito, pode ser atribuída outra finalidade igualmente coletiva.

Decorre da própria noção de que o tombamento não é um modo de transferência de dominialidade, pois pretende proteger o valor histórico e artístico da coisa e não garantir uma propriedade pública, porém, caso haja necessidade de garantir o cumprimento da sua função social quando seu titular não consegue, por exemplo, por excessivo ônus econômico.[758]

Igualmente, não se deve observar apenas pela ótica privatista, de modo que o pagamento de indenização ao particular é pelo esvaziamento do conteúdo econômico do bem, mas sob o vértice público decorre da atribuição da titularidade ao sujeito estatal, que passa a assumir a coisa que exerce a função social pela incapacidade do ente privado de exercê-la.

Embora pela tese aqui proposta a coisa possa ser qualificada como pública em razão do seu exercício para uma função social, o seu titular

---

[756] RABELO, Sonia. *Op. cit.*, p. 119.
[757] BRASIL. *Decreto-Lei nº 25, de 30 de Novembro de 1937*. Art. 19 §1º.
[758] MEIRELLES, Hely Lopes. Tombamento e Indenização. *Revista de Direito Administrativo*, Rio de Janeiro, n. 161, p . 5, jul./set. 1985.

é privado e deve ser resguardada autonomia privada na exploração da coisa – tal qual um concessionário o faria – de forma que se volta integralmente ao *munus publico* deve o Estado assumir a sua titularidade.[759]

Sob tal viés, a funcionalização da coisa pelo titular privado não exonera o Estado, no desempenho do seu dever constitucional, de zelar pela integridade do patrimônio cultural, que ocorrerá mediante a desapropriação do bem tombado, com a indenização ao particular pelo seu efeito em sua esfera patrimonial.[760]

Poder-se-ia aduzir que uma vez sendo verificada a necessidade de conservação pelo seu titular privado e sendo notificado o Estado não sejam adotadas as medidas cabíveis de realização das obras ou de desapropriação, a própria Lei de Tombamento determina o cancelamento do tombamento.[761]

Porém, isto não significa que a coisa tombada trata-se de um bem privado que passa a exercer função pública apenas mediante a qualificação pelo tombamento e mediante a sua perda deixa de estar afetada a qualquer interesse da coletividade, algo demonstrado pela omissão estatal em relação à sua conservação.

Compreender como no pensamento jurídico tradicional que o tombamento é o ato formal que confirma uma qualificação técnica, que atribui a coisa à realização de um interesse público que antes não exercia[762] não apenas significa considerar a afetação como o que qualifica a coisa como pública, mas ignorar os próprios limites conformativos do direito.

Há coisas que, mesmo não tombadas, já integram o patrimônio histórico e cultural e considerar que o bem só será objeto da qualificação e proteção decorrente mediante um ato de afetação estatal, seria admitir, por exemplo, que os não descobertos poderiam ser destruídos pelo particular enquanto não fossem tombados pelo Estado.

---

[759] SILVA, Carlos Medeiro. Parecer "Patrimônio Artístico e Histórico Nacional – Tombamento – Desapropriação – Concessão de lavra – Ato administrativo – Revogação". *Revista de Direito Administrativo*, Rio de Janeiro, v. 67, 1962. Ementa: "O tombamento compulsório que importe na negação ao restrição total do direito de propriedade não se pode praticar sem a desapropriação, com indenização. – É nulo o tombamento que impossibilita a lavra do minério, objeto do ato administrativo válido e eficaz, criador de direitos individuais, irrevogável por motivo de conveniência; reconhecida posteriormente".

[760] FIGUEIREDO, Lúcia Valle. *Curso de Direito Administrativo*. São Paulo: Malheiros, 1995. p. 200.

[761] BRASIL. *Decreto-Lei nº 25, de 30 de Novembro de 1937*. Art. 19 §3º.

[762] CRETELLA JUNIOR, José. *Op. cit.*, p. 54.

Inevitável que determinados bens integram o patrimônio histórico e artístico nacional, ainda que não tenham sido formalmente tombados pelo ente público, tendo tal procedimento apenas uma natureza declaratória de uma qualidade já existente sob o bem ou de uma situação jurídica já constituída em momento anterior.[763]

Deste modo, o Estado não pode ter a livre disposição de reconhecida a qualificação do bem como integrante do patrimônio histórico e cultural pelo órgão técnico, por conveniência ou oportunidade decidir não tombá-lo[764] se não aplicar outro instrumento protetivo, pois isto significaria admitir que há uma função social, mas que não será tutelada pelo Estado.

A omissão estatal na reparação da coisa tombada não pode significar um ato de disposição da função social que era exercida pela coisa, pois o Estado enquanto ente moral constituído como gestor de interesses e bens públicos sujeita-se não apenas ao dever de prossecução, mas, igualmente, de indisponibilidade dos interesses e bens públicos.

A Constituição Federal não apenas atribui competências, mas impõe deveres a todos os entes federados no que tange à proteção dos bens culturais na medida de seus interesses – locais, regionais e nacionais – de forma que não se podem subtrair a legítima proteção das referidas coisas através do seus poderes, por exemplo, de polícia.[765]

Por efeito, tal qual na decisão da impugnação realizada pelo titular da coisa no tombamento compulsório,[766] a desqualificação na hipótese parece decorrer não de um arbítrio estatal, mas do reconhecimento de que a coisa não exerce a função social, seja porque nunca o fez o primeiro caso ou porque deixou de ter.

Dessa feita, ao apresentar a impugnação, o órgão técnico pode aduzir que a coisa não possui os elementos que denotem um excepcional valor histórico, arqueológico ou etnográfico, bibliográfico ou artístico ou o Estado a ser convocado ao cumprimento do dever de conservação da coisa, que a mesma não exerce mais.

Note, porém, que não significa que o Estado ou o seu titular privado possam se eximir do dever de conservação que é imposto pela lei em razão da função social que assume a coisa, de modo que

---

[763] SOUZA FILHO, Carlos Frederico Marés de. *Bens culturais e proteção jurídica*. Porto Alegre: Unidade Editorial, 1997. p. 63-65.
[764] SILVA, José Afonso da. *Op. cit.*, p. 491.
[765] RABELO, Sonia. *Op. cit.*, p. 89.
[766] BRASIL. *Decreto-Lei nº 25, de 30 de Novembro de 1937*. Art. 9 item 3.

permanecendo ligada ao patrimônio histórico e cultural nacional deve repará-la ainda que o sujeito privado tenha conduzido a perda da conservação para descaracterizá-la.

Há uma responsabilidade do poder público de reparação da coisa tombada seja o dano causado ou não pelo titular, de forma que não pode se recusar a proceder à reparação a obra ou serviço já que igualmente sujeito ao dever de conservação daquele bem, exceto se demonstrada que não há necessidade.[767]

Caso fosse contrário, poder-se-ia aduzir então que o titular privado da coisa qualificada como pública poderia se eximir das obrigações impostas para a proteção da função social, mediante o abandono ou perecimento da coisa, bem como a turbação de sua destinação à necessidade coletiva.

Pode igualmente implicar no reconhecimento de que a preservação da referida função social – a conservação do patrimônio histórico e cultural brasileiro – demanda outros instrumentos adequados à natureza da coisa,[768] sem que possa se eximir o Estado mesmo sem titularidade sob as referidas coisas, não adotar outras medidas protetivas.[769]

Tal questão assume especial relevo, também, no que tange aos bens públicos naturais, em especial, por exemplo, as florestas, pois embora se situem em propriedade privada e possam estar sob o comando um sujeito privado, não perdem a sua natureza, visto que ela é qualificada não pela titularidade, mas pela função social que naturalmente exerce.

Durante um longo período, as florestas protegidas sob gestão do Estado, criadas em terras do domínio público ou em áreas por ele adquiridas, principalmente sob a forma de parques Nacionais, foram o centro da política de conservação mundial, porém, há uma tendência na conservação da natureza nos domínios privados.[770]

Tal interesse decorre porque grande parte das terras e recursos naturais dos quais a biota é dependente concentra-se sob a titularidade de entes particulares, não existindo terras públicas em quantidade

---

[767] MACHADO, Paulo Affonso Leme. *Direito Ambiental Brasileiro*. São Paulo: Malheiros, 2004. p. 898.

[768] RABELO, Sonia. *Op. cit.*, p. 113.

[769] MUKAI, Toshio. A Degradação do patrimônio histórico e cultural. *Revista de Direito Administrativo*, Rio de Janeiro, n. 234, p. 39, out./dez. 2003.

[770] MARQUES, Emilena Muzolon; RANIERI, Victor Eduardo Lima. Determinantes da decisão de manter áreas protegidas em terras privadas. *Revista Ambiente & Sociedade*, São Paulo, v. 15, n. 1, p. 131, jan./abr. 2012.

suficiente para proteger significativamente recursos, espécies e biomas e atingir as metas de conservação da biodiversidade almejadas.[771]

Por efeito, inegável que a Constituição Federal, ao declarar que o meio ambiente ecologicamente equilibrado corresponde a bem público,[772] significa abranger não apenas as coisas naturais que foram atribuídas pela lei fundamental na partilha de competências, mas, igualmente, aqueles que sejam indispensáveis ao meio ambiente atribuídos pela lei.[773]

Neste sentido, o Código Florestal considera que as florestas existentes no território nacional e as demais formas de vegetação nativa são bens de interesse comum a todos os habitantes do país,[774] ou seja, possuem uma qualificação pública que ultrapassa o domínio exclusivo de qualquer ente público.

Igualmente, não se limita à noção de domínio privado caso estejam as florestas localizadas em propriedade particular, ao reconhecer não apenas uma utilidade das terras nas quais elas se situem em que se exercerá o direito de propriedade com as limitações impostas pela ordem jurídico-positiva.[775]

Resta claro que a própria lei, ao determinar o seu objeto de regulação, adota um critério funcional ao buscar a proteção das florestas independente da sua titularidade pública ou privada, tanto que

---

[771] MARQUES, Emilena Muzolon; RANIERI, Victor Eduardo Lima. *Op. cit.*, p. 131.

[772] BRASIL. *Constituição da República Federativa do Brasil de 05 de Outubro de 1988*. Op. cit. Art. 225 "Art. 225. Todos têm direito ao meio ambiente ecologicamente equilibrado, bem de uso comum do povo e essencial à sadia qualidade de vida, impondo-se ao Poder Público e à coletividade o dever de defendê-lo e preservá-lo para as presentes e futuras gerações".

[773] PEREIRA, José Edgard Penna Amorim. *Perfis Constitucionais das Terras Devolutas*. Belo Horizonte: Del Rey, 2003. p. 174 e 224.

[774] BRASIL. *Lei Federal nº 12.651, de 25 de maio de 2012*. Dispõe sobre a proteção da vegetação nativa; altera as Leis nºs 6.938, de 31 de agosto de 1981, 9.393, de 19 de dezembro de 1996, e 11.428, de 22 de dezembro de 2006; revoga as Leis nºs 4.771, de 15 de setembro de 1965, e 7.754, de 14 de abril de 1989, e a Medida Provisória nº 2.166-67, de 24 de agosto de 2001; e dá outras providências. Casa Civil, Brasília, 25 maio 2012. Disponível em: https://www.planalto.gov.br/ccivil_03/_ato2011-2014/2012/lei/l12651.htm. Acesso em: 17 out. 2023. Art. 2. "As florestas existentes no território nacional e as demais formas de vegetação nativa, reconhecidas de *utilidade às terras que revestem, são bens de interesse comum a todos os habitantes do País*, exercendo-se os direitos de propriedade com as limitações que a legislação em geral e especialmente esta Lei estabelecem".

[775] BRASIL. *Lei Federal nº 12.651, de 25 de maio de 2012*. Op. cit. Art. 2. "As florestas existentes no território nacional e as demais formas de vegetação nativa, reconhecidas de utilidade às terras que revestem, são bens de interesse comum a todos os habitantes do País, *exercendo-se os direitos de propriedade com as limitações que a legislação em geral e especialmente esta Lei estabelecem*".

determina a aplicação das suas obrigações, ainda que haja qualquer tipo de sucessão ou aquisição.[776]

Neste sentido, o Código Florestal estipula uma série de obrigações que decorrem de um dever geral de conservação das florestas, como a vedação ao uso de fogo[777] ou que a exploração em terras públicas ou privadas demanda um plano de manejo florestal sustentável e um licenciamento do órgão.[778]

Tais medidas de caráter obrigatório impostas pela lei aos titulares privados encontram certa resistência, tendo em vista que resultarão em limitações ao uso de recursos naturais, além de determinar custos econômicos da proteção que irão afetar diretamente os seus interesses privados.[779]

Neste passo, há um ponto de contato entre a questão do tombamento e das florestas sob a titularidade privada, pois, embora assumam uma função social, isto não exclui que tanto a coisa quanto a terra seja dada igualmente uma destinação privada pelos respectivos sujeitos, que se traduza em uma exploração economicamente apreciável.

Sob tal viés que há de se admitir que não pode ser atribuído o dever de proteção da função social exercida pela coisa apenas ao seu titular, mesmo porque seria ignorar que a ordem jurídica prevê a criação de entes e órgãos destinados à tutela e promoção dos interesses e bens da coletividade, que não podem se imiscuir de tal dever constitucional.[780]

Desta feita, tais deveres incidirão não apenas para o sujeito público ou privado das respectivas terras onde estejam situadas as florestas, pois seria ignorar o papel de assumido pelo Estado que, mesmo não estando sob a titularidade dos bens públicos, terá o dever de proteger a função social perseguida pelas referidas coisas.

Neste viés, a Constituição Federal determina uma competência administrativa comum para os entes federativos no que tange à

---

[776] BRASIL. *Lei Federal nº 12.651, de 25 de maio de 2012*. Op. cit. Art. 2 §2 "As obrigações previstas nesta Lei têm *natureza real e são transmitidas ao sucessor*, de qualquer natureza, no caso de transferência de domínio ou posse do imóvel rural".
[777] BRASIL. *Lei Federal nº 12.651, de 25 de maio de 2012*. Op. cit. Art. 38.
[778] BRASIL. *Lei Federal nº 12.651, de 25 de maio de 2012*. Op. cit. Art. 31.
[779] MARQUES, Emilena Muzolon; RANIERI, Victor Eduardo Lima. Op. cit., p. 132.
[780] BRASIL. *Constituição da República Federativa do Brasil de 05 de Outubro de 1988*. Op. cit. Art. 127. O Ministério Público é instituição permanente, essencial à função jurisdicional do Estado, incumbindo-lhe a defesa da ordem jurídica, do regime democrático e dos *interesses sociais* e individuais indisponíveis.

preservação das florestas, faunas e flora⁷⁸¹ sem especificar que tais coisas devam estar sob as suas titularidades ou de algum sujeito público, o que amplia o dever de proteção para as florestas sob o domínio de pessoas privadas.

Isto também parece consagrado pelo Código Florestal, ao determinar o compromisso do Estado Brasileiro com a preservação não apenas das florestas, mas dos outros bens naturais – vegetação nativa, biodiversidade, solo, recursos hídricos e sistema climático – de forma a proteger e perpetuar sua função social – o bem estar das gerações presentes e futuras.⁷⁸²

Isto foi decidido no próprio julgamento pelo Supremo Tribunal Federal, ao discutir a constitucionalidade do Código Florestal e concluir "pela plena legitimidade do regime jurídico criado pelo novo Código Florestal, à luz do preceito constitucional que consagra a utilização adequada dos recursos naturais disponíveis e preservação do meio ambiente". ⁷⁸³

Segundo a corte, embora se tratem de florestas em imóveis privados, a definição das práticas sustentáveis para a prática da aquicultura será realizada por normas administrativas e o atendimento do seu cumprimento pelo órgão ambiental competente, de forma a delimitar a incidência da ação estatal sobre o espaço privado em razão da função social exercida.

Porém, é insuficiente delimitar que o papel dos entes federados ocorrerá através tipicamente de funções de regulação – como a formulação de políticas públicas,⁷⁸⁴ fomento à pesquisa científica e tecnológica,⁷⁸⁵ incentivos econômicos⁷⁸⁶ ou o exercício do poder de polícia normativo ou administrativo.⁷⁸⁷

---

⁷⁸¹ BRASIL. *Constituição da República Federativa do Brasil de 05 de Outubro de 1988*. Op. cit. Art. 23 VII.
⁷⁸² BRASIL. *Lei Federal nº 12.651, de 25 de maio de 2012*. Op. cit. Art. 1-A Parágrafo Único. Inciso I.
⁷⁸³ BRASIL. Supremo Tribunal Federal. *ADI nº 4.903/DF*. Relator Min. Luiz Fux. p. 48.
⁷⁸⁴ BRASIL. *Lei Federal nº 12.651, de 25 de maio de 2012*. Op. cit. Art. 1-A Parágrafo Único. Inciso IV.
⁷⁸⁵ BRASIL. *Lei Federal nº 12.651, de 25 de maio de 2012*. Op. cit. Art. 1-A Parágrafo Único. Inciso V.
⁷⁸⁶ BRASIL. *Lei Federal nº 12.651, de 25 de maio de 2012*. Op. cit. Art. 1-A Parágrafo Único. Inciso VI.
⁷⁸⁷ BRASIL. *Lei Federal nº 12.651, de 25 de maio de 2012*. Op. cit. Art. 1-A Parágrafo Único. Inciso III.

Embora possa se supor adequado que cabe apenas à regulação quando o ente estatal não estiver sob a titularidade da floresta, há de se admitir que em determinados casos, apenas a sua regulação das coisas sob a sujeição de ente privados não será suficiente para proteger a função social assumida.

Considere, por exemplo, as chamadas áreas de preservação permanente, que são as áreas cobertas com florestas ou outras formas de vegetação destinadas ao cumprimento de determinadas funções sociais qualificadas por lei, que são declaradas de interesse social por ato do Chefe do Poder Executivo.[788]

Compete ao titular – seja pessoa física ou jurídica, de direito público ou de direito privado, a qualquer título de intervenção como propriedade, posse ou ocupação – o dever de manter a vegetação na área de preservação permanente, incluindo a sua recomposição em caso de supressão,[789] bem como de garantir o acesso de pessoas e animais.[790]

Porém, não determina se caberá ao Estado, em caso de descumprimento dos referidos deveres, substituir o respectivo titular, prevendo expressamente somente a atuação pública em caso de atividades de segurança nacional e obras de interesse da defesa civil destinadas à prevenção e mitigação de acidentes em áreas urbanas.[791]

Inevitável, que se pode extrair como uma obrigação implícita decorrente da própria partilha constitucional de competências que, ao fazer como uma atribuição comum aos entes federados o dever de preservação das florestas impõe necessariamente a aplicação das medidas relativas à sua tutela, todavia, a falta de delimitação de quais seriam impõe o debate.

---

[788] BRASIL. *Lei Federal nº 12.651, de 25 de maio de 2012*. Op. cit. Art. 6 "Consideram-se, ainda, de preservação permanente, quando declaradas de interesse social por ato do Chefe do Poder Executivo, as áreas cobertas com florestas ou outras formas de vegetação destinadas a uma ou mais das seguintes finalidades: I – conter a erosão do solo e mitigar riscos de enchentes e deslizamentos de terra e de rocha; II – proteger as restingas ou veredas; III – proteger várzeas; IV – abrigar exemplares da fauna ou da flora ameaçados de extinção; V – proteger sítios de excepcional beleza ou de valor científico, cultural ou histórico; VI – formar faixas de proteção ao longo de rodovias e ferrovias; VII – assegurar condições de bem-estar público; VIII – auxiliar a defesa do território nacional, a critério das autoridades militares. IX – proteger áreas úmidas, especialmente as de importância internacional. IX – proteger áreas úmidas, especialmente as de importância internacional".

[789] BRASIL. *Lei Federal nº 12.651, de 25 de maio de 2012*. Op. cit. Art. 7 caput e §1.
[790] BRASIL. *Lei Federal nº 12.651, de 25 de maio de 2012*. Op. cit. Art. 9.
[791] BRASIL. *Lei Federal nº 12.651, de 25 de maio de 2012*. Op. cit. Art. 9 §3.

Se o sujeito que estiver sob a titularidade da respectiva coisa não exercer os deveres ou obrigações decorrentes da relação jurídica, há de se admitir que não basta a aplicação de uma sanção em caso de descumprimento, porque isto não só importaria em uma disposição pelo sujeito da função social, como não restituiria o seu cumprimento.

Por efeito, o reconhecimento de que cabe o exercício da fiscalização e aplicação da sanção pelo Estado-Administração em caso de desmatamento de florestas ou matas nativas ainda que localizados em terras privadas[792] corresponde antes ao reconhecimento de uma manifestação do dever-poder de polícia.

De nada adiantaria reconhecer que a função social é o elemento que define não apenas os domínios entre o público e o privado, bem como deflagra o seu regime jurídico especial e impõem obrigações ou deveres ao seu titular, se o mesmo poderia se eximir de proteção essa função social mediante a aplicação e cumprimento de uma sanção.

Ao revés, há de se aduzir que a par da responsabilização administrativa, civil ou penal do titular da coisa que descumpre as obrigações impostas com fins de tutela e promoção da função pública caberá ao Estado enquanto gestor dos interesses da coletividade assumir mais do que um papel de regulador da respectiva coisa.

Neste sentido, compete ao Ente Público, portanto, exercer as obrigações relativas que garantam a tutela e a promoção da função social desenvolvida pela referida coisa, sem que isto signifique que assumirá a sua titularidade imediata, visto que a coisa ainda poderá permanecer sob a sujeição privada.

Observa-se uma crescente tendência de que a titularidade das coisas ambientais se desloque do sujeito público para o privado com a redução da instituição de áreas protegidas estatais e atribuição da sujeição, bem como os encargos de conservação para os próprios sujeitos particulares.[793]

Isto pode ocorrer através da imposição de limitações administrativas gerais, mas, igualmente, mediante a utilização de instrumentos especiais presentes na própria legislação administrativa, a par da

---

[792] BRASIL. Superior Tribunal de Justiça. *Recurso Especial nº 1560916*. Relator Min. Francisco Falcão. DJe 09.12.2016.
[793] MORSELLO, Carla. *Áreas protegidas públicas e privadas*. São Paulo: FAPESP, 2001. p. 61.

instituição das áreas de preservação permanente já tratadas,[794] a criação de reservas legais,[795] unidades de conservação[796] e outras.

Do mesmo modo, há de se reconhecer que a impossibilidade do sujeito privado em proteger a função social assumida pela coisa parece que resultará em uma gradação maior na atração do dever de tutela e promoção do Estado-Gestor, de forma a ocorrer a substituição da sua titularidade.

Nestes casos, a jurisprudência dominante do Supremo Tribunal Federal tende a garantir uma plena indenizabilidade para o titular das respectivas florestas que recobrem áreas dominiais privadas, que sejam sujeitas às restrições administrativas ou objeto de apossamento estatal.[797]

Não se pretende discutir as repercussões econômicas da perda da titularidade sob as coisas que assumem uma função social, embora pareça clara que se integral ou onerosamente destinadas à tal finalidade coletiva com a incapacidade de seu titular deve ser reconhecida a desapropriação com sujeição ao Estado e atribuição da indenização respectiva.

O que resta confirmado, é que há coisas sob uma titularidade privada que exercem uma função social – como os bens tombados e as florestas – à qual em razão de tal finalidade é atribuída uma qualificação pública com a aplicação de um regime jurídico especial, com normas que garantam tal atribuição.

---

[794] BRASIL. *Lei Federal nº 12.651, de 25 de maio de 2012. Op. cit.* Art. 4 "Considera-se Área de Preservação Permanente, em zonas rurais ou urbanas, para os efeitos desta Lei:"

[795] BRASIL. *Lei Federal nº 12.651, de 25 de maio de 2012. Op. cit.* Art. 12. "Todo imóvel rural deve manter área com cobertura de vegetação nativa, a título de Reserva Legal, sem prejuízo da aplicação das normas sobre as Áreas de Preservação Permanente, observados os seguintes percentuais mínimos em relação à área do imóvel, excetuados os casos previstos no art. 68 desta Lei:"

[796] BRASIL. *Lei Federal nº 9.985, de 18 de Julho de 2000.* Regulamenta o art. 225, § 1o, incisos I, II, III e VII da Constituição Federal, institui o Sistema Nacional de Unidades de Conservação da Natureza e dá outras providências. Casa Civil, Brasília, 18 de julho de 2000. Disponível em: https://www.planalto.gov.br/ccivil_03/leis/l9985.htm#:~:text=LEI%20No%209.985%2C%20DE%2018%20DE%20JULHO%20DE%202000.&text=Regulamenta%20o%20art.%20225%2C%20%C2%A7,Natureza%20e%20d%C3%A1%20outras%20provid%C3%AAncias. Acesso em: 23 out. 2023. Art. 2 "Para os fins previstos nesta Lei, entende-se por: I – unidade de conservação: espaço territorial e seus recursos ambientais, incluindo as águas jurisdicionais, com características naturais relevantes, legalmente instituído pelo Poder Público, com objetivos de conservação e limites definidos, sob regime especial de administração, ao qual se aplicam garantias adequadas de proteção".

[797] BRASIL. Supremo Tribunal Federal. *Recurso Extraordinário nº 290750 AgR.* Relator Min. Dias Toffoli. 1ª Turma. J. 04.11.2014.

Do mesmo modo, da formação de tal relação jurídica com a coletividade surge para o seu titular um complexo de deveres que permitam garantir a perpetuação dessa finalidade, no caso, a concretização da função social, por exemplo, a obrigação de conservação tanto dos bens tombados quanto das florestas sob a titularidade privada.

Sob tal viés, fixado que as obrigações impostas ao titular da coisa qualificada como pública em razão da função social originam um dever de funcionalização, é necessário que se estenda ao Estado enquanto o gestor dos interesses e bens da sociedade evitando que a função social seja perdida por descumprimento do respectivo sujeito.

Neste sentido, a superação do papel do Estado, que exerce poderes soberanos como um senhor sob os bens públicos, para o ente jurídico ao qual são atribuídos competências e deveres que garantam a função social, parece impor mais que uma atividade de regulação sob tais bens, mas do exercício de uma gestão sob as coisas.

Isto não implica o retorno à uma centralidade na figura Estatal, pois admitir que enquanto ente moral criado para persecução dos interesses e dos bens da coletividade haverá um dever de promovê-los sob qualquer titularidade não significa negar que o dever de funcionalização pode ser realizado por outro sujeito.

Por efeito, torna-se primordial dar contornos nítidos ao dever de funcionalização para as coisas qualificadas como públicas, de forma a definir não apenas a sua obrigação pelos seus titulares, mas a possibilidade de sua destinação ser atribuída por outros sujeitos, bem como as respectivas consequências em caso de sua não realização.

O tema será tratado no capítulo seguinte.

O DEVER DE FUNCIONALIZAÇÃO DOS BENS PÚBLICOS

4.1 Da delimitação de um critério material e não exclusivo de funcionalização dos bens públicos: do aménagement especial do Estado à multiplicidade de relações jurídicas tendo por objeto a coisa pública

Como visto, a recondução da teoria dos bens públicos a um elemento ou categoria central teleológico ou finalístico implica em uma alteração no que tange não somente às fronteiras do domínio público ou a incidência de sua disciplina jurídica especial, mas em igual medida na delimitação do seu titular e dos seus deveres decorrentes.

Assumida a gradação da função social – entre a mera adequação ou a concretização das necessidades coletivas – como o critério que define a preponderância na qualificação privada ou pública do bem jurídico atua na aplicação graduada das normas do regime jurídico público e privado e, portanto, dos deveres assumidos pelos seus sujeitos.

Por efeito, a formação do nexo entre o sujeito e a coletividade que tem por objeto uma coisa que realiza uma função social produz um complexo de obrigações que se liga à garantia de atendimento àquela finalidade da relação jurídica, a saber, a garantia do atendimento das necessidades coletivas.

Torna-se necessário inquirir como será realizado este dever de funcionalização dos bens públicos, de modo a fixar se dependerá necessariamente de um ato formal de adequação – usualmente designado de afetação – e se, uma vez destinado à realização de determinada necessidade coletiva, excluirá a realização de outra função social por outro sujeito.

Novamente há de se proceder a uma delimitação, já que não se pretende inquirir o tema da função social dos bens,[798] mas a formulação de um critério que permita delimitar o dever de funcionalização exercida pelas coisas qualificadas como públicas, de forma a confrontar as hipóteses aqui propostas nesta tese.

Neste viés, é possível sustentar que a par de uma feição tipicamente patrimonialista do domínio público adotada de forma quase generalizada pela literatura jurídica, até mesmo entre seus adeptos observa-se uma assimilação da teoria funcionalista, na medida em que tentam ligar a noção de bens públicos ao atendimento aos interesses públicos.

O Conselho de Estado Francês com a criação da noção de *aménagement* busca determinar diferentes formas de delimitar a afetação da coisa à finalidade pública, como a realização de instalações materiais sobre o bem público,[799] a situação geográfica da coisa[800] ou a combinação de ambos os critérios.[801]

Assim, a par do requisito proposto pela literatura jurídica para designação do bem como parte do domínio público determina a jurisprudência francesa, além da afetação a uma finalidade coletiva, uma demonstração da adequação da coisa em nível material ao serviço público ao qual se destina.

Inegável que a subjetividade deste conceito e a variedade de interpretações dadas pelo Conselho de Estado para o que seja esse *aménagement* ou afetação especial permite um amplo campo de manejo para a qualificação de um bem jurídico como integrante do domínio público ou eventualmente a sua própria exclusão.[802]

Ademais, embora tal requisito possa se amoldar ao que tange a determinados bens –, por exemplo, os prédios – não parece se adequar à determinadas coisas – como as montanhas e mares – cuja própria

---

[798] Sobre o tema, *vide*, dentre outros: FACHIN, Luiz Edson. *A função social da posse e a propriedade contemporanea*. Porto Alegre: Sergio Fabris, 1988; TORRES, Marcos Alcino de Azevedo. *A propriedade e a posse*: um confronto em torno da funcao social. Rio de Janeiro: Lumen Juris, 2007; MARQUES NETO, Floriano Peixoto de Azevedo. *Bens públicos*: função social e exploração econômica: o regime jurídico das utilidades públicas. Belo Horizonte: Fórum, 2009.

[799] FRANÇA. Conselho de Estado. *Arret La Ville de Toulouse de 13 de julho de 1961*.

[800] FRANÇA. Conselho de Estado. *Arret Sté. Lyonnaise de Transports de 05 de fevereiro de 1965*.

[801] FRANÇA. Conselho de Estado. Arret Sté. Le Beton de 19 de Outubro de 1956.

[802] SAGUER, Marta Franch. *Op. cit.*, p. 435.

natureza parece determinar a sua destinação à finalidade coletiva, dispensando um ato de afetação ou de adequação especial.

Neste sentido, parece haver uma imbricação entre *bens de uso comum do povo* e *bens públicos naturais*, de forma que, embora não seja possível definir de forma *extensiva* todas as coisas destinadas ao uso da coletividade – uma vez que abrange das praças ao ar – é inegável que as coisas naturais – como rios, mares, montanhas – integram o seu objeto.[803]

Tais coisas independem de um ato formal de afetação para integrar o domínio público, já que estão colocadas por sua natureza a serviço da coletividade, de modo que, mesmo os adeptos que sustentam a necessidade da sua previsão legal, reconhecem que sob tais bens há antes uma declaração do que uma constituição de sua natureza pública.[804]

Como já visto, torna-se insustentável o critério de afetação como o elemento para a delimitação dos bens públicos, já que para determinadas coisas em razão de sua substância decorre uma especialidade que faz operar uma destinação, ligando-as à satisfação de determinado interesse ou necessidade coletiva.[805]

Seria incongruente supor que determinadas coisas – como o ar ou os mares – apenas assumem um caráter público e exercem uma função pública, na medida em que sejam objeto de uma afetação formal por ato administrativo ou legislativo, ignorando que antes e independente da própria existência do Estado ligam-se às necessidades coletivas e até mesmo humanas.

Poderia então supor que não é a função social em si – no que tange à sua graduação em um papel de concretização – mas ao ato em si de adequação que determinará não apenas a qualificação do bem como público, porém, a sua concretização ou não deste dever de funcionalização.

Ainda que se considere a adequação, há de se considerar que esta deve ser tida como a vinculação propriamente dita à função social que determina a natureza pública e não um ato formal de afetação ou específico de *classement*, que deflagrará o domínio público e a incidência do regime jurídico especial protetivo de tal finalidade pública.[806]

---

[803] FORSTHOFF, Ernst. *Op. cit.*, p. 561.
[804] MARTORELL, Aurelio Guaita. *Derecho Administrativo, Aguas, Montes, Minas*. Madrid: Civitas, 1986. p. 23.
[805] BLANCO, Alejandro Vergara. *Op. cit.*, p. 158.
[806] SAGUER, Marta Franch. *Op. cit.*, p. 435.

Considere a questão das coisas naturais, cuja lei civil determina em rol exemplificativo, que são tidos como bens públicos,[807] porém, sem especificar o critério de sua delimitação, reduzindo a literatura jurídica à antiga e generalizada assertiva que os bens de uso comum do povo são aqueles cuja utilização ocorre sem discriminação de usuários ou ordem especial.[808]

Centra-se a delimitação da qualificação das referidas coisas naturais como públicas a partir de um critério do uso como se a sua ligação à função social decorresse da medida em que tais coisas estivessem disponíveis à utilização pelos indivíduos, quando o atendimento das necessidades coletivas e humanas podem sequer envolver um acesso pleno.

Parece ligar à uma concepção liberal que na literatura jurídica estrangeira pretende resolver a questão, sustentando que o acesso aos bens naturais decorrem não da ligação da sua natureza propriamente dita ao uso, mas que o direito de participar dos bens da coletividade, inclusive, em posse de terceiros, decorrem do fato de tais bens serem escassos.[809]

Por efeito, tratando-se de coisas sujeitas a um regime jurídico de direito público, não poderia o uso ter como fundamento o exercício de uma liberdade individual, já que relações jurídicas de participação só ocorrem quando a lei determina faculdades exclusivas de um titular sob os demais, o que não ocorre, por exemplo, com o ar ou com os mares.[810]

Todavia, com a noção de escassez aproxima a temática dos bens públicos de uma perspectiva econômica, associando-o aos elementos de produção – terra, trabalho e capital – e considerando que a exploração dos recursos naturais pode resultar em danos em razão do seu possível efeito de esgotamento e da sua não renovabilidade.

Associa, portanto, a noção de uso com de prejuízo, inclusive, considerando que, sendo os bens naturais espécies de bens públicos, que resultam na inviabilidade de exclusão de determinados usuários

---

[807] BRASIL. *Lei Federal nº 10.406, de 10 de Janeiro de 2002. Op. cit.* Art. 99. "São bens públicos: I – os de uso comum do povo, tais como rios, mares, estradas, ruas e praças".
[808] MEIRELLES, Hely Lopes. *Direito Administrativo Brasileiro.* São Paulo: Malheiros, 1993. p. 505.
[809] ESPINOZA, Alexander. *Bienes naturales públicos como límite del ámbito de protección.* Instituto de Estudos Constitucionais, p. 1, 2008.
[810] ESPINOZA, Alexander. *Op. cit.,* p. 2.

da sua fruição, o acesso por toda a sociedade acaba resultando no dever de suportar os prejuízos decorrentes, como esgotamentos ou danos.[811]

Claro que tal entendimento ignora os efeitos produzidos na ordem econômica, tendo em vista limitação que ocasionaria a exploração econômica da coisa pública, bem como o menor grau de proteção dos referidos bens que resultaria, já que não abrangeriam aquelas coisas naturais que não possuam certo grau de escassez.[812]

De qualquer forma, a utilização das coisas públicas pelo indivíduo corresponde antes à forma de acesso do indivíduo aos referidos bens, do que propriamente o exercício da sua função social ou da sua destinação das necessidades coletivas e, portanto, critério que determinará a qualificação da coisa como pública em si.[813]

Tome-se, por exemplo, novamente as áreas de preservação permanente, que exercem uma destinação pública independente do uso imediato pela coletividade, em razão do papel ambiental desempenhado na garantia dos recursos hídricos, da estabilidade geológica, da biodiversidade e da flora e fauna.[814]

Embora regule o Código Ambiental a sua utilização pelas pessoas jurídicas de direito público e de direito privado,[815] note que exerce uma destinação pública por auxiliar na promoção do equilíbrio ambiental necessário ao bem estar da coletividade independente do acesso pelos indivíduos, inclusive, demandando até mesmo sua restrição. 816

Não significa aduzir que o critério será a escassez dos recursos naturais, pois ainda que a coisa não esteja escassa ela pode se ligar à uma necessidade coletiva, por exemplo, a qualificação das florestas como bens públicos, não em razão de sua perda, mas da forma como sempre foram necessárias para o equilíbrio do ecossistema e bem-estar humano.

Por efeito, determinados bens públicos – como alguns bens naturais – irão exercer a sua função social independente de um ato de

---

[811] ESPINOZA, Alexander. *Op. cit.*, p. 8.
[812] ESPINOZA, Alexander. *Op. cit.*, p. 2.
[813] ESPINOZA, Alexander. *Op. cit.*, p. 3.
[814] RIBEIRO, Glaucus Vinicius Biasetto. A origem histórica do conceito de Área de Preservação Permanente no Brasil. *Revista Thema*, n. 8, p. 3, 2011.
[815] BRASIL. *Lei Federal nº 12.651, de 25 de maio de 2012*. *Op. cit.* "Art. 7º A vegetação situada em Área de Preservação Permanente deverá ser mantida pelo proprietário da área, possuidor ou ocupante a qualquer título, pessoa física ou jurídica, de direito público ou privado."
§1o Tendo ocorrido supressão de vegetação situada em Área de Preservação Permanente, o proprietário da área, possuidor ou ocupante a qualquer título é obrigado a promover a recomposição da vegetação, ressalvados os usos autorizados previstos nesta Lei.
[816] RIBEIRO, Glaucus Vinicius Biasetto. *Op. cit.*, p. 2-3.

afetação formal geral – legislativo ou administrativo – ou especial – ao serviço público ou acesso ao uso público – visto que a sua própria natureza o faz se ligar à uma necessidade coletiva.

Isto não é recusar que determinadas coisas demandarão, para o exercício de sua função social, um ato de afetação por um sujeito, que o ligue à uma necessidade coletiva – como um prédio – já que a sua substância não o coloca para atendimento imediato à concretização à uma função social.

Porém, não se pode admitir que apenas a sua qualificação formal dotará de um caráter público[817] e, portanto, de uma função social, pois é ignorar que mesmo com a ausência de manifestação volitiva determinadas coisas atenderão necessidades coletivas e supor que o Estado seja capaz de regular e ordenar toda a realidade social em sua complexidade atual.

Entretanto, pode-se considerar válida a construção do *aménagement* especial enquanto o ato volitivo que não apenas destina, mas, igualmente, adeque a coisa à finalidade pública, na medida em que reconheça que ele será cabível apenas para aqueles bens que já não estejam ligados à realização de necessidade coletiva.

Já que o elemento central que determina a funcionalização da coisa ao atendimento à finalidade pública não é o ato formal de afetação – que pode sequer existir no primeiro caso ou ser apenas um precedente no segundo – mas a própria medida que a coisa esteja ligada à exercício da sua função social.

Se considerássemos que é o ato de afetação formal ou especial – *aménagement* – que dotasse a coisa de uma necessidade coletiva haveria de se admitir que uma vez afetado ou destinada uma coisa à uma função social para o atendimento de outra demandaria uma prévia desafetação que a excluísse daquela finalidade pública antes perquirida.

Neste sentido, considere novamente a questão dos bens de uso comum, se firmado que é a utilização que atribui a sua qualificação como pública, ligando à uma necessidade coletiva, isto significaria considerar uma impossibilidade de sua restrição de acesso à coletividade e a exploração econômica individual, já que ambas descaracterizariam àquela função pública.

---

[817] ESPANHA. *Constituição da Espanha de 27 de Dezembro de 1978.* Art. 132. 2. *Son bienes de dominio público estatal los que determine la ley y, en todo caso, la zona marítimo-terrestre, las playas, el mar territorial y los recursos naturales de la zona económica y la plataforma continental.*

Se, por um lado, parece claro que a destinação da coisa não pode significar um interdito completo ao exercício de autonomia individual, isto não significa garantir um espaço amplo de autonomia individual no que tange aos bens públicos, uma vez que seria capaz de turbar a utilização pelos indivíduos ou finalidade pública ao qual se destinam.[818]

Não se deve fazer uma interpretação literal da expressão uso comum, já que não é o elemento essencial das coisas públicas, mas admitir que, embora veicule o direito de utilização, não há nenhum impedimento para que haja temporariamente o impedimento de uso ou que ocorra a atribuição para algum sujeito particular.[819]

Haverá uma restrição à liberdade de acesso aos indivíduos para tais bens públicos, quando necessária, seja pelo Estado ou qualquer sujeito titular, a adoção de medidas que se demonstrem necessárias à guarda e proteção da coisa, de forma a garantir o cumprimento da sua finalidade pública.[820]

Decorre, inclusive, do próprio dever do seu titular de garantir não apenas a proteção dos direitos fundamentais, mas também da sua adequação com outros bens e valores constitucionais que irão demandar uma solução, que pode resultar em uma restrição ao acesso pleno pelos indivíduos aos bens públicos de uso comum.[821]

Assim, haverá a garantia do uso pela coletividade, mas sem que haja impedimento para restrições ao seu acesso como a imposição de contraprestação pelos poderes públicos,[822] bem como situações em que o interesse público e a proteção de outros valores constitucionais podem resultar e m restrição excepcional.[823]

Isto porque a questão do uso dos bens públicos envolve um elemento essencial à sua própria concepção, que corresponde à graduação da sua participação no interesse público ao qual ela esteja afetada,[824] o que no caso dos bens públicos naturais parece assumir uma proporção mais intensa.

---

[818] ESPINOZA, Alexander. *Op. cit.*, p. 3.
[819] MAYER, Otto. *Op. cit.*, p. 125.
[820] ALFONSO, Luciano Parejo. *Op. cit.*, p. 38.
[821] MARQUES NETO, Floriano de Azevedo. *Op. cit.*, p. 277.
[822] BRASIL. *Lei Federal nº 10.406, de 10 de Janeiro de 2002. Op. cit.* Art. 103. O uso comum dos bens públicos pode ser gratuito ou retribuído, conforme for estabelecido legalmente pela entidade a cuja administração pertencerem.
[823] MARQUES NETO, Floriano de Azevedo. *Op. cit.*, p. 277-278.
[824] MAYER, Otto. *Op. cit.*, p. 127.

A questão pode ser analisada através de um julgamento do Tribunal Constitucional Federal Alemão,[825] que analisava o uso de águas subterrâneas por um proprietário para extração de carvalho, cuja celeuma decorre de forma próxima ao nosso ordenamento jurídico é destacada do direito de propriedade,[826] já que corresponde a bem público.

Neste sentido, há de se admitir que as disposições do Código de Água acerca da exploração das fontes correspondem à uma limitação ao direito de liberdade[827] e, portanto, o acesso do proprietário às águas subterrâneas no que tange à sua utilização e consumo, de forma a preservar a sua afetação à finalidade pública, a saber, o oferecimento de água a todos.

Poderia se sustentar que tais recursos naturais – águas subterrâneas – sejam necessários para que realizasse o uso de sua propriedade – na exploração de cascalho – e, portanto, tal restrição conduziria a não proteção da sua propriedade enquanto necessário para exercício da sua autonomia e liberdade privada.[828]

Igualmente que, enquanto os bens de uso comum do povo admitem uma utilização individual, a própria legislação permite o seu acesso, desde que não turbe o acesso à coletividade estaria dentro do direito público subjetivo do cidadão de uso do referido bem público.

Neste sentido, vale a advertência que, no tratamento dos bens públicos naturais, há utilização de variadas designações que resultam na aplicação de diferentes tipos de racionalidade no que se refere ao tema e, portanto, traduz-se em signos ideológicos com valorações distintas.[829]

Assim, alguns adotam uma noção instrumental dos referidos bens públicos como recursos naturais que se sujeitam à exploração por sujeitos privados no âmbito de sua autonomia individual, o que conduz

---

[825] ALEMANHA. Tribunal Constitucional Federal. *BVerfGE 39*. 15 jul. 1981.
[826] BRASIL. *Lei Federal nº 10.406, de 10 de Janeiro de 2002*. Op. cit. Art. 1.230. A propriedade do solo *não* abrange as jazidas, minas e demais recursos minerais, os potenciais de energia hidráulica, os monumentos arqueológicos e outros bens referidos por leis especiais.
[827] BRASIL. *Decreto Federal nº 24.643, de 10 de Julho de 1934*. Art. 96. "O dono de qualquer terreno poderá apropriar-se por meio de poços, galerias, etc., das águas que existam debaixo da superfície de seu prédio *contanto que não prejudique aproveitamentos existentes nem derive ou desvie de seu curso natural águas públicas dominicais, públicas de uso comum ou particulares*. Parágrafo único. Se o aproveitamento das águas subterrâneas de que trata este artigo prejudicar ou diminuir as águas públicas dominicais ou públicas de uso comum ou particulares, a *administração competente poderá suspender as ditas obras e aproveitamentos*".
[828] ESPINOZA, Alexander. *Op. cit.*, p. 8.
[829] IVARS, Jorge Daniel. ¿Recursos naturales o bienes comunes naturales? *Algunas reflexiones Centro de Estudios Interdisciplinarios en Etnolingüística y Antropología Socio-Cultural*, n. 26, p. 92, dez. 2003.

à uma apropriação dos bens naturais que passam a ser propriedade privada, em um fenômeno designado como *clôture des terres communales*.

Não se trata de evento recente no que tange aos bens naturais ligando-se ao próprio processo de regulação pelo Estado do direito de propriedade privada ainda nos séculos XV e XVI, envolvendo na atualidade a controvérsia do reconhecimento da natureza pública dos bens intelectuais e sua inserção nos campos do domínio público ou a sua exploração privada.[830]

Tal concepção não parece atentar contra uma perspectiva funcionalista dos bens públicos, pois a própria literatura jurídica que formulou a concepção francesa moderna de domínio público delimitava que os bens naturais seriam tidos como públicos na medida em que exerçam efetivamente uma destinação ou finalidade coletiva.[831]

Transpondo tal entendimento para o impasse proposto, não haveria impedimento para a apropriação privada das águas subterrâneas, desde que não atentasse contra uma finalidade coletiva ou outra particular – desvio, derivação ou prejuízo de águas públicas dominicais, públicas de uso comum ou particulares.

Outros autores partem de uma perspectiva dos bens naturais como as coisas materiais ou imateriais que correspondem a elementos básicos para a própria sobrevivência e convivência humana e, por conseguinte, relacionam-se diretamente à coletividade, que pode se identificar com a expressão *public commun*.

Sob tal égide, o espaço dos bens públicos de uso comum seria, ao contrário do mercado, um lugar de equidade de acesso aos recursos naturais, que demandaria a sua proteção, recuperação e ampliação em um contexto de polarizações e conflitos das crises sociais, ecológicas e econômicas do modelo de produção adotado.[832]

Tal compreensão igualmente se adéqua à uma perspectiva funcional dos bens públicos e parece demandar que a exploração individual ou aproveitamento econômico não se ligue à interesses privados, mas às necessidades coletivas, o que se adéqua ao *thelos* da própria qualificação às referidas coisas.

---

[830] DARDOT, Pierre; CHRISTIAN Laval. *Commun*. Essair sur la revolution au XXI e Siècle. Paris: La Découverte, 2014.
[831] PARDESUS, Jean-Marie. *Op. cit.*, p. 79.
[832] HELFRICH, Silke. Bienes comunes y ciudadanía: Una invitación a Compartir. *In*: HELFRICH, Silke. *Genes, bytes y emisiones*: bienes comunes y ciudadanía. México: Fundación Heinrich Böll, 2008. p. 21.

Na celeuma em análise, parece que a exploração individual geraria um benefício exclusivo para o particular em detrimento da coletividade, o que ensejaria o reconhecimento que é o uso anormal da coisa pública – exploração privada de cascalho – sendo vedado, de forma a proteger a finalidade coletiva por ela perseguida – fornecimento de água à sociedade.

Por fim, parte da literatura adota uma perspectiva dos referidos bens públicos à luz da solidariedade, de forma que os bens naturais são indispensáveis à vida humana e a natureza e ligam-se não apenas à comunidade – enquanto elemento humano estatal – mas à própria humanidade, o que envolve o termo *patrimoine commun de l'humanité*.

Neste sentido, não significa negar a soberania estatal, mas ao revés compreender o papel do acervo de bens sob a titularidade do ente público como necessário e indispensável ao atendimento ao bem comum sendo, portanto, objeto de proteção orientado por tal influxo de solidariedade.[833]

Sob tal viés, não apenas seria tal exploração privada um atentado contra os interesses coletivos daquele grupo social, mas poderia ser, inclusive, para a própria humanidade, na medida em que tal bem público natural – águas subterrâneas – fosse identificado como ligado à própria existência humana.

Interessante notar que se o critério da afetação ou *aménagement* especial demonstrasse suficiente para solver o conflito, bastava-se inquirir se tais águas subterrâneas estão por um ato formal ou por uma adequação ao serviço público destinado ao fornecimento de água, todavia, a questão volve-se à resolução do conflito independente dessa ação estatal.

No campo de análise da ciência jurídico-administrativista em que se dota os bens naturais de um caráter normativo e de uma natureza pública parece que não podem ser tidos como recursos naturais, mas são regulados como bens públicos de uso comum, cuja utilização de tal expressão é a primeira forma de apropriação pela linguagem.[834]

Neste sentido, o reconhecimento que os bens públicos naturais não são apropriáveis seja pelo sujeito privado ou mesmo o ente público não é uma construção moderna, mas advém do próprio direito romano

---

[833] PETRELLA, Ricardo. *El bien común*. Elogio de la solidaridad. Madrid: Debate, 1997. p. 30.
[834] IVARS, Jorge Daniel. *Op. cit.*, p. 94.

que consagrou a *res communis* como decorrência do direito natural com o reconhecimento a todos os homens do direito ao ar, ao mar, os rios.[835]

Note, portanto, que o *res communes ommnium* não se adequa à noção comum de propriedade ou de domínio, sendo as coisas que, em razão de sua condição natural não são sujeitas à apropriação privada e, portanto, encontram-se fora do comércio jurídico, impedindo a sua aquisição por qualquer titular.[836]

Assim como não há uma propriedade do Estado, igualmente relembre o apontamento da literatura jurídica que não se trata de uma propriedade coletiva de tais bens públicos em que cada cidadão seja um coproprietário, sem que isso negue que tais coisas, em razão de sua natureza ou ato jurídico, exercem uma destinação às pessoas coletivamente consideradas.[837]

Neste sentido, pode-se sustentar que sua instrumentalidade não se refere à apropriação ou exploração individual ou pelo Estado, mas, enquanto em sua integralidade, corresponde ao acervo de coisas essenciais para a vida coletiva da humanidade e garantia da diversidade biológica do próprio planeta.[838]

Todavia, reconhecida que tais coisas não podem ser apropriadas e exercem uma função social decorrente da sua própria natureza, isto não significa nem a vedação às restrições de acessos individuais, mas igualmente, não pode supor uma integral impossibilidade da sua exploração.

Cabe ao Estado o importante papel de controlar os efeitos que o uso irrestrito pela comunidade sem qualquer forma de regulação dos bens públicos de uso comum e da própria autonomia privada podem gerar, que alguns consideram como uma tragédia enquanto um evento inevitável.[839]

Como já visto, compete ao Estado enquanto gestor dos referidos bens públicos da comunidade garantir o atendimento de suas finalidades públicas, bem como o acesso pela coletividade e pelos indivíduos singularmente considerados na medida em que protegem e garantam tal afetação pública.

---

[835] MADEIRA, Eliane Maria Agati. *Op. cit.*, Livro 1 Título III.
[836] GARCÍA, Garrido M. *Diccionario de Jurisprudencia Romana*. Madrid: Dykinson, 2000. p. 301-305.
[837] FORSTHOFF, Ernst. *Op. cit.*, p. 564.
[838] IVARS, Jorge Daniel. *Op. cit.*, p. 95.
[839] HARDIN, Garret. La Tragedie des biens comuns. *Science*, 162, 13 décembre 1968. p. 1243-1248.

Tais deveres jurídicos do Estado na gestão dos bens públicos de uso comum podem não ser expressos, já que decorrem da função administrativa e a necessidade de adequação da ação individual ao interesse público, por exemplo, a obrigação de assegurar a segurança na circulação em vias públicas, inclusive, com a responsabilidade decorrente.[840]

Assim, pode se sustentar que, inicialmente, a exploração individual em detrimento dos demais membros da coletividade corresponde a espaço ilegítimo de uso dos bens públicos de uso comum do povo caso vede o acesso aos outros membros sem que traduza na realização de outros interesses comuns ou importe em benefício aferido pela comunidade.

Isto porque o exercício individual do direito de uso dos bens públicos de uso comum do povo envolve o que a literatura alemã chama de tolerância mútua, que conduz a um espaço limitado para garantia do acesso comum[841] e corresponde às restrições fáticas que se sujeitam qualquer direito no seu exercício em relação aos interesses, bens e direitos da ordem jurídica.

Por esta razão, tal limitação abrange não apenas o direito de uso do bem comum, mas o direito de propriedade, por exemplo, dos bens imóveis contíguos à coisa pública tal qual nos terrenos marginais[842] cujas margens, apartada a controvérsia se públicas[843] ou privadas[844] com servidão,[845] sujeitam-se seu proprietário a permitir o uso por outros cidadãos.

Neste sentido, o Conselho de Estado Francês determinou que tais bens públicos, portanto, estão sujeitos a um regime de liberdade, mas igualmente de legalidade na sua utilização por todos, garantindo a manutenção da ordem pública e a própria finalidade coletiva da coisa exteriorizada no uso indiscriminado.[846]

Isto não significa que só há tal forma de utilização dos bens públicos de uso comum do povo, ao revés, é possível situar além da *l'usage en*

---

[840] FORSTHOFF, Ernst. *Op. cit.*, p. 575.
[841] FORSTHOFF, Ernst. *Op. cit.*, p. 567.
[842] FORSTHOFF, Ernst. *Op. cit.*, p. 582-583.
[843] BRASIL. Supremo Tribunal Federal. Súmula 479: "As margens dos rios navegáveis são de domínio público, insuscetíveis de expropriação e, por isso mesmo, excluídas de indenização".
[844] BRASIL. *Decreto Federal nº 24.643, de 10 de Julho de 1934.* "Art. 31. Pertencem aos Estados os terrenos reservados as margens das correntes e lagos navegáveis, si, por algum título, não forem do domínio federal, municipal ou particular."
[845] MEIRELLES, Hely Lopes. *Op. cit.*, p. 526.
[846] FRANÇA. Conselho de Estado. *Arrêt Ville de Marines de 26 de Outubro de 1988.*

commun ou *gemeingebranch* realizado de forma geral ou indiscriminada por todos, tal uso individualizado ou *utilisations spéciales*, porém, restrito pelos limites que garantam o atendimento do interesse público.[847]

Também desconsiderar que os bens públicos naturais também não possam ser explorados por entes privados[848] mediante autorização, concessão ou permissão,[849] o que decorre do próprio modelo econômico adotado pelo Estado Brasileiro, que prevê excepcionalmente o exercício da atividade econômica pelos entes públicos.[850]

Não é recente a noção de que, embora os bens públicos de uso comum estejam afetados em razão de sua própria natureza ao interesse da coletividade e, portanto, a rigor impeçam o uso excludente de um sujeito privado, não possa ser atribuído uma exploração ou destinação individual transitória.

No próprio Direito Romano, embora reconhecesse que a *res publicae* era de titularidade do povo foram utilizadas concessões – em variadas modalidades e distintas dos esquemas de direito privado – que permitiam aos particulares faculdades de gozo que ampliavam o uso normal das coisas públicas.[851]

Poder-se-ia afirmar a impossibilidade de se sustentar a exploração de bens públicos por particulares, em razão dos caracteres que são dotados os bens do domínio público – como a imprescritibilidade

---

[847] FORSTHOFF, Ernst. *Op. cit.*, p. 562 e 569.
[848] BRASIL. *Constituição da República Federativa do Brasil de 05 de Outubro de 1988. Op. cit.* Art. 176. As jazidas, em lavra ou não, e demais recursos minerais e os potenciais de energia hidráulica constituem propriedade distinta da do solo, para efeito de exploração ou aproveitamento, e pertencem à União, garantida ao concessionário a propriedade do produto da lavra. §1º A pesquisa e a lavra de recursos minerais e o aproveitamento dos potenciais a que se refere o "caput" deste artigo somente poderão ser efetuados mediante autorização ou concessão da União, no interesse nacional, por brasileiros ou empresa constituída sob as leis brasileiras e que tenha sua sede e administração no País, na forma da lei, que estabelecerá as condições específicas quando essas atividades se desenvolverem em faixa de fronteira ou terras indígenas.
[849] BRASIL. *Constituição da República Federativa do Brasil de 05 de Outubro de 1988. Op. cit.* Art. 21. Compete à União: XII – explorar, diretamente ou mediante autorização, concessão ou permissão: (...) b) os serviços e instalações de energia elétrica e o aproveitamento energético dos cursos de água, em articulação com os Estados onde se situam os potenciais hidroenergéticos;
[850] BRASIL. *Constituição da República Federativa do Brasil de 05 de Outubro de 1988. Op. cit.* Art. 173. Ressalvados os casos previstos nesta Constituição, a exploração direta de atividade econômica pelo Estado só será permitida quando necessária aos imperativos da segurança nacional ou a relevante interesse coletivo, conforme definidos em lei.
[851] ARÉVALO, Manuel Francisco Clavero. *Op. cit.*, p. 16.

e inalienabilidade – mas seria ignorar que a mudança de titularidade referida não importa em uma apropriação privada.

Isto porque o uso ou exploração dos referidos bens públicos naturais liga-se à realização dos interesses públicos qualificados pela ordem jurídica e, portanto, sujeita a quem exerça o *munus publico* – seja o próprio Estado ou o particular – ao dever de proteção e promoção das necessidades coletivas.

O próprio Conselho de Estado Francês já se manifestou no sentido que o uso normal decorrente da afetação do bem público não impede uma utilização privada para atividade econômica ou industrial, desde que destinada à satisfação direta de interesses coletivos mediante atividade ou serviço público.[852]

Os bens públicos naturais podem ser objeto de relações jurídicas, desde que compatíveis com sua natureza e destino,[853] no caso, é permitida a utilização ou exploração privada, desde que adequada à função social assumida ou que busque perquirir outra determinada necessidade coletiva.

Não há impedimento que a par de uma função social assumida pela coisa possa ser destinada ao atendimento de outra finalidade igualmente coletiva, *vide*, por exemplo, os rios que, além de se ligarem às necessidades coletivas de equilíbrio do ecossistema e fornecimento de água, podem ser objeto de concessão para a exploração do transporte aquaviário.

Embora tenha contornos claros do uso dos bens públicos naturais no que tange à exploração econômica para os agentes privados, já que são objeto de delegação legal ou negocial pelo Estado, por outro lado, há uma dificuldade de assimilação pela literatura jurídica da função social dada pela ocupação por indivíduos dos bens públicos.

Embora seja atribuído a cada cidadão um direito público subjetivo ao uso comum dos bens públicos,[854] todavia, não é possível extrair do uso normal o fundamento para o exercício de uma ocupação, em especial, nos bens naturais, em razão de sua inadequação pelas repercussões ambientais, urbanísticas, civis e administrativas.

Trata-se de celeuma de análise interdisciplinar que pode se relacionar com a questão ambiental de como a ocupação humana irregular

---

[852] FRANÇA. Conselho de Estado. *Arrêt La Roustane*. 10 de maio de 1996.
[853] BIELSA, Rafael. *Op. cit.*, p. 160.
[854] FORSTHOFF, Ernst. *Op. cit.*, p. 548.

agrava os riscos naturais para o tênue equilíbrio do ecossistema,[855] de forma que com a manutenção das condições sub-humanas de habitação não há como se garantir o meio ambiente equilibrado ou a própria moradia digna.[856]

Em outro vértice, sob o ponto de vista urbanístico, abrange os efeitos da falta de investimento estatal – infraestrutura e serviços públicos – e da exclusão social – em especial no acesso à moradia – sob as ocupações irregulares dos bens naturais que resultam na precariedade da moradia e agravam questões urbanas como poluição, epidemia e o lixo.[857]

Igualmente, ensejam reflexões no campo do próprio direito civil, já que o reconhecimento da relação de posse ou de domínio desatende a sua funcionalização imposta pela ordem jurídica,[858] o que reduz o espaço do domínio amplo da autonomia de vontade e ordena a sua adequação ao cumprimento dos fins sociais e ambientais.[859]

Poderia parecer que situada a análise administrativa acerca do conflito de tais ocupações dos bens naturais o debate estaria encerrado, já que a Constituição Federal consagra a imprescritibilidade,[860] vedando a apropriação privada sob bens públicos urbanos ou rurais pelo particular esteja sob sua posse em determinado tempo.

Porém, mesmo se sustentada uma interpretação literal e isolada do tipo constitucional com reconhecimento de uma proibição da aquisição por usucapião não se trata aqui de bens públicos desfuncionalizados, bem como não há impeditivo para reconhecer a formação de outra relação jurídica pelo particular.

---

[855] VEYRET, Yvette; MESCHINET DE RICHEMOND. O risco, os riscos. *In*: VEYRET, Y. (Org.). *Os riscos*: o homem como agressor e vítima do meio ambiente. São Paulo: Contexto, 2007. p. 63.
[856] DUARTE, Marise Costa de Souza. *Meio Ambiente e Moradia*. Curitiba: Juruá, 2012. p. 46-47.
[857] MARICATO, Erminia. Brasil. Cidades: Alternativas para a Crise Urbana. Petrópolis: Vozes, 2001. p. 163.
[858] BRASIL. *Lei Federal nº 10.406, de 10 de Janeiro de 2002*. Op. cit. Art. 1.229 §1º. O direito de propriedade deve ser exercitado em consonância com suas finalidades econômicas e sociais e de modo que *sejam preservados, de conformidade com o estabelecido em lei especial, a flora, a fauna, as belezas naturais, o equilíbrio ecológico e o patrimônio histórico e artístico, bem como evitada a poluição do ar e das águas.*
[859] BORGES, Roxana Cardoso. Função ambiental da propriedade. *Revista de Direito Ambiental*, v. 09, p. 68-69, 2003.
[860] BRASIL. *Constituição da República Federativa do Brasil de 05 de Outubro de 1988*. Op. cit. Art. 183 §3º Os imóveis públicos não serão adquiridos por usucapião. Art. 191 Parágrafo único. Os imóveis públicos não serão adquiridos por usucapião.

Tanto que há previsão normativa do reconhecimento da chamada concessão de uso especial de moradia por sujeito privado que, observados os requisitos legais – temporais, materiais e formais –, tenha a posse de bem público em área urbana para a moradia própria ou de sua família.[861]

Ademais, como visto, os caracteres do domínio público – dentre os quais a inalienabilidade e imprescritibilidade – decorrem não da titularidade do bem, mas de sua função social, que deflagra um regime jurídico exorbitante capaz de atribuir instrumentos de proteção do cumprimento de suas finalidades coletivas.

Neste sentido, parece claro que tal reconhecimento de uma relação jurídica formada pelo particular tendo por objeto o bem público não poderá ser de um título de propriedade na medida em que tais coisas naturais já atendem outras funções sociais – como a preservação do ecossistema e do bem estar humano.

Sob tal égide, não cabe a regularização fundiária de interesse social reconhecer um direito de propriedade[862] sob bens públicos naturais, inclusive, àquelas chamadas áreas de preservação permanente, cuja destinação à finalidade pública decorre da própria natureza das referidas coisas e, portanto, nem a lei municipal pode desafetá-los para a apropriação.[863]

Desta feita, se reconhecido que a ocupação dos bens públicos de uso comum não é capaz de elidir a não apropriação decorrente da

---

[861] BRASIL. Medida Provisória nº 2220, de 4 de Setembro de 2001, com redação dada pela Medida Provisória nº 759, de 2016. Art. 1º Aquele que, até 22 de dezembro de 2016, possuiu como seu, por cinco anos, ininterruptamente e sem oposição, até duzentos e cinquenta metros quadrados de imóvel público situado em área com características e finalidade urbana, e que o utilize para sua moradia ou de sua família, tem o direito à concessão de uso especial para fins de moradia em relação ao bem objeto da posse, desde que não seja proprietário ou concessionário, a qualquer título, de outro imóvel urbano ou rural.

[862] BRASIL. Lei Federal nº 11.977, de 07 de Julho de 2009. Dispõe sobre o Programa Minha Casa, Minha Vida – PMCMV e a regularização fundiária de assentamentos localizados em áreas urbanas; altera o Decreto-Lei no 3.365, de 21 de junho de 1941, as Leis nos 4.380, de 21 de agosto de 1964, 6.015, de 31 de dezembro de 1973, 8.036, de 11 de maio de 1990, e 10.257, de 10 de julho de 2001, e a Medida Provisória no 2.197-43, de 24 de agosto de 2001; e dá outras providências. Casa Civil, Brasília, 7 de julho de 2009. Disponível em: https://www.planalto.gov.br/ccivil_03/_ato2007-2010/2009/lei/l11977.htm. Acesso em: 20 out. 2023. Art. 60. Sem prejuízo dos direitos decorrentes da posse exercida anteriormente, o detentor do título de legitimação de posse, após 5 (cinco) anos de seu registro, poderá requerer ao oficial de registro de imóveis a conversão desse título em registro de propriedade, tendo em vista sua aquisição por usucapião, nos termos do art. 183 da Constituição Federal.

[863] BRASIL. Lei Federal nº 11.977, de 07 de Julho de 2009. Op. cit. Art. 53. A regularização fundiária de interesse social depende da análise e da aprovação pelo Município do projeto de que trata o art. 51.

própria essência do bem natural ou a inalienabilidade, não se ignora que há outra relação jurídica formada pelo indivíduo com a coletividade tendo por objeto a coisa pública e por finalidade uma função social.

Por um lado, é inadequado considerar que os bens públicos são *rex extracommercium*, já que isto implicaria a impossibilidade de formação de atos e negócios jurídicos, quando a vedação é somente àquelas que importem em sua disposição e a restrição absoluta à retirada da sua destinação que deve ser permanente enquanto ligada à uma necessidade coletiva.

Assim, é insustentável que possa se extrair uma função social já exercida por um bem qualificado como público para a realização de outra, ainda mais no caso em tela em que tais bens naturais – áreas de preservação permanente – ligam-se não apenas às necessidades coletivas, mas igualmente humanas.

Por outro, todavia, é incontestável que a ocupação para fins de habitação corresponde ao cumprimento de outra função social igualmente perseguida pela ordem jurídica – o direito de moradia – ao qual deve ser reconhecida a formação de uma relação jurídica pelos respectivos sujeitos sob tais terras.

Entretanto, há de se reconhecer que, além de determinados bens públicos naturais serem inapropriáveis seja por entes públicos ou privados, o reconhecimento da realização de uma função social não se confunde com apropriação da coisa e a título de proteção da moradia digna não se pode atribuir propriedade a coisas que exercem função para toda coletividade.

Não se pretende tratar da celeuma em si, de qual seria, portanto, o instrumento de garantia de tal relação jurídica e, portanto, de outra função social atribuída pelos indivíduos aos bens públicos naturais ao ocupá-los para fins de moradia – concessão de uso, direito de superfície e demais.

Propugna-se demonstrar que a dificuldade na delimitação da funcionalização dos bens públicos decorre da equivocada assimilação no âmbito público de uma identificação de bem e propriedade com uma noção de apropriação privada ou de sujeito público com patrimônio, que dificulta à formação de categorias próprias adequadas a uma teoria dos bens públicos.

Ademais, a persistência da identificação de que as coisas qualificadas como públicas são aquelas afetadas por ato estatal gera-se conflitos no que tange ao surgimento de demais relações jurídicas que se formam sob a coisa e demonstram a possibilidade fática de que haja sob tais bens mais de uma destinação material para cumprimento de outras funções sociais.

Erige-se que o critério da funcionalização dos bens públicos não pode ser a afetação formal ou especial realizada pelo Estado, mas a própria destinação material à função social e, por conseguinte, que não há impedimento para formação de relações jurídicas com finalidades públicas diferenciadas com variados sujeitos em torno do bem qualificado como público.

Por efeito, há de se admitir que o dever de funcionalização dos bens públicos deve ser tido a partir de um critério material – não necessariamente a existência de um ato formal designativo, mas uma destinação efetiva à função social – não exclusivo – de forma que a coisa pode atender a variados interesses públicos incidentes.

Fixado que é a efetiva destinação da coisa à uma finalidade pública, que demonstra o atendimento ao dever de funcionalização imposto ao seu titular ou ao Estado, há de se admitir que haverá uma contingência temporal, na medida em que seja capaz de fato de atender às necessidades coletivas.

O tema será tratado a seguir.

4.2 Do marco temporal da função social dos bens públicos: do ato formal de desafetação à uma atualidade no atendimento da finalidade coletiva

Como visto, quando uma coisa exerce uma função social mediante o atendimento de uma necessidade coletiva forma-se um vínculo entre o seu titular e a coletividade, que implica na aplicação de um regime jurídico especial e a determinação de direitos e deveres que garantam o atendimento daquela finalidade.

Isto não significa firmar que tal relação jurídica é constituída por um ato de afetação formal ou especial realizado pelo Estado, contudo, que seja formada a partir de um critério material e não exclusivo, uma vez que a coisa se coloca a serviço da coletividade deve-se sujeitar à uma disciplina normativa protetiva e à incidência de obrigações aos seus sujeitos.

Por efeito, pode-se vislumbrar a existência de um marco temporal, já que a rigor, tal coisa pode não ter em algum momento se ligado à concretização de uma função social, bem como, em determinado tempo, pode não estar mais destinada a tal finalidade, em razão do desaparecimento daquela necessidade.

Há quem sustente que tal marco temporal ocorre quando as coisas que fazem parte do domínio público estejam degradadas, ou seja, não são mais capazes em sua natureza ou substância de atender o interesse coletivo estão faticamente desafetadas e, portanto, não teriam mais a natureza pública e seriam passíveis de usucapião por particulares.[864]

Para essa parte da literatura jurídica, tal transformação material da coisa, ainda que realizada por parte de um possuidor, supera os limites da imprescritibilidade dos bens públicos, admitindo neste caso a ocorrência de sua retirada fática da destinação e, portanto, a sua incorporação por um agente privado.[865]

Entretanto, parece transpor a noção privada de extinção de propriedade por perda da coisa,[866] que não se adéquam às coisas qualificadas como públicas, pois uma vez e enquanto destinadas à realização de uma função social impõem os deveres de conservação ao seu titular, esvaziando qualquer autonomia de vontade no que se refere à sua disposição material.[867]

Não se ignora que as coisas em sua materialidade podem se sujeitar à destruição,[868] mas que a sua degradação extingue a função social, inclusive, por ato de vontade do seu titular permitiria que o sujeito se beneficiasse da própria torpeza, quando atuasse sob a coisa afetada para desfuncionalizá-la e destruí-las ou torná-la possível de apropriação individual.

---

[864] PROUDHON, M. *Op. cit.*, p. 218.
[865] DUEZ, Paul; DEBEYRE, Guy. *Traite de Droit Administratif*. Paris: Dalloz, 1952. p. 775-776.
[866] BRASIL. *Lei Federal nº 10.406, de 10 de Janeiro de 2002. Op. cit.* Art. 1.275. "Além das causas consideradas neste Código, perde-se a propriedade: IV – por perecimento da coisa".
[867] BRASIL. *Lei Federal nº 8.429, de 2 de junho de 1992*. Dispõe sobre as sanções aplicáveis em virtude da prática de atos de improbidade administrativa, de que trata o §4º do art. 37 da Constituição Federal; e dá outras providências. Casa Civil, Rio de Janeiro, 2 jun. 1992. Disponível em: planalto.gov.br/ccivil_03/leis/L8429compilada.htm. Acesso em: 17 out. 2023. Art. 10. Constitui ato de improbidade administrativa que causa lesão ao erário qualquer ação ou omissão, dolosa ou culposa, que enseje *perda patrimonial, desvio, apropriação, malbaratamento ou dilapidação dos bens* ou haveres das entidades referidas no art. 1º desta lei, e notadamente: X – *agir negligentemente* na arrecadação de tributo ou renda, bem como no que diz respeito à *conservação do patrimônio público*;
[868] BRASIL. *Lei Federal nº 10.406, de 10 de Janeiro de 2002. Op. cit.* Art. 86. "São consumíveis os bens móveis cujo uso importa destruição imediata da própria substância, sendo também considerados tais os destinados à alienação".

Parece adequado considerar que, se há um marco temporal no que se refere à funcionalização da coisa pública ocorre não com a degradação ou extinção material da coisa, mas a perda do atendimento da destinação pública[869] de forma que caberá ao titular a recomposição de sua substância ou tredestinação à outra função igualmente pública.

Igualmente, não parece passível reconhecer que o marco temporal da funcionalização possa ocorrer através de uma desafetação formal por ato do poder público, que retire da coisa a função social antes exercida e, portanto, permita a sua desqualificação como um bem público.[870]

Assim, consideram que a desafetação não é um ato formal propriamente dito, mas um ato jurídico, ou seja, uma manifestação de vontade estatal que modifica a situação jurídica do bem, colocando-o em sentido oposto à afetação,[871] porém, neste caso, não corresponderá ao marco temporal em si.

Não seria propriamente a declaração formal pelo poder público que resulta na sua desafetação, mas a medida ao qual o ato jurídico que retire a coisa da sua qualificação pública,[872] ou seja, subtraia de sua finalidade coletiva e, portanto, torne a coisa não apenas desfuncionalizada, mas retire a qualificação de pública.

Considere, por exemplo, a título de abstração, que o Estado pretendesse desafetar um rio público, que antes servia à comunidade. Ainda que se considere que haverá o fim do abastecimento de água potável, não se extinguirá com o ato formal a sua função social ligada ao equilíbrio do ecossistema e bem estar humano.

Ademais, seria admitir que o lapso de tempo do particular em posse da coisa é capaz de subtrair da esfera do domínio público determinado a sua incorporação ao domínio privado, durante o período que o bem permaneceu abandonado e, portanto, destituído de finalidade pública pela autoridade estatal.[873]

Não parece que possa se ligar a um ato de desafetação expresso pelo Estado ou tácito diante do abandono e ocupação pelo particular,

---

[869] LANZIANO, Washington. *Op. cit.*, p.169-170.
[870] LANZIANO, Washington. *Op. cit.*, p.169-170.
[871] FORSTHOFF, Ernst. *Op. cit.*, p. 560.
[872] BRASIL. *Lei Federal nº 10.406, de 10 de Janeiro de 2002. Op. cit.* Art. 100. Os bens públicos de uso comum do povo e os de uso especial são inalienáveis, *enquanto conservarem a sua qualificação*, na forma que a lei determinar.
[873] TROPLONG, Par M. *Le Droit Civil Expliqué* – De la prescription. Tome 1. 3. ed. Paris: Charles Hingray Libraire-Editeur, 1838. p. 247-248.

pois importaria no reconhecimento de uma disposição pelo sujeito não apenas de uma coisa, que atende uma necessidade coletiva, mas da própria função social, já que não é obrigatória a designação de outro bem para mesmo fim.

Novamente a problemática situa-se na dificuldade de distinção do público e do estatal, de forma que ao titular caberia dispor sobre interesses e bens públicos ao qual é apenas gestor, com o agravante de que ainda estejam tais coisas ligadas ao atendimento da função social e sem a imposição de uma destinação de outras para a realização daquela necessidade coletiva.

Se parece inadequado considerar que a função social da coisa se extinguirá seja por uma depreciação ou por um ato de disposição expressa ou implícita estatal, poder-se-ia considerar que o lapso temporal seria fixado então em decorrência do uso, de modo que a utilização para fins públicos definiria a sua manutenção, ao passo que o contrário, a extinção.

A possibilidade de prescrição resulta, portanto, do *uso* da coisa, a saber, da medida em que o agente privado dera-lhe um *fim* individual, retirando o conteúdo público e tal *uso* seria a condição do domínio, de forma que o assim fazendo, não estaria mais no domínio público o respectivo bem.[874]

Por efeito, para tais autores, cessaria o domínio público, portanto, pelo *abandono da coisa* pela autoridade administrativa, já que exteriorizaria uma vontade da Administração Pública de encerrar o seu destino público e, portanto, funcionaria como uma forma de *desafetação tácita*.[875]

Neste viés que a adoção de uma perspectiva funcional da coisa afasta-se de uma noção dos adeptos que reforçam na figura da afetação estatal, já que enquanto para estes, tal qual todos os atos foram destinados em algum momento ao atendimento da função pública podem igualmente ser desafetados,[876] parece insuficiente tal entendimento.

Há bens públicos que em razão de sua própria natureza ligam-se a uso da coletividade, mas, igualmente, se tornam impassíveis de qualquer apropriação coletiva através do Estado ou individual[877] e, portanto, não tendo sido atribuída aquela função social pelo ente moral e não

---

[874] CALVO, Recaredo Fernández de Velasco. *Resumen de Derecho Administrativo y de Ciencia de la Administración*. 2. ed. Barcelona: Bosch, 1931. p. 168.
[875] OVIEDO, Carlos Gárcia. *Derecho Administrativo*. 4. ed. I. Madrid: E.I.S.A., 1953. p. 162.
[876] LANZIANO, Washington. *Op. cit.*, p.169.
[877] FORSTHOFF, Ernst. *Op. cit.*, p. 548.

compondo o seu acervo material, não há como sustentar uma possibilidade de sua disposição.

Porém, mais do que isso, a afetação não corresponde apenas ao ato que determina o fim da coisa para a finalidade pública, de modo que seja efetivamente colocada à utilização coletiva, mas determina como ela será realizada, de forma que a sua utilização, sendo modificada, importa em alteração na afetação.[878]

Assim, ainda que uma coisa – por exemplo, um prédio – tenha sido afetada formalmente à uma finalidade coletiva, passando a ser designada como um bem público de uso especial – para determinado órgão público – caso não exerça tal *mister* há uma alteração na sua afetação que, no caso, se for nenhuma outra utilização, importará em perda da mesma.

Considerar que desafetação é uma manifestação de vontade do ente estatal que modifique a situação jurídica do bem, colocando-o em sentido oposto à afetação[879] e, por conseguinte, permitindo uma evasão do cumprimento da sua função social é considerar a possibilidade de disposição das necessidades coletivas.

Ademais, geraria a tautologia de permitir que o Estado pode, por ato formal, subtrair coisas que estão efetivamente afetadas à finalidade pública, permitindo a sua disposição privada, porém, sob aquelas em que não há uma destinação coletiva não se admite que o indivíduo proceda à uma desafetação ou colocação para uma função social.

Ao revés, mesmo na literatura alemã na qual grande parte dos autores sustenta a existência de uma propriedade pública, aduz que compete à Administração Pública intervir sob tais coisas, de forma a garantir que conservem seu elemento característico, que é a sua ligação a uma finalidade coletiva. 880

Deve-se, portanto, aduzir que a noção de afetação e desafetação estatal Estado não se refere à uma livre disposição ou não da função social, já que enquanto gestor cabe adotar as medidas que garantam o atendimento à necessidade coletiva e retire o bem apenas quando não mais estiver ligado àqueles interesses públicos.

Tal qual inexiste um direito subjetivo absoluto para os entes privados, o Estado não tem um pleno poder no que tange ao acervo sob

---

[878] FORSTHOFF, Ernst. *Op. cit.*, p. 559.
[879] FORSTHOFF, Ernst. *Op. cit.*, p. 560.
[880] MAYER, Otto. *Op. cit.*, p. 128.

a sua titularidade, de forma que há um conteúdo social ao qual deve perseguir que não é um conceito cerrado, mas a expressão de dado momento histórico.[881]

Assim, há de se compreender que o dever de funcionalização do bem público decorrerá não de um ato formal – de constituição ou declaração da coisa para a sua destinação à uma função social – mas a partir do momento em que houve a sua efetiva colocação para o atendimento à uma necessidade coletiva.[882]

Admitir o contrário seria adotar um critério da titularidade de forma transvestida, já que demandaria uma manifestação de vontade Estatal através da edição de um ato legislativo ou administrativo que declarasse ou reconhecesse o exercício à função social, o que poderia não ocorrer, embora a coisa já estivesse em atendimento da necessidade coletiva.

Desta feita, há de se reconhecer que a função social exercida pela coisa não é apenas um conceito contingente, mas que deve ser assegurada de forma atual pelos seus titulares, inclusive, de forma a garantir a incidência do regime protetivo e, por conseguinte, dos caracteres de inalienabilidade, imprescritibilidade e impenhorabilidade.[883]

Tal questão gera repercussão no que se refere ao abandono dos bens públicos, que a maior parte da literatura jurídica não considera como forma de perda de destinação, pois importaria em desmantelamento da doutrina da imprescritibilidade dos bens públicos, de modo que exigem um ato formal que exteriorize o despojamento.[884]

Parece duas coisas distintas a delimitação se a coisa deixou de cumprir a sua função social da questão da aquisição por uma usucapião por um particular, já que o último parece ser um dos efeitos não apenas do descumprimento do dever de funcionalização, mas também de uma adequação à função social dada por particular após um lapso de tempo.

Outros autores já sustentam que o abandono da coisa pela autoridade estatal cessa o domínio público, na medida em que exteriorizaria uma vontade implícita da Administração Pública em extinguir o seu

---

[881] USEROS, Enrique Martinez. *Derecho Administrativo Homenagem a Carlos García Oviedo*. Madrid: E.I.S.A., 1955. p. 391.
[882] FORSTHOFF, Ernst. *Op. cit.*, p. 558.
[883] LANZIANO, Washington. *Op. cit.*, p. 111.
[884] ALVAREZ-GENDÍN, Sabino. *Op. cit.*, p. 41-42.

destino público e, portanto, funcionaria como uma forma de desafetação tácita.[885]

Assim, a prescritibilidade seria uma forma de alienabilidade decorrente de uma disposição tácita da Administração Pública, pois ao serem abandonadas as coisas públicas pelo Estado tornar-se-iam *res derelictae*s e passariam ao patrimônio do seu primeiro ocupante originário.[886]

Note, porém, que sustentar o abandono como uma forma de manifestação volitiva tácita da Administração Pública – inclusive ignorando que o silêncio administrativo só produz efeitos quando qualificado por lei – continua a considerar uma disposição da função social por afetação ou desafetação pela autoridade estatal.

Como já dito, o Estado enquanto gestor dos interesses e bens públicos não pode desafetar coisas que exercem uma finalidade coletiva exceto se inexistente tal função social, embora o reconhecimento que não deve admitir uma disposição jurídica não implica em ignorar que *ipis factus* por vezes o ente público no mundo dos fatos abandonará tais coisas.

Caso tais coisas não sejam objetos de uma concretização de uma função social por seu titular ou outro ator social e, portanto, percam a qualificação de pública que permita a sua prescritibilidade e, por conseguinte, aquisição por sujeito privado desde que preenchido os requisitos, trata-se de questão distinta que será abordada posteriormente.

Versa a problemática acerca da admissão de que se a coisa é qualificada como pública pela função social que exerce, no momento a qual não esteja mais ligada à uma necessidade coletiva, há de se admitir que encerra o nexo causal da sua relação jurídica com a sociedade e, assim, o dever de funcionalização que sujeita seu titular.

Isto abrange não apenas o marco temporal final, mas igualmente, o seu lapso inicial, tanto que os administrativistas tradicionais que recusam a aquisição por usucapião admitiam incidir sob as coisas públicas quando não existir certeza acerca da sua afetação ou desafetação, bem como àquelas anteriores ao regime legal instituído, como antigo regime.[887]

---

[885] OVIEDO, Carlos Gárcia. *Op. cit.*, p. 162.
[886] URUTTIA, José Luiz González-Berenguer. *Op. cit.*, p. 202.
[887] HAURIOU, Maurice. *Op. cit.*, p. 616.

Parece que o descumprimento de um dever de funcionalização que permitiria a aquisição privada nos termos daqueles autores decorre não propriamente de uma incerteza sob tal afetação ou desafetação ou a sua instituição anterior ao regime vigente, mas que em ambos os casos, não é possível definir uma atualidade no atendimento da função social. Por esta razão, não se pode identificar a perda da função social com o lapso de tempo do particular em posse do bem, que permitiria subtrair a coisa da esfera do domínio público determinado a sua incorporação ao domínio privado, porque se a coisa permaneceu abandonada por esse período já terá perdido o seu caráter de público.[888]

Assim como não deve ser a disposição por ato do Estado que resulte na perda da qualificação pública da coisa, igualmente não será a conduta do particular que determinará a sua apropriação, pois em ambos os casos, resultaria em um vilipêndio aos bens que servem a coletividade, que se pretende justamente proteger pela teoria dos bens públicos.

Igualmente não é uso da coisa, pois seria admitir que à medida que o agente privado desse a ela uma utilização individual retiraria o conteúdo público e isto significaria que a utilização é a condição do domínio e, portanto, uma exploração particular para fim privado resultaria em perda do domínio público.[889]

Poderia se sustentar que a qualificação pública do bem extingue-se com o provimento jurisdicional que reconheça a usucapião ou outro direito do particular, porém, seria não apenas partir de um critério de titularidade como admitir que o Estado-juiz poderia retirar a função social do bem, algo que não foi sustentado.

Se admitida a usucapião, claro que para a produção dos referidos efeitos deve ser declarada pelo Estado através de provimento jurisdicional, porém, para efeitos de controle e de confirmação da ação usucapienda, já que a situação fática que não decorre da manifestação volitiva estatal, mas se sujeita apenas ao reconhecimento das suas repercussões jurídicas.

Não se pode, porém, considerar que a perda da qualificação pública, que ocorrerá em razão da não continuidade de um atendimento de uma função social decorre seja por um ato de manifestação

---

[888] TROPLONG, M. Op. cit., p. 247-248.
[889] CALVO, Recaredo Fernández de Velasco. *Resumen de Derecho Administrativo y de Ciencia de la Administración*. 2. ed. Barcelona: Bosch, 1931. p. 168.

estatal de desafetação explícita ou tácita, bem como de destinação pelo particular à uma aquisição privada.

Neste caso, quando a literatura jurídica sustenta que o possuidor abusivo pode consolidar uma aquisição do bem público através de uma desafetação tácita, desde que haja um longo lapso de tempo de omissão dos poderes públicos que não justifique a prevalência de suas reinvindicações tardias,[890] parece se ligar não propriamente com a vontade ou o tempo.

Novamente, o reconhecimento de uma usucapião pelo ato de vontade particular de ocupação por um lapso de tempo sem que haja pelo Estado qualquer reivindicação deve resultar de uma consequência da referida coisa já não estar cumprindo de forma material a sua função social, sob pena de incoerência com a teoria do domínio público.

Pensar de forma distinta seria admitir o esbulho possessório do sujeito privado, o que não é impossível apenas no que tange aos bens naturais, em razão de sua inapropriação natural,[891] mas todas as coisas qualificadas como públicas, sob pena de se admitir que um particular possa retirar delas o atendimento às necessidades coletivas.

Como visto, o dever de funcionalização dos bens públicos deve ser tido a partir de um critério material e não exclusivo, que imponha um real atendimento à uma finalidade coletiva não apenas por seu titular, mas por qualquer ator social, que pode dotá-la de uma outra função social, porém, não permite que exclua uma já existente.

Se há de se admitir uma delimitação temporal para tal dever de funcionalização dos bens públicos estará estritamente ligada à continuidade da relação jurídica ao qual decorre, portanto, ao vínculo entre o titular e à coletividade, e que tem por objeto a coisa que satisfaz aquela necessidade coletiva.

Deste modo, a tentativa de situar no perecimento ou abandono da coisa, na desafetação estatal ou esbulho privado uma desqualificação do bem como público significaria formar uma teoria própria do domínio público com a criação de uma disciplina especial protetiva que não adiantaria, pois bastaria turbar a função social da coisa para admitir sua apropriação privada.

Como será problematizado, o descumprimento de um dever de funcionalização dos bens públicos não gera como efeito imediato

---

[890] ENTERRÍA, Eduardo Gárcia. *Op. cit.*, p. 36.
[891] ENTERRÍA, Eduardo Gárcia. *Op. cit.*, p. 36.

a sua apropriação privada, mas ensejará ao seu titular ou Estado uma obrigação de dotá-lo da concretização de uma função social como a própria decorrência do caráter protetivo do seu regime jurídico especial.

Busca a teoria do domínio público fazer incidir uma disciplina normativa capaz de proteger a coisa, na medida em que, ligada à concretização de uma função social, a saber, em um marco temporal, que *a priori* abrange desde a formação da respectiva relação jurídica até o momento que deixe de atender uma necessidade coletiva.

Isto significa que a aplicação deste regime jurídico especial com seus atributos – de inalienabilidade, impenhorabilidade e imprescritibilidade – surge apenas com a formação da relação jurídica, que tem por objeto uma coisa que cumpre uma função social, persistindo apenas e enquanto se liga à concretização desta finalidade pública.

Neste viés, já foi visto que os bens, embora sejam qualificados como públicos devido à função social que concretizam, não significa que os exerçam de forma idêntica, mas ao revés, estando ligados de forma distinta à realização das necessidades coletivas, há de se admitir que o seu regime jurídico igual incidirá de forma graduada.

Por conseguinte, o dever de funcionalização dos bens públicos não será tido de forma idêntica por todas as coisas ligadas à concretização de uma função social, mas ao revés, deverá ser igualmente sujeito à uma gradação que determinará a aplicação daquele regime e a imposição das suas obrigações decorrentes.

Isto assume um especial relevo no que tange aos chamados bens patrimoniais da Administração Pública, que a rigor não assumem uma função social e, por conseguinte, cabe inferir se estarão sujeitos à incidência do regime jurídico específico, em especial, no que tange às regras para a sua alienabilidade.

O tema será tratado a seguir.

4.3 Da gradação do dever de funcionalização dos bens públicos: de uma escala de dominialidade ao reconhecimento da alienabilidade plena dos bens dominicais

Como visto, corresponde a equívoco supor que para os bens públicos incide de forma exclusiva e idêntica apenas um regime jurídico de direito público, tendo em vista que a sua gradação na concretização da função social assumida importará na sua sujeição em maior ou menor grau às normas oriundas da disciplina pública e privada.

Tal adução que é o elemento teleológico responsável pela identificação do domínio público e a própria delimitação do regime jurídico especial implica na própria redefinição da qualificação do bem como público, já que passa a se ligar não a um ato de afetação, uma titularidade estatal ou ao regime aplicável, mas à necessidade coletiva a qual busca realizar.

Isto conduz a uma celeuma de considerar determinados bens como públicos em razão de sua titularidade do Estado, mesmo que não estejam ligados à uma finalidade pública, algo que em geral a literatura administrativista brasileira sequer insere no debate diante da previsão legal expressa dos chamados bens dominicais.[892]

Na literatura estrangeira, o problema da distinção entre os bens públicos e patrimoniais do Estado tem conduzido a reconstrução da teoria do domínio público com a tentativa de unificação do regime jurídico sob a titularidade da Administração Pública, de forma a abranger tais bens desafetados ou a construção de um conceito de coisa pública capaz de excluí-los.[893]

Parte dos autores busca resolver a questão unificando sob a titularidade estatal, já que mesmas as coisas que não estejam afetadas materialmente à uma finalidade pública ainda compõem o domínio público, de forma que não seria impeditivo que fossem considerados os bens patrimoniais como públicos.[894]

Propõem uma superação do critério funcional mediante a dissociação do elemento orgânico e da sua orientação pela noção de atribuição, que utilizam para enfeixar dentro da noção de domínio público todo acervo público, de forma a garantir a existência de um regime comum normativo.[895]

Parece teratológico considerar que a mera titularidade pública já dota a coisa de uma afetação ao cumprimento de fins e políticas públicas, pois seria admitir desde que não existiriam bens públicos

---

[892] BRASIL. *Lei Federal nº 10.406, de 10 de Janeiro de 2002. Op. cit.* Art. 99. São bens públicos: "III - os dominicais, que constituem o patrimônio das pessoas jurídicas de direito público, como objeto de direito pessoal, ou real, de cada uma dessas entidades".
[893] CARBONELL, Elisa Moreu. *Op. cit.*, p. 448.
[894] YOLKA, Phillipe. *La propriété publique*: éléments pour une théorie. LGDJ: París, 1997. p. 611.
[895] YOLKA, Phillipe. *Op. cit.*, p. 611-613.

abandonados e até mesmo a impossibilidade de alienação dos bens dominicais já que estariam sempre afetados.

Ademais, é um equívoco supor que a titularidade pode ser o elemento que conduza todos os bens públicos a uma disciplina especial, pois com o descolamento do público com o estatal, a prossecução das necessidades coletivas passa a ser desenvolvida por entes privados, o que reforça a necessidade de aplicação de um regime protetivo.

Outros, porém, pretendem resolver a celeuma através de um conceito de coisa pública que gire em torno da noção de função, para abranger os bens que estejam independentes da sua titularidade sob o Estado destinados a um serviço de interesse geral ou a uma finalidade pública excluindo, por conseguinte, os bens patrimoniais.[896]

Parece se adequar à tendência do Supremo Tribunal Federal de qualificar os bens jurídicos a partir do seu aspecto funcional como no julgado[897] onde os livros eletrônicos foram alcançados pela imunidade tributária[898] mediante uma interpretação dos referidos bens jurídicos por seu aspecto funcional.

Neste sentido, parece claro que se o Estado não pode assumir, gerir ou tutelar interesses que sejam estranhos às necessidades coletivas, ou seja, aqueles bens, valores e interesses que foram consagrados democraticamente pela sociedade através da ordem jurídica,[899] igualmente, não cabe possuir bens que não estejam afetos a tais fins.

Na medida em que tais coisas exerçam de forma efetiva uma função social serão qualificadas como públicas e estarão sujeitas a uma disciplina normativa especial, assim como não estando destinados à uma finalidade coletiva não estarão sob os ditames de um regime jurídico protetivo que vede a sua alienabilidade.

Corresponde equívoco supor que no Direito Romano a inalienabilidade era um atributo das coisas públicas em si,[900] pois excluídas as coisas religiosas e sagradas às quais eram formalmente reconhecidas,

---

[896] CARBONELL, Elisa Moreu. *Op. cit.*, p. 448.
[897] BRASIL. Supremo Tribunal Federal. *Recurso Extraordinário nº 330.817*. Rel. Min. Dias Toffoli. Disponível em: https://redir.stf.jus.br/paginadorpub/paginador.jsp?docTP=TP&docID=13501630. Acesso em: 26 jan. 2024.
[898] BRASIL. Constituição da República Federativa do Brasil de 05 de Outubro de 1988. Op. cit. Art. 150. "Sem prejuízo de outras garantias asseguradas ao contribuinte, é vedado à União, aos Estados, ao Distrito Federal e aos Municípios: VI – instituir impostos sobre: d) livros, jornais, periódicos e o papel destinado a sua impressão".
[899] MORÓN, Miguel Sanchéz. *Op. cit.*, p. 97.
[900] ARÉVALO, Manuel Francisco Clavero. *Op. cit.*, p. 17.

nas demais coisas públicas a edação da sua inalienação não decorria de sua natureza, mas em razão do uso em que se dedicavam.[901] Tanto que mesmo consagrado o princípio da inalienabilidade das coisas públicas em Roma, com a respectiva aplicação de sanções pelo seu descumprimento,[902] isto não impedia que se admitisse a validade da disposição das coisas públicas, não para efeitos de translação do título de propriedade, mas em relação ao ressarcimento ao comprador de boa fé.[903]

Assim, uma vez constituída a inalienabilidade da coisa pública, ao qual era titular o povo romano, não poderia nem mesmo o Estado convertê-lo em bens patrimoniais ou o particular se apropriar dela, sendo garantido ao cidadão romano ações populares que provocam um interdito pretorial. 904

Porém, quando não destinada a uma finalidade pública e havendo uma posse privada que não causasse prejuízo ao uso geral, não havia interesse de qualquer cidadão para impedir a transmissão e, portanto, adquiria a mesma plena eficácia jurídica com a criação de um justo título de transmissão da propriedade.[905]

Na própria Idade Média onde havia uma distinção difícil entre patrimônio do monarca e domínio público, a própria inalienabilidade dos bens da coroa tinha por objetivo impedir a divisão dos reinos e a dilapidação do patrimônio real, o que repercutiria em um incremento de impostos destinados à manutenção da Coroa e do Rei.[906]

Já sob a égide do Estado Moderno, ainda entre os autores tradicionais que sustentam existir uma propriedade estatal, afirmam que a concessão de atributos próprios aos bens públicos decorrem da necessidade de garantir a sua não aquisição pelos particulares, em razão da afetação à utilidade pública que se sujeitam.[907]

---

[901] Lege venditionis illa facta, si quid sacri, aut religiosi, nut publicit est, eius nihil venit: si res, non n usu publico, sed in patrimonio fisc erit, venditio eius valebit. MADEIRA, Eliane Maria Agati. Op. cit., Capítulo 18, 1, 72.

[902] *Ominium rerum quas quis habere, vel posidere, vel persegui potest, venditio recte fit, quas vero natura, vel gentium ius, vel mores civitatis commercio exuerunt, carum nulla venditio est.* MADEIRA, Eliane Maria Agati. Op. cit., Capítulo 18, 1, 34.

[903] ARÉVALO, Manuel Francisco Clavero. Op. cit., p. 18.

[904] ARÉVALO, Manuel Francisco Clavero. Op. cit., p. 17.

[905] ARÉVALO, Manuel Francisco Clavero. Op. cit., p. 17.

[906] ARÉVALO, Manuel Francisco Clavero. Op. cit., p. 24.

[907] MAYER, Otto. Op. cit., p. 104.

Por efeito, há de admitir que se os atributos concedidos à coisa qualificada como pública – inalienabilidade, impenhorabilidade e imprescritibilidade – decorrem da função social ao qual está ligada e que cada bem exerce-a em alguma medida, haverá desta forma uma gradação no que tange não apenas na aplicação do regime, mas nos deveres decorrentes.

Deste modo, pode-se considerar a existência de uma gradação no que tange ao dever de funcionalização, imposto aos titulares e o Estado das coisas qualificadas como públicas, na medida em que tais bens estejam ligados à realização de uma função social, o que conduz uma aplicação diferenciada no que tange às vedações impostas pelo regime especial.

Tal entendimento de que os bens públicos estão sujeitos a diferentes graus de destinação à finalidade pública em razão da intensidade que se liguem a mesma, a literatura jurídica costuma designar como escala de dominialidade[908] no reconhecimento de que as coisas pertencentes ao domínio público atendem de forma distinta a função social.

Embora não se restrinja à função social e, portanto, ao domínio público com apenas a destinação a um serviço público tal como fazem tais autores,[909] interessante notar que alteram a compreensão de que o regime jurídico especial dos bens públicos é um conjunto uniforme de normas aplicáveis a todos os bens, mas dotadas de uma particularidade e gradação.

Isto resultaria em diferentes categorias e, portanto, da aplicação do regime jurídico no que se refere ao domínio público, já que enquanto alguns bens de uso comum da coletividade demandam uma maior ação do Estado para garantir o seu acesso coletivo, outros, como as florestas, impõem uma atividade de conservação.[910]

Assim, em decorrência de tal escala de dominialidade, assume-se que, em razão da intensidade com que tais coisas se ligam à uma função pública, não apenas determinados bens se sujeitariam à um regime de direito público estatal, enquanto outros cujo grau menor importaria em um regime de direito privado com normas de ordem pública.[911]

---

[908] DUGUIT, León. *Op. cit.*, p. 327.
[909] Como sustenta o autor ao afirmar *"le foudement même de la domanialité publique estl'idée d'affectation à un service public"* DUGUIT, León. *Op. cit.*, p. 324.
[910] DUGUIT, León. *Op. cit.*, p. 328.
[911] DUGUIT, León. Op. cit., p. 344-405.

Vide os bens naturais qualificados como públicos, por exemplo, o ar e os mares, as suas ligações à realização de uma função social decorre da sua própria substância e a necessidade coletiva ao qual pretendem satisfazer guarda uma natureza de essencialidade, visto que ligada mais do que ao bem estar humano, a sua própria existência.

Já os bens artificiais qualificados como públicos, tal, por exemplo, os prédios e as ruas, prezam-se à satisfação de uma função social em razão de uma manifestação de vontade que os afetou à uma necessidade coletiva, em que não necessariamente se reveste de um caráter de infungibilidade, pois poderiam ser substituídos.

Há de se reconhecer que, embora ambos estejam destinados à concretização de uma função social não apenas o fundamento que os liguem às necessidades coletivas, como a própria natureza das finalidades públicas são de graus distintos e ensejam uma aplicação graduada do seu regime especial e do próprio dever de funcionalização.

Assim, parece incidir na formação da disciplina normativa especial sob os bens públicos naturais uma maior graduação na aplicação das normas de direito público, que impeçam qualquer forma de disposição jurídica, conservando a função social a qual exerce, o que se demonstra pela constelação normativa protetiva do nosso ordenamento jurídico.[912]

Já sob o regime positivo específico sob os bens públicos artificiais, verifica-se uma menor intensidade com a aplicação de normas de direito privado que permitem a sua sujeição à disposição jurídica, embora que qualificada pela existência não apenas de lei, mas observância do procedimento disposto.[913]

Inegável aduzir do debate que a escala de dominialidade refere-se às coisas que pertencem ao domínio público e a partir de uma perspectiva funcional, há de se admitir que há coisas sob a titularidade do Estado-Administração que não estão afetadas de forma direta ou indireta às necessidades coletivas e, portanto, não deveriam estar sujeitas às suas restrições.

---

[912] Pode-se apontar o Código Florestal (Lei nº 12.651/2012) e as leis que instituem o Sistema Nacional de Unidades de Conservação da Natureza (Lei nº 9.985/2000), o Sistema Nacional do Meio Ambiente (Lei nº 6.938/1981), que definem a Gestão de Florestas Públicas (Lei nº 11.284/2006), os Recursos Hídricos (Lei nº 9.433/1997), bem como as Políticas de Resíduos Sólidos (Lei nº 12.305/2010), Política de Saneamento Básico (Lei nº 11.445/2007), a criação de Estações Ecológicas, Áreas de Proteção Ambiental (Lei nº 6.902/1981), dentre outras.

[913] BRASIL. *Lei Federal nº 10.406, de 10 de Janeiro de 2002. Op. cit.* Art. 100. "Os bens públicos de uso comum do povo e os de uso especial são inalienáveis, enquanto conservarem a sua qualificação, na forma que a lei determinar".

Primeiramente, é válido recordar que tais atributos decorrentes do regime jurídico a que se sujeita o domínio público correspondem antes a condicionamentos com vistas à preservação dos bens da finalidade pública que exercem, do que vedações absolutas, uma vez que em uma ordem jurídica plural nenhum bem, interesse ou direito pode ser absoluto.

Por efeito, torna-se necessário distinguir o princípio da inalienabilidade que desde a antiguidade foi consagrado para os bens naturais que compõem o domínio público, que estava fora do comércio, da alienabilidade condicionada do patrimônio do Estado ou bens da coroa, que com o Estado Moderno sujeitam-se à necessidade de lei.[914]

Talvez por esta razão, alguns autores, acertadamente, preferem sustentar uma distinção entre inalienabilidade – ligada à função pública, que não permite à Administração Pública suprimi-la, já que com a destinação pública cria-se um direito público subjetivo aos cidadão – e indisponibilidade – dos demais bens estatais, o qual tem liberdade de disposição.[915]

Por efeito, a inalienabilidade não seria um atributo propriamente dito dos bens públicos ou da titularidade estatal sobre o domínio público, mas do próprio regime administrativo, que impõe uma série de poderes-deveres na busca pela prossecução do interesse público.[916]

Parece se adequar a noção do direito administrativo brasileiro que, segundo a literatura dominante, teria como uma das suas pedras angulares ou um dos seus princípios basilares a indisponibilidade do interesse público, que não permite a disposição pela Administração Pública dos bens, direitos e interesses públicos.[917]

Desta feita, a deflagração da inalienabilidade decorre apenas enquanto necessária para a proteção da indisponibilidade da função pública em si, porém, não significa o único instrumento de garantia dos bens públicos, incidindo outros como o próprio exercício do poder de polícia.[918]

---

[914] ARÉVALO, Manuel Francisco Clavero. *Op. cit.*, p. 26.
[915] VALLÉS, A. de. Inalienabilitá del demanio pubblico. *Rivista di Diritto Pubblico*, 1914. p. 418.
[916] VALLÉS, A. de. *Op. cit.*, p. 418.
[917] Para nossa análise crítica sobre o fundamento do regime administrativo brasileiro baseado apenas no interesse público em uma ordem constitucional pluralista, *vide*: MOURA, Emerson Affonso da Costa. *Um fundamento do regime administrativo: o princípio da prossecução do interesse público*. Rio de Janeiro: Lumen Juris, 2014.
[918] ARÉVALO, Manuel Francisco Clavero. *Op. cit.*, p. 38.

Não obstante, não é possível sustentar que a inalienabilidade à garantia da função da coisa mediante a titularidade da Administração Pública sobre os referidos bens, sob a alegação de que a vedação de qualquer disposição de bem público a sujeito privado como uma proteção mais rigorosa e específica da finalidade coletiva.[919]

Não se demonstra correto, já que a indisponibilidade não impede o exercício do *munus publico* seja realizado por particular, pois no que tange ao serviço público, por exemplo, pode ser atribuído, ainda que com as devidas limitações, o exercício do poder de polícia, garantindo que haja a proteção do interesse público.[920]

Tanto que, embora generalizado, tal entendimento tem sido cada vez mais mitigado, como com o reconhecimento no Estado Francês da constituição de enfiteuse sobre os bens públicos e privados da Administração Pública para a prestação de serviço ou realização de um interesse público.[921]

A inalienabilidade dos bens públicos relaciona-se com a destinação à uma finalidade coletiva, de forma que não destinados naturalmente ou afetados artificialmente à uma função social, não há como designá-los como bens fora do comércio e sustentar a impossibilidade de sua alienação.[922]

Claro que, como já visto, isto não significa considerar que um ato de desafetação posterior é capaz de subtrair a função social, pois seria permitir que a alienação possa ser capaz de transverter a finalidade coletiva e garantir o despojamento da coisa pública, negando de fato a própria inalienabilidade e sua pretensão de proteção.[923]

Seria admitir que o Estado-Administração tem o poder de dispor sobre coisas afetadas às necessidades coletivas, quando em razão da função administrativa tem o dever-poder de prossecução dos interesses públicos, o que conduz necessariamente à indisponibilidade dos bens, direitos e interesses que buscam tais finalidades.

---

[919] ARÉVALO, Manuel Francisco Clavero. *Op. cit.*, p. 38.
[920] MELLO, Celso Antônio Bandeira de. Serviço público e poder de polícia: concessão e delegação. *Revista eletrônica de Direito do Estado*, Salvador, Instituto de Direito Público da Bahia, n. 7, p. 9-11, jul./ago./set. 2006.
[921] FRANÇA. Lei de 5 de Janeiro de 1988. Art. 13. Disponível em: https://www.legifrance.gouv.fr/loda/id/JORFTEXT000000875418. Acesso em: 26 jan. 2024.
[922] ARÉVALO, Manuel Francisco Clavero. *Op. cit.*, p. 62.
[923] ARÉVALO, Manuel Francisco Clavero. *Op. cit.*, p. 66.

Todavia, isto não significa que o Estado possa manter uma inalienabilidade das coisas que não exercem qualquer função social, pois seria aduzir que o ente moral constituído para atendimento das necessidades coletivas pode assumir uma feição privada e tal qual sujeito comum constituir e ampliar um patrimônio.

Desta feita, quando qualifica a norma civil que são bens públicos aqueles do domínio nacional sob a titularidade das pessoas jurídicas de direito público, refere-se às coisas que compõem o domínio público – exercem uma função social – tanto que as demais sob qualquer pessoa ao qual estejam sujeitas serão qualificadas como privadas[924].

Assim, por um lado, qualquer disposição – onerosa ou gratuita – pela Administração Pública de um bem que esteja realizando um interesse público é nula de pleno direito,[925] visto que falta, mais do que um requisito para a eficácia, um dos pressupostos para a própria validade do negócio jurídico de direito público.[926]

Neste sentido, não há de se alegar a preservação da boa fé daquele que participa da alienação do bem público, pois parece inadequado no conflito entre o interesse público – preservação da função social concretizada pela coisa – e o privado – proteção da boa fé do indivíduo – afastar a inalienabilidade com a prevalência do interesse individual.[927]

Assim, verifica-se que a inalienabilidade é atributo concedido excepcionalmente aos bens apenas quando justificado em sua destinação, que parece ser a teleologia do pretendido pela sua regulação normativa,[928] tal qual ocorre nas próprias disposições comuns para as coisas privadas.[929]

Tanto que a própria literatura jurídica admite que é possível a alteração da titularidade de bens públicos afetados à finalidade coletiva

---

[924] BRASIL. *Lei Federal nº 10.406, de 10 de Janeiro de 2002. Op. cit.* Art. 98. São públicos os bens do *domínio nacional* pertencentes às pessoas jurídicas de direito público interno; *todos os outros são particulares,* seja *qual for a pessoa* a que pertencerem.
[925] ARÉVALO, Manuel Francisco Clavero. *Op. cit.,* p. 71.
[926] BRASIL. *Lei Federal nº 10.406, de 10 de Janeiro de 2002. Op. cit.* Art. 100. Os bens públicos de uso comum do povo e os de uso especial são inalienáveis, *enquanto conservarem a sua qualificação,* na forma que a lei determinar.
[927] Em igual sentido: ARÉVALO, Manuel Francisco Clavero. *Op. cit.,* p. 79.
[928] BRASIL. *Lei Federal nº 10.406, de 10 de Janeiro de 2002. Op. cit.* Art. 100. Os bens públicos de uso comum do povo e os de uso especial são inalienáveis, *enquanto conservarem a sua qualificação,* na forma que a lei determinar.
[929] BRASIL. *Lei Federal nº 10.406, de 10 de Janeiro de 2002. Op. cit.* Art. 1.848. Salvo se houver *justa causa,* declarada no testamento, não pode o testador estabelecer cláusula de inalienabilidade, impenhorabilidade, e de incomunicabilidade, sobre os bens da legítima

desde que esta seja mantida, por exemplo, com a gestão associada de serviços públicos com a extinção de uma entidade administrativa e destinação para outra, bem como a alienação de um ente público para outro.[930]

Ademais, parece superada a ideia de que a inalienabilidade do direito público é distinta daquela do regime privado, pois se em tese o sujeito particular não poderia retirar tal cláusula sobre o bem privado enquanto conservar a função protegida, não há razão porque caberia a Administração Pública se os interesses por ela tutelados são ainda mais relevantes.[931]

Não se ignora que a própria literatura jurídica[932] e a jurisprudência dominante[933] tem reconhecido a relatividade da cláusula de inalienabilidade sob o bem privado, tendo em vista a necessidade de preservação de outros valores de índole constitucional, como a prevalência da dignidade da pessoa humana sob questões meramente patrimoniais.

Porém, no que tange aos bens públicos, apenas reforça que a duração da inalienabilidade não pode ser perpétua, mas ao contrário, que a indisponibilidade deve ter o lapso de tempo do seu fundamento, a saber, a afetação da coisa à finalidade coletiva e pode ser duradoura ou transitória.[934]

Supera-se a noção de uma inalienabilidade sobre os bens públicos de forma absoluta e perpétua para admitir que o próprio ordenamento jurídico prevê a possibilidade de disposição quando não estiver ligada à uma função social, o que conduz à investigação de como será procedida tal disposição.

Isto porque a lei civil não impede a disposição dos bens de uso comum ou especial, mas somente consagra a inalienabilidade para as

---

[930] ARÉVALO, Manuel Francisco Clavero. *Op. cit.*, p. 51-53.
[931] ARÉVALO, Manuel Francisco Clavero. *Op. cit.*, p. 39.
[932] NEVARES, Ana Luiza Maia. As cláusulas de inalienabilidade, impenhorabilidade e incomunicabilidade sob a ótica civil-constitucional. *Revista Trimestral de Direito Civil*, n. 133, p. 212-247, jan./mar. 2001.
[933] BRASIL. Superior Tribunal de Justiça. Recurso Especial nº 1.158.679-MG. Disponível em: https://processo.stj.jus.br/SCON/jurisprudencia/toc.jsp?livre=%28RESP.clas.+e+%40nu m%3D%221158679%22%29+ou+%28RESP+adj+%221158679%22%29.suce. Acesso em: 26 jan. 2024. Ementa: "Direito das Sucessões. Revogação de cláusulas de inalienabilidade, incomunicabilidade e impenhorabilidade impostas por testamento. Função social da propriedade. Dignidade da pessoa humana. Situação excepcional de necessidade financeira. Flexibilização da vedação contida no Código Civil. Possibilidade".
[934] Neste sentido, embora sustentando que a desafetação sempre ocorrerá por ato formal e não por situação fática: ARÉVALO, Manuel Francisco Clavero. *Op. cit.*, p. 83.

coisas afetadas à uma finalidade pública, de forma que determina a necessidade de uma prévia retirada da sua qualificação e a submissão ao princípio da legalidade administrativa.[935]

A primeira vista parece contrassenso exigir um procedimento especial para alienação dos bens de uso comum e especial que perderam a qualificação, já que uma vez subtraídos de qualquer função social não incidiria uma disciplina jurídica especial a partir de um escala de dominialidade com aplicação de normas do direito público.

Porém, no que se refere aos bens sob a titularidade do Estado-Administração – sejam de natureza pública ou privada – aplica-se o princípio da indisponibilidade, de forma que não possui competência para alienação sem que haja uma prévia autorização legal que permita o ato de disposição.[936]

Tal exigência de autorização legal não decorre da inalienabilidade em si, mas da opção legislativa de atribuição ao Poder Legislativo de controle sobre os atos que possam afetar o acervo sob titularidade do Estado[937] e, portanto, como manifestação dos *checks and balances* que busca manter o equilíbrio dos poderes no Estado Republicano.

Assume antes o papel de instrumento de preservação da função social do que de proteção da titularidade, já que se pretende garantir o controle por órgãos estatais da alienação de coisas que antes exerceram uma destinação da coletividade do que um elemento para proteção das coisas sob a sujeição estatal.

Todavia, não exclui o legislador os bens públicos dominicais do atributo de inalienabilidade, já que o condiciona à observância não apenas do princípio da legalidade, mas do próprio princípio do devido processo legal, condicionando a validade do negócio jurídico ao cumprimento das exigências previstas em lei.[938]

Neste sentido, determina a Constituição Federal que as alienações públicas devem observar um procedimento administrativo específico,[939]

---

[935] BRASIL. *Lei Federal nº 10.406, de 10 de Janeiro de 2002. Op. cit.* Art. "100. Os bens públicos de uso comum do povo e os de uso especial são inalienáveis, *enquanto conservarem a sua qualificação*, na forma que a lei determinar".
[936] ARÉVALO, Manuel Francisco Clavero. *Op. cit.*, p. 57.
[937] ARÉVALO, Manuel Francisco Clavero. *Op. cit.*, p. 59.
[938] BRASIL. *Lei Federal nº 10.406, de 10 de Janeiro de 2002. Op. cit.* Art. 101. "Os bens públicos dominicais podem ser alienados, *observadas as exigências da lei*."
[939] BRASIL. *Constituição da República Federativa do Brasil de 05 de Outubro de 1988. Op. cit.* Artigo 37. XXI – "ressalvados os casos especificados na legislação, as obras, serviços, compras e *alienações* serão contratados mediante processo de licitação pública que assegure igualdade de

de forma que a disposição dos bens públicos dominicais não devem ser realizados conforme o regime comum, mas se sujeitar ao princípio da obrigatoriedade de licitação.

Segundo a jurisprudência espanhola, embora apenas sob os bens dominicais devem incidir as prerrogativas e restrições de natureza pública, enquanto ligadas à satisfação de uma necessidade coletiva, isto não implicaria uma ausência de proteção, mas uma redução na intensidade[940] em uma assimilação clara de um critério de titularidade.

Todavia, se os bens dominicais são as coisas ou bens patrimoniais do Estado os quais não estão afetados à finalidade pública, não há pelo todo exposto como sustentá-los como integrantes ao domínio público e, tão pouco, determinar que se sujeitem à uma disciplina especial graduada com normas de direito público, no que tange à sua alienação.

Poderia sustentar que o fato de determinados bens serem qualificados como privados não impedem justamente a incidência das chamadas normas de ordem pública e, no caso, mesmo que se alegue que tais bens dominicais são de índole privada podem se sujeitar à uma disciplina especial.

Todavia, ressalta novamente a questão de que a alienabilidade condicionada no direito privado decorre quando há uma função social a ser protegida, que determina na proteção de dados interesses seja estipulada regras de ordem pública capazes de dificultar a disposição por um titular de coisas que serão protegidas em razão de outros sujeitos ou para o mesmo.[941]

As garantias ou medidas de proteção concedidas aos bens públicos – tal qual a inalienabilidade – buscam proteger o seu titular das possíveis agressões ou usurpações, que possam desvirtuar as referidas coisas do cumprimento ou atendimento aos fins do interesse público,[942] o que não ocorre no caso.

Ainda sob os bens que guardam uma qualificação pública, foi visto que o regime jurídico especial deve ser tido como amplo o

---

condições a todos os concorrentes, com cláusulas que estabeleçam obrigações de pagamento, mantidas as condições efetivas da proposta, nos termos da lei, o qual somente permitirá as exigências de qualificação técnica e econômica indispensáveis à garantia do cumprimento das obrigações".

[940] CARBONELL, Elisa Moreu. *Op. cit.*, p. 439.
[941] BRASIL. *Lei Federal nº 10.406, de 10 de Janeiro de 2002. Op. cit.* Art. 1.750. "Os imóveis pertencentes aos menores sob tutela somente podem ser vendidos quando houver manifesta vantagem, *mediante prévia avaliação judicial e aprovação do juiz*".
[942] VANESTRALEN, Hernando. *Op. cit.*, p. 237.

suficiente para garantir uma individualização no que se referia às tutelas das diversidades de coisas, seus destinos públicos e as suas próprias características.[943]

Entretanto, é possível vislumbrar que há contornos limítrofes no que tange à aplicação do regime jurídico especial, que permite abranger da estrita indisponibilidade – para os bens públicos naturais para a alienabilidade condicionada à perda da função social e observância do procedimento específico – para os bens públicos artificiais.[944]

A escala de dominialidade busca delimitar a gradação na aplicação das normas jurídicas de direito público no regime jurídico especial apenas no que se refere às coisas do domínio público, de forma que não há de se inferir adotada uma perspectiva de funcionalidade uma aplicação gradativa aos bens dominicais e desfuncionalizados em razão da sua titularidade.

Tanto que os próprios autores que apontam uma distinção no regime de proteção e de utilização entre os bens públicos e privados da Administração Pública, de forma que sob os bens que compõem os chamados bens patrimoniais não incide o tráfico jurídico da mesma forma que ocorre sob os tidos como bens dominiais.[945]

Assim, a exorbitância do estatuto do domínio público não pode ser estendida a todos os bens sujeitos à titularidade Estatal, de forma que não deve ser aplicado naqueles sujeitos a um regime privado as potestades, direitos e obrigações que tem a autoridade no manejo das referidas coisas.[946]

Neste viés, há de se verificar que os bens dominicais não podem estar sujeitos à uma alienabilidade condicionada decorrente de um regime jurídico especial concedido aos bens que integram ao domínio público, de modo que o entendimento contrário à luz do disposto na lei civil pode ser rechaçado.

Ao determinar o legislador comum que os bens dominicais podem ser alienados observadas as exigências da lei[947] não significa a estipulação para estes do regime jurídico especial previsto pela Constituição

---

[943] VANESTRALEN, Hernando. *Op. cit.*, p. 238.
[944] VANESTRALEN, Hernando. *Op. cit.*, p. 239.
[945] GONZÁLEZ, Julio V. González Garcia. *Op. cit.*, p. 69.
[946] OYARZÚN, Santiago Montt. *Op. cit.*, p. 272.
[947] BRASIL. *Lei Federal nº 10.406, de 10 de Janeiro de 2002*. *Op. cit.* Art. 101.

Federal,[948] pois se refere aos bens antes qualificados como público, de modo a permitir o controle da perda de sua finalidade pública. Ao revés, se considerado que não realiza uma função social que justifique qualquer procedimento especial deve-se considerar que o texto legal refere-se somente à observância das prescrições da lei civil quanto à disposição dos bens igualmente privados, como as regras relativas aos negócios jurídicos,[949] perda de propriedade[950] e afins.

Caso contrário, seria uma idiocracia supor, por exemplo, com o chamado patrimônio empresarial – aquele decorrente da atividade excepcional exercida pelo Estado enquanto agente econômico – que a rigor a literatura jurídica considera uma das classes de bens públicos, inclusive, com admissão de uma copropriedade com as empresas.[951]

Embora determine o regime civil a sua exclusão como bens públicos,[952] ao estipular o comando constitucional que a atuação do Estado como agente na exploração da atividade econômica decorre por imperativos de segurança nacional ou relevante interesse coletivo,[953] parece claro que os bens utilizados estão igualmente afetados à tal finalidade pública.

Não obstante, a Constituição Federal determinaria uma mesma forma de alienação dos bens aportados às pessoas administrativas privadas,[954] que podem, inclusive, estar exercendo uma finalidade

---

[948] BRASIL. *Constituição da República Federativa do Brasil de 05 de Outubro de 1988*. *Op. cit.* Art. 37 "inciso XXI – ressalvados os casos especificados na legislação, as obras, serviços, compras e alienações serão contratados mediante processo de licitação pública que assegure igualdade de condições a todos os concorrentes, com cláusulas que estabeleçam obrigações de pagamento, mantidas as condições efetivas da proposta, nos termos da lei, o qual somente permitirá as exigências de qualificação técnica e econômica indispensáveis à garantia do cumprimento das obrigações".

[949] BRASIL. *Lei Federal nº 10.406, de 10 de Janeiro de 2002. Op. cit.* "Art. 104. A validade do negócio jurídico requer: I – agente capaz; II – objeto lícito, possível, determinado ou determinável; III – forma prescrita ou não defesa em lei".

[950] BRASIL. *Lei Federal nº 10.406, de 10 de Janeiro de 2002. Op. cit.* "Art. 1.275. Além das causas consideradas neste Código, perde-se a propriedade: I – por alienação; II – pela renúncia; III – por abandono; IV – por perecimento da coisa; V – por desapropriação".

[951] VANESTRALEN, Hernando. *Op. cit.*, p. 246.

[952] BRASIL. *Lei Federal nº 10.406, de 10 de Janeiro de 2002. Op. cit.* Art. 98. "São públicos os bens do domínio nacional pertencentes às pessoas jurídicas de direito *público* interno; todos os outros são particulares, *seja qual for a pessoa a que pertencerem*".

[953] BRASIL. *Constituição da República Federativa do Brasil de 05 de Outubro de 1988. Op. cit.* Art. 173. "Ressalvados os casos previstos nesta Constituição, a exploração direta de atividade econômica pelo Estado só será permitida quando necessária aos imperativos da segurança nacional ou a relevante interesse coletivo, conforme definidos em lei".

[954] BRASIL. *Constituição da República Federativa do Brasil de 05 de Outubro de 1988. Op. cit.* Art. 173 §1º "A lei estabelecerá o estatuto jurídico da empresa pública, da sociedade de economia mista

pública específica, para os bens dominicais, que desafetados de qualquer atendimento ao interesse público.

Firmar a incongruência de se sustentar uma alienação condicionada em razão de um regime especial do domínio público para coisas que estão desfuncionalizadas, a *contrario sensu*, significa determinar que o dever de funcionalização dos bens públicos demanda que às coisas sob a titularidade estatal sejam dadas uma função social ou sejam alienadas.

Não há como sustentar a existência sob a titularidade de um ente moral criado para satisfazer necessidades coletivas, a perpetuação de bens que não a estejam realizando, pois seria determinar que o sujeito particular no exercício de sua autonomia privada deva adequar seus bens à uma função social,[955] mas permitir ao ente público criado para tanto não a exerça.

Uma das celeumas na literatura brasileira no que tange aos bens públicos parece volver-se justamente sob a admissibilidade pelos autores administrativistas da possibilidade de existência de tais coisas públicas desfuncionalizadas, embora os autores civilistas já delimitaram que os bens privados devem conservar a sua função social sob pena de sua perda.

Se os bens públicos tem um caráter eminentemente instrumental já que voltados à satisfação do interesse público – o que justifica e legitima não apenas a atuação do Estado, mas a própria noção de domínio público – é inegável que não se deve estender a bens públicos, coisas que não sirvam a tal fim e assim não precisem de tal qualificação.[956]

A teoria do domínio público como uma espécie de regulação pública da propriedade alcança sua especificidade na medida em que tais coisas são dotadas de uma funcionalidade, de forma que busca enquanto regime jurídico proteger essa destinação ao interesse público assumido pelas referidas coisas.[957]

A própria origem da expressão domínio público na matriz romano-germânica foi utilizada para delimitar o conjunto de bens que

---

e de suas subsidiárias que explorem atividade econômica de produção ou comercialização de bens ou de prestação de serviços, dispondo sobre: III – licitação e contratação de obras, serviços, compras e alienações, observados os princípios da administração pública".

[955] BRASIL. *Constituição da República Federativa do Brasil de 05 de Outubro de 1988. Op. cit.* Art. 5 "XXIII - a propriedade atenderá a sua função social;"

[956] SCAGLIUSI, Maria de los Ángeles Fernández. *Op. cit.*, p. 103.

[957] URUTTIA, José Luiz González-Berenguer. Sobre La Crisis Del Conceptio de Dominio Publico. *Revista de Administración Pública*, Espanha, Centro de Estudios Políticos y Constitucionales, n. 56, p. 191, 1968.

são destacados para finalidades do grupo social e, portanto, são excluídos de uma apropriação privada em razão dessa destinação pública que assumem.[958] Os bens para serem públicos devem exercer uma função coletiva, a saber, seja pela conservação – pela insuscetibilidade de reposição como os rios – regulação – exploração por sujeitos privados como os minérios – de suporte ou operação – por apoiarem ou serem utilizados no serviço público – ou financeiros – quando destinados à rentabilidade.[959]

Porém, uma vez que tais coisas não exerçam uma função social caso estejam sob uma titularidade do Estado o dever de funcionalização dos bens públicos demandará ou a sua afetação à uma necessidade coletiva ou à sua alienação, uma vez que já possui uma qualificação de privado.

Isto porque o descumprimento de tal obrigação decorrente da relação jurídica firmada pelo Estado e a coletividade enquanto gestor dos interesses e bens públicos importará no reconhecimento que outro sujeito pode concretizar um interesse coletivo e até mesmo o particular pode apropriar-se mediante uma adequação à função social.

O tema será tratado a seguir.

4.4 Do descumprimento do dever de funcionalização dos bens públicos: da vedação constitucional da usucapião à adequação da função social por particular

Como visto, o dever de funcionalização dos bens públicos corresponde ao conjunto de obrigações impostas ao titular ou ao Estado como decorrência da relação jurídica formada com a coletividade, que tem por objeto a coisa que exerce uma função pública na garantia de proteção e promoção desta finalidade social.

Por efeito, é tido a partir de um critério material – em que não basta a afetação formal ou especial, mas a efetiva destinação da coisa ao atendimento da necessidade coletiva – de forma não exclusiva – já que mais de um sujeito pode destiná-la à concretização de mais de uma função social consagrada pela ordem jurídica pluralista.

---

[958] PARDESUS, Jean-Marie. Op. cit., p. 73.
[959] SCAGLIUSI, Maria de los Ángeles Fernández. Op. cit., p. 103.

Se afirmado que é possível definir um marco temporal – que abrange o termo inicial e final de ligação da coisa à realização de uma função social – há de se determinar que haverá bens que não apenas possam ter servido à uma finalidade coletiva, mas não o mais exercem ou sequer chegaram a desenvolver tal *munus publico*.

Torna-se necessário delimitar qual será o efeito decorrente do não exercício de uma função social pela coisa, o que desde já enseja uma exclusão para o debate aqui firmado, pois se o bem nunca exerceu uma finalidade coletiva como já dito nunca esteve sob um domínio público ou sujeito a um regime jurídico especial, já que não havia uma função a ser protegida.

Por efeito, assume relevo para debate neste momento delimitar as consequências do não cumprimento pelo dever de proteção e promoção da função social para as coisas que foram qualificadas como públicas, em específico, no que se refere à possibilidade a partir daquele critério material não exclusivo, da sua destinação ser realizada por outro ator social.

Desta feita, excluem-se os chamados bens patrimoniais ou dominicais, que antes decorrem de uma assimilação equivocada das categorias privadas, que o Estado enquanto pessoa deve ser dotado de um acervo patrimonial e que sob tais coisas públicas exercia uma relação jurídica de propriedade, próxima àquela do direito comum.

Excluídas tais coisas que sequer devem ser qualificadas como públicas, a partir de uma perspectiva funcional dos bens públicos, já que não exerciam uma função social, pretende-se investigar aquelas coisas que estavam ligadas à uma necessidade coletiva, todavia, em algum momento, não mais desenvolvem tal *munus*.

Em certa medida, isto volve a discutir do ponto de vista teórico-dogmático a questão da imprescritibilidade dos bens públicos, bem como a consequente vedação normativo-positivo da aquisição das referidas coisas através da usucapião consagrada pela nossa ordem jurídico-constitucional.

Neste sentido, se a análise partir de uma perspectiva positivista, considerando que no ordenamento brasileiro vigente há uma vedação imposta por norma constitucional de natureza originária[960] e que a literatura nacional majoritária aponta a não submissão dos bens públicos

---

[960] BRASIL. *Constituição da República Federativa do Brasil de 05 de Outubro de 1988. Op. cit.* Art. 183. §3º Os imóveis públicos não serão adquiridos por usucapião".

às normas do regime de direito privado, o debate restaria encerrado nesse ponto.

Ironicamente, embora o tema da usucapião dos bens públicos seja uma das questões contemporâneas de relevância no direito administrativo contemporâneo, parte da literatura jurídica sequer analisa a questão tal qual a interpretação literal da vedação constitucional fosse suficiente e a disposição normativa esgotasse o tema.[961]

Assim, sustentam que o ordenamento pátrio previu a imprescritibilidade dos bens públicos antes mesmo da ordem constitucional consagrar a sua vedação e, portanto, com a disposição da lei fundamental não haveria possibilidade de contradita, sendo tais bens insuscetíveis de aquisição por usucapião.[962]

De fato, existia previsão em decretos executivos da imprescritibilidade dos bens públicos,[963] não obstante antes destes e do Código Civil de 1916 era admitido a usucapião dos bens privados da União, desde que a posse se prolongasse pelo decurso de tempo mínimo de 40 anos[964] algo confirmado pela Corte Constitucional Brasileira.[965]

Ademais, sob a ordem jurídico-constitucional vigente não pode encerrar a hermenêutica constitucional à intepretação de qualquer um dos seus preceitos apenas a partir de um método literal e isolado, seja porque isto nunca traduzirá um sentido inequívoco,[966] seja porque as proposições negativas demandam uma análise restritiva.[967]

Por efeito, pode-se apontar inicialmente que a vedação do tipo constitucional à aquisição aos bens públicos não pode ser tida a partir

---

[961] NERY JUNIOR, Nelson; NERY, Rosa Maria de Andrade. *Constituição Federal Comentada e legislação Constitucional*. 2. ed. São Paulo: Revista dos Tribunais, 2009. p. 656.

[962] MALUF, Carlos Alberto Dabus Maluf. Comentários aos Artigos 182 e 183. *In*: BONAVIDES, Paulo; MIRANDA, Jorge; AGRA, Walber de Moura (Coord.). *Comentários à Constituição Federal de 1988*. Rio de Janeiro: Edgen, 2009. p. 2055.

[963] BRASIL. *Decreto Federal nº 22.785, de 31 de Maio de 1993*. BRASIL. *Decreto-Lei nº 9.760, de 5 de Setembro de 1946*.

[964] CARVALHO, Carlos Augusto de. *Nova Consolidação das Leis Civis*. Rio de Janeiro: Livraria de Francisco Alves, 1899. p. 137.

[965] BRASIL. Supremo Tribunal Federal. Súmula 340: *"Desde* a vigência do Código Civil, os bens dominiais, como os demais bens públicos não podem ser adquiridos por usucapião".

[966] "As duas expressões – interpretação extensiva e restritiva deixam na penumbra, indistintas, imprecisas, mais ideias do que a linguagem faz presumir; tomadas na acepção literal, conduzem a freqüentes erros. *Nenhuma norma oferece fronteiras tão nítidas que eliminem a dificuldade em verificar se se deve passar além, ou ficar aquém do que as palavras parecem indicar"*. MAXIMILIANO, Carlos. *Hermenêutica e Aplicação do Direito*. Rio de Janeiro: Forense, 2011. p. 163-164.

[967] MAXIMILIANO, Carlos. *Op. cit.*, p. 199.

da literalidade do texto para abranger todas as coisas públicas, mas deve ser perquirida à luz dos outros valores e bens protegidos pela Constituição, de forma a dar um sentido que se adéque ao seu conteúdo global.

Assim, não pretende se discutir à controversa questão de inconstitucionalidade de normas decorrentes de um poder constituinte originário já que a rigor ilimitado e incondicionado,[968] mas buscar no âmbito da hermenêutica uma interpretação conforme a constituição, adequando aos demais bens e valores do sistema normativo-constitucional.

Neste tocante, inevitável que a Constituição Federal traduz limitações de que as coisas devem ter para a realização de outros bens e valores igualmente tutelados, prevendo instrumentos como a desapropriação,[969] a requisição,[970] a expropriação[971] e a cláusula geral explícita de atendimento à função social,[972] ambiental[973] e econômica.[974]

Claro que se utilizada uma interpretação a partir da topografia constitucional, seria possível excluir os bens públicos da função social da propriedade, uma vez que tal cláusula encontra-se no título de direitos e garantias fundamentais no capítulo dos direitos e deveres individuais e coletivos e, portanto, em tese, não sujeitos aos poderes públicos.

---

[968] Sobre a concepção de limitações ulteriores e superiores à manifestação do constituinte originário, vide o trabalho: BACHOF, Otto. *Normas Constitucionais Inconstitucionais?*. Coimbra: Atlantida Editora, 1951.

[969] BRASIL. *Constituição da República Federativa do Brasil de 05 de Outubro de 1988. Op. cit.* Art. 5 inciso XXIV – "a lei estabelecerá o procedimento para desapropriação por necessidade ou utilidade pública, ou por interesse social, mediante justa e prévia indenização em dinheiro, ressalvados os casos previstos nesta Constituição".

[970] BRASIL. *Constituição da República Federativa do Brasil de 05 de Outubro de 1988. Op. cit.* Art. 5 inciso XXV – "no caso de iminente perigo público, a autoridade competente poderá usar de propriedade particular, assegurada ao proprietário indenização ulterior, se houver dano".

[971] BRASIL. *Constituição da República Federativa do Brasil de 05 de Outubro de 1988. Op. cit.* Art. 243. "As propriedades rurais e urbanas de qualquer região do País onde forem localizadas culturas ilegais de plantas psicotrópicas ou a exploração de trabalho escravo na forma da lei serão expropriadas e destinadas à reforma agrária e a programas de habitação popular, sem qualquer indenização ao proprietário e sem prejuízo de outras sanções previstas em lei, observado, no que couber, o disposto no art. 5º".

[972] BRASIL. *Constituição da República Federativa do Brasil de 05 de Outubro de 1988. Op. cit.* Art. 5 "XXIII – a propriedade atenderá a sua função social".

[973] BRASIL. *Constituição da República Federativa do Brasil de 05 de Outubro de 1988. Op. cit.* Art. 225. "Todos têm direito ao meio ambiente ecologicamente equilibrado, bem de uso comum do povo e essencial à sadia qualidade de vida, impondo-se ao Poder Público e à coletividade o dever de *defendê-lo* e preservá-lo para as presentes e futuras gerações".

[974] BRASIL. *Constituição da República Federativa do Brasil de 05 de Outubro de 1988. Op. cit.* "Art. 170. A ordem econômica, fundada na valorização do trabalho humano e na livre iniciativa, tem por fim assegurar a todos existência digna, conforme os ditames da justiça social, observados os seguintes princípios: III – função social da propriedade".

Igualmente, poderia se afirmar que a Constituição Federal previu expressamente as hipóteses de usucapião tanto dos bens imóveis urbanos,[975] quanto dos bens imóveis rurais,[976] inclusive, ao regulá-los, prevendo de forma expressa uma restrição do não cabimento em ambos de bens públicos.[977]

Todavia, tal interpretação restrita da função social assumida pelas coisas, além de não realizar o princípio da máxima eficácia das normas constitucionais, importa em aparente contradição com o princípio da unidade da Constituição, já que condicionaria o bem privado ao respeito à coletividade, enquanto as coisas públicas não estariam destinadas.

Poderia se alegar que tais coisas não precisem adequar-se à função social, visto que qualificados como públicas já exercem uma necessidade coletiva, todavia, não parece ser sustentável, pois a literatura majoritária admite a conservação de sua natureza para bens desfuncionalizados – como bens públicos de uso especial abandonados ou dominicais.

Tal incongruência reforça-se ao verificar que a ordem jurídico-constitucional vigente estipularia apenas aos bens qualificados como privados uma série de deveres que os adequassem ao exercício de uma função social, enquanto para os bens tidos como públicos, em especial, aqueles desfuncionalizados, não caberia o cumprimento de tal deveres.

Em conformação legislativa ao dever fundamental de função social[978] dos bens,[979] dispõe o direito comum que a perda da proprie-

---

[975] BRASIL. *Constituição da República Federativa do Brasil de 05 de Outubro de 1988. Op. cit.* "Art. 183. Aquele que possuir como sua área urbana de até duzentos e cinqüenta metros quadrados, por cinco anos, ininterruptamente e sem oposição, utilizando-a para sua moradia ou de sua família, adquirir-lhe-á o domínio, desde que não seja proprietário de outro imóvel urbano ou rural".

[976] BRASIL. *Constituição da República Federativa do Brasil de 05 de Outubro de 1988. Op. cit.* "Art. 191. Aquele que, não sendo proprietário de imóvel rural ou urbano, possua como seu, por cinco anos ininterruptos, sem oposição, área de terra, em zona rural, não superior a cinqüenta hectares, tornando-a produtiva por seu trabalho ou de sua família, tendo nela sua moradia, adquirir-lhe-á a propriedade".

[977] BRASIL. *Constituição da República Federativa do Brasil de 05 de Outubro de 1988. Op. cit.* Art. 183 §único e Art. 191 §único.

[978] BRASIL. *Constituição da República Federativa do Brasil de 05 de Outubro de 1988. Op. cit.* Art. 5 inciso XXIII.

[979] Note que o constituinte não discriminou a coisa pública da privada e, embora se situe no título de "Direitos e Garantias Fundamentais" no Capítulo dos "Direitos e garantias individuais", isto não significa que vincule apenas os particulares, sendo demonstrado isto pelo artigo 5º inciso XXIV que situa o dever fundamental da Administração Pública de realizar a desapropriação apenas mediante justa e prévia indenização em dinheiro e dentro do procedimento estabelecido por lei.

dade ocorre além dos casos de imposição administrativa – como a desapropriação – e disposição jurídica ou material – alienação gratuita ou onerosa, perecimento pela coisa ou renúncia – pelo abandono.[980]

Entretanto, na literatura jurídica, ainda que o ente público demonstre sobre a coisa ao qual exerce domínio conduta incompatível com a função social e haja destinação pelo cidadão, considera tratar-se de ocupação irregular que deve ser rechaçada pela ordem jurídica, tendo em vista a imensidão do patrimônio público e a impossibilidade de vigilância do Estado.[981]

Demonstra incoerência, também, ao considerar que a determinação dos bens como públicos pode ocorrer através de circunstâncias fáticas ou qualificação legal, porém, para exclusão do patrimônio público apenas fenômenos naturais independentes da vontade humana ou a desqualificação por lei pode alterar a afetação dos bens públicos.[982]

Alegam que no caso do bem público, como a dominialidade é conferida por lei a um bem não pode haver cessação tácita, pois seria admitir ab-rogação pelo desuso, assim somente a alteração legal ou mediante ato intencional ou deliberado pela Administração Pública de mudança de destino do bem público ocorreria o fim da sua propriedade.[983]

Desconsidera que a qualificação de público veiculada pela lei é a titularidade em uma perspectiva de patrimonialidade,[984] tanto que se admite a aquisição pelos entes privados por negócios privados – venda, doação etc. e, portanto, deveria então se aplicar as formas de extinção igualmente no direito comum.

Admite a literatura dominante que o Estado pode, através de apossamento, ainda que sem previsão legal ou observância à restrição constitucional, de propriedade privada para atender a dado interesse coletivo, adquiri-la por desapropriação indireta, cabendo ao proprietário apenas indenização posterior se intentar ação no prazo prescricional de cinco anos.[985]

---

[980] BRASIL. *Lei Federal nº 10.406, de 10 de Janeiro de 2002*. Op. cit. Art. 1.275 inciso III.
[981] CARVALHO FILHO, José dos Santos. Op. cit., p. 59-60.
[982] REALE, Miguel. Op. cit., p. 231 e 233.
[983] SANTOS, Carvalho. Op. cit., p. 107.
[984] BRASIL. *Lei Federal nº 10.406, de 10 de Janeiro de 2002*. Op. cit. Art. 98. "São públicos os bens do domínio nacional *pertencentes às pessoas jurídicas de direito público interno*; todos os outros são particulares, seja qual for a pessoa a que pertencerem".
[985] MELLO, Celso Antônio Bandeira de. *Curso de Direito Administrativo*. São Paulo: Malheiros, 2009. p. 882-883.

O cidadão, porém, quando exerce a posse direta e contínua sobre bem público abandonado com finalidade de moradia – que é igualmente um interesse coletivo só que ao revés da desapropriação indireta tem previsão constitucional – não pode se apropriar do bem estatal, pois sua aquisição só ocorre nas hipóteses restritas da lei.[986]

Assim, para o abandono de imóvel urbano ou rural privado, inclusive, de forma real ou presumida – como o não cumprimento das obrigações fiscais – e inexistindo possuidor privado, bem como a posse pelo ente público, a lei civil determina que passa ao domínio do ente municipal ou distrital no primeiro caso ou federal no segundo caso.[987]

Porém, para o abandono de bem estatal não há previsão legal de imposição dos deveres de funcionalização da propriedade tal qual com os imóveis privados urbanos[988] e rurais,[989] inclusive, densificando as normas constitucionais tais conceitos jurídicos de conteúdo indeterminado,[990] mas traduz cláusula impeditiva de aquisição por usucapião.[991]

---

[986] MELLO, Celso Antônio Bandeira de. *Op. cit.*, p. 914.

[987] BRASIL. *Lei Federal nº 10.406, de 10 de Janeiro de 2002. Op. cit.* Art. 1.276 caput e parágrafos.

[988] BRASIL. *Constituição da República Federativa do Brasil de 05 de Outubro de 1988. Op. cit.* Art. 182. §4º "É facultado ao Poder Público municipal, mediante lei específica para área incluída no plano diretor, exigir, nos termos da lei federal, do proprietário do solo urbano não edificado, subutilizado ou não utilizado, que promova seu adequado aproveitamento, sob pena, sucessivamente, de: I – parcelamento ou edificação compulsórios; II – imposto sobre a propriedade predial e territorial urbana progressivo no tempo; III – desapropriação com pagamento mediante títulos da dívida pública de emissão previamente aprovada pelo Senado Federal, com prazo de resgate de até dez anos, em parcelas anuais, iguais e sucessivas, assegurados o valor real da indenização e os juros legais".

[989] BRASIL. Constituição da República Federativa do Brasil de 05 de Outubro de 1988. Op. cit. Art. 184. "Compete à União desapropriar por interesse social, para fins de reforma agrária, o imóvel rural que não esteja cumprindo sua função social, mediante prévia e justa indenização em títulos da dívida agrária, com cláusula de preservação do valor real, resgatáveis no prazo de até vinte anos, a partir do segundo ano de sua emissão, e cuja utilização será definida em lei".

[990] BRASIL. *Constituição da República Federativa do Brasil de 05 de Outubro de 1988. Op. cit.* Art. 182. §4º "É facultado ao Poder Público municipal, mediante lei específica para área incluída no plano diretor, exigir, nos termos da lei federal, do *proprietário do solo urbano não edificado, subutilizado ou não utilizado,* que promova seu adequado aproveitamento, sob pena, sucessivamente, de:" Art. 186. A função social é cumprida quando a propriedade rural atende, simultaneamente, segundo critérios e graus de exigência estabelecidos em lei, aos seguintes requisitos: I – aproveitamento racional e adequado; II – utilização adequada dos recursos naturais disponíveis e preservação do meio ambiente; III – observância das disposições que regulam as relações de trabalho; IV – exploração que favoreça o bem-estar dos proprietários e dos trabalhadores.

[991] BRASIL. *Constituição da República Federativa do Brasil de 05 de Outubro de 1988. Op. cit.* Art. 183. Aquele que possuir como sua área urbana de até duzentos e cinqüenta metros quadrados, por cinco anos, ininterruptamente e sem oposição, utilizando-a para sua moradia ou de sua família, adquirir-lhe-á o domínio, desde que não seja proprietário de outro imóvel urbano ou rural. §3º *Os imóveis públicos não serão adquiridos por usucapião*".

Como visto, não há de se sustentar um critério de titularidade em uma perspectiva nitidamente patrimonial para as coisas que pretendem se qualificar como públicas, pois o traço distintivo é o atendimento às necessidades coletivas, que determina tanto a formação do seu vínculo quanto à extinção da referida relação jurídica com a coletividade.

Porém, ainda para aqueles que reconhecessem que a afetação dos bens públicos provém tanto das situações fáticas no uso para fins da coletividade quanto da afetação que destine a coisa à fruição de determinado interesse público, quando se trata da desafetação propõem um tratamento diferenciado.[992]

Para parte da literatura jurídica, a desafetação dos bens públicos não poderia decorrer de uma situação fática que permitiria reconhecer a sua desclassificação para o domínio privado do ente público e, portanto, sujeita à prescritibilidade, mas apenas de uma qualificação jurídica capaz de cessar a função que se baseava o caráter dominial estatal.[993]

Centra-se novamente na teoria dos bens públicos a figura do Estado, ignorando aqueles influxos transformadores não apenas da atividade de prossecução dos interesses públicos – como a despublicização – e da sua própria noção de soberania, que passa a ser redimensionada com o reconhecimento de outros atores sociais.

Como visto, não se pode sujeitar a qualificação ou desqualificação de um bem como pública por ato de vontade estatal, pois seria ignorar coisas que exercem independente de sua vontade uma função social – como os mares e o ar – e admitir que sob as outras poderia dispor da necessidade coletiva ao qual atendem excluindo-a.

Todavia, para a literatura generalizada, o mero desinteresse ou abandono administrativo de uma coisa que havia tido uma utilidade pública não funcionaria como uma desafetação para fins de reconhecimento da possível alienação ou aquisição por prescrição, sendo necessária uma previsão legal.[994]

Poderia sustentar que é decorrência da própria indisponibilidade dos interesses e dos bens públicos, porém, tal princípio tem por finalidade evitar que os mesmos sejam desviados da sua afetação à finalidade pública, mas não se traduz a uma proibição absoluta de alienação, que

---

[992] CAETANO, Marcelo. *Op. cit.*, p. 884.
[993] CAETANO, Marcelo. *Op. cit.*, p. 885.
[994] CAETANO, Marcelo. *Op. cit.*, p. 885.

é permitida desde que garantida a continuidade da vinculação a um interesse público.[995] Considerando os bens públicos como objetos de uma relação jurídica específica formada em razão de sua destinação à função social, há de se reconhecer que em Estados Contemporâneos marcados pelo pluralismo há uma ampliação e complexização das demandas sociais, que resultam em uma variedade de interesses públicos.[996]

Por efeito, não é possível considerar o interesse público como uma unidade, mas uma pluralidade de demandas e necessidades sociais ao qual são tuteladas ou reconhecidas pelo Direito como finalidades e deveres públicos, na medida em que consagradas mediante a proteção pela ordem jurídico-constitucional dos bens, interesses e direitos da sociedade.

Neste viés, é reconhecido explicitamente pela Constituição Federal[997] o direito fundamental de moradia vinculado aos poderes públicos não apenas na abstenção da sua violação – o que já impede remoções arbitrárias – mas no dever de concretização – que abrange a adoção de medidas que permita garantir uma habitação digna aos seus titulares.

Deste modo, há de se reconhecer que se o bem público pode ter sua titularidade alterada garantida à continuidade da sua finalidade pública, não há óbice que a sua funcionalização ocorra diante de uma omissão estatal por um sujeito privado que o destine para outra função igualmente buscada pela ordem jurídica.

Neste viés, a vedação constitucional para usucapião dos bens públicos urbanos e rurais deve ser entendida como a proibição de aquisição de prescritibilidade para coisas que estejam afetadas a uma finalidade pública, mas não o impedimento da adequação à uma outra função social como o direito de moradia.

Parece que a celeuma envolve justamente a assimilação do critério de titularidade – com a compreensão inadequada de que a vedação constitucional impede qualquer aquisição por prescrição de bens sob

---

[995] CAETANO, Marcelo. *Op. cit.*, p. 896.
[996] MOREIRA NETO, Diogo de Figueiredo. Globalização, Regionalização, Reforma do Estado e da Constituição. *Revista de Direito Administrativo*, n. 215, p. 2, jan./mar. 1998.
[997] BRASIL. *Constituição da República Federativa do Brasil de 05 de Outubro de 1988. Op. cit.* Art. 6. "São direitos sociais a educação, a saúde, a alimentação, o trabalho, a moradia, o transporte, o lazer, a segurança, a previdência social, a proteção à maternidade e à infância, a assistência aos desamparados, na forma desta Constituição". Redação dada pela Emenda Constitucional nº 90, de 2015.

a titularidade estatal – quando deve ser tida por um elemento funcional – a proibição da usucapião de coisas que estejam exercendo uma finalidade pública.

Como sustentado, a incidência do regime jurídico especial ocorre de forma graduada na medida em que a coisa esteja dentro da autonomia privada adequada à finalidade pública ou esteja ligada à concretização da própria função social, o que determinará uma gradação na incidência dos seus caracteres, como a prescritibilidade.

Assim, enquanto para um bem privado há a incidência de algumas regras protetivas da função social – como limitações administrativas – não haverá a sujeição absoluta a outras normas – como a inalienabilidade, imprescritibilidade e impenhorabilidade – que incidirão apenas nos imóveis que realizem uma função pública.

Os bens públicos são dotados de imprescritibilidade na medida em que conservem tal qualificação, ou seja, estejam a partir daquele critério material e não exclusivo destinado à realização de uma necessidade coletiva, de forma que não estando ligados à concretização de uma função social perdem tal atributo.

Não haverá, por conseguinte, impedimento a usucapião, já que, enquanto uma prescrição aquisitiva funda-se em uma presunção atribuída pela lei a um título que garanta a apropriação de uma coisa e, a rigor, as coisas que compõem o domínio público não podem ser adquiridos pelo particular.[998]

Por esta razão, o debate sobre a usucapião de bens públicos não se situa propriamente dito na possibilidade ou não de prescrição aquisitiva sobre coisas que compõem o domínio público, já que a imprescritibilidade é elemento decorrente da própria formação da disciplina especial para os bens que são dotados da qualificação pública.

Provém da antiguidade clássica a afirmação que os bens públicos podem até ser alienáveis, mas são imprescritíveis[999] que, com a ascensão do Estado Moderno é reforçada pela generalizada disposição nos ordenamentos jurídico-positivos e adesão pela literatura jurídica que a prescrição aquisitiva não é capaz de retirar o bem público do sujeito estatal.

---

[998] BIELSA, Rafael. *Op. cit.*, p. 161 e 163.
[999] JUSTINIANO. *Instituições*. Curitiba: Tribunais do Brasil Editora, 1979. Livro II. Título VI. §9 "*Res fisci nostri usucapi non potest, sed Papinianus scripsit, bonis vacantibus fisco nondum nuntiatis, bona fide emptorem sibi traditam rem ex his bonis usucapere posse; et ita divus Pius et divus Pius et divi Severus et Antoninus rescripserunt*".

Porém, a própria literatura jurídica tradicional mitiga isso ao afirmar que os bens que compõem o domínio público são imprescritíveis e inalienáveis enquanto durar para tais autores a afetação, de forma que, ocorrendo a sua desafetação, retorna a coisa ao comércio e pode, portanto, ser objeto de alienação ou aquisição privada.[1000]

Assim, a imprescritibilidade não seria um obstáculo intransponível para a aquisição da coisa pública, mas iria impor uma prévia desafetação através de um ato formal estatal,[1001] o que permitiria que tais bens fossem subtraídos da esfera do domínio público e passíveis de aquisição da propriedade por qualquer sujeito privado.

Note, entretanto, que embora algumas coisas demandem um ato de afetação para atendimento de uma necessidade coletiva, parece que tal destinação ao longo da evolução histórica ocorreu antes pela interpretação do *facta concludentia* do que uma fórmula sacramental ou ato expresso de reconhecimento de sua natureza pública.[1002]

A extracomercialidade jurídica ocorria para determinadas coisas públicas como um consentâneo da sua própria impossibilidade de apropriação pela sua natureza – como os rios e o ar – apenas as outras decorreriam de um ato designado *publicae*, que excluiria da aquisição da propriedade privada determinados bens – como as estradas e os fóruns.[1003]

Porém, no Direito Romano, a *publicatio* era considerada e cumprida pela forma como a coisa era destinada ao uso público independente de um ato formal do magistrado, de modo que a circunstância fática era uma forma normal de destinação, bem como a *vetustas* ou uso imemorial fazia presumir o caráter público da coisa, substituindo o título formal.[1004]

Ademais, como já debatido, a formação de uma disciplina jurídica própria e especial decorre não de uma afetação, mas destinação das referidas coisas ao atendimento de interesse público com a finalidade de dotá-las de uma funcionalidade específica, a saber, uma proteção na medida em que ligada à sua destinação, garantindo a realização do interesse comum.[1005]

[1000] HAURIOU, Maurice. *Op. cit.*, p. 611.
[1001] HAURIOU, Maurice. *Op. cit.*, p. 611-612.
[1002] ENTERRÍA, Eduardo Gárcia. *Op. cit.*, p. 21.
[1003] ARÉVALO, Manuel Francisco Clavero. *Op. cit.*, p. 15.
[1004] ENTERRÍA, Eduardo Gárcia. *Op. cit.*, p. 22.
[1005] ALFONSO, Luciano Parejo. *Op. cit.*, p. 24.

A qualificação da coisa como pública, uma vez que significa o atendimento material à uma finalidade coletiva, faz deflagrar o regime jurídico especial e a incidência da imprescritibilidade, de modo que a discussão acerca da usucapião dos bens públicos não envolve a sua vedação em si, mas o objeto sob o qual incide.

Tal celeuma envolve a definição da natureza pública desses bens que, como visto, dos critérios apresentados – titularidade, natureza, regime normativo ou afetação – aquele que se demonstra apto a abranger tanto as coisas naturais quanto artificiais, a sujeição pública ou privada, o regime estritamente público ou não, por ato estatal ou não é a finalidade pública.

Sendo o critério teleológico aquele que definirá a qualificação pública do bem, se a coisa realiza uma função social não caberá a sua apropriação privada, entretanto, deixando de possuir tal finalidade ou sendo possível destacar uma parte para a formação de uma coisa não haverá o elemento que determina a sua proteção normativa e a sua imprescritibilidade.

Isto ocorre, inclusive, para os bens públicos naturais, pois se a rigor são incapazes de uma apropriação individual ou estatal, uma vez que caibam ser destacados e desligando da função social, a própria ordem jurídica admite a aquisição da propriedade, como no caso de acréscimos ou incorporações naturais como as ilhas,[1006] o aluvião,[1007] avulsão e outros.[1008]

Da mesma maneira, os bens públicos artificiais enquanto ligados ao atendimento de uma função social são imprescritíveis, mas perdendo tal ligação efetiva ou estando parcialmente desligados de uma necessidade coletiva não faz incidir mais o regime protetivo e deve ser permitida a sua funcionalização por outro sujeito.

Assim, reconhecida que a destinação às necessidades coletivas não decorre de um ato de afetação formal, mas a própria colocação da

---

[1006] BRASIL. *Lei Federal nº 10.406, de 10 de Janeiro de 2002*. Op. cit. Art. 1.249 "As ilhas que se formarem em correntes comuns ou particulares pertencem aos proprietários ribeirinhos fronteiros, observadas as regras seguintes".

[1007] BRASIL. *Lei Federal nº 10.406, de 10 de Janeiro de 2002*. Op. cit. Art. 1.250 "Os acréscimos formados, sucessiva e imperceptivelmente, por depósitos e aterros naturais ao longo das margens das correntes, ou pelo desvio das águas destas, pertencem aos donos dos terrenos marginais, sem indenização".

[1008] BRASIL. *Lei Federal nº 10.406, de 10 de Janeiro de 2002*. Op. cit. Art. 1.251 "Quando, por força natural violenta, uma porção de terra se destacar de um prédio e se juntar a outro, o dono deste adquirirá a propriedade do acréscimo, se indenizar o dono do primeiro ou, sem indenização, se, em um ano, ninguém houver reclamado".

coisa ao atendimento de uma finalidade pública, o que faz incidir a sua imprescritibilidade, pode deixar de tê-la mediante uma situação fática que determine a cessação do domínio das coisas sem solenidades.[1009]

Por efeito, a imprescritibilidade dos bens públicos decorre antes da questão fática, de que coisas destinadas ao uso público não são possíveis de uma apropriação individual, que é o requisito para a prescritibilidade, do que um privilégio ou exceção singular no ordenamento jurídico para qualquer bem da Administração Pública.[1010]

A imprescritibilidade decorre da função pública que, enquanto um poder-dever de persecução do interesse público não pode, portanto, ser suprimido pela vontade do Estado-Administração, já que com a sua colocação para o atendimento das necessidades coletivas constitui-se um direito público subjetivo aos seus cidadãos.[1011]

Sob tal entendimento, há de se concluir que assim como uma coisa passa a ser destinada à finalidade coletiva e não pode ser adquirida por usucapião por qualquer particular, uma vez apartada do seu destino, deve ser reconhecida a possibilidade de sua apropriação por uma posse de um sujeito privado.[1012]

Tal vértice traduz em uma coerência sistêmica à disciplina administrativa, pois se cabível uma destinação tácita ou implícita de coisas privadas a um interesse público – como no caso da desapropriação indireta – há de se admitir que as coisas estatais não destinadas à uma finalidade pública podem ser ordenadas à um interesse particular.[1013]

Cabe, por conseguinte, definir de que forma tal coisa pode ser subtraída da sua finalidade pública, de forma que determinados autores sustentam que o mero apossamento pelo particular, que de modo excludente não permita o atendimento dos interesses da coletividade já permitiria que fosse objeto de uma aquisição prescritiva.[1014]

Parece forçado considerar que o mero uso pelo particular com exclusão da coletividade seja capaz de gerar uma desafetação tácita, pois tal entendimento conduziria que qualquer esbulho possessório

---

[1009] ENTERRÍA, Eduardo Gárcia. *Op. cit.*, p. 22.
[1010] ENTERRÍA, Eduardo Gárcia. *Op. cit.*, p. 24.
[1011] VALLÉS, A. de. Inalienabilitá del demanio pubblico. *Rivista di Diritto Pubblico*, p. 418, 1914.
[1012] GARNIER, François-Xavier-Paul. *Traité des chemins de toutes espèces*. Paris: Beaucé-Rusand, 1825. p. 246.
[1013] DUEZ, Paul; DEBEYRE, Guy. *Op. cit.*, p. 769.
[1014] CALVO, Recaredo Fernández de Velasco. *Op. cit.*, p. 169.

sob coisas que de fato atendam a coletividade resultariam na prescritibilidade do bem antes qualificado como público.

Adéqua-se à prescritibilidade sob tais bens a luz das próprias razões da usucapião, a saber, como a impossibilidade de petrificação das relações jurídicas, o que irá conduzir necessariamente ao reconhecimento de situações já consolidadas no tempo, ao revés de preservar situações em que há conduta incompatível do sujeito em relação à coisa.[1015]

Formada uma relação jurídica entre o titular e a coletividade tendo por objeto a coisa que exerce uma destinação pública, não sendo garantida a finalidade pretendida com tal vínculo, já de se admitir que tal qual com qualquer outra na ordem jurídica haverá a extinção do liame e reconhecimento da formação de outrem.

Não é cabível sustentar a permanência de um título formal que atribui uma titularidade sob a coisa, se o sujeito não exerce a finalidade pretendida sob a mesma e outro já exterioriza conduta típica sob a mesma, dando lhe um fim útil e, por conseguinte, deve ter sua relação jurídica protegida e conservada.

Assim, considerar como a literatura tradicional de que o princípio da inalienabilidade vigora enquanto a coisa pertencer ao domínio público proibindo as alienações voluntárias ou forçadas – como a usucapião – de forma que a desafetação ou perda da sua destinação não permite a sua transmissão,[1016] parece equivocado.

Importa considerar que a indisponibilidade dos bens públicos decorrente do regime jurídico protetivo mantém-se, ainda que não haja mais a situação deflagradora da disciplina especial, ou seja, que a coisa terá a proteção de normas de direito público, mesmo que não sirva mais a nenhum fim público.

Ademais, ignora que não envolve simplesmente a mera desafetação tácita com uma perda de uma função social, mas a não utilização ou destinação da coisa à uma finalidade coletiva por um lapso temporal que, para alguns, significa a demonstração de uma conduta de abandono da Administração Pública.

Tanto que alguns autores sustentam que a imprescritibilidade dos bens públicos forma-se apenas após a cessação do domínio público, que ocorrerá com um ato de desafetação implícito – seja em razão de

---

[1015] ENTERRÍA, Eduardo Gárcia. *Op. cit.*, p. 36.
[1016] LAUBADÉRE, Andre de. *Op. cit.*, p. 766.

uma realidade fática – ou explícito – por um ato formal pela própria autoridade competente.[1017] Novamente pretende-se reconduzir à titularidade estatal a realização ou retirada da coisa à finalidade pública, embora como gestor não compete ao Estado dispor de interesses e bens públicos, razão pela qual não é o ato de desafetação explícito ou ato, mas a perda da sua destinação material que implicará na sua exclusão do domínio público e regime protetivo.

Não se justifica sustentar um intervencionismo estatal com a deflagração de um regime jurídico de direito público exorbitante e mais protetivo em relação à disciplina civil privada para o uso, fruição e disposição de coisas que não guardam nenhum fim de interesse coletivo que justifique sua exclusão das normas comuns.[1018]

Ademais, sustentar uma desafetação tácita – uma conduta estatal que demonstre não ter interesse pela coisa – resultaria na dificuldade de firmá-la, pois haveria a alegação de falta de destinação coletiva de forma transitória, de modo que tais coisas poderiam vir a exercer uma utilidade coletiva vindoura.

Tal grau de indeterminabilidade de tal critério de delimitação da afetação pública pode resultar em arbítrio na regulação da coisa pública e sustentar uma impossibilidade de alienação de qualquer bem público, já que todos os bens estatais podem ter em algum momento uma utilidade futura.

Como visto, o dever de funcionalização dos bens públicos sujeita-se a um critério material, não exclusivo e atual – de forma que a coisa, para ser qualificada como pública, deve ser pelo Estado ou outro sujeito destinada de fato à realização de uma finalidade coletiva que será verificada no momento vigente.

Não se pode firmar que a regra é que as coisas sejam públicas até que o Estado determine por conduta expressa ou tácita o contrário, já que se ligaria além da titularidade à uma noção de patrimonialidade dos bens públicos, que não se adéqua ao fenômeno já visto de descolamento do público com o privado.

Ademais, adota o Estado Brasileiro um modelo de livre economia de mercado que se baseia na livre circulação de bens, a exclusão de coisas da livre disposição deve ocorrer de forma excepcional e apenas

---

[1017] ARÉVALO, Manuel Francisco Clavero. *Op. cit.*, p. 36.
[1018] SCAGLIUSI, Maria de los Ángeles Fernández. *Op. cit.*, p. 104.

na medida em que atenda a realização ou preservação de valores igualmente equivalentes.[1019]

Não pode se ter a pretensão de sustentar que não apenas a teoria privada – usualmente chamada de Direitos Reais ou Direito das Coisas – mas também a teoria pública – aqui designada de Domínio Público – possa ter caráter neutro ou patrimonial sem estar relacionado com os princípios gerais da atividade econômica.[1020]

Assim, além da ordenação imposta pela Constituição-Social às coisas, o que determina a sua funcionalização socioambiental,[1021] deve-se considerar que a própria Constituição-Econômica determinou que no modelo capitalista de Estado um dos princípios básicos é a propriedade privada.[1022]

Isto significa a proteção contra a supressão da propriedade dos bens e do capital, porém, igualmente da circulação da titularidade na esfera privada enquanto basilares de uma Economia de Mercado, exceto quando necessária a restrição no que tange ao interesse público.[1023]

Por conseguinte, extrai-se uma função socioeconômica dos bens públicos como um elemento estruturante do seu próprio regime jurídico,[1024] de forma que não podem existir bens no acervo que compõe o domínio público, que não estejam afetados à uma finalidade pública em clara violação à ordem jurídico-constitucional.

A consagração de uma função social da propriedade pelo constituinte abrange tanto os bens privados quanto os públicos, uma vez que, embora em diferença graduada, ambos estão sujeitos ao cumprimento de uma função pública, que anula qualquer utilidade meramente individual sob a referida coisa.[1025]

[1019] PASTOR, Juan Alfonso Santamaría. *Op. cit.*, p. 82-96.

[1020] LÉON, Luís Díez-Picazo Y Ponce de. *Fundamentos de Derecho civil patrimonial. Las relaciones jurídico-reales.* Madrid: Civitas, 1995. v. III. p. 44.

[1021] BRASIL. *Constituição da República Federativa do Brasil de 05 de Outubro de 1988. Op. cit.* Art. 5. XXIII – "a propriedade atenderá a sua função social".

[1022] BRASIL. *Constituição da República Federativa do Brasil de 05 de Outubro de 1988. Op. cit.* Art. 170. "A ordem econômica, fundada na valorização do trabalho humano e na livre iniciativa, tem por fim assegurar a todos existência digna, conforme os ditames da justiça social, observados os seguintes princípios: II – II – propriedade privada"

[1023] ARONNE, Ricardo. Comentários Ao Artigo 170 Inciso II. *In*: CANOTILHO, J. J. Gomes; SARLET, Ingo Wolfgang; STRECK, Lenio Luiz; MENDES, Gilmar Ferreira. *Comentários à Constituição do Brasil.* São Paulo: Saraiva/Almedina, 2013. p. 3862.

[1024] SCAGLIUSI, Maria de los Ángeles Fernández. *Op. cit.*, p. 110.

[1025] MORENO, Fernando Sainz. *Op. cit.*, p. 482.

Assim, não se trata que tal perda da finalidade pública deva ocorrer por um lapso temporário que demonstre ou manifeste, tal qual, no regime privado, uma situação de abandono, que *ipsis factus* exteriorize a disposição da propriedade[1026], pois como visto não há uma propriedade estatal, mas uma titularidade pública ligada à função social pretendida.

Todavia, diante da vedação constitucional e legal no ordenamento jurídico brasileiro, ainda que dada tal interpretação que busque determinar o objeto de tutela da norma e a sua adequação com os outros valores e bens constitucionalmente tutelados, há de se determinar se haverá a aplicação ou não plena da usucapião privada.

Neste viés, inexistindo prazos prescricionais legais específicos para a usucapião sob bens públicos,[1027] a literatura jurídica tende a aplicar os prazos especiais da casuística regulação para a Administração Pública,[1028] evitando que a questão da prescritibilidade fique ao arbítrio da livre interpretação dos juízes, embora há autores que sustentem prazos ainda maiores.[1029]

De qualquer sorte, parece que a definição de um ou outro prazo prescricional em favor do bem antes público corresponde, primeiramente, a uma forma de reforço da sua imprescritibilidade do que sua negativa, já que determinará um critério objetivo para a faculdade de

---

[1026] BRASIL. *Lei Federal nº 10.406, de 10 de Janeiro de 2002*. Op. cit. Art. 1.275. "Além das causas consideradas neste Código, perde-se a propriedade: III – por abandono".

[1027] BRASIL. *Constituição da República Federativa do Brasil de 05 de Outubro de 1988*. Op. cit. Art. 37. A administração pública direta e indireta de qualquer dos Poderes da União, dos Estados, do Distrito Federal e dos Municípios obedecerá aos princípios de legalidade, impessoalidade, moralidade, publicidade e eficiência e, também, ao seguinte: §5º A lei estabelecerá os prazos de prescrição para ilícitos praticados por qualquer agente, servidor ou não, que causem prejuízos ao erário, ressalvadas as respectivas ações de ressarcimento.

[1028] BRASIL. *Decreto Federal nº 20.910, de 6 de Janeiro de 1932*. Art. 1º As dívidas passivas da União, dos Estados e dos Municípios, bem assim todo e qualquer direito ou ação contra a Fazenda federal, estadual ou municipal, seja qual for a sua natureza, prescrevem em cinco anos contados da data do ato ou fato do qual se originarem. BRASIL. *Lei Federal nº 9.784, de 29 de Janeiro de 1999*. Regula o processo administrativo no âmbito da Administração Pública Federal. Casa Civil, Brasília 29 de janeiro de 1999. Disponível em: https://www.planalto.gov.br/ccivil_03/leis/l9784.htm#:~:text=Regula%20o%20processo%20administrativo%20no%20%C3%A2mbito%20da%20Administra%C3%A7%C3%A3o%20P%C3%BAblica%20Federal.&text=Art.,cumprimento%20dos%20fins%20da%20Administra%C3%A7%C3%A3o. Acesso em: 25 out. 2023. Art. 54. O direito da Administração de anular os atos administrativos de que decorram efeitos favoráveis para os destinatários decai em cinco anos, contados da data em que foram praticados, salvo comprovada má-fé.

[1029] ENTERRÍA, Eduardo Gárcia. Op. cit., p. 45 e 47. Em seguida, propõe o autor que o prazo seja de 60 (sessenta) anos, conforme o Direito Inglês.

reintegração sob os bens do domínio público perturbados pelos particulares.[1030]

Poder-se-ia sustentar que a própria Constituição Federal regula as hipóteses em que a não observância da função socioambiental da propriedade gera a desapropriação do bem urbano[1031] e rural,[1032] o que permitiria a aplicação de suas regras *a contrario sensu* já que os poderes públicos no Estado de Direito devem respeitar às suas próprias prescrições.

Contudo, parece inadequado sustentar para aplicação da prescrição aquisitiva relativa a bens que faziam parte do domínio público a utilização de normas relativas à desapropriação, que se dirigem à propriedade privada desfuncionalizada e pretende promover uma destinação pública pelo ente estatal.

Se a coisa não exerce mais a sua qualificação pública não se encontra sob o domínio público e tampouco faz incidir o regime jurídico próprio, inclusive, no que tange à uma vedação ou condicionamento de sua imprescritibilidade, de forma que passível de apropriação privada, deve-se sujeitar ao preenchimento dos prazos e requisitos para os bens privados.

Neste sentido, se determina a Constituição Federal ao vedar a usucapião para os bens públicos,[1033] as prescrições para ocupação de

---

[1030] ENTERRÍA, Eduardo Gárcia. *Op. cit.*, p. 52.
[1031] BRASIL. *Constituição da República Federativa do Brasil de 05 de Outubro de 1988. Op. cit.* Art. 182 §4º É facultado ao Poder Público municipal, mediante lei específica para área incluída no plano diretor, exigir, nos termos da lei federal, do proprietário do solo urbano não edificado, subutilizado ou não utilizado, que promova seu adequado aproveitamento, sob pena, sucessivamente, de: (...) III – desapropriação com pagamento mediante títulos da dívida pública de emissão previamente aprovada pelo Senado Federal, com prazo de resgate de até dez anos, em parcelas anuais, iguais e sucessivas, assegurados o valor real da indenização e os juros legais.
[1032] BRASIL. *Constituição da República Federativa do Brasil de 05 de Outubro de 1988. Op. cit.* Art. 184. Compete à União desapropriar por interesse social, para fins de reforma agrária, o imóvel rural que não esteja cumprindo sua função social, mediante prévia e justa indenização em títulos da dívida agrária, com cláusula de preservação do valor real, resgatáveis no prazo de até vinte anos, a partir do segundo ano de sua emissão, e cuja utilização será definida em lei.
[1033] BRASIL. *Constituição da República Federativa do Brasil de 05 de Outubro de 1988. Op. cit.* Art. 183. §3º Os imóveis públicos não serão adquiridos por usucapião. Art. 191 Parágrafo único. Os imóveis públicos não serão adquiridos por usucapião.

áreas urbanas[1034] e rurais,[1035] parece claro que se tais coisas não conservarem a qualificação de pública por não mais exercerem sua respectiva função social caberá a aplicação dos requisitos determinados pela lei fundamental.

4.5 Os elementos do dever de funcionalização dos bens públicos: da concretização da função social pelo Estado à adequação pelo particular no caso da ocupação do jardim botânico do rio de janeiro

Como abordado, o dever de funcionalização dos bens públicos deve ser tido a partir de um critério material – que demande não apenas uma destinação formal, mas uma efetiva ligação à uma necessidade coletiva – e não exclusivo – de forma que ainda o seu titular não o exerça, cabe ao Estado enquanto gestor dos interesses coletivos ou outro sujeito realizá-lo.

Isto impõe inegavelmente um marco temporal – que não se extingue com uma desafetação – mas antes demanda uma atualidade no atendimento da finalidade coletiva que permita a aplicação graduada do regime jurídico especial e imponha em seu descumprimento a possibilidade de adequação dada pelo particular.

Tais proposições podem ser vislumbradas em questões complexas nas quais haja a sujeição da coisa às variadas funções sociais por distintos titulares e, por conseguinte, demonstre não apenas a insuficiência das categorias tradicionais a qual se move a questão dos bens públicos, como a busca por critérios capazes de solver a problemática social instaurada.

Toma-se como caso paradigmático a ocupação fundiária e formação da Comunidade do Horto há mais de três décadas decorrente de ato de cessão estatal aos servidores públicos para moradia funcional

---

[1034] BRASIL. *Constituição da República Federativa do Brasil de 05 de Outubro de 1988*. Op. cit. Art. 183. Aquele que possuir como sua área urbana de até duzentos e cinqüenta metros quadrados, por cinco anos, ininterruptamente e sem oposição, utilizando-a para sua moradia ou de sua família, adquirir-lhe-á o domínio, desde que não seja proprietário de outro imóvel urbano ou rural.

[1035] BRASIL. *Constituição da República Federativa do Brasil de 05 de Outubro de 1988*. Op. cit. Art. 191. Aquele que, não sendo proprietário de imóvel rural ou urbano, possua como seu, por cinco anos ininterruptos, sem oposição, área de terra, em zona rural, não superior a cinqüenta hectares, tornando-a produtiva por seu trabalho ou de sua família, tendo nela sua moradia, adquirir-lhe-á a propriedade.

ocorrido no Jardim Botânico do Rio de Janeiro, já que envolve eminentemente um conflito no que tange às distintas funcionalizações sociais.

O tema tem sido objeto de inúmeros litígios em distintas instâncias judiciais, razão pelo qual se delimita para a análise apenas para vislumbrar a uniformização promovida sobre as decisões de primeira instância, através das controvérsias que já foram objetos de julgamento pelo Superior Tribunal de Justiça.

Sob tal viés, a egrégia corte já entendeu que, por tratar-se o jardim botânico do Rio de Janeiro de um bem público e tombado, independente de ser nova ou antiga, a moradia demandaria um "rigoroso procedimento" no que tange ao reconhecimento de eventual ocupação, construção ou exploração.[1036]

Como visto, de fato o lapso temporal da ocupação pelo particular não determinará a perda da função social que enseja a não incidência da imprescritibilidade, mas somente valerá após a desvinculação da coisa à sua necessidade coletiva como um dos requisitos para o reconhecimento da adequação da função social promovida pelo sujeito privado.

Porém, não se vislumbra que, se tratando de um bem público – uma coisa que exerce uma função social – objeto de tombamento – adoção deste procedimento e regime específico para os bens que exercem a finalidade coletiva de conservação do patrimônio histórico cultural – haja impedimento para que se reconheça uma eventual ocupação.

Já foi tratado aqui que a funcionalização de uma coisa para atendimento de um interesse coletivo não impede que possa ser igualmente destinada à outra função social, mas ao revés admite-se que pode se formar uma pluralidade de relações jurídicas com distintos sujeitos, sem que necessariamente sejam excludentes.

Ademais, tal qual o tombamento de um bem sob a titularidade privada não impede a sua ocupação para moradia ou exploração econômica, mas apenas impõe ao seu sujeito obrigações específicas e, por efeito, restrições no exercício da coisa, não há impossibilidade que sob uma coisa na titularidade estatal seja dado uma destinação por particular.

Tanto não há impedimento para outra funcionalização do bem público que, embora já tombado o jardim desde 1938[1037] e a chácara da

---

[1036] BRASIL. Superior Tribunal de Justiça. *Recurso Especial nº 808.708/RJ*. Relator Min. Herman Benjamin. DJE 04.05.2011. p. 7.

[1037] BRASIL. Instituto do Patrimônio Histórico e Artístico Nacional. *Lista de Bens Materiais Tombados e Processos em Andamento*. Disponível em: http://portal.iphan.gov.br/uploads/ckfinder/arquivos/Lista Bens Tombados Dez 2015.pdf. Acesso em: 30 maio 2017.

floresta[1038] desde 1995 pelo Instituto do Patrimônio Histórico e Artístico Nacional como jardim histórico, foi admitida a cessão de terras no local para ocupação por servidores públicos.

Desde já, se exclui, portanto, uma feição privatista em relação ao uso original dado pela Administração Pública, pois uma vez que se destinava à habitação dos servidores públicos com vista ao melhor atendimento ao serviço público inegável que tais coisas exerciam uma função social.

Cabe inquirir o marco temporal o qual tal função social foi exercida, a saber, se uma vez que os móveis não serviam mais para a ocupação do servidor público que não estava mais na ativa e ligado ao cumprimento do serviço público, se a moradia por seus familiares representavam à realização ou adequação de uma função social.

Isto porque, já foi tratado aqui, o que define o domínio entre o público e o privado é a medida que a coisa está sendo direcionada à concretização de uma necessidade coletiva – no caso melhor atendimento do serviço público – ou se não estando sujeita à uma aquisição privada ela se adéqua à função social determinada pela ordem – no caso, a usucapião.

Aduz a Corte que junto ao jardim botânico há cerca de 140 hectares que, segundo ela, "são de propriedade da União, o que, independentemente das extraordinárias qualidades naturais e culturais, já impõe que qualquer utilização, uso ou exploração privada seja de caráter excepcional, por tempo certo e interesse público".[1039]

Desde já, foi verificado que a existência de uma relação jurídica entre o titular e a coletividade onde a coisa exerce uma finalidade coletiva, não impede o reconhecimento da formação de outra relação jurídica sob a mesma coisa, caso atenda ou se adéque à uma outra função social.

Não haveria impeditivo que sob as mesmas terras nas quais há bens públicos naturais – o parque do jardim botânico e o seu papel para o equilíbrio do ecossistema e o bem estar humano – houvesse outros bens públicos artificiais – a área onde foi construída as moradias dos servidores – que, uma vez desafetado dessa função social, se sujeitariam à apropriação.

[1038] BRASIL. Instituto do Patrimônio Histórico e Artístico Nacional. Lista de Bens Materiais Tombados e Processos em Andamento. Op. cit.

[1039] BRASIL. Superior Tribunal de Justiça. *Recurso Especial nº 808.708/RJ*. Relator Min. Herman Benjamin. DJE 04.05.2011. p. 11.

Porém, sustenta-se, equivocadamente, uma apropriação de bens pelo Estado de coisas que sua própria natureza são inapropriáveis e aduz uma formação de uma universalidade pela "a variedade e numerosidade de bens individuais que o integram, o patrimônio cultural tombado ou protegido como conjunto (o Jardim Botânico aí incluído)".[1040]

Não há como considerar uma unidade, o jardim botânico – formado pela flora e fauna que caracteriza como um bem público natural, já que ligado naturalmente à conservação do sistema natural e bem estar local – com as demais terras e edificações – bens públicos artificiais na medida em que estejam afetados à uma necessidade coletiva.

Poderia supor que é necessário para a proteção do Jardim Botânico, "o espaço físico que ocupa",[1041] porém, o critério que qualifica a coisa como pública é a função social que exerce, de forma que se parte das terras do jardim botânico não se ligam de forma material à uma necessidade coletiva, não pode deflagrar a proteção.

Isto porque, enquanto sob o primeiro não há como incidir uma apropriação privada, já que tais coisas por si só exercem uma função social, às demais, caso não se liguem à realização de uma finalidade coletiva, não deflagrarão um regime jurídico especial e a imprescritibilidade que impede a apropriação particular.

A dificuldade parece decorrer da assimilação não apenas de um critério de titularidade – já que competiria ao Estado autorizar tal uso da coisa pública – como de um caráter nitidamente patrimonialista – já que se trata o bem público a partir do manuseio indevido de categorias privadas para solver a questão.

Isto fica claro, ao determinar que no caso há ausência de uma autorização "inequívoca, válida e atual", o que produz uma mera detenção ilícita "que não gera – nem pode gerar, a menos que se queira, contrariando a *mens legis*, estimular tais atos condenáveis – direitos, entre eles o de retenção, garantidos somente ao possuidor de boa-fé pelo Código Civil".[1042]

Neste tocante, gera certa idiocracia, pois, se por um lado, utiliza tais noções privadas para afastar uma legitimidade da ocupação por

---

[1040] BRASIL. Superior Tribunal de Justiça. *Recurso Especial nº 808.708/RJ*. Relator Min. Herman Benjamin. DJE 04.05.2011. p. 12.
[1041] BRASIL. Superior Tribunal de Justiça. *Recurso Especial nº 808.708/RJ*. Relator Min. Herman Benjamin. DJE 04.05.2011. p. 13.
[1042] BRASIL. Superior Tribunal de Justiça. *Recurso Especial nº 808.708/RJ*. Relator Min. Herman Benjamin. DJE 04.05.2011. p. 8.

particular por outro, sustenta que os bens públicos federais possuem um regime jurídico especial o qual não cabe aplicar o Código Civil, exceto em caso de omissão e levando em conta os princípios próprios.[1043] Assim, sustenta que, uma vez que a ocupação não decorreria de um título formal pelo Estado, seria passível não apenas de seu despejo como, inclusive, sem indenização por força de aplicação da lei,[1044] já que as benfeitorias necessárias somente serão indenizáveis se a União for previamente notificada da sua execução.[1045]

Note que a existência de um regime normativo especial para os bens públicos não se identifica exclusivamente com a aplicação de regras jurídicas de direito público, não havendo vedação à aplicação graduada de normas de direito privados, bem como a necessária incidência das regras e princípios constitucionais.

Neste julgado quanto em outros recentes[1046] não se discute a par da conservação do patrimônio histórico e cultural a tensão com a adequação a outra função social – o direito social de moradia – mas ao revés, apoia-se em exclusiva aplicação de normatividade anterior à Constituição Federal de 1988, sem buscar a adequação aos valores e bens consagrados.

Não se pode ignorar que, uma vez que a moradia seja consagrada como um direito fundamental social e exercida individualmente é adequação à uma função social, mas sendo objeto de um grupo – como no caso mais de 600 habitações – há de se verificar a concretização de uma necessidade coletiva.

Ao revés de buscar uma exegese com os interesses e direitos tutelados pela Constituição, trata-se a questão à luz de uma posse que não oferece garantia de permanência, de modo que a posse anterior

---

[1043] BRASIL. Superior Tribunal de Justiça. *Recurso Especial nº 808.708/RJ*. Relator Min. Herman Benjamin. DJE 04.05.2011. p. 9.
[1044] BRASIL. *Decreto-Lei nº 9.760, de 5 de Setembro de 1946*. Art. 71 "O ocupante de imóvel da União *sem assentimento desta*, poderá ser sumariamente despejado e perderá, sem direito a qualquer indenização, tudo quanto haja incorporado ao solo, ficando ainda sujeito ao disposto nos arts. 513, 515 e 517 do Código Civil. Parágrafo único. Excetuam-se dessa disposição os ocupantes de boa fé, com cultura efetiva e moradia habitual, e os direitos assegurados por êste Decreto-lei".
[1045] BRASIL. *Decreto-Lei nº 9.760, de 5 de Setembro de 1946*. Art. 90 "As benfeitorias necessárias só serão indenizáveis pela União, quando o S.P.U. tiver sido notificado da realização das mesmas dentro de 120 (cento e vinte) dias contados da sua execução".
[1046] BRASIL. Superior Tribunal de Justiça. *Recurso Especial nº 1.055.403/RJ*. Relator Min. Sérgio Kunina. J. 07.06.2016.

em nada muda esta situação, simplesmente porque nenhum particular pode possuir bens públicos exercendo sobre estes a mera detenção.[1047] De fato, as coisas qualificadas como públicas implicam na aplicação de um regime jurídico especial com a incidência do atributo de imprescritibilidade, porém, isto não significa que o critério que defina tal natureza seja a titularidade, mas a partir de um elemento teleológico aqueles que concretizam uma função social.

Torna-se necessário verificar em que medida, portanto, tais coisas estejam ligadas à concretização de uma função social ou não, de modo a verificar se há ou não a incidência do regime jurídico especial e, portanto, uma imprescritibilidade ou não que permita definir qual é o papel exercido pelo particular no caso.

Neste viés, demonstra-se correto o entendimento de que eventual omissão ou consentimento tácito estatal, que permitiu a consolidação da ocupação ao longo do tempo, não pode determinar a apropriação privada, pois vigora na gestão e controle dos bens e interesses públicos o princípio da indisponibilidade.[1048]

Todavia, a imprescritibilidade é atributo concedido por regime jurídico especial que surge quando forma-se uma relação jurídica em que seu objeto atende à uma finalidade específica, a saber, a concretização de uma função social, o que demanda verificar no caso quanto às referidas moradias.

É de se estranhar que o próprio horto florestal onde ficaram as referidas casas que antes serviram à moradia dos servidores públicos foi tombado enquanto conjunto arquitetônico[1049] pelo próprio Instituto do Patrimônio Histórico e Artístico Nacional de sua respectiva função social e inserção no patrimônio histórico e cultural nacional.

Porém, uma vez sendo buscada auditoria sobre a situação dos 15 processos de regularização fundiária de interesse social pela Superintendência do Patrimônio da União do Estado do Rio de Janeiro, foi apontada pelo Tribunal de Contas da União, suspostamente, irregularidades.[1050]

[1047] BRASIL. Superior Tribunal de Justiça. *Recurso Especial nº 816.585*. Relator Min. José Delgado. J. 05.10.2016.

[1048] BRASIL. Superior Tribunal de Justiça. *Recurso Especial nº 808.708/RJ*. Relator Min. Herman Benjamin. DJE 04.05.2011. p. 17.

[1049] BRASIL. Instituto do Patrimônio Histórico e Artístico Nacional. *Lista de Bens Materiais Tombados e Processos em Andamento. Op. cit.*

[1050] BRASIL. Tribunal de Contas da União. *Processo nº 030.186/2010-2*. Disponível em: https://pesquisa.apps.tcu.gov.br/documento/acordao-completo/*/NUMACORDAO%253A1632

É interessante notar que são apontadas como causa da ilicitude dos referidos processos não apenas o fato de abranger áreas tombadas e protegidas por legislação ambiental – ou seja, que atendem uma finalidade pública – mas envolver uma igual apropriação de perspectiva de patrimonialidade sob as coisas públicas.

Assim, denota a corte que se deve considerar que "o preço médio do metro quadrado dos imóveis naquela área está entre os mais altos do País, inspirando maiores cuidados na gestão das terras públicas ali localizadas" cuja reflexão na imprensa poderia elevar "a expectativa da população sobre a atuação fiscalizadora deste Tribunal".[1051]

Parece haver uma preocupação em manutenção da coisa sob a titularidade estatal não sob à medida que há o atendimento de uma função social, mas garantir sob tais bens em que há um valor econômico relevante sob uma "propriedade" estatal, inclusive, com a proposta de remoção das famílias carentes para outra comunidade de acordo com a lei.[1052]

A previsão legal ao que se refere de precedência na regularização fundiária de ocupantes removidos decorre antes pela impossibilidade de adequação da função social daqueles bens[1053] do que de uma necessidade de conservação da coisa sob a titularidade estatal que sequer pode dar destino ao cumprimento da finalidade coletiva para os mesmos.

Há uma nítida tratativa das coisas públicas a partir de um vértice de patrimonialidade pelo modo como até 2013 sequer o parque havia

---

%2520ANOACORDAO%253A2017%2520COLEGIADO%253A%2522Plen%25C3%25A1rio%2522/DTRELEVANCIA%2520desc%252C%2520NUMACORDAOINT%2520desc/0. Acesso em 26 jan. 2024.

[1051] BRASIL. Tribunal de Contas da União. Processo nº 030.186/2010-2. Acórdão. p. 2-3.

[1052] BRASIL. Tribunal de Contas da União. Processo nº 030.186/2010-2. Acórdão. p. 12-13.

[1053] BRASIL. Lei Federal nº 11.977, de 07 de Julho de 2009. Dispõe sobre o Programa Minha Casa, Minha Vida – PMCMV e a regularização fundiária de assentamentos localizados em áreas urbanas; altera o Decreto-Lei no 3.365, de 21 de junho de 1941, as Leis nos 4.380, de 21 de agosto de 1964, 6.015, de 31 de dezembro de 1973, 8.036, de 11 de maio de 1990, e 10.257, de 10 de julho de 2001, e a Medida Provisória no 2.197-43, de 24 de agosto de 2001; e dá outras providências. Casa Civil, Brasília, 7 de julho de 2009. Disponível em: https://www.planalto.gov.br/ccivil_03/_ato2007-2010/2009/lei/l11977.htm. Acesso em: 20 out. 2023. Art. 3 "Para a indicação dos beneficiários do PMCMV, deverão ser observados os seguintes requisitos: (...) III – prioridade de atendimento às famílias residentes em áreas de risco ou insalubres ou que tenham sido desabrigadas; III – prioridade de atendimento às famílias residentes em áreas de risco, insalubres, que tenham sido desabrigadas ou que perderam a moradia em razão de enchente, alagamento, transbordamento ou em decorrência de qualquer desastre natural do gênero;

tido delimitado os 130 hectares,[1054] que só então passaram a ser objeto de registro em cartório, o que corresponde à uma busca por instrumentos civis para uma celeuma que não se liga à tais categorias privatistas.

O Supremo Tribunal Federal em julgamento de Mandado de Segurança em relação à desocupação do horto, se manifestou no sentido que: *"Por um lado, a ocupação do horto remonta ao século XIX e sempre se fez com autorização ou a tolerância das autoridades públicas. Famílias se estabeleceram na área por gerações"*.[1055]

Porém, aduziu que *"Por outro lado, porém, há um interesse público relevante na proteção do meio ambiente, do erário e do patrimônio histórico e cultural na área do Jardim Botânico do Rio de Janeiro e da Floresta da Tijuca"* e entendeu ausência de *periculum in mora*, por não identificar urgência na demanda. 1056

A par da controvérsia se os residentes no horto do jardim botânico constituem uma população tradicional que deve ser reconhecida tais terras pela função que exercem na conservação do patrimônio histórico cultural brasileiro[1057] ou se há a realização de um direito fundamental à moradia por aquele grupo, tal caso reforça a celeuma aqui tratada.

Embora seja claramente reconhecido no direito privado que os bens devem se sujeitar à uma adequação a uma função social, que pode ser determinada por outros atores sociais, de forma a concretizar os fins e objetivos da ordem jurídica no que tange aos bens públicos e que deve se ligar à concretização a uma necessidade coletiva, inegável que há uma certa dificuldade.

Seja a tentativa de tratar a questão a partir de categorias privadas – como patrimônio ou posse – seja a investida em versar a problemática à luz de elementos públicos – como soberania ou *potestades* – conduz à uma dificuldade de garantir o regime próprio que devem possuir tais coisas e a sua adequação à realidade social e os deveres impostos pelo Direito.

[1054] MIRANDA FILHO, Armando. Existe solução justa para o caso do Jardim Botânico do Rio de Janeiro? *Revista de Direito GV*, São Paulo, Fundação Getúlio Vargas, v. 8, n. 2, p. 501, jul./dez. 2012.

[1055] BRASIL. Supremo Tribunal Federal. *Medida Cautelar em Mandado de Segurança nº 3.1707/DF*. Disponível em: https://www.jusbrasil.com.br/jurisprudencia/stf/24640274. Acesso em: 26 jan. 2024.

[1056] BRASIL. Supremo Tribunal Federal. *Medida Cautelar em Mandado de Segurança nº 3.1707/DF*.

[1057] Neste sentido: SOUZA, Laura Olivieiri Carneiro de. *Dossiê Histórico do Horto Florestal do Rio de Janeiro*. Rio de Janeiro: Associação de Moradores e Amigos do Horto, 2013.

Determinar que os bens são qualificados como públicos na medida em que estejam ligados de forma material e não exclusiva à concretização de uma função social enquanto a mesma persistir importa admitir que, sob tais coisas, ainda que o Estado atenda uma finalidade coletiva, outros sujeitos possam buscar realizá-la ou adequar o bem às mesmas.

Assim, como o dever de funcionalização dos bens públicos impõe ao seu titular ou o Estado enquanto gestor dos interesses e bens da coletividade o dever de concretização da função social isto não traduz impeditivo de que sob tais coisas o particular possa direcioná-la de forma não exclusiva à outra finalidade coletiva ou se inexistindo à uma apropriação privada.

Há de se reconhecer que sob coisas que exercem por sua própria natureza uma finalidade pública – como o jardim botânico em si – não há de se admitir uma apropriação privada ou uma funcionalização por particulares que signifique a perda da finalidade que exercem no equilíbrio do ecossistema e o bem estar da comunidade.

Porém, sob as demais – como as demais terras em seu entorno – há de se reconhecer a realização de outra função social – como o próprio Estado fez com a moradia funcional para servidores públicos, garantindo melhor atendimento ao serviço público – porém se perdeu com a morte dos agentes e a omissão estatal, que resultou em sua continuidade para moradia.

Sob tais coisas, embora pudesse se admitir uma apropriação privada, já que não mais ligada pelo Estado à nenhuma necessidade coletiva, há de se admitir que a ocupação histórica por uma comunidade, a qual, inclusive, houve tombamento das suas edificações pelo próprio Estado, parece corresponder não a uma adequação, mas à concretização de uma função social.

Compreender tal entendimento demanda, porém, o esforço de despir-se de uma inadequada identificação de domínio público com domínio estatal para aceitar que dadas coisas irão exercer uma função social, ainda que não estejam sob uma titularidade dos poderes públicos, o que se adéqua com as transformações do Estado e do Direito.

Igualmente, a incidência do regime jurídico de direito público que irá impedir a aquisição por alienação ou prescrição não decorre apenas dessa titularidade estatal, mas só poderá incidir na medida em que esteja ligada à realização de uma função social que demande uma proteção especial para coisas que exercem uma destinação a ser protegida.

Impõe, portanto, um redimensionamento do Estado que não será mais tido como o titular das referidas coisas, que pode retirá-las de sua destinação pública de acordo com uma discricionariedade, mas será o gestor das funções que elas exercem, ainda que estejam sob a sujeição de outros atores sociais.

Isto resultará na identificação de um dever de funcionalização dos bens públicos, que se centre a partir da proteção do elemento teleológico, impedindo que o Estado mantenha coisas desfuncionalizadas e garantindo o reconhecimento de que o particular dotou-as de uma função pública ou diante da sua perda promoveu uma adequação à mesma.

Situa-se, portanto, a questão além dos dogmas perpetuados a partir de uma teoria dos bens públicos estruturada sob um século XIX em que a questão volvia-se à afirmação da soberania do Estado Nacional à luz de influxos centralizadores ou liberalizantes nos quais cabia ao ente público a gestão plena dos interesses públicos.

Diante de uma pluralidade de interesses públicos, a consagração de inúmeros atores sociais, a despublicização da persecução da necessidade coletiva, insuficiências do Estado de lidar com a pluralidade de serviços e atividades públicas, há de se buscar uma teoria dos bens públicos que se adéque aos desafios contemporâneos.

Sob tal viés, parece que, no limiar do século XXI, diante da crise de legitimidade estatal e do crescimento da participação dos atores sociais na ação pública, da consagração de fins e objetivos pela ordem jurídica e o reconhecimento do dever de função social como princípio do Direito faz com que o elemento funcional assuma o centro da teoria dos bens públicos.

CONCLUSÃO

Na matriz romano-germânica, foi veiculado o domínio público como uma teoria construída pela literatura francesa a partir de uma interpretação da *res publicae* do direito romano, capaz de formar uma disciplina jurídica que atribua aos bens públicos determinados caracteres, permitindo que conserve a titularidade estatal.

Todavia, a expressão domínio público não deve ser identificada com uma única teoria, mas ao revés, reconhecer que abrange variadas escolas, que irão buscar o fundamento da qualificação da coisa como pública e, portanto, da formação de seu regime normativo, desde sua associação com a noção de soberania estatal até de função pública.

Neste sentido, embora justificável para a literatura tradicional do século XIX a fundamentação de tal teoria na figura de *puissance publique* como forma de afirmação do Estado soberano, todavia, superado o contexto histórico-social subjacente e diante da evolução das instituições públicas e da própria ciência jurídica, não se justifica a manutenção.

Com a ascensão do Estado Constitucional de Direito encontra fundamento uma teoria do domínio público, na medida em que esta se relaciona com os deveres constitucionais oriundos da partilha de competências e bens entre os entes públicos, decorrentes dos deveres de proteção e concretização dos valores, interesses, bens e direitos constitucionais.

Ademais, a noção de domínio envolve a própria compreensão do tratamento normativo dada coisa, de modo que, mesmo em tal família jurídica, há a divergência da experiência alemã que propõe uma dualidade na noção de coisa e da literatura francesa que, a partir de uma unidade, distingue-as apenas quanto ao seu regime jurídico.

Em nossa ordem normativo-positiva e ciência jurídica, adotou-se a concepção de unidade no que tange ao tratamento da coisa, o que aliado à uma ausência de regulação normativa impôs não apenas a aplicação do conceito de propriedade à relação pública, mas a própria incidência das normas civis para regular as omissões nas matérias.

Neste sentido, a proposta de um regime normativo específico e exorbitante para os bens públicos dotando-lhes de características próprias, e, apartado do regime jurídico comum que são dotadas as demais coisas privadas, igualmente se demonstra incapaz de lidar com determinados bens, bem como as insuficiências da própria disciplina pública.

Sustenta-se a existência de bens dominicais para o Estado que, uma vez desafetados de qualquer finalidade pública, não ensejam a aplicação do regime normativo específico, todavia, submetem-se de forma mitigada ou parcial a tal disciplina, o que não se adéqua à sua referida natureza e não são capazes de integrá-los ao domínio público.

Assim, embora propugne um regime jurídico especial e exorbitante às coisas públicas, com a concessão de prerrogativas e limitações, bem como busque se construir teorias acerca da relação do Estado com tais bens sob o rótulo de domínio público, acaba-se por apropriar do conceito privado de propriedade em uma perspectiva tipicamente patrimonialista.

Tal feição demonstra-se na forma como embora, por um lado, pretenda-se uma disciplina normativa que atribua caracteres específicos aos bens públicos, evitando a sua apropriação privada – como a inalienabilidade e a imprescritibilidade – por outro, permite ao Estado a sua própria disposição através do processo de desafetação.

Ignora as transformações ocorridas na própria disciplina civil da coisa que buscam adequar os seus institutos e categorias ao fenômeno de despatrimonialização e repersonalização do direito comum e, portanto, à ordem jurídico-constitucional pluralista e voltada à proteção do homem.

Por outro lado, filia-se a matrizes teóricas administrativistas de feições autoritárias, que sustenta uma posição da Administração Pública enquanto titular de poderes e prerrogativas para determinar e buscar promover os interesses públicos ao revés de sujeita à deveres e competências para a promoção dos bens, valores, interesses e direitos qualificados.

Isto se demonstra na própria forma que as escolas do domínio público buscam distintos critérios de delimitação dos seus referidos bens, que volvem em sua maioria critérios como a titularidade do acervo ao revés da natureza das coisas, do seu regime normativo ao contrário da sua finalidade.

Por efeito, demonstram-se mesmo que combinados insuficientes para delimitar um acervo plural formado por bens sob a titularidade do Estado e outros que não se admite a sua apropriação, coisas afetadas à finalidade pública e outras que não se ligam ao *munus publico*, por um regime público que se aplica, ainda que parcialmente, a coisas da caráter privado.

Neste estado de arte dos bens públicos, há de se admitir a complementariedade do regime de direito privado, seja pela ausência de regulação plena dos institutos –, por exemplo, a previsão das formas de sua aquisição – como igualmente da existência de coisas tidas como públicas, mas que se movem em categorias privadas.

A desmistificação dos bens públicos envolve ainda reconhecer a impossibilidade de formação de um regime jurídico único capaz de regular as referidas coisas decorrentes da própria pluralidade de entes autônomos, da especificidade dos bens, bem como da insuficiência da norma civil na tutela do tema.

Neste sentido, ao contrário dos Estados Unitários como a França onde é possível a formação de um Código dos Bens Públicos, a consagração de um modelo de Estado Federado com autonomia político-administrativa aos entes conduz inexoravelmente à uma regulação legislativa e administrativa própria, dando feições distintas à tutela dos bens públicos.

Embora a Constituição Federal, enquanto lei fundamental, veicule a partilha de bens e competências entre os entes federados, inclusive, com injustificável ausência de disposição em relação aos Municípios e Distrito Federal, bem como disponha em alguma medida de alguns atributos dos bens públicos, sua regulação é insuficiente.

Igualmente, não parece que o Código Civil exerça o papel de lei geral no que tange à regulação dos bens públicos, cabendo antes a sua classificação e designação de atributos do que, efetivamente, uma plena disposição sobre normas nacionais relativas à aquisição, gestão e disposição das referidas coisas.

Ao revés, adota o critério da titularidade na qualificação dos bens públicos em uma perspectiva patrimonialista das coisas públicas, que reforça a assimilação da noção de um Estado-Proprietário que exerce as faculdades típicas de *dominus* – inclusive a disposição – sob uma suposta relação de propriedade.

Tanto a insuficiência da regulação normativa pelo código civil quanto o tratamento dos bens públicos a partir de uma noção de propriedade são verificados pela adoção na literatura pátria da aplicação de institutos negociais do direito privado para coisas públicas como doação, compra e venda e afins.

Todavia, corresponde a incongruência à construção de uma teoria do domínio público que pretende traçar fronteiras nítidas com regime privado, para a adoção de normas do direito comum no que se trata dos bens públicos, ainda mais considerando a inexistência de previsão legal para a sua aplicação, que ocorre de forma seletiva pela literatura jurídica.

Ademais, a propriedade é um direito fundamental do homem que se consagra nas revoluções liberais como forma de limitação do arbítrio do poder e proteção de uma esfera de autonomia privada frente ao Estado, de modo que parece inadequado sustentar tal relação jurídica para o Estado em face da coletividade.

Diante das limitações do Código Civil, surge uma constelação normativa no âmbito nacional, regional e local para regular sobre os bens públicos quanto ao seu uso coletivo ou associado pelos entes públicos, cessão individual, exploração privada ou consorciada e alienação legal ou negocial, que dificultam uma sistematização científica de um regime único.

Ademais, tanto a construção teórica do domínio público quanto a disciplina jurídica dos bens públicos não são capazes de lidar de forma satisfatória com as questões contemporâneas que envolvem as tensões com o privado, em especial, no que tange a questões como ocupação dos bens de uso comum do povo, abandono dos especiais e alienação dos dominicais.

Por um lado, sustenta-se de forma generalizada uma inalienabilidade dos bens públicos, inclusive, os bens naturais, quando na realidade corresponde a uma inapropriabilidade por agentes privados ou pelo próprio Estado, que atua como gestor dos referidos bens que, em sua natureza, já exercem uma afetação à finalidade pública.

Todavia, isto não impede a sua cessão individual ou exploração econômica, porém, desde que seja para o exercício da atividade de persecução de um interesse público ou resulte em benefício direto para a comunidade, vedando-se permissões ou autorizações para satisfação exclusiva de interesses privados.

Razão pela qual se deve afastar de apropriações exteriorizadas pela própria linguagem com a sujeição dos referidos bens públicos como recursos naturais cuja exploração decorra do próprio exercício do direito de propriedade individual, uma vez que, embora de uso comum do povo, não impede as restrições necessárias à proteção do referido interesse público.

Sob tal viés, as ocupações com fins de moradia sob os bens públicos *naturais* não se sujeitam à uma aquisição privada, pois é da própria natureza dos referidos bens a sua impossibilidade de apropriação, o que não impede, todavia, o reconhecimento da formação de outra relação jurídica tendo as referidas coisas por objeto.

Neste sentido, há uma incongruência sustentar que sob tais bens podem ser formadas relações jurídicas que permitam a exploração pela iniciativa privada, como no caso das minerações, mas não admitir que seja reconhecida outras relações jurídicas para atendimento de outros interesses constitucionais, como a moradia.

No próprio Direito Francês cuja rigidez teórica conduziu a um longo período sem reconhecimento de outras relações jurídicas formadas sobre as coisas públicas, consagrou-se os chamados direitos reais administrativos entre particulares, inclusive, de forma transmissível, como no caso das permissões.

Se há uma vedação material em relação aos bens públicos naturais, pela sua natureza e destinação, para o reconhecimento da ocupação, não parece haver nenhum impedimento para reconhecimento de que o abandono de bens públicos artificiais resultam em perda da sua afetação pública e admitem a aquisição privada.

Isto porque a cláusula ou princípio de inalienabilidade dos bens públicos não corresponde a uma vedação absoluta à sua aquisição, mas ao revés, é admitida de forma condicionada através da lei e do processo de desafetação que, embora a literatura jurídica majoritária considere apenas pela via formal, deve ser tida no campo material.

Seria uma incongruência admitir que o Estado possa, através de uma desafetação formal, retirar o destino público de uma coisa, permitindo a sua alienação e ao mesmo tempo vedar que coisas que não exerçam uma finalidade pública não podem ser dotadas de uma outra destinação igualmente pública por um sujeito particular.

Sendo o critério da afetação o elemento central da teoria do domínio público e da formação do regime jurídico dos bens públicos é através do mesmo que adquirem os bens a qualificação de público e, portanto, a sua vedação à apropriação pelo particular, de forma a resguardar a sua destinação coletiva.

Em sentido próximo, não tendo a coisa uma afetação à finalidade pública não deve, portanto, se sujeitar às restrições decorrentes do regime jurídico de direito público imposto a elas, de forma que não se sustenta a disciplina especial dada aos bens dominicais, por guardarem feições tipicamente privadas.

Se, por um lado, poderia sustentar que o aporte público dota a coisa de uma finalidade pública, todavia, a formação patrimonial privada para atuação como sujeito privado na ordem econômica e social não pode conduzir a sua sujeição em ambas as hipóteses às restrições que condicionam os referidos bens públicos.

Parece confundir-se titularidade estatal com bem público, de forma que atribuem às coisas sem finalidade pública sob a suposta propriedade estatal de um regime rígido de alienação, que é incompatível com sua natureza e destinação, enquanto aos bens funcionalizados admite-se o regime uma flexibilização com alienação mediante a desafetação.

Note, portanto, que as deficiências na resolução dos conflitos resultam da persistência na identificação de domínio público com domínio estatal, de bens públicos como aqueles sob a titularidade dos poderes públicos, ainda que desfuncionalizados e a submissão do regime especial como decorrência de uma propriedade estatal.

Por esta razão, propõe-se uma teoria do domínio público que atenda à especificidade da relação jurídica do Estado com a sociedade, tendo por objeto as coisas que são afetadas à uma finalidade coletiva que seja capaz de solver os conflitos e questões contemporâneas decorrentes do uso, exploração e alienação dos bens públicos.

Por um lado, não se pode pretender adotar a *res publicae* enquanto elemento central na regulação do Direito Romano de outra realidade política, histórica e social para a construção de uma teoria dos bens públicos diante de uma ordem plural e voltada ao dever geral de funcionalização das coisas e da propriedade.

Por outro, não convém ignorar que a afetação era o critério que dotava as coisas de uma natureza pública que não se confundia com a titularidade estatal, mas antes representava aqueles bens essenciais à comunidade e, portanto, inapropriáveis, ao qual cabia ao Estado apenas a sua gestão.

Corresponde a uma construção moderna e francesa com a atribuição da personalidade jurídica ao ente público a apropriação da noção privada de *pessoa-patrimônio* para dotar o Estado de um acervo patrimonial, quando parece adequada a compreensão alemã de que as coisas públicas não podem ser confundidas com as privadas.

Noções como propriedade, patrimônio e senhorio amoldam-se à noção de um direito público subjetivo exercido pelo particular em relação à coisa privada face do Estado e de outros particulares, mas não se adéquam aos bens públicos, enquanto qualificados pelo destino que exercem e exteriorizam um dever de gestão por aquele ente moral.

Sob tal viés, há de se reconhecer que o domínio público é formado apenas pelos bens dotados de uma destinação à uma finalidade pública, pois não justificaria a construção de uma teoria e a formação de um regime jurídico protetivo para coisas, excluindo-as de parte do comércio jurídico, senão para preservar a sua finalidade.

Porém, isto não significa ignorar que haja distinção entre o fundamento e efeitos dessa destinação pública, de forma a discernir um domínio público não estatal – de coisas afetadas por sua natureza e, portanto, indisponíveis até mesmo para o Estado – de um domínio público estatal – de coisas afetadas por atos e, portanto, inalienáveis enquanto vigente.

Significa, portanto, que a qualificação jurídica de público dada aos bens decorre da relação jurídica formada não do Estado sob a coisa, mas do ente público com a coletividade, tendo por objeto determinadas coisas que irão servir a dados fins, no caso do ente moral, sempre o atendimento ao interesse público qualificado por lei.

Neste sentido, afasta-se a classificação de tal relação jurídica como de propriedade já que não existe um *dominus* que, dotado de autonomia de vontade, pode ou não exercer as suas posições jurídicas tradicionais – uso, fruição, disposição e reivindicação – em face da coletividade e do Estado.

Trata-se de uma relação jurídica de direito público e, portanto, o Estado atua enquanto gestor dos interesses públicos, de modo que, em relação a tais bens, exerce deveres constitucionais decorrentes da partilha de atribuição pela lei fundamental, bem como o dever de concretização dos bens, valores, direitos e interesses essenciais.

Deste modo, não podem existir bens públicos sem exercerem uma finalidade pública e sob a titularidade estatal sem que sirvam ao interesse público, conquanto tais são os elementos que traduzem não apenas a formação quanto a própria legitimidade da configuração tanto das coisas quanto do ente como públicos.

Uma vez que os bens públicos por sua natureza se sujeitem à apropriação privada e não sendo dotados de uma afetação à uma finalidade pública, não é possível conservar a sua qualificação como pública, já que não cabe ao Estado exercer um papel de proprietário, mas apenas de gestor dos interesses fundamentais da comunidade.

Por efeito, os elementos essenciais do regime jurídico decorrentes do domínio público – inalienabilidade, impenhorabilidade e imprescritibilidade – aplicam-se apenas aos bens qualificados como públicos não em seu aspecto formal e estático, mas em uma concepção material e dinâmica.

Desta forma, constrói-se uma teoria dos bens públicos que, centrada na afetação à finalidade pública e, portanto, na prossecução do interesse público, é capaz de lidar com os conflitos oriundos de interesses privados sem adotar-se a discutível fórmula da supremacia, bem como sem partir de uma perspectiva liberal e maximizante dos direitos fundamentais.

Com tal concepção, garante-se uma adequação à uma ordem jurídico-constitucional marcada por uma pluralidade de bens e valores essenciais da comunidade, de forma a preservar os bens públicos na medida em que se destinem à satisfação dos interesses públicos e, nos demais casos, sujeitem-se à ação privada, realizando direitos igualmente tutelados.

Assim, propõe uma solução capaz de permitir nos conflitos entre a exploração individual e a destinação coletiva a ocupação privada e o abandono público, a natureza privada dos bens dominicais e a alienação especial pelo regime de direito público uma solução que represente a tutela dos bens públicos e a proteção dos direitos fundamentais.

REFERÊNCIAS

AAGAARD, Todd S. Regulatory Overlap, Overlapping Legal Fields, and Statutory Discontinuities. *Virginia Environmental Law Journal*, v. 29, n. 3, 2011.

ABREU, J. Capistrano de. *Capítulos de História Colonial*: 1500-1800. Brasília: Conselho Editorial do Senado Federal, 1998.

ALEMANHA. Tribunal Constitucional Federal. *BVerfGE 39*. 15 jul. 1981.

ALFONSO, Luciano Parejo. Dominio Publico: Un Ensayo de Reconstruccion de Su Teoria General. *Revista de Administración Publica*, Espanha, Centro de Estudios Políticos y Constitucionales, n. 100-102, Enero-Diciembre 1983.

ALVAREZ-GENDÍN, Sabino. *El dominio publico*: Su natureza jurídica. Barcelona: Bosch, 1945.

ALVES, Alexandre Ferreira de Assumpção. O tombamento como instrumento de proteção ao patrimônio cultural. *Revista Brasileira de Estudos Jurídicos*, Universidade Federal de Minas Gerais, v. 98, jul./dez. 2008.

AMARAL, Azevedo. *O Estado Autoritário e a Realidade Nacional*. Rio de Janeiro: José Olympio Editora, 1938.

AMARAL, Francisco. *Direito Civil* – Introdução. 5. ed. Rio de Janeiro: Renovar, 2003.

ANABITARTE, Alfredo Galego. El derecho de aguas en la historia y ante el derecho comparado. *In*: ANABITARTE, Alfredo Galego. *El derecho de aguas en España*. Madrid: Ministerio de obras públicas y urbanismo, 1986.

ARAGÃO, Alexandre. *Agências Reguladoras e Evolução do Direito Administrativo*. Rio de Janeiro: Forense, 2002.

ARÉVALO, Manuel Francisco Clavero. La inalienabilidade del domínio publico. *Revista de Administración Pública*, Espanha, Centro de Estudios Políticos y Constitucionales, n. 25, 1958.

ARONNE, Ricardo. Os direitos reais na constitucionalização do direito civil. *Direito & Justiça*, Porto Alegre, v. 39, n. 2, p. 175-196, jul./dez. 2013.

ARONNE, Ricardo. Comentários Ao Artigo 170 Inciso II. *In*: CANOTILHO, J. J. Gomes; SARLET, Ingo Wolfgang; STRECK, Lenio Luiz; MENDES, Gilmar Ferreira. *Comentários à Constituição do Brasil*. São Paulo: Saraiva/Almedina, 2013.

AUBRY ET RAU, M. *Cours de droit civil français*. Tomo 9. 5. ed. Paris: Librairie Générale de Jurisprudence Marchal et Billard, 1917.

AVELLAR, Hélio de Alcântara. *História Administrativa do Brasil* – Vol. 5. Brasília: DASP, 1970.

BACHOF, Otto. *Normas Constitucionais Inconstitucionais?*. Coimbra: Atlantida Editora, 1951.

BALEEIRO, Aliomar. *Limitações constitucionais ao poder de tributar*. 7. ed. revista e complementada, à luz da Constituição de 1988 até a Emenda Constitucional nº 10/1996, por Misabel Abreu Machado Derzi. Rio de Janeiro: Forense, 2006.

BAPTISTA, Patrícia. *Transformações do Direito Administrativo*. Rio de Janeiro: Renovar, 2003.

BARRIOS, Edgar Varela. Dimensiones actuales de lo público: A propósito de las interrelaciones entre Estado, Management y Sociedad. *Pensamiento & gestión*, n. 18, Universidad del Norte, Colombia.

BASAVILBASO, Benjamín Villegas. *Derecho Administrativo*. Tomo IV Dominio Publico. Buenos Aires: Editora Tipográfica Argentina, 1953.

BEAULIEU-LEROY. *De La Colonisation Chez Le Peuples Modernes*. Paris: Guillaumin Et Cie Libraires, 1882.

BEHN, Robert D. O Novo Paradigma da Gestão Pública e a Busca da Accountability Democrática. *Revista do Serviço Público*, ano 49, n. 4, out./dez. 1998.

BERENGUER, J. L. González. Sobre la crisis del concepto de dominio público. *Revista de Administración Pública*, Espanha, Centro de Estudios Políticos y Constitucionales, n. 56, Madrid, 1968.

BERTHÉLEMY, H. *Traité Élémentaire de Droit Administratif*. Paris: Librairie Nouvelle de Droit Et de Jurisprudence, Arthur Rousseau, Éditeur, 1900.

BEVILAQUIA, Clovis. *Original do Projecto do Codigo Civil Brasileiro*. Rio de Janeiro: Acervo do Memorial do Tribunal de Justiça do Estado do Ceará, 1900.

BIELSA, Rafael. *Derecho Administrativo y Ciencia de La Administración*. Tomo II. 2. ed. Buenos Aires: J. Lajoulane & Cia Editores, 1929.

BINENBOJM, Gustavo. *Uma Teoria do Direito Administrativo*: Direitos Fundamentais, Democracia e Constitucionalização. Rio de Janeiro: Renovar, 2006.

BLANCO, Alejandro Vergara. Teoria del dominio publico y afetacion mineira. *Revista Chilena de Derecho*, v. 17, 1990.

BLANCO, M. Sánchez. *La afectación de bienes al dominio público*. Sevilha: García Oviedo, 1979.

BOBBIO, Noberto. *Da Estrutura à Função*: Novos Estudos da Teoria do Direito. Barueri: Manole, 2007.

BOBBIO, Noberto; MATTEUCCI, Nicola; PASQUINO, Gianfraco. *Dicionário de Política*. Brasília: Editora Universidade de Brasília, 1998.

BODIN, Jean. *Les six livres de la République*. Paris: Librairie générale française, 1993.

BONAVIDES, Paulo; MIRANDA, Jorge; AGRA, Walber de Moura (Coord.). *Comentários à Constituição Federal de 1988*. Rio de Janeiro: Edgen, 2009.

BOMFIM, Manoel. *A América Latina*: Males de Origem. Rio de Janeiro: Centro Edelstein de Pesquisas Sociais, 2008.

BRASIL. Banco Central do Brasil. *Resolução nº 3.954, de 24 de Fevereiro de 2011*. Brasília, 24 de fevereiro de 2011. Disponível em: https://www.bcb.gov.br/pre/normativos/res/2011/pdf/res_3954_v7_L.pdf. Acesso em: 21 out. 2023.

BRASIL. *Constituição da República dos Estados Unidos do Brasil (de 24 de fevereiro de 1891)*. Disponível em: https://www.planalto.gov.br/ccivil_03/constituicao/constituicao91.htm. Acesso em: 20 out. 2023.

BRASIL. *Constituição da República Federativa do Brasil de 05 de Outubro de 1988*. Disponível em: https://www.planalto.gov.br/ccivil_03/constituicao/constituicao.htm. Acesso em: 18 out. 2023.

BRASIL. *Decreto Federal nº 24.643, de 10 de Julho de 1934*.

BRASIL. *Decreto Federal nº 22, de 04 de Fevereiro de 1991*.

BRASIL. *Decreto Federal nº 22.785, de 31 de Maio de 1993*.

BRASIL. *Decreto Federal nº 1.775, de 8 de Janeiro de 1996*.

BRASIL. *Decreto Federal nº 8.016, de 17 de Maio de 2013*.

BRASIL. *Decreto-Lei nº 25, de 30 de Novembro de 1937*.

BRASIL. *Decreto-Lei nº 9.760, de 5 de Setembro de 1946*.

BRASIL. *Decreto-Lei nº 200, de 25 de Fevereiro de 1967*.

BRASIL. *Decreto-Lei nº 271, de 28 de Fevereiro de 1967*.

BRASIL. *Decreto-Lei nº 509, de 20 de Março de 1969*.

BRASIL. *Emenda Constitucional nº 19, de 04 de Junho de 1998*. Modifica o regime e dispõe sobre princípios e normas da Administração Pública, servidores e agentes políticos, controle de despesas e finanças públicas e custeio de atividades a cargo do Distrito Federal, e dá outras providências. Casa Civil, Brasília, 4 de junho de 1998. Disponível em: https://www.planalto.gov.br/ccivil_03/constituicao/Emendas/Emc/emc19.htm. Acesso em: 18 out. 2023.

BRASIL. Instituto do Patrimônio Histórico e Artístico Nacional, Lista de Bens Materiais Tombados e Processos em Andamento. Disponível em: http://portal.iphan.gov.br/uploads/ckfinder/arquivos/Lista Bens Tombados Dez 2015.pdf Acesso em: 30.05.2017

BRASIL. *Lei Federal nº 3.071, de 01 de Janeiro de 1916*. Código Civil dos Estados Unidos do Brasil. Casa Civil, Rio de Janeiro, 1º de Janeiro de 1916. Disponível em: https://www.planalto.gov.br/ccivil_03/leis/l3071.htm#:~:text=LEI%20N%C2%BA%203.071%2C%20DE%201%C2%BA%20DE%20JANEIRO%20DE%201916.&text=C%C3%B3digo%20Civil%20dos%20Estados%20Unidos%20do%20Brasil.&text=Art.,os%20princ%C3%ADpios%20e%20conven%C3%A7%C3%B5es%20internacionais. Acesso em: 20 out. 2023.

BRASIL. *Lei Federal nº 91, de 28 de Agosto de 1935*. Determina regras pelas quais são as sociedades declaradas de utilidade pública. Diário Oficial da União, Rio de Janeiro, 28 de agosto de 1935. Disponível em: https://www2.camara.leg.br/legin/fed/lei/1930-1939/lei-91-28-agosto-1935-398006-publicacaooriginal-1-pl.html#:~:text=Determina%20regras%20 pelas%20quais%20s%C3%A3o%20as%20sociedades%20declaradas%20de%20utilidade%20 p%C3%BAblica.&text=que%20o%20cargos%20de%20sua,Art. Acesso em: 18 out. 2023.

BRASIL. *Lei Federal nº 5.197, de 3 de janeiro de 1967*. Dispõe sobre a proteção à fauna e dá outras providências. Casa Civil, Brasília, 3 jan. 1967. Disponível em: https://www.planalto.gov.br/ccivil_03/leis/l5197.htm. Acesso em: 17 out. 2023.

BRASIL. *Lei Federal nº 5.285, de 05 de maio de 1967*. Dispõe sôbre a ocupação de próprios da União por servidores públicos federais e dá outras providências. Casa Civil, Brasília, 5 maio 1967. Disponível em: https://www.planalto.gov.br/ccivil_03/leis/1950-1969/L5285. htm#:~:text=LEI%20N%C2%BA%205.285%2C%20DE%205,federais%20e%20d%C3%A1%20 outras%20provid%C3%AAncias. Acesso em: 17 out. 2023.

BRASIL. *Lei Federal nº 6.001, de 19 de dezembro de 1973*. Dispõe sobre o Estatuto do Índio. Casa Civil, Brasília. Disponível em: http://www.planalto.gov.br/ccivil_03/leis/l6001. htm#:~:text=LEI%20N%C2%BA%206.001%2C%20DE%2019,sobre%20o%20Estatuto%20 do%20%C3%8Dndio.&text=Art.,Par%C3%A1grafo%20%C3%BAnico. Acesso em: 17 out. 2023.

BRASIL. *Lei Federal nº 6.538, de 22 de Junho de 1978*. Dispõe sobre os Serviços Postais. Casa Civil, Brasília, 22 jun. 1978. Disponível em: https://www.planalto.gov.br/ccivil_03/leis/l6538.htm. Acesso em: 17 out. 2023.

BRASIL. *Lei Federal nº 7.102, de 20 de junho de 1983*. Dispõe sobre segurança para estabelecimentos financeiros, estabelece normas para constituição e funcionamento das empresas particulares que exploram serviços de vigilância e de transporte de valores, e dá outras providências. Casa Civil, Brasília, 20 jun. 1983. Disponível em: https://www.planalto.gov.br/ccivil_03/leis/l7102.htm. Acesso em: 17 out. 2023.

BRASIL. *Lei Federal nº 9.636, de 15 de Maio de 1988*. Dispõe sobre a regularização, administração, aforamento e alienação de bens imóveis de domínio da União, altera dispositivos dos Decretos-Leis nos 9.760, de 5 de setembro de 1946, e 2.398, de 21 de dezembro de 1987, regulamenta o § 2º do art. 49 do Ato das Disposições Constitucionais Transitórias, e dá outras providências. Casa Civil, Brasília, 15 de maio de 1998. Disponível em: https://www.planalto.gov.br/ccivil_03/leis/l9636.htm#:~:text=Disp%C3%B5e%20sobre%20a%20 regulariza%C3%A7%C3%A3o%2C%20administra%C3%A7%C3%A3o,%C2%A7%20 2o%20do%20art. Acesso em: 18 out. 2023.

BRASIL. *Lei Federal nº 9.637, de 15 de Maio de 1988*. Dispõe sobre a qualificação de entidades como organizações sociais, a criação do Programa Nacional de Publicização, a extinção dos órgãos e entidades que menciona e a absorção de suas atividades por organizações sociais, e dá outras providências. Casa Civil, Brasília, 15 de maio de 1998. Disponível em: https://www.planalto.gov.br/ccivil_03/leis/l9637.htm#:~:text=Disp%C3%B5e%20 sobre%20a%20qualifica%C3%A7%C3%A3o%20de,sociais%2C%20e%20d%C3%A1%20 outras%20provid%C3%AAncias. Acesso em: 18 out. 2023.

BRASIL. *Lei Federal nº 8.429, de 2 de junho de 1992*. Dispõe sobre as sanções aplicáveis em virtude da prática de atos de improbidade administrativa, de que trata o §4º do art. 37 da Constituição Federal; e dá outras providências. Casa Civil, Rio de Janeiro, 2 jun. 1992. Disponível em: planalto.gov.br/ccivil_03/leis/L8429compilada.htm. Acesso em: 17 out. 2023.

BRASIL. *Lei Federal nº 8.897, de 13 de fevereiro de 1995*. Dispõe sobre o regime de concessão e permissão da prestação de serviços públicos previsto no art. 175 da Constituição Federal, e dá outras providências. Casa Civil, Brasília, 13 fev. 1995. Disponível em: https://www.planalto.gov.br/ccivil_03/leis/l8987cons.htm. Acesso em: 17 out. 2023.

BRASIL. *Lei Federal nº 9.074, de 07 de Julho de 1995*. Estabelece normas para outorga e prorrogações das concessões e permissões de serviços públicos e dá outras providências. Casa Civil, Brasília, 7 de julho de 1995. Disponível em: https://legislacao.presidencia.gov.br/atos/?tipo=LEI&numero=9074&ano=1995&ato=c1ag3YU5UeJpWTf30. Acesso em: 20 out. 2023.

BRASIL. *Lei Federal nº 9.491, de 9 de Setembro de 1991*. Altera procedimentos relativos ao Programa Nacional de Desestatização, revoga a Lei nº 8.031, de 12 de abril de 1990, e dá outras providências. Casa Civil, Brasília, 9 de setembro de 1997. Disponível em: https://www.planalto.gov.br/ccivil_03/leis/l9491.htm. Acesso em: 18 out. 2023.

BRASIL. *Lei Federal nº 8.666, de 21 de Junho de 1993*. Regulamenta o art. 37, inciso XXI, da Constituição Federal, institui normas para licitações e contratos da Administração Pública e dá outras providências. Casa Civil, Brasília, 21 de junho de 1993. Disponível em: https://www.planalto.gov.br/ccivil_03/leis/l8666cons.htm. Acesso em: 20 out. 2023.

BRASIL. *Lei Federal nº 9.279, de 14 de maio de 1996*. Regula direitos e obrigações relativos à propriedade industrial. Casa Civil, Brasília, 14 maio 1996. Disponível em: https://www.planalto.gov.br/ccivil_03/leis/l9279.htm. Acesso em: 17 out. 2023.

BRASIL. *Lei Federal nº 9.790, de 23 de Março de 1999*. Dispõe sobre a qualificação de pessoas jurídicas de direito privado, sem fins lucrativos, como Organizações da Sociedade Civil de Interesse Público, institui e disciplina o Termo de Parceria, e dá outras providências. Casa Civil, Brasília, 23 de março de 1999. Disponível em: http://www.planalto.gov.br/ccivil_03/leis/l9790.htm. Acesso em: 18 out. 2023.

BRASIL. *Lei Federal nº 9.985, de 18 de Julho de 2000*. Regulamenta o art. 225, § 1o, incisos I, II, III e VII da Constituição Federal, institui o Sistema Nacional de Unidades de Conservação da Natureza e dá outras providências. Casa Civil, Brasília, 18 de julho de 2000. Disponível em: https://www.planalto.gov.br/ccivil_03/leis/l9985.htm#:~:text=LEI%20No%209.985%2C%20DE%2018%20DE%20JULHO%20DE%202000.&text=Regulamenta%20o%20art.%20225%2C%20%C2%A7,Natureza%20e%20d%C3%A1%20outras%20provid%C3%AAncias. Acesso em: 23 out. 2023.

BRASIL. *Lei Federal nº 10.257, de 10 de julho de 2001*. Regulamenta os arts. 182 e 183 da Constituição Federal, estabelece diretrizes gerais da política urbana e dá outras providências. Casa Civil, Brasília, 10 jul. 2001. Disponível em: https://www.planalto. gov.br/ccivil_03/leis/leis_2001/l10257.htm#:~:text=LEI%20No%2010.257%2C%20DE%20 10%20DE%20JULHO%20DE%202001.&text=Regulamenta%20os%20arts.%20182%20 e,urbana%20e%20d%C3%A1%20outras%20provid%C3%AAncias.&text=Art.,Par%C3 %A1grafo%20%C3%BAnico. Acesso em: 17 out. 2023.

BRASIL. *Lei Federal nº 10.406, de 10 de Janeiro de 2002*. Institui o Código Civil. Diário Oficial da União, Brasília, 10 de janeiro de 2002. Disponível em: https://www2.camara. leg.br/legin/fed/lei/2002/lei-10406-10-janeiro-2002-432893-publicacaooriginal-1-pl. html#:~:text=Institui%20o%20C%C3%B3digo%20Civil.&text=Art.,e%20deveres%20na%20 ordem%20civil.Acesso em: 19 out. 2023.

BRASIL. *Lei Federal nº 11.079, de 30 de Dezembro de 2004*. Institui normas gerais para licitação e contratação de parceria público-privada no âmbito da administração pública. Casa Civil, Brasília, 30 de dezembro de 2004. Disponível em: https://www.planalto.gov. br/ccivil_03/_ato2004-2006/2004/lei/l11079.htm. Acesso em: 18 out. 2023.

BRASIL. *Lei Federal nº 11.101, de 09 de fevereiro de 2005*. Regula a recuperação judicial, a extrajudicial e a falência do empresário e da sociedade empresária. Secretaria-Geral, Brasília, 9 fev. 2005. Disponível em: https://www.planalto.gov.br/ccivil_03/_ato2004-2006/2005/lei/l11101.htm. Acesso em: 17 out. 2023.

BRASIL. *Lei Federal nº 11.284, de 2 de março de 2006*. Dispõe sobre a gestão de florestas públicas para a produção sustentável; institui, na estrutura do Ministério do Meio Ambiente, o Serviço Florestal Brasileiro – SFB; cria o Fundo Nacional de Desenvolvimento Florestal – FNDF; altera as Leis nºs 10.683, de 28 de maio de 2003, 5.868, de 12 de dezembro de 1972, 9.605, de 12 de fevereiro de 1998, 4.771, de 15 de setembro de 1965, 6.938, de 31 de agosto de 1981, e 6.015, de 31 de dezembro de 1973; e dá outras providências. Câmara dos Deputados, Brasília, 2 mar. 2006. Disponível em: https://www2.camara.leg.br/legin/fed/ lei/2006/lei-11284-2-marco-2006-541235-normaatualizada-pl.pdf. Acesso em: 17 out. 2023.

BRASIL. *Lei Federal nº 11.977, de 07 de Julho de 2009*. Dispõe sobre o Programa Minha Casa, Minha Vida – PMCMV e a regularização fundiária de assentamentos localizados em áreas urbanas; altera o Decreto-Lei nº 3.365, de 21 de junho de 1941, as Leis nºs 4.380, de 21 de agosto de 1964, 6.015, de 31 de dezembro de 1973, 8.036, de 11 de maio de 1990, e 10.257, de 10 de julho de 2001, e a Medida Provisória nº 2.197-43, de 24 de agosto de 2001; e dá outras providências. Casa Civil, Brasília, 7 de julho de 2009. Disponível em: https:// www.planalto.gov.br/ccivil_03/_ato2007-2010/2009/lei/l11977.htm. Acesso em: 20 out. 2023.

BRASIL. *Lei Federal nº 12.651, de 25 de maio de 2012*. Dispõe sobre a proteção da vegetação nativa; altera as Leis nºs 6.938, de 31 de agosto de 1981, 9.393, de 19 de dezembro de 1996, e 11.428, de 22 de dezembro de 2006; revoga as Leis nºs 4.771, de 15 de setembro de 1965, e 7.754, de 14 de abril de 1989, e a Medida Provisória nº 2.166-67, de 24 de agosto de 2001; e dá outras providências. Casa Civil, Brasília, 25 maio 2012. Disponível em: https://www. planalto.gov.br/ccivil_03/_ato2011-2014/2012/lei/l12651.htm. Acesso em: 17 out. 2023.

BRASIL. *Lei Federal nº 13.019, de 31 de Julho de 2014.* Estabelece o regime jurídico das parcerias entre a administração pública e as organizações da sociedade civil, em regime de mútua cooperação, para a consecução de finalidades de interesse público e recíproco, mediante a execução de atividades ou de projetos previamente estabelecidos em planos de trabalho inseridos em termos de colaboração, em termos de fomento ou em acordos de cooperação; define diretrizes para a política de fomento, de colaboração e de cooperação com organizações da sociedade civil; e altera as Leis nºs 8.429, de 2 de junho de 1992, e 9.790, de 23 de março de 1999. Secretaria-Geral, Brasília, 31 de julho de 2014. Disponível em: https://www.planalto.gov.br/ccivil_03/_ato2011-2014/2014/lei/l13019.htm. Acesso em: 18 out. 2023.

BRASIL. *Lei Federal nº 13.303, de 30 de Junho de 2016.* Dispõe sobre o estatuto jurídico da empresa pública, da sociedade de economia mista e de suas subsidiárias, no âmbito da União, dos Estados, do Distrito Federal e dos Municípios. Secretaria-Geral, Brasília, 30 de junho de 2016. Disponível em: https://www.planalto.gov.br/ccivil_03/_ato2015-2018/2016/lei/l13303.htm. Acesso em: 20 out. 2023.

BRASIL. *Lei Federal nº 14.133, de 01 de abril de 2021.* Lei de Licitações e Contratos Administrativos. Secretaria-Geral, Brasília, 10 de junho de 2021. Disponível em: https://www.planalto.gov.br/ccivil_03/_ato2019-2022/2021/lei/l14133.htm. Acesso em: 20 out. 2023.

BRASIL. *Medida Provisória nº 2220, de 4 de Setembro de 2001, com redação dada pela Medida Provisória nº 759, de 2016.*

BRASIL. Ministério de Estado e da Justiça. *Portaria nº 534, de 13 de abril de 2005.* Disponível em: https://www.camara.leg.br/proposicoesWeb/prop_mostrarintegra?codteor=298459. Acesso em: 17 out. 2023.

BRASIL. Supremo Tribunal Federal. *Medida Cautelar em Mandado de Segurança nº 3.1707/DF.* Disponível em: https://www.jusbrasil.com.br/jurisprudencia/stf/24640274. Acesso em: 26 jan. 2024.

BRASIL. Superior Tribunal de Justiça. *Recurso Especial nº 25.371.* Relator Min. Giácono Gavazzi. J. 19.04.1993.

BRASIL. Superior Tribunal de Justiça. *Recurso Especial nº 808.708/RJ.* Relator Min. Herman Benjamin. DJE 04.05.2011.

BRASIL. Superior Tribunal de Justiça. *Recurso Especial nº 1.158.679-MG.* Disponível em: https://processo.stj.jus.br/SCON/jurisprudencia/toc.jsp?livre=%28RESP.clas.+e+%40num%3D%221158679%22%29+ou+%28RESP+adj+%221158679%22%29.suce. Acesso em: 26 jan. 2024.

BRASIL. Superior Tribunal de Justiça. *Recurso Especial nº 1.497.235-SE.* Rel. Min. Mauro Campbell Marques. J. 01.12.2015.

BRASIL. Superior Tribunal de Justiça. *Recurso Especial nº 1.055.403/RJ.* Relator Min. Sérgio Kunina. J. 07.06.2016.

BRASIL. Superior Tribunal de Justiça. *Recurso Especial nº 816.585.* Relator Min. José Delgado. J. 05.10.2016.

BRASIL. Superior Tribunal de Justiça. *Recurso Especial nº 1560916*. Relator Min. Francisco Falcão. DJe 09.12.2016.

BRASIL. Supremo Tribunal Federal. *ADI nº 4.903/DF*. Relator Min. Luiz Fux.

BRASIL. Supremo Tribunal Federal. *Pet nº 3.388/RR*. Relator Min. Carlos Ayres Britto.

BRASIL. Supremo Tribunal Federal. *Recurso Extraordinário nº 330.817*. Rel. Min. Dias Toffoli. Disponível em: https://redir.stf.jus.br/paginadorpub/paginador.jsp?docTP=TP&docID=13501630. Acesso em: 26 jan. 2024.

BRASIL. Supremo Tribunal Federal. *Recurso Extraordinário nº 610.517*. Relator Min. Celso de Mello. J. 03.06.2014.

BRASIL. Supremo Tribunal Federal. *Recurso Extraordinário nº 601.392*. Relator Min. Gilmar Mendes. J. 28.02.2013.

BRASIL. Supremo Tribunal Federal. *Recurso Extraordinário nº 259.976*. Relator Min. Joaquim Barbosa, J. 23.03.2010.

BRASIL. Supremo Tribunal Federal. *Recurso Extraordinário nº 285.716*. Relator Min. Joaquim Barbosa, J. 02.03.2010.

BRASIL. Supremo Tribunal Federal. *Recurso Extraordinário nº 253.472*. Relator Min. Joaquim Barbosa, J. 25.08.2010.

BRASIL. Supremo Tribunal Federal. *Recurso Extraordinário nº 290950 AgR*. Relator Min. Dias Toffoli. 1ª Turma. J. 04.11.2014.

BRASIL. Supremo Tribunal Federal. *Recurso Extraordinário nº 44.585*. Relator Min. Victor Nunes Leal. 11.10.1961.

BRASIL. Tribunal de Contas da União. *Processo nº 030.186/2010-2*. Disponível em: https://pesquisa.apps.tcu.gov.br/documento/acordao-completo/*/NUMACORDAO%253A1632%2520ANOACORDAO%253A2017%2520COLEGIADO%253A%2522Plen%25C3%25A1rio%2522/DTRELEVANCIA%2520desc%252C%2520NUMACORDAOINT%2520desc/0. Acesso em 26 jan. 2024.

BRESSER-PEREIRA, Luiz Carlos; GRAU, Nuria Cunill. Entre o estado e o mercado: o público não-estatal. *In*: BRESSER-PEREIRA, Luiz Carlos; GRAU, Nuria Cunill (Org.). *O Público Não-Estatal na Reforma do Estado*. Rio de Janeiro: Editora FGV, 1999.

BRESSER-PEREIRA, Luiz Carlos. Do Estado Patrimonial ao Gerencial. *In*: PINHEIRO, Wilheim e Sachs (Orgs.). *Brasil*: Um Século de Transformações. São Paulo: Companhia das Letras, 2001.

BRIONES, Carlos. Reflexiones sobre la privatización. *Realidad Económico-social*, Universidad Centroamericana "José Simeón Cañas", 1991.

BRITTO, Carlos Ayres. Distinção entre direitos subjetivos e prerrogativas constitucionais. *Boletim de Direito Administrativo*, v. 5, n. 11, p. 483-489, nov. 1989.

BRITTO, Carlos Ayres. Distinção entre direitos subjetivos e prerrogativas constitucionais. *Revista do Ministério Público do Estado de Sergipe*, v. 1, n. 2, 1992.

CAETANO, Marcelo. *Manual de Direito Administrativo*. Tomo II. Rio de Janeiro: Forense, 1970.

CARBONELL, Elisa Moreu. Desmistificación, privatización y globalización de los bienes públicos: del domínio público a las «obligaciones de domínio público». *Revista de administración pública*, Espanha, Centro de Estudios Políticos y Constitucionales, n. 161, 2003.

CARRAZZA, Roque. *Curso de Direito Constitucional Tributário*. Malheiros: São Paulo, 2003.

CARVALHO, Carlos Augusto de. *Nova Consolidação das Leis Civis*. Rio de Janeiro: Livraria de Francisco Alves, 1899.

CARVALHO FILHO, José dos Santos. *Manual de Direito Administrativo*. 27. ed. rev. atual e ampla. São Paulo: Atlas, 2014.

CARVALHO FILHO, José dos Santos. Os Bens Públicos no Novo Código Civil. *Revista da EMERJ*, v. 6, n. 21, 2003.

CASTELLS, Manuel. *A sociedade em rede* – a era da informação: economia, sociedade e cultura. São Paulo: Paz e Terra, 1999.

CASTRO y BRAVO, Federico de. *Derecho civil de España*. Parte General. Madrid: Ed. Instituto de Estudios Políticos, 1955.

CALVO, Recaredo Fernández de Velasco. *Resumen de Derecho Administrativo y de Ciencia de la Administración*. 2. ed. Barcelona: Bosch, 1931.

COLIN, Ambroise; CAPITANT, H. *Cours Élémentaire de Droit Civil Français*. 7. ed. Paris: Librairie Dalloz, 1932.

COUTINHO, José Roberto de Andrade. *Gestão Patrimonial na Administração Pública*. Rio de Janeiro: Lumen Juris, 2004.

CRETELLA JUNIOR, José. *Dicionário de Direito Administrativo*. 3. ed. rev. e atual. Rio de Janeiro: Forense, 1978.

CRETELLA JUNIOR, José. *Institutas do Imperador Justiniano*. São Paulo: Revista dos Tribunais, 2005.

CRETELLA JUNIOR, José. Os cânones do Direito Administrativo. *Revista de Informação Legislativa*, a. 23, 97 jan./mar. 1988.

CRETELLA JUNIOR, José. *Dos bens públicos no direito brasileiro*. São Paulo: Saraiva, 1969.

CRETELLA JUNIOR, José. *Tratado do dominio publico*. Rio de Janeiro: Forense, 1984.

CRETELLA JUNIOR, José. Regime Jurídico do Tombamento. *Revista de Direito Administrativo*, Rio de Janeiro, n. 112, abr./jun. 1973.

CRUZ, Alcides. *Direito Administrativo Brasileiro*. 2. ed. Rio de Janeiro: Francisco Alves & Cia, 1914.

CURIEL, P. Brufao. *Las concesiones de aguas en Derecho español, en Poder Judicial*. Poder Judicial, n. 37, p. 23-54, 1995.

DARDOT, Pierre; CHRISTIAN Laval. *Commun*. Essair sur la revolution au XXI e Siècle. Paris: La Découverte, 2014.

DEBBASCH, Charles. *Institutions et Droit Administratifs*. Paris: Press Universitaires de France, 1976.

DERRIDA, Jacques. *O Olho da Universidade*. São Paulo: Estação liberdade, 1999.

DÉROCHE, Henry. *Les Mythes Administratives*. Paris: Dalloz, 1966.

DIEZ, Manuel María. *Dominio Público*. Buenos Aires: Abeledo, 1940.

DIEZ-PICASO, Luis. Breves Reflexiones Sobre El Objeto Del Demanio: Los Iura In Re Aliena. *Revista española de derecho administrativo*, n. 35, p. 651, 1982.

DI PIETRO, Maria Sylvia Zanella. O direito administrativo brasileiro sob a influência dos sistemas da base romanística e da common law. *Revista Eletronica de Direito Administrativo*, Salvador, Instituto Brasileiro de Direito Publico, n. 8, nov./dez. 2006.

DI PIETRO, Maria Sylvia Zanella. *Parcerias na Administração Pública*: Concessão, Permissão, Franquia, Terceirização e Outras Formas. São Paulo: Atlas, 1999.

DUARTE, Marise Costa de Souza. *Meio Ambiente e Moradia*. Curitiba: Juruá, 2012.

DUCROCQ, M. TH. *Cours de Droit Administratif*. Paris: Auguste Durand Libraire-Éditeur, 1863.

DUCROCQ, M. *Cours de Droti Administratif*. 6. ed. Tomo 2. Paris: Ernest Thorin Éditeur, 1881.

DUEZ, Paul; DEBEYRE, Guy. *Traite de Droit Administratif*. Paris: Dalloz, 1952.

DUFAU, Jean. *Le Domaine Public*. Paris: Moniteur, 1977.

DUGUIT, Léon. *Traité de Droit Constitutionnel*. 2. ed. Tome 3. La Théorie Générale de L'État. Paris: Ancienne Librairie Fontemoing & Gie Éditeurs, 1923.

DUGUIT, Léon. *Soberania y Libertad*. Madrid: Editora Beltran, 1924.

HERVOUET, F. L'utilité de la notion d'aménagement spécial dans la théorie du domaine public. *Revue Du Droit Public*, Paris, 1983.

MADEIRA, Eliane Maria Agati. *Digesto de Justiniano*: Introducao ao Direito Romano. São Paulo: Revista dos Tribunais, 2003.

ENTERRÍA, Eduardo Gárcia. Sobre la Imprescritibilidad del Dominio Publico. *Revista de Administración Pública*, Espanha, Centro de Estudios Políticos y Constitucionales, n. 13. 1954.

ENTERRÍA, Eduardo Gárcia; FERNÁNDEZ, Tomás-Ramon. *Curso de derecho administrativo*. Tomo 1. Madrid: Editorial Tecnos, 1998.

ENTERRÍA, Eduardo Gárcia. *La Lucha contra las inmunidades del Poder em el derecho administrativo*. Madrid: Civitas Ediciones, 1983.

ESPANHA. *Constituição da Espanha de 27 de Dezembro de 1978*.

ESPANHA. Tribunal Constitucional da Espanha. *Sentença nº 166, de 15 de Julho de 1998*.

ESPANHA. Tribunal Constitucional da Espanha. *Sentença nº 149, de 4 de Julho de 1991*.

ESPINOZA, Alexander. *Bienes naturales públicos como límite del ámbito de protección*. Instituto de Estudos Constitucionais, 2008.

ESTORNINHO, Maria João. *A fuga para o direito privado*: contributo para o estudo da actividade de direito privado da admnistração pública. Coimbra: Almedina, 1999.

FACHIN, Luiz Edson. *A função social da posse e a propriedade contemporanea*. Porto Alegre: Sergio Fabris, 1988.

FACCHINI NETO, Eugênio. Code Civil Francês: Gênese e Difusão de Um Modelo. *Revista de Informação legislativa*, a. 50, n. 198, abr./jun. 2013.

FAORO, Raymundo. *Os Donos do Poder*. 3. ed. Rio de Janeiro: Globo, 2001.

FAORO, Raymundo. A Aventura Liberal numa Ordem Patrimonialista. *Revista da USP*, São Paulo, n. 17, mar./abr./maio 1993.

FERNÁNDEZ, Tomás Ramón. Las Obras Publicas. *Revista de Administración Pública*, Espanha, Centro de Estudios Políticos y Constitucionales, n. 100-102, 1983.

FERRAJOLI, Luigi. Pasado y Futuro Del Estado de Derecho. *Revista Internacional de Filosofia Política*, Universidad Autónoma Metropolitana, Espanha, n. 17, 2001.

FERRAJOLI, Luigi. *A soberania no mundo moderno*. São Paulo: Martins Fontes, 2003.

FIGUEIREDO, Lúcia Valle. *Curso de Direito Administrativo*. São Paulo: Malheiros, 1995.

FOIGNET, René. *Manuel Élémentaire de Droit Administratif*. Paris: Arthur Rousseau Editeur, 1898.

FORSTHOFF, Ernst. *Traité de Droit Administratif Allemand*. Bruxelas: Societé Anonyme D'Editions Juridiques et Scientifiques, 1969.

FOUCART, Emile-Victor. *Éléments de Droit Public et Administratif*. Tomo I. Paris: Videcoq Pere Et Fils Libraires-Éditeurs, 1843.

FOUCART, Emile-Victor. *Éléments de Droit Public et Administratif*. Tomo II. Paris: Videcoq Pere Et Fils Libraires-Éditeurs, 1843.

FRAGA, Gabino. *Derecho Administrativo*. Mexico: Editorial Porrua S.A., 1955.

FRANÇA. Conselho de Estado. *Arrêt La Roustane*. 10 de maio de 1996.

FRANÇA. Conselho de Estado. *Arrêt Gautheron de 28 de maio de 1971*. Arrêt Mn. et. Mme. Amouron de 20 de Fevereiro de 1977.

FRANÇA. Conselho de Estado. *Arrêt Chevret de 27 de maio de 1964*.

FRANÇA. Conselho de Estado. *Arrêt Compagnie nouvelle des chalets de commodité, de 7 de maio de 1931*.

FRANÇA. Conselho de Estado. *Arret La Ville de Toulouse de 13 de julho de 1961*.

FRANÇA. Conselho de Estado. *Arret Sté. Lyonnaise de Transports de 05 de fevereiro de 1965*.

FRANÇA. Conselho de Estado. Arret Sté. Le Beton de 19 de Outubro de 1956.

FRANÇA. Conselho de Estado. *Association Eurolat et Crédit foncier de France de 6 de maio de 1985*.

FRANÇA. Conselho de Estado. *Arrêt Ville de Paris et Chemins de fer d'Orléan de 16 de junho de 1909*.

FRANÇA. Conselho de Estado. *Arrêt Association saint pie V et saint pie X de l'Orléannaisne, 19 de outubro de 1990*.

FRANÇA. Conselho de Estado. *Arrêt Márecar de 28 de junho de 1935*.

FRANÇA. Conselho de Estado. *Arrêt Ville de Marines de 26 de Outubro de 1988*.

FRANÇA. Conselho de Estado. *Arrêt Association Eurolat-Crédit Foncier de France, de 06 de maio de 1985*.

FRANÇA. Conselho de Estado. *Arrêt S.A. SOFAP-Marignan Immobilie, de 25 de fevereiro de 1994*.

FRANÇA. Conselho Constitucional. *Decision nº 94-346 DC de 21 de julho de 1994*.

FRANÇA. Conselho de Estado. *Arrêt Ville de Paris et chemins de fer d'Orléans de 16 de Julho 1909*.

FRANÇA. Conselho de Estado. *Arrêt Cie d'assurances "La Préservatrice foncière". J de 11 de fevereiro de 1994*.

FRANÇA. Conselho de Estado. *Arrêt Société Le Béton de 19 de outubro de 1956*.

FRANÇA. Conselho de Estado. *Arrêt Berthie de 22 de abril de 1960*.

FRANÇA. Conselho de Estado. *Arrêt Lecoq de 03 de março de 1978*.

FRANÇA. Conselho de Estado. *Arrêt Avi de 31 de janeiro de 1995*.

FRANÇA. *Lei de 5 de Janeiro de 1988*. Art. 13. Disponível em: https://www.legifrance.gouv.fr/loda/id/JORFTEXT000000875418. Acesso em: 26 jan. 2024.

FRANÇA. *Lei de 22 de novembro e 1 de dezembro de 1790*.

FRANÇA. *Portaria de Moulins, de Fevereiro de 1566*.

FRANÇA, Vladimir da Rocha. O regime constitucional do serviço postal e os "monopólios" da Empresa Brasileira de Correios e Telégrafos. *Revista de Informação Legislativa*, Brasília, a. 45, n. 177, jan./mar. 2008.

FRANCO, Maria Sylvia de Carvalho. *Homens livres na ordem escravocrata*. 3. ed. São Paulo: Kairós Livraria Editora, 1983.

FREITAS, Juarez. *Direito Fundamental à Boa Administração*. São Paulo: Malheiros, 2014.

FREYRE, Gilberto. *Casa-grande & senzala*: Formação da família brasileira sob o regime da economia patriarcal. 48. ed. Recife: Fundação Gilberto Freyre, 2003.

GAMIR, Roberto Parejo; OLIVER, José María. *Lecciones de domínio publico*. Madrid: Ediciones Instituto Catolico de Artes e Industria, 1976.

GAMTB, B. Parejo; OLIVEK, J. M. Bodríguez. *Lecciones de dominio público*. Madrid: Editora ICAI, 1976.

GARCÍA, Garrido M. *Diccionario de Jurisprudencia Romana*. Madrid: Dykinson, 2000.

GARCIA, Julio V. González. *La titularidad de los bienes del domínio publico*. Madrid: Marcial Pons, 1998.

GARCIA, Julio V. González. Bienes patrimoniales y patrimonio y bienes patrimoniales de las Administraciones públicas. *In*: GARCIA, Julio V. González; MENDIZÁBAL, Carmen Agoués Mendizábal (Coord.). *Derecho de los bienes públicos*. Madrid: Tirant lo Blanch, 2015.

GARNIER, François-Xavier-Paul. *Traité des chemins de toutes espèces*. Paris: Beaucé-Rusand, 1825.

GAUDEMET, Yves. El futuro del Derecho de las propiedades públicas. *Revista Andaluza de Administración Pública*, n. 40, 2000.

GILLI, Jean-Paul. *Redéfinir le droit de propriété*. Paris: Centre de Recherche d'Urbanisme, 1975.

GONZÁLEZ-VARAS. Ignácio. *Conservación de bienes culturales*. Madrid: Cátedra, 2001.

GORDILLO, Agustín. *Tratado de Derecho Administrativo Y Obras Selectas*. Tomo 9.1. ed. Buenos Aires: FDA, 2014.

GROSSI, Paolo. *La propiedad y las propiedades*. Madrid: Civitas, 1992.

GUARIGLIA, Carlos E. Derecho publico y derecho privado ¿dicotomia o falsa antinomia? *Revista de Derecho de La Universidad de Montevideo*, a. 4, n. 7, 2005.

HARBELE, Peter. A Dignidade Humana como Fundamento da Comunidade Estatal. *In*: SARLET, Ingo Wolfgang. Dimensões da Dignidade: Ensaios de Filosofia do Direito e Direito Constitucional. 2 ed rev. e ampla. Porto Alegre: Livraria do Advogado, 2009.

HARDIN, Garret. La Tragedie des biens comuns. *Science*, 162, 13 décembre 1968.

HAURIOU, Maurice. *Précis de Droit Administratif*. Paris: L. Larose & Forcel Editeurs. 1893.

HEINEN, Juliano. Limitações administrativas e o conteúdo econômico da propriedade: uma "desapropriação à brasileira". *Revista de Direito Administrativo*, Rio de Janeiro, v. 260, p. 133-181, maio/ago. 2012.

HELFRICH, Silke. Bienes comunes y ciudadanía: Una invitación a Compartir. *In*: HELFRICH, Silke. *Genes, bytes y emisiones*: bienes comunes y ciudadanía. México: Fundación Heinrich Böll, 2008.

HELLER, Hermann. *La soberanía*: contribución a la teoría del derecho estatal y del derecho internacional. Ciudad de Mexico: Fondo de Cultura Económica, 1995.

HESSE, Konrad. *A Força Normativa da Constituição*. Porto Alegre: Sergio Antonio Fabris Editor, 1991.

HOLANDA, Sérgio Buarque de. *As Raízes do Brasil*. 26. ed. São Paulo: Companhia das Letras, 1995.

ISKROW, Karadge. Nature jurique des choses publiques. *Revue du droit public et de la science politique en France et a l'etranger*, Paris, Librairie generale de droit et de jurisprudence, 1930.

IVARS, Jorge Daniel. ¿Recursos naturales o bienes comunes naturales? *Algunas reflexiones Centro de Estudios Interdisciplinarios en Etnolingüística y Antropología Socio-Cultural*, n. 26, dez. 2003.

JELLINEK, Georg. *Teoria General Del Estado*. Bueno Aires: Editorial Albatros, 1973.

JUSTINIANO. *Instituições*. Curitiba: Tribunais do Brasil Editora, 1979.

KANT, Immanuel. *A paz perpétua*. Porto Alegre: L&PM, 2006.

KELSEN, Hans. *Teoria Pura do Direito*. São Paulo: Martins Fontes, 2003.

KELSEN, Hans. *Teoría General Del Estado*. Mexico: Editora Nacional, 1959.

KUHN, Thomas S. *A estrutura das revoluções científicas*. 5. ed. São Paulo: Editora Perspectiva, 1998.

LAUBADÉRE, André de. *Traité Élémentare de Droit Administratif*. Tomo 2. Paris: Librairie Générale de Droit et de Jurisprudence, 1953.

LAUCHAME, Jean-François. *Droit Administratif*. 13. ed. Paris: Presses Universitaires de France, 2002.

LANZIANO, Washington. *Estudios de Derecho Administrativo*. Montevideu: Editora da Universidade da República, 1993.

LASKI, Harold J. *El problema de la soberania*. Buenos Aires: Editora Siglo Veinte, 1945.

LAVIALLE, Christian. La constitution de droits réels sur le domaine public de l'État. *Revue française de droit administratif*, décembre, 1994.

LAVIALLE, Christian. Le domaine public: une catégorie juridique menacée? *Revue française de droit administratif*, n. 3, 1999.

LÉON, Luís Díez-Picazo Y Ponce de. *Fundamentos de Derecho civil patrimonial*. Las relaciones jurídico-reales. Madrid: Civitas, 1995. v. III.

LIMA, Ruy Cerne. *Princípios de Direito Administrativo*. 5. ed. São Paulo: Revista dos Tribunais, 1982.

LIMA JUNIOR, Olavo Brasil. As reformas administrativas no Brasil: modelos, sucessos e fracassos. *Revista de Serviço Público*, ano 49, n. 2, abr./jun. 2008.

LLOP, Javier Barcelona. Novedades en el régimen jurídico del dominio público en Francia. *Centro de Estudios Políticos y Constitucionales*, Espanha, n. 137, mayo-agosto, 1995.

LLOP, Javier Barcelona. Consideraciones sobre el dominio público natural. *In*: WAGNER, Francisco Sosa. *El derecho administrativo en el umbral del siglo XXI*: homenaje al profesor Dr. D. Ramón Martín Mateo. Espanha: Tirant lo Blanch, 2000.

LLOVET, Tomás Font. La ordenación constitucional del dominio público. *In*: BAQUER, Sebastián Martín-Retortillo. *Estudios sobre la Constitución española*: Homenaje al profesor Eduardo García de Enterría. Madrid: Civitas, 1991.

LYRA FILHO, Roberto. *Para um direito sem dogmas*. Porto Alegre: S.A. Fabris, 1980.

LYRA FILHO, Roberto. Por que estudar direito, hoje? *In*: SOUSA JUNIOR, José Geraldo de. (Org.). *O Direito Achado na Rua*. Brasília: Editora UnB, 1988.

MACHADO, Paulo Affonso Leme. *Direito Ambiental Brasileiro*. São Paulo: Malheiros, 2004.

MARCELINO, Gileno Fernandes. Administração pública brasileira: evolução, situação atual e perspectivas futuras. *Revista do Serviço Público*, Brasília, v. 117, n. 2, set./dez. 1998.

MALLOL, M. Ballbé. Concepto de dominio público. *Revista Jurídica de Cataluña*, n. 5, Barcelona, 1945.

MALUF, Carlos Alberto Dabus Maluf. Comentários aos Artigos 182 e 183. *In*: BONAVIDES, Paulo; MIRANDA, Jorge; AGRA, Walber de Moura (Coord.). *Comentários à Constituição Federal de 1988*. Rio de Janeiro: Edgen, 2009.

MARICATO, Erminia. *Brasil. Cidades*: Alternativas para a Crise Urbana. Petrópolis: Vozes, 2001.

MARICATO, Erminia. *Habitação e Cidade*. 6. ed. São Paulo: Atual, 1997.

MARIENHOFF, Miguel S. *Tratado de Derecho Administrativo*. Tomo V. Buenos Aires: Abeledo-Perrot, 1992.

MARÍN, Carmen Chinchilla. *Bienes patrimoniales del Estado*. Madrid: Marcial Pons, 2001.

MARRARA, Thiago. *Bens públicos, domínio urbano e infra-estruturas*. Belo Horizonte: Fórum, 2017.

MARQUES NETO, Floriano de Azevedo. A possibilidade de restrição de acesso a bens públicos de uso comum por questões ambientais e urbanísticas. *Revista de Direito Administrativo*, Fundação Getúlio Vargas, v. 235, 2004.

MARQUES NETO, Floriano de Azevedo. *Bens públicos*: função social e exploração econômica: o regime jurídico das utilidades públicas. Belo Horizonte: Fórum, 2009.

MARQUES, Emilena Muzolon; RANIERI, Victor Eduardo Lima. Determinantes da decisão de manter áreas protegidas em terras privadas. *Revista Ambiente & Sociedade*, São Paulo, v. 15, n. 1, p. 131, jan./abr. 2012.

MARTINS, Ives Gandra da Silva. Imunidade Tributária dos Correios e Telégrafos. *Revista Jurídica*, n. 288, 2001.

MARTORELL, Aurelio Guaita. *Derecho Administrativo, Aguas, Montes, Minas*. Madrid: Civitas, 1986.

MASAGÃO, Mario. *Curso de Direito Administrativo*. Tomo II. 2. ed. São Paulo: Max Limonad, 1959.

MAYER, Otto. *Le droit administratif allemand*. Tome 3. Paris: V. Giard & E. Briére Libraires-Éditeurs, 1905.

MAXIMILIANO, Carlos. *Hermenêutica e Aplicação do Direito*. Rio de Janeiro: Forense, 2011.

MEIRELLES, Hely Lopes. *Direito Administrativo Brasileiro*. São Paulo: Malheiros, 1993.

MEIRELLES, Hely Lopes. Poder de Polícia e Segurança Nacional. *Revista dos Tribunais*, São Paulo, v. 61, n. 445, p. 288-289, nov. 1972.

MEIRELLES, Hely Lopes. Tombamento e Indenização. *Revista de Direito Administrativo*, Rio de Janeiro, n. 161, jul./set. 1985.

MELLO, Celso Antônio Bandeira de. *Curso de Direito Administrativo*. São Paulo: Malheiros, 2009.

MELLO, Celso Antônio Bandeira de. Serviço público e poder de polícia: concessão e delegação. *Revista eletrônica de Direito do Estado*, Salvador, Instituto de Direito Público da Bahia, n. 7, jul./ago./set. 2006.

MELLO, Celso Antônio Bandeira de. O Conteúdo do Regime Jurídico-Administrativo e seu Valor metodológico. *Revista de Direito Público*, v. 1, n. 2, p. 45, out./dez. 1967.

MENDES, Gilmar Ferreira. *Curso de Direito Constitucional*. 9. ed. rev e atual. São Paulo: Saraiva, 2014.

MENEGALE, J. Guimarães. *Direito Administrativo e Ciência da Administração*. 2. ed. Rio de Janeiro: Editora Borsoi, 1950.

MEYNAUD, Jean. *Problemas Ideologicos Del Siglo XX*. Barcelona: Ariel, 1964.

MICHELINI, Dorando J. Bien común y ética pública. Alcances y límites del concepto tradicional de bien común. *Tópicos*, n. 15, Santa Fé, 2007.

MIRANDA, Jorge. *Teoria do estado e da constituição*. Rio de Janeiro: Forense, 2002.

MIRANDA, Pontes de. *Tratado de Direito Privado*. Tomo II. 4. ed. São Paulo: Revista dos. Tribunais, 1977.

MORAES, Maria Celina. A caminho de um direito civil constitucional. *Revista de Direito Civil Imobiliário, Agrário e Empresarial*, vol. 65, 1993.

MORAES, Maria Celina. O princípio da solidariedade. *In*: PEIXINHO, Manuel Messias; GUERRA, Isabella Franco; NASCIMENTO FILHO, Firly (Orgs.). *Os princípios da Constituição de 1988*. Rio de Janeiro: Lumen Juris, 2001.

MONTEIRO, Washington de Barros. *Curso de Direito Civil*. São Paulo: Saraiva, 1962. v 1.

MOREIRA NETO, Diogo de Figueiredo. *Apontamentos Sobre a Reforma Administrativa*. Rio de Janeiro: Renovar, 1999.

MOREIRA NETO, Diogo de Figueiredo. Globalização, Regionalização, Reforma do Estado e da Constituição. *Revista de Direito Administrativo*, n. 215, jan./mar. 1998.

MOREIRA NETO, Diogo de Figueiredo. *Legitimidade e Discricionariedade*. 3. ed. Rio de Janeiro: Forense, 1998.

MOREIRA NETO, Diogo de Figueiredo. *Mutações de Direito Administrativo*. 2. ed. Renovar: Rio de Janeiro, 2001.

MOREIRA NETO, Diogo de Figueiredo. Mutações do direito administrativo novas considerações: avaliações e controle das transformações. *Revista Eletrônica sobre a Reforma do Estado*, Salvador, Instituto de Direito Público da Bahia, n. 2, jun./jul./ago. 2005.

MOREIRA NETO, Diogo de Figueiredo. O Estado e o Futuro: Prospectiva Sobre Aspectos da Instituição Estatal. *In*: SOUZA, Hamilton Dias de. *A Reengenharia do Estado Brasileiro*. São Paulo: Editora Revista dos Tribunais, 1995.

MOREIRA NETO, Diogo de Figueiredo. *Quatro paradigmas do direito administrativo posmoderno*: legitimidade, finalidade, eficiência, resultados. Belo Horizonte: Fórum, 2008.

MOREIRA NETO, Diogo de Figueiredo. *Teoria do Poder*: Sistema de direito político: estudo juspolitico do poder. São Paulo: Editora Revista dos Tribunais. 1992.

MORENO, Fernando Sainz. El domínio publico: una reflexion sobre su concepto y naturaleza. *Revista de Administración Pública*, Espanha, Centro de Estudios Políticos y Constitucionales, n. 150, septiembre/diciembre 1999.

MORENO, Fernando Sainz. Domínio Público, Patrimonio del Estado y Patrimonio Nacional *In*: BASSOLS COMA, M. Comentarios a las Leyes Politicas. Tomo 10. Madrid: EDERSA, 1985.

MORÓN, Miguel Sánchez. *Los bienes públicos*. Madrid: Editorial Tecnos, 1997.

MORÓN, Miguel Sánchez. *Discrecionalidad administrativa y control judicial*. Madrid: Tecnos, 1995.

MORSELLO, Carla. *Áreas protegidas públicas e privadas*. São Paulo: FAPESP, 2001.

MOURA, Emerson Affonso da Costa. *Um fundamento do regime administrativo: o princípio da prossecução do interesse público*. Rio de Janeiro: Lumen Juris, 2014.

MUKAI, Toshio. A Degradação do patrimônio histórico e cultural. *Revista de Direito Administrativo*, Rio de Janeiro, n. 234, out./dez. 2003.

NEVARES, Ana Luiza Maia. As cláusulas de inalienabilidade, impenhorabilidade e incomunicabilidade sob a ótica civil-constitucional. *Revista Trimestral de Direito Civil*, n. 133, jan./mar. 2001.

NERY JUNIOR, Nelson; NERY, Rosa Maria de Andrade. *Constituição Federal Comentada e legislação Constitucional*. 2. ed. São Paulo: Revista dos Tribunais, 2009.

NUNES, Cleucio Santos. A imunidade tributária dos correios sobre serviços postais não exclusivos. *Revista de Estudo de Direito Postal dos Correios*, v. 1, 2014.

NUNES, Edson. *A gramática política do Brasil* – clientelismo e insulamento burocrático. Rio de Janeiro: Jorge Zahar Editor, 1997.

OCTAVIO, Rodrigo. *Do Domínio da União e dos Estados Segundo a Constituição Federal*. 2. ed. São: Livraria Academica Saraiva, 1924.

ODA, Yorozu. *Principes de droit administratif du Japon*. Paris: Société anonyme du Recueil Sirey, 1928.

OLIVEIRA, Murilo Carvalho Sampaio de. O método dialético e a pesquisa jurídica. *Revista Eletrônica de Metodologia*, Universidade Federal da Bahia, jan./fev./mar. 2013.

ORGANIZAÇÃO DAS NAÇÕES UNIDAS. *Declaração Universal dos Direitos Humanos*, 10 de dezembro de 1948.

ORGANIZAÇÃO DAS NAÇÕES UNIDAS. *Convenção para a Proteção do Patrimônio Mundial, Cultural e Natural, Conferência Geral da Organização das Nações Unidas para a Educação, Ciência e Cultura, de 17 de Outubro a 21 de Novembro de 1972*.

ORTIZ, G. Ariño. *La afectación de bienes ai servicio público*. Madrid: Editora ENAP, 1973.

OVIEDO, Carlos Gárcia. *Derecho Administrativo*. 4. ed. I. Madrid: E.I.S.A., 1953.

OYARZÚN, Santiago Montt. La administración del Estado y los bienes: entre lo público y lo privado. *Revista de Derechos y Humanidades*, Facultad de Derecho de la Universidad de Chile, n. 8, 2001.

PANIAGUA, Enrique Linde. La retirada del Estado de la sociedad: privatizaciones y liberalización de servicios públicos. *Revista de derecho de la Unión Europea*, n. 7, 2004.

PARDESUS, Jean-Marie. *Traité des Servitudes ou Services Fonciers*. Tomo 1. Paris: G. Thorel et Guilbert. Libraire, 1838.

PASTOR, Juan Alfonso Santamaría. Objeto y ámbito. La tipología de los bienes públicos y el sistema de competencias. *In*: MARÍN, M. Carmen Chinchilla. *Comentarios a la Ley 33/2003 del Patrimonio de las Administraciones Publicas*. Madrid: Civitas, 2004.

PEREIRA, Luiz Carlos Bresser. *Crise Econômica e Reforma do Estado do Brasil*. São Paulo: Editora 34, 1996.

PEREIRA, José Edgard Penna Amorim. *Perfis Constitucionais das Terras Devolutas*. Belo Horizonte: Del Rey, 2003.

PÉREZ, Gonzalez. Los derechos reales administrativos. *Revista de la Facultad de Derecho de México*, n. 25-26, jan./jun. 1957.

PETRELLA, Ricardo. *El bien común*. Elogio de la solidaridad. Madrid: Debate, 1997.

PLANIOL, Marcel. *Traité élémentaire de droit civil*. 11. ed. Paris: Librairie Générale de Jurisprudence, 1928.

PORTUGAL. *Código Civil Português*. Aprova o Código Civil e regula a sua aplicação – Revoga, a partir da data da entrada em vigor do novo Código Civil, toda a legislação civil relativa às matérias que o mesmo abrange. Ministério da Justiça, 25 de Novembro de 1966. Disponível em: https://diariodarepublica.pt/dr/legislacao-consolidada/decreto-lei/1966-34509075. Acesso em: 19 out. 2023.

PORTUGAL. *Lei de 1 de Julho de 1567*. 2. ed. Lisboa: Imprensa Nacional, 1868.

PORTUGAL, Dominici Antunez. *Tractatus de donationibus, jurium et bonorum regiae coronae*. Tomo 2. Lugduni: Anisson, 1726.

PRADO JUNIOR, Caio. *Formação do Brasil Contemporâneo*. São Paulo: Companhia das Letras, 2011.

PROUDHON, M. *Traité du domaine public ou De la distinction des biens considérés principalement par rapport au domaine public*. Dijon: Chez Victor Lagier, Libraire-Éditeur, 1833.

PUREZA, Jose Manuel. *El patrimonio común de la humanidad*. ¿Hacia un Derecho internacional de la solidaridad? Madrid: Trotta, 2002.

QUINZACARA, Eduardo Cordeiro. De la propriedade a las propriedades: la evolución de la concepción liberal de la propriedade. *Revista de Derecho de la Pontificia Universidad Católica de Valparaíso*, jul./dez. 2008.

RABELO, Sonia. *O Estado na preservação dos bens culturais*: tombamento. Rio de Janeiro: IPHAN, 1999.

RANELLETTI, Oreste. Concetto, natura e limiti del demanio pubblico. *In*: ITALIA. *Giurisprudenza Italiana*. Torino, Unione Tipografico-Editrice, 1898. p. 137.

REALE, Miguel. *Direito Administrativo: Estudos e Pareceres*. Rio de Janeiro: Forense, 1966.

REALE, Miguel. *Teoria do Estado e do Direito*. São Paulo: Saraiva, 2000.

REIS, Aarão. *Direito administrativo brasileiro*. Rio de Janeiro: Oficinas Gráficas Villas-Boas & Cia. 1923.

REZENDE, Joaquim Leonel Alvim de; NUNES, Tiago de García. O Jeitinho Brasileiro, o Homem Cordial e a Impessoalidade Administrativa: Encontros e Desencontros na Navegação da Máquina Pública Brasileira. *In*: ANAIS DO III ENCONTRO INTERNACIONAL DE CIÊNCIAS SOCIAIS, Universidade Federal de Pelotas, 2012.

RIBEIRO, Glaucus Vinicius Biasetto. A origem histórica do conceito de Área de Preservação Permanente no Brasil. *Revista Thema*, n. 8, 2011.

RIO DE JANEIRO. *Decreto nº 29.881, de 18 de Setembro de 2008*. Consolida as Posturas da Cidade do Rio de Janeiro e dá outras providências. Disponível em: http://www.rio.rj.gov.br/dlstatic/10112/1017211/DLFE-238836.pdf/decreto2.9.8.8.1.0.8._posturasmunicipais.pdf. Acesso em: 17 out. 2023.

RIVERO, Jean. *Curso de Direito Administrativo Comparado*. 2. ed. São Paulo: Editora Revista dos Tribunais, 2004.

RIVERO, Jean. *Droit Administratif*. 3. ed. Paris: Dalloz, 1965.

RODRIGUEZ-ARANA, Jaime. La vuelta al derecho administrativo (a vueltas con lo privado y lo publico). *Revista de Derecho de La Universidad de Montevideo*, a. 4, n. 7, 2005.

RODRÍGUEZ, J. R. Calero. *Régimen jurídico de las costas españolas*. Pamplona: Editorial Aranzadi S.A., 1995.

ROUSSEAU, Jean-Jacques. *O Contrato social*. São Paulo: Martins Fontes, 2000.

ROUSSET, Michel. *L'Idée de Puissance Publique Em Droit Administratif*. Paris: Librairie Dalloz, 1960.

SAGUER, Marta Franch. Imbricacion del domínio publico y privado. *Revista de Administración Publica*, Espanha, Centro de Estudios Políticos y Constitucionales, n. 139, jan./abr. 1996.

SALDANHA, Nelson Nogueira. *História das Idéias Políticas no Brasil*. Brasília: Senado Federal, 2001.

SALDANHA, Nelson Nogueira. O Jardim e a Praça: Ensaio sobre o lado "privado" e o lado "público" da vida social e histórica. *Ci & Tróp*, Recife, n. 11, p. 119, jan./jun. 1983.

SALEILLES, Raymond. *Le domaine public à Rome et son application en matière artistique*. Paris: L. Larose et Forcel, 1889.

SÁNCHEZ, Miguel Morón. *Los bienes públicos* – régimen jurídico. Madrid: Tecnos, 1997.

SANFIEL, A. M. González. *Un nuevo régimen para las infraestructuras de dominio público*. Madrid: Montecorvo, 2000.

SAN ROMÁN, Antonio Pulido. Innovación, competitividad y privatización. In: MONTES, Jose Luis. *Teoría y política de privatizaciones*: su contribución a la modernización económica. Madrid: SEPI, 2004.

SÁNCHEZ, Isabel-María García. *La nueva gestión pública*: evolución y tendencias. Presupuesto y gasto público, Espanha, n. 47, 2007.

SANTOS, Carvalho. *Código Civil Brasileiro Interpretado*. 2. ed. São Paulo: Freitas Bastos, 1940. v. 2.

SCAGLIUSI, Maria de los Ángeles Fernández. La necesaria reformulación del concepto de dominio público en el ordenamiento jurídico español. *Lecciones y Ensayos*, n. 93, 2014.

SCHWARTZ, Stuart B. *Burocracia e sociedade no Brasil colonial*. São Paulo: Perspectiva, 1979.

SILVA, Carlos Medeiro. Parecer "Patrimônio Artístico e Histórico Nacional – Tombamento – Desapropriação – Concessão de lavra – Ato administrativo – Revogação". *Revista de Direito Administrativo*, Rio de Janeiro, v. 67, 1962.

SILVA, José Afonso da. *Curso de Direito Constitucional Positivo*. 24. ed. São Paulo: Malheiros, 2005.

SOUTO, Marcos Juruena Villela. *Desestatização, Privatização, Concessões, Terceirizações e Regulações*. 4. ed. rev, atual e ampla. Rio de Janeiro: Lumen Juris, 2001.

SOUZA, Laura Olivieiri Carneiro de. *Dossiê Histórico do Horto Florestal do Rio de Janeiro*. Rio de Janeiro: Associação de Moradores e Amigos do Horto, 2013.

SOUZA FILHO, Carlos Frederico Marés de. *Bens culturais e proteção jurídica*. Porto Alegre: Unidade Editorial, 1997.

STROPPA, Yara Martinez de Carvalho e Silva. Município: aquisição de bens móveis e imóveis. *Boletim de Direito Administrativo*, n. 9, 1992.

TÁCITO, Caio. O Poder de Polícia e Seus Limites. *Revista de Direito Administrativo*, v. 27, Fundação Getúlio Vargas, 1952.

TÁCITO, Caio. A Reforma do Estado e a Modernidade Administrativa. *Revista de Direito Administrativo*, Fundação Getúlio Vargas, RJ, n. 215, jan./mar. 1999.

TAVARES, José. *Os Princípios Fundamentais do Direito Civil*. Coimbra: Coimbra Editora, 1926. v. II.

TENA, José Giron. *Las sociedades de economia mista*. Madrid: CSIC, 1942.

TORRES, Marcos Alcino de Azevedo. *A propriedade e a posse*: um confronto em torno da funcao social. Rio de Janeiro: Lumen Juris, 2007.

TROPLONG, Par M. *Le Droit Civil Expliqué* – De la prescription. Tome 1. 3. ed. Paris: Charles Hingray Libraire-Editeur, 1838.

TROTABAS, Louis. *Manuel de Droit Public Et Adminsitratif*. 6. ed. Paris: Labrairie Générale de Droit Et de Jurisprudence, 1948.

URUGUAI, Visconde do. *Ensaio sobre o Direito Administrativo*. Rio de Janeiro: Typographia Nacional, 1862.

URUTTIA, José Luiz González-Berenguer. Sobre La Crisis Del Conceptio de Dominio Publico. *Revista de Administración Pública*, Espanha, Centro de Estudios Políticos y Constitucionales, n. 56, 1968.

USEROS, Enrique Martinez. *Derecho Administrativo Homenagem a Carlos García Oviedo*. Madrid: E.I.S.A., 1955.

VALLÉS, A. de. Inalienabilitá del demanio pubblico. *Rivista di Diritto Pubblico*, 1914.

VANESTRALEN, Hernando. Bienes de titularidad pública: patrimoniales y de domínio público. Una aproximación al sistema español. *Estud. Socio-Juríd.*, Bogotá (Colombia), v. 6, n.1, p. 211-262, enero/junio 2004.

VEDEL, Georges; DELVOLVÉ, Pierre. *Droit Administratif*. Paris: Presses Unviersitaires de France, 1992. v. 1.

VELASCO, Recaredo Fernández. Natureza juridical del domínio publico, según Hauriou. Aplicación de su doctrina a la legislación española. *Revista de Derecho Privado*, VIII, 1921.

VEGTING, W. G. *Domaine Public et Res Extra Commercium*. Etude historique du droit romain, trancáis et néerlandais. Paris: Sirey, 1950.

VEYRET, Y. (Org.). *Os riscos*: o homem como agressor e vítima do meio ambiente. São Paulo: Contexto, 2007.

VEYRET, Yvette; MESCHINET DE RICHEMOND. O risco, os riscos. *In*: VEYRET, Y. (Org.). *Os riscos*: o homem como agressor e vítima do meio ambiente. São Paulo: Contexto, 2007.

VIEHWEG, Theodor. *Tópica e jurisprudência*. Brasília: Departamento de Imprensa Nacional, 1979.

WALINE, Marcel. *Précis de Droit Administratif*. Paris: Éditions Montchrestien, 1969.

WALINE, Marcel. *Les Mutations domaniale*. Paris: Jouve, 1925.

WAHRLICH, Beatriz. *A Reforma Administrativa da Era de Vargas*. Rio de Janeiro: Editora FGV, 1983.

WEHLING, Arno; WEHLING, Maria José C. *Formação do Brasil Colônia*. Rio de Janeiro: Editora Nova Fronteira, 1994.

WIGNY, Pierre. *Droit Administratif. Principes Généraux*. Bruxelles: Editions Bruylant, 1962.

WOLKMER, Antonio Carlos. *História do Direito no Brasil*. Rio de Janeiro: Forense, 2003.

YOLKA, Phillipe. *La propriété publique*: éléments pour une théorie. LGDJ: París, 1997.

Esta obra foi composta em fonte Palatino Linotype, corpo 10
e impressa em papel Avena 70g (miolo) e Supremo 250g (capa)
pela Gráfica Star7.